ENTRE TÊMIS E LEVIATÃ: UMA RELAÇÃO DIFÍCIL

ENTRE TÊMIS E LEVIATÃ: UMA RELAÇÃO DIFÍCIL

O Estado Democrático de Direito a partir e além de Luhmann e Habermas

Marcelo Neves

SÃO PAULO 2016

Esta obra foi publicada originalmente em alemão com o título
ZWISCHEN THEMIS UND LEVIATHAN: EINE SCHWIERIGE BEZIEHUNG – EINE
REKONSTRUKTION DES DEMOKRATISCHEN RECHTSSTAATES IN
AUSEINANDERSETZUNG MIT LUHMANN UND HABERMAS
por Nomos Verlagsgesellschaft, Baden-Baden, Alemanha, 2000.
Copyright © 2006, Livraria Martins Fontes Editora Ltda.,
São Paulo, para a presente edição.

1ª edição 2006
3ª edição 2012
3ª tiragem 2016

Tradução
MARCELO NEVES

Acompanhamento editorial
Helena Guimarães Bittencourt
Preparação do original
Adriana Cristina Bairrada
Revisões gráficas
Daniela Lima Alvares
Denise Ceron
Dinarte Zorzanelli da Silva
Produção gráfica
Geraldo Alves
Paginação/Fotolitos
Studio 3 Desenvolvimento Editorial

Dados Internacionais de Catalogação na Publicação (CIP)
(Câmara Brasileira do Livro, SP, Brasil)

Neves, Marcelo
  Entre Têmis e Leviatã : uma relação difícil : o Estado Democrático de Direito a partir e além de Luhmann e Habermas / Marcelo Neves ; tradução do autor. – 3ª. ed. – São Paulo : Editora WMF Martins Fontes, 2012. – (Biblioteca jurídica WMF)

  Título original: Zwischen Themis und Leviathan : eine schwierige Beziehung
  Bibliografia.
  ISBN 978-85-7827-580-8

  1. Estado de Direito 2. Estado Democrático 3. Habermas, Jürgen, 1929- 4. Luhmann, Niklas, 1927-1998 I. Título. II. Série.

12-05428   CDU-342.2:342.34

Índices para catálogo sistemático:
1. Estado Democrático de Direito : Direito
   constitucional   342.2:342.34

Todos os direitos desta edição reservados à
Editora WMF Martins Fontes Ltda.
Rua Prof. Laerte Ramos de Carvalho, 133 01325.030 São Paulo SP Brasil
Tel. (11) 3293.8150 Fax (11) 3101.1042
e-mail: info@wmfmartinsfontes.com.br http://www.wmfmartinsfontes.com.br

ÍNDICE

Prefácio à edição brasileira... IX
Prefácio à edição original alemã..................................... XIII
Introdução.. XVII

CAPÍTULO I **Dois modelos de evolução social**........... 1
   1. *A evolução social como processo de complexificação e diferenciação funcional e a evolução do direito conforme o modelo luhmanniano*................... 1
      1.1. Evolução dos sistemas sociais............................ 1
      1.2. A sociedade moderna: hipercomplexidade e diferenciação funcional... 11
      1.3. A evolução do direito: direito arcaico, direito das culturas avançadas pré-modernas e direito positivo. 18
   2. *A evolução social como desenvolvimento da consciência moral e a evolução do direito conforme o modelo habermasiano*.. 25
      2.1. Do desenvolvimento ontogenético ao filogenético. 25
      2.2. A modernidade como estádio da consciência moral universalista... 45
      2.3. Estádios da evolução do direito............................ 53

CAPÍTULO II **Duas diferenças paradigmáticas**.......... 59
   1. *A diferença "sistema/ambiente": a autopoiese dos sistemas sociais*... 59
   2. *A diferença "sistema/mundo da vida": teoria da ação comunicativa*..................................... 67

CAPÍTULO III **Duas concepções de Estado Democrático de Direito**.................... 79
1. *A concepção de Estado Democrático de Direito na teoria dos sistemas* 79
   1.1. Positividade: da decidibilidade à autopoiese do direito................. 79
   1.2. A diferenciação entre direito e poder político........ 85
   1.3. Constituição como acoplamento estrutural.......... 95
2. *A concepção de Estado Democrático de Direito na teoria do discurso* 106
   2.1. A autonomia do direito fundada no procedimento racional............. 106
   2.2. O discurso do Estado Democrático de Direito...... 118

CAPÍTULO IV **Estado Democrático de Direito: o modelo**................. 123
1. *Além das divergências e complementaridades entre os pressupostos teóricos de ambas as concepções*... 123
2. *Por uma releitura da legitimação procedimental: intermediação do dissenso conteudístico através do consenso procedimental*........................ 136
3. *Soberania do Estado e soberania do povo* 156
4. *O princípio da igualdade e a heterogeneidade*....... 166
5. *A cidadania como mecanismo de inclusão*............. 175
6. *A pluralidade e circularidade de procedimentos do Estado Democrático de Direito* 185
7. *A interpretação jurídica no Estado Democrático de Direito*................. 196

CAPÍTULO V **Estado Democrático de Direito: as condições**................. 215
1. *O Leviatã impotente: sob pressão dos fundamentalismos ou particularismos étnicos e das exigências da sociedade mundial*........................ 215
2. *O problema do Estado Democrático de Direito na modernidade central: limites à heterorreferência* .. 226
3. *O problema do Estado Democrático de Direito na modernidade periférica: obstáculos à auto-referência*........................ 236

4. Uma breve referência ao caso brasileiro 244

Perspectiva: do Estado Democrático de Direito ao direito mundial heterárquico ou à política interna mundial? 259

Bibliografia 285
Índice onomástico 327
Índice remissivo 333

PREFÁCIO À EDIÇÃO BRASILEIRA

Uma primeira versão deste trabalho em língua portuguesa foi elaborada no outono e inverno boreais de 1996-97, em Frankfurt sobre o Meno, na Alemanha. Mais tarde (1998-99), preparei uma versão alemã revista e ampliada de maneira abrangente, que foi aprovada como tese de livre-docência na Universidade de Friburgo, na Suíça, tendo sido publicada, com algumas alterações, pela editora alemã Nomos, em 2000. O presente livro é uma tradução dessa publicação alemã, com alguns comentários complementares e referências a obras que vieram a lume posteriormente.

Na tradução de alguns termos e expressões centrais nas obras de Luhmann e Habermas, tive dificuldades e procurei ajuda em livros traduzidos nas línguas mais próximas do nosso vernáculo, que são referidos na bibliografia após as respectivas obras desses autores no original. Em poucos casos, isso me ajudou, como na tradução lapidar de *"zweckrationales Handeln"* por "agir racional-com-respeito-a-fins", proposta por Željko Loparić e Andréa Maria de Campos Loparić, em tradução de artigo homônimo do livro *Tecknik und Wissenschaft als "Ideologie"* [Técnica e ciência enquanto ideologia], de Habermas (1969).

Em outros casos, na maioria das vezes, faltou unidade, e as soluções, em outras ocasiões, eram muito diferentes. Assim, na tradução de *"Selektionszwang"* encontramos três alternativas: "necessidade de seleção" na tradução brasileira da *Rechtssoziologie* [Sociologia do direito] de Luhmann (1987b) ou *"necessità di selezione"* na versão italiana de *Soziale systeme* (Luhmann, 1987a); *"coacción de selección"* na tradução espanhola; e *"being forced to select"* ou *"pressure to make selections"* na versão inglesa dessa última obra. Preferi algo mais próximo da tradução inglesa e decidi por "pressão seletiva", que, por um lado, embora não seja literal, adequa-se ao nosso vernáculo, ao contrário de "coação de seleção", por outro, não utiliza um termo problemático no contexto da expressão, a palavra "necessidade". Pressão seletiva relaciona-se com o aumento de complexidade na teoria luhmanniana, não devendo ser relacionada à falta de alternativas. Cabe notar que Luhmann, em alguns trechos, utiliza, em lugar de *"Selektionszwang"*, no mesmo sentido, a expressão *"Selektionsdruck"*, que pode ser literalmente traduzida por "pressão seletiva".

A expressão mais difícil com que deparei na tradução foi *"Steuerungsmedium"*, de Habermas. A tradução literal de *"Steuerung"*, no contexto da expressão, parece-me não ter sentido ou, no mínimo, apresenta-se estranha ao nosso vernáculo: referir-se a dinheiro ou poder como "meios de direção/condução" é algo que leva a equívocos. Uma solução muito usual é traduzir, no mesmo contexto, *"Steuerung"* por "regulação", como ocorre nas versões espanhola e brasileira do livro de Habermas (1992). Entretanto, *"Steuerungsmedium"* diz respeito à dimensão sistêmica, e Habermas refere-se à *"regulative Funktion"* [função reguladora] para referir-se, no trato do mesmo tema, ao "direito como instituição", ancorado no "mundo da vida". Como traduzir por "regulação" e "reguladora" termos que pretendem ter significados antagônicos no modelo habermasiano? Também a solução contida na tradução inglesa da obra de Habermas (1982a), o emprego da expressão *"steering medium"*, que tanto pode ser vertida em "meio de condução" ou "meio de coordenação", não me pareceu satisfatória. Segui, nesse particular, a tradução italiana do livro de Habermas (1992), da lavra de Leonardo Ceppa, que preferiu verter *"Steuerung"* para *"con-*

trollo", e o tradutor espanhol de Habermas (1982a), Manuel Jiménez Redondo, que verteu "*Steuerungsmedium*" para "*medio de control*". Sei que "meio de controle"não é nada especial, mas considerei o longo período que Leonardo Ceppa e Manuel Jiménez Redondo trabalharam junto com Habermas, quase exclusivamente dedicados à tradução de sua obra. "Meio de controle" serve melhor para apresentar a idéia habermasiana de dinheiro e poder como mecanismos que constrangem e limitam a ação, atuando como imperativos sistêmicos.

Outras dificuldades surgiram na tradução de termos em língua alemã e em outras línguas, mas, em regra, tomei minhas decisões sem considerar as alternativas contidas nas respectivas traduções referidas na bibliografia, que servem antes para a orientação dos leitores brasileiros que eventualmente não tenham acesso aos respectivos originais.

A presente versão portuguesa deste livro não poderia ter sido concluída de maneira (que me parece) tão exitosa, caso não tivesse contado com a revisão cuidadosa do vernáculo por Regis Dudena. Na primeira versão, elaborada depois de um longo tempo na Alemanha, o texto tinha um estilo que se desviava, em certos momentos, de certas peculiaridades de nossa língua. Com a ajuda de Regis, houve uma melhora significativa a esse respeito. Sou muito grato a esse jovem acadêmico, ao qual desejo muito sucesso profissional e pessoal.

São Paulo, novembro de 2005
MARCELO NEVES

PREFÁCIO À EDIÇÃO ORIGINAL ALEMÃ

Os estudos referentes ao presente livro foram realizados durante dois períodos que passei na Europa como pesquisador visitante.

Na qualidade de bolsista-pesquisador da Fundação Alexander von Humboldt na Universidade Johann Wolfgang Goethe, em Frankfurt sobre o Meno (1996-98), e na London School of Economics and Political Science (outubro e novembro de 1997), iniciei e desenvolvi em grande parte o trabalho. Sou grato à Fundação Alexander von Humboldt pelo suporte institucional que me foi proporcionado. Agradeço a Günter Frankenberg o convite para a mencionada estada de pesquisa em Frankfurt. Devo muita gratidão a Ingeborg Maus e Gunther Teubner pelo estímulo e apoio que me deram em Frankfurt e em Londres. A Ingeborg Maus e seus colaboradores gostaria também de manifestar o meu agradecimento pelo acolhimento amigável em seu Colóquio de Teoria da Sociedade e pelas frutíferas discussões. Na Alemanha tive oportunidade então de retomar os enriquecedores diálogos com Karl-Heinz Ladeur e Niklas Luhmann (falecido em 1998). A eles, que tanto me estimularam e apoiaram, permaneço vinculado por laços de gratidão. Agradeço a Friedrich Müller mais uma vez as proveitosas discussões na Alemanha e no Brasil.

Mais tarde, em 1998-99, na qualidade de pesquisador visitante do Instituto de Federalismo da Universidade de Friburgo, na Suíça, dei continuidade às investigações e concluí a monografia. As ótimas condições de trabalho e a atmosfera favorável no instituto contribuíram consideravelmente para a consecução de minhas pesquisas. À direção do Instituto de Federalismo e aos seus colaboradores agradeço a hospitalidade e solicitude. Sou especialmente grato a Thomas Fleiner, diretor do instituto, pela abertura acadêmica e envolvimento pessoal em favor de minha permanência como pesquisador na Suíça. À chefe do Centro de Pesquisas e Consultas do instituto, Lidija Basta-Fleiner, gostaria de expressar nesta ocasião, mais um vez, a minha gratidão. Também gostaria de agradecer a Peter Gauch, que me abriu as portas acadêmicas em Friburgo e recebeu-me cordialmente; a José Hurtado-Pozo e a Walter Stoffel pelas oportunidades proporcionadas.

Durante a minha estada de pesquisas na Suíça, Franz Xaver von Weber deu-me amplo apoio, tanto no aspecto prático quanto no sentido teórico. Por sua solicitude amigável devo-lhe sincera gratidão.

Por estímulos e apoios oriundos do meu país, o Brasil, sou, como dantes, muito grato a Bernadette Pedrosa, Lourival Vilanova, Cláudio Souto, Raymundo Faoro, Paulo de Barros Carvalho, Tércio Sampaio Ferraz Jr. e Eros Grau.

Andrea Bruhin dedicou-se à revisão gramatical e estilística, muito contribuindo, com seu esmero, para a clareza do texto. Sou-lhe imensamente grato.

Este trabalho, que revisei levemente para fins da presente publicação, foi aprovado como tese de livre-docência [*Habilitationsschrift*] pela Faculdade de Ciências Jurídicas da Universidade de Friburgo, na Suíça, no semestre do inverno de 1999-2000. Aos pareceristas no procedimento da livre-docência, Thomas Fleiner e Jörg-Paul Müller, gostaria de manifestar nesta oportunidade, mais uma vez, a minha gratidão pelo interesse e comentários críticos.

No semestre de verão deste ano, fui convidado por Ingeborg Maus para uma permanência como bolsista-pesquisador da Fundação Alexander von Humboldt no Depar-

PREFÁCIO À EDIÇÃO ORIGINAL ALEMÃ

tamento de Ciências Sociais da Universidade Johann Wolfgang Goethe, em Frankfurt sobre o Meno, o que me possibilitou realizar as últimas revisões do texto e preparar a publicação do trabalho. Por esse incentivo e o apoio à publicação do livro sou muito grato a Ingeborg Maus e à Fundação Alexander von Humboldt.

Frankfurt sobre o Meno, agosto de 2000
Marcelo Neves

INTRODUÇÃO

O presente trabalho resulta de uma pesquisa interdisciplinar sobre o Estado Democrático de Direito. O ponto de partida consiste no foco de tensão entre o paradigma sistêmico luhmanniano e a teoria habermasiana do discurso. Em princípio, trata-se de duas concepções inconciliáveis da sociedade e do Estado modernos. Não se pretende aqui buscar um denominador comum ou simplesmente proceder a uma crítica ao suposto unilateralismo de ambos os modelos. Interessa-me, enfrentando as divergências e complementaridades das duas perspectivas, esboçar os elementos de uma teoria dos fundamentos normativos e das condições empíricas do Estado Democrático de Direito na sociedade supercomplexa da modernidade. Isso não significa, no presente caso, uma postura eclética. Pretendo, antes, proceder a uma *reconstrução* que, sem desconhecer a riqueza dos aparatos conceituais de ambos os paradigmas e as divergências radicais de pressupostos teóricos entre eles, possibilite uma melhor compreensão do Estado Democrático de Direito na atualidade.

Tendo em vista que se trata de dois modelos teóricos conceitualmente muito complexos e abrangentes, dedico-me à exposição de alguns dos seus aspectos mais relevantes nos três primeiros capítulos, para que se evitem equívocos a respeito das reflexões expressas na segunda parte do trabalho (Caps. IV e V). Evidentemente, não é objeto deste livro uma análise exaustiva dos dois paradigmas. Pretendo apenas apontar, nos Capítulos I, II e III, certos traços básicos que possam facilitar a compreensão da abordagem posterior sobre o Estado Democrático de Direito. Além disso, o presente trabalho, nesses três capítulos em que são apresentados os enfoques de Luhmann e Habermas, é parcimonioso nas críticas. Não se objetiva um modelo tradicional de crítica a teorias consolidadas em forte arsenal conceitual. Permito-me questionar o significado e os limites dos elementos teóricos de ambas as concepções na segunda parte, na qual proponho um modelo de fundamentação (Cap. IV) e discuto as condições do Estado Democrático de Direito (Cap. V). As observações finais do presente trabalho consistem em uma análise crítica das perspectivas decorrentes dos novos problemas do Estado Democrático de Direito em face dos desenvolvimentos que se delineiam no sentido da emergência de ordens jurídicas globais ou de uma política mundial.

A metáfora utilizada no título, "a relação entre Têmis e Leviatã", serve como guia da discussão em vários níveis. O problema do Estado Democrático de Direito é exatamente o de como conciliar poder eficiente com direito legitimador. Na tradição ocidental, Leviatã apresenta-se como símbolo do poder expansivo do Estado[1]. Têmis, antes de tudo, representa a justiça abstrata[2]. O Estado Democrático de Direito

---

1. Não se trata aqui de uma concepção do Leviatã fixada estritamente na hermenêutica da obra de Hobbes (a respeito, ver Voigt [org.], 2000), mas sim da noção do Leviatã disseminada amplamente tanto na política e no direito quanto nas ciências humanas e na filosofia (uma metáfora referente ao poder estatal, não necessariamente ao "Estado do Poder" ["*Machtsstaat*"] – em sentido diferente, Voigt, 2000: 16 s.), noção que se desvincula, em certa medida, de Hobbes e se desenvolve relativamente independente de sua obra.

2. Claro que Têmis, em sua forma feminina (ao contrário da forma masculina de Leviatã), não é o único ícone da justiça na tradição ocidental. Nesse sentido, salientam Curtis e Resnik (1987: 1729): "Evidentemente, a justiça não é um ícone solitário na tradição ocidental. Antes, é uma de uma série de imagens, a maior parte na forma feminina, associada a conceitos poderosos de virtudes e vícios. Justiça, como muitas dessas imagens, traça sua linhagem a partir de deusas. Seus precursores parecem ter sido *Ma'at* na cultura egípcia, *Themis* e *Dike* na Grécia antiga e, então, *Justitia* sob o domínio romano." A respeito de Têmis no antigo pensamento grego, ver Hirzel, 1907: 1-57.

INTRODUÇÃO XIX

caracteriza-se precisamente por ser uma tentativa de construir uma relação sólida e fecunda entre Têmis e Leviatã – portanto, de superar a contradição tradicional entre justiça divina e poder terreno (um paradoxo!); uma tentativa no sentido de que a justiça deveria perder sua dimensão transcendente e o poder não mais ser considerado mera facticidade: o Estado Democrático de Direito como invenção da modernidade. Nesse tipo de Estado, Têmis deixa de ser um símbolo abstrato de justiça para se tornar uma referência real e concreta de orientação da atividade de Leviatã. Este, por sua vez, é rearticulado para superar a sua tendência expansiva, incompatível com a complexidade sistêmica e a pluralidade de interesses, valores e discursos da sociedade moderna. Não se trata apenas de uma fórmula para "domesticar" ou "domar" o Leviatã[3]. Antes, o problema consiste em estabelecer, apesar das tensões e conflitos, uma relação construtiva entre Têmis e Leviatã, de tal maneira que o direito não se mantenha como uma mera abstração e o poder político não se torne impotente por sua hipertrofia ou falta de referência legitimadora.

Apesar do desprezo crítico-ideológico e também do descaso pós-modernista, o Estado Democrático de Direito é um dos principais focos possibilitadores da reprodução construtiva da sociedade mundial moderna, tanto no que se refere à sua complexidade sistêmica quanto no que concerne à sua heterogeneidade de interesses, valores e discursos[4]. As-

---

3. Essa fórmula é sugerida, respectivamente, nos títulos de Dettling (org.) (1980) e Denninger (1990).

4. Aqui não se desconhece que o conceito de Estado de Direito, de origem eurocontinental, é mais restrito semanticamente do que o conceito de *rule of law*, de origem anglo-americana, cuja pretensão de validade ultrapassa a vinculação a leis ou a constituições estatais, abrangendo formas jurídicas extra-estatais (cf. J.-Y. Morin, 1992; Berman, 1992; Fleiner, 1996: esp. pp. 153 ss.; Rosenfeld, 2000: 49 s.; em outra perspectiva, cf. também Troper, 1993: 26 e 40; J. P. Müller, 2000: 38 ss., que se refere a uma outra tradição eurocontinental, que remonta a Kant, de acordo com a qual a compreensão do Estado de Direito estaria mais próxima da noção de *rule of law*). Mas no presente trabalho concentro-me no Estado de Direito como o tipo de Estado em que *rule of law*

sim é que se justifica uma nova abordagem que possa oferecer elementos para a compreensão do Estado Democrático de Direito como espaço da relação difícil entre Têmis e Leviatã. Não se trata aqui da utopia do fim do Estado de Direito com a morte de Leviatã, tampouco da "antiutopia" da sua abolição com a morte de Têmis. As duas soluções são incompatíveis com a pluralidade de interesses, valores e discursos e a complexidade sistêmica da sociedade atual. O que se discute são os fundamentos e as condições de uma relação horizontal e construtiva, sem subjugações ou submissões, entre Têmis e Leviatã, que lhes possibilite enfrentar os graves problemas da sociedade mundial do presente.

---

se baseia na Constituição, nas leis, na jurisprudência e na práxis administrativa; nesse sentido, a melhor tradução de "Estado de Direito" em inglês é, parece-me, *Constitutional State* (assim, p. ex., Lukasheva, 1992). Isso porque somente no plano de reflexividade constitucional alcança-se plenamente o Estado de Direito. Além do mais, na exposição que se segue, o conceito de Estado de Direito é associado ao conceito de democracia.

Capítulo I
Dois modelos de evolução social

1. A evolução social como processo de complexificação e diferenciação funcional e a evolução do direito conforme o modelo luhmanniano

1.1. *Evolução dos sistemas sociais*

A concepção sistêmica da positividade do direito moderno é indissociável do modelo de evolução social como ampliação da complexidade, que conduz, na sociedade moderna, à diferenciação funcional. Antes, porém, de qualquer consideração sobre a própria emergência histórica do fenômeno de complexificação da sociedade, que leva à modernidade, faz-se mister delimitar o sentido que assume o termo "evolução" no âmbito da teoria sistêmica, afastando-se de eventuais equívocos.

De acordo com o modelo sistêmico luhmanniano, a evolução manifesta-se com a transformação do improvável em provável. Ela implica "o paradoxo da probabilidade do improvável"[1]. Em outra formulação, sustenta-se que a evolução "normaliza improbabilidades, compreendidas como grau de desvio em relação a uma situação inicial"[2]. Ocorre evolução, portanto, quando aquilo que é desviante passa a integrar a estrutura do respectivo sistema.

---

1. Luhmann, 1997: 413 s.; Luhmann e De Giorgi, 1992: 169.
2. Luhmann, 1993a: 288.

Nessa perspectiva, o fenômeno evolutivo só se completa quando se preenchem três condições vinculadas reciprocamente: variação, seleção e restabilização ou retenção. Trata-se dos chamados mecanismos evolutivos ou funções da evolução[3]. "A variação consiste em uma reprodução desviante dos elementos através dos elementos do sistema."[4] Importa a emergência de elementos que se afastam do modelo de reprodução até então existente[5]. A *variação* não significa já evolução sistêmica. No plano das estruturas, o sistema pode reagir negativamente ao desvio. Mas pode ocorrer a *seleção* de estruturas para possibilitar a continuidade da reprodução do elemento inovador. Ainda assim, o processo evolutivo singular não se completa necessariamente. Impõe-se a *restabilização* como mecanismo que, no plano da formação do sistema como unidade de reprodução, vem assegurar à estrutura inovadora "duração e capacidade de resistência"[6]. No modelo sistêmico, a própria diferenciação entre essas funções está vinculada ao grau de evolução ou complexidade[7]. Em formas menos complexas, não se distinguem claramente variação e seleção. Em um grau intermediário de complexidade, essa diferença passa a ser nítida, mas a seleção não se separa da restabilização. Por fim, em situações de alta complexidade, a restabilização diferencia-se da seleção, mas se torna difícil distingui-la da variação[8]. A restabilização evolutiva (dinâmica) transforma-se em motor da própria variação[9].

Embora os mecanismos evolutivos – variação, seleção e restabilização – estejam presentes também na evolução dos seres vivos, não se trata, no caso específico da concepção luhmanniana dos sistemas sociais, de analogia aplicadora

---

3. Luhmann, 1997: 452 ss.; 1993a: 241 ss.; 1981b: 14 ss.; Luhmann e De Giorgi, 1992: 189 ss.; Teubner, 1989: 66 ss.
4. Luhmann, 1997: 454; Luhmann e De Giorgi, 1992: 189 s.
5. Luhmann, 1993a: 242.
6. Luhmann e De Giorgi, 1992: 190; cf. Luhmann, 1997: 454 s.
7. Cf. Luhmann, 1997: 495 e 498 ss.; 1993a: 257; Luhmann e De Giorgi, 1992: 216 e 218 ss.
8. Luhmann, 1997: 498; Luhmann e De Giorgi, 1992: 218.
9. Luhmann, 1997: 494; Luhmann e De Giorgi, 1992: 216.

de conceitos próprios do evolucionismo biológico. "Evolução" apresenta-se como um conceito-gênero que se submete a especificações analíticas, respectivamente, conforme se refira aos sistemas biológicos, psíquicos ou sociais[10]. Além do mais, sem negar a importância do modelo darwiniano para a compreensão dos mecanismos evolutivos, considera-se secundário o dogma da "seleção natural"[11]. Este aponta para o predomínio dos fatores ambientais na emergência do processo evolutivo, enquanto a teoria sistêmica enfatiza que a evolução resulta de transformações internas na respectiva unidade de reprodução: as "perturbações" advindas do ambiente só se tornam determinantes da evolução sistêmica quando assimiladas internamente como inovações. Em conexão com essa atitude teórica, o paradigma sistêmico afasta a noção, inegavelmente carregada pela ideologia liberal predominante no período de surgimento do evolucionismo biológico, de que a evolução reside na "sobrevivência do mais apto" ou na "luta pela vida"[12]. A respeito da evolução sociocultural, isso implicaria reduzir o processo evolutivo a ações instrumentalmente direcionadas, desconhecendo-se a complexidade dos mecanismos sociais[13].

No âmbito de discussão da teoria sistêmica, rejeita-se radicalmente qualquer redução sociobiológica da evolução social no sentido do "gene egoísta"[14]. Os fatores genéticos pertencem à infra-estrutura bioquímica, ao ambiente orgânico da sociedade. Esta diferencia-se do seu ambiente na medida em que é constituída por comunicações como unidades elementares[15]. Os fatores genéticos, portanto, podem apenas condicionar as comunicações e, assim, a evolução social. Não

---

10. Cf. Luhmann, 1993a: 240.
11. Cf. Luhmann, 1993a: 241.
12. Teubner, 1989: 67; Maturana e Varela, 1980: 117 s.
13. Teubner (1989: 67) salienta que isso constituiria "um caso-limite extremo e, antes, improvável", ao qual se contrapõe "a situação normal de seleção evolutiva", que "consiste na coexistência de diversos fenômenos socioculturais".
14. Teubner, 1989: 67.
15. Luhmann, 1987a: esp. pp. 192 s.; cf. também 1997: 81 ss.

a determinam. Caso contrário, a sociedade não poderia ser definida como conexão auto-referencialmente fechada de comunicações.

Pela mesma razão que nega a postura reducionista da sociobiologia, o modelo sistêmico-teorético não reconduz a evolução social a indivíduos ou grupos humanos[16]. Essa concepção parte de que a sociedade é formada por um conjunto de indivíduos humanos, emergindo exatamente da reunião deles ("emergência de baixo"). Considerando-se, entretanto, que o homem faz parte do ambiente dos sistemas sociais, seu organismo ou sua consciência apenas podem condicionar-lhes, mas não determinar-lhes a evolução. Isso porque a sociedade só emerge quando conexões de comunicação distanciam-se e diferenciam-se de sua infra-estrutura orgânica e psíquica, da vida e da consciência humanas ("emergência de cima")[17]. As suas unidades evolutivas são, portanto, comunicações (elementos) e expectativas (estruturas).

Também é relevante considerar que, de acordo com o paradigma sistêmico-teorético, a evolução social não se configura como um processo de passagem para uma vida melhor, um maior grau de felicidade[18]. Nesse sentido, construiu-se a idéia de progresso no século XIX, apontando para

---

16. Teubner, 1989: 66 s.

17. Segundo Luhmann (1987a: 43 s.), os sistemas sociais, unidades autopoiéticas de comunicações, emergem "de cima", ou seja, constituem-se ao introduzirem e operacionalizarem, em um outro plano, uma nova diferença entre sistema e ambiente. Não resultam, pois, do acúmulo de elementos infra-estruturais, tais como consciência, seres humanos etc. Ao contrário, na distinção de Maturana e Varela (1980: 107-11; 1987: 196 ss.) entre autopoiese de primeira, segunda e terceira ordem, os seres vivos apresentam-se como componentes dos sistemas sociais ("emergência de baixo"). Cf. também Teubner, 1989: 40 s. Vale advertir que o conceito de sociedade (gênero) de Maturana e Varela, primariamente biológico, é mais abrangente do que o de sociedade humana (espécie); cf. 1980: xxiv-xxx; 1987: 196 ss. Sobre o conceito de autopoiese, ver *infra* Cap. II.1.

18. Cf. Luhmann, 1997: 423, nota 18 (ou Luhmann e De Giorgi, 1992: 173, nota 6), referindo-se criticamente a Spencer, 1904: 447: "[...] A evolução só pode acabar no estabelecimento da máxima perfeição e da mais completa felicidade."

o aperfeiçoamento contínuo, unilinear, regular e necessário da sociedade[19]. A evolução não se dirige a um fim determinado ou à realização de um ideal ou valor. Não há uma teleologia da evolução, embora se possa falar de determinações teleológicas que a condicionam positiva ou negativamente. Em outras palavras, a evolução também não é planejada, embora formas concretas de planificação apresentem-se como fatores da evolução[20].

Da mesma maneira que nega qualquer concepção progressista ou teleológica da evolução, a teoria sistêmica rejeita a noção ontológica do processo histórico como uma unidade na qual se desenvolve o "espírito" até alcançar a sua forma final "absoluta" (Hegel)[21], ou como uma unidade em que se sucedem estádios de desenvolvimento social no sentido da superação de formas materialmente determinadas de dominação e do advento de uma sociedade de plena liberdade (Marx). Exatamente porque considera a evolução como a transformação do improvável em provável, dando ênfase ao "acaso"[22], o modelo sistêmico não fornece "nenhuma interpretação do futuro"[23].

Essas observações gerais de esclarecimento do modelo sistêmico de evolução social, porém, nada dizem ainda sobre a forma específica em que emergem os mecanismos evolutivos na sociedade. A questão é a seguinte: como se realizam variação, seleção e restabilização como funções da evolução no plano da sociedade?[24]

---

19. Cf. Luhmann, 1997: 422-4; Luhmann e De Giorgi, 1992: 172-4; Teubner, 1989: 62.
20. Luhmann, 1997: 429 s.; Luhmann e De Giorgi, 1992: 175.
21. Cf. Luhmann, 1997: 422 s.; Luhmann e De Giorgi, 1992: 172 s.
22. Cf. Luhmann, 1997: 448 ss.; Luhmann e De Giorgi, 1992: 186 s. "Compreendemos o acaso como uma forma de conexão entre sistema e ambiente que se subtrai à sincronização (e, pois, ao controle, à 'sistematização') através do sistema" (Luhmann, 1997: 449; Luhmann e De Giorgi, 1992: 186).
23. Luhmann, 1997: 429; Luhmann e De Giorgi, 1992: 175. Teubner (1989: 61) radicaliza, sustentando que a evolução é cega. Para uma formulação no sentido diametralmente oposto, cf. Hegel, 1986 [1821]: 504.
24. Em trabalho mais antigo, Luhmann (1981b: 16) deixa essa questão em aberto, sustentando que "para os sistemas sociais faltam noções corres-

Tendo em vista que a comunicação é a unidade elementar da sociedade, a variação ocorre quando a comunicação desvia-se do modelo estrutural de reprodução social. Mais precisamente, a variação "consiste em uma comunicação inesperada, surpreendente"[25]. As expectativas sociais correspondentes não contam com aquela espécie inovadora de comunicação, que se apresenta como negação das estruturas estabilizadas. Ela contrapõe um "não" à conexão de expectativas reguladora da reprodução sistêmica[26].

É verdade que isso pode levar, no plano das estruturas, ou seja, das expectativas que orientam a comunicação, a uma forma de seleção negativa, que "rejeita explicitamente" ou "abandona ao esquecimento" o desvio[27]. De maneira evidente, a situação imaginária em que todo comportamento social desviante fosse assimilado constituiria um caso-limite de complexidade desestruturada[28], incompatível com a vida social. Entretanto, a seleção pode conduzir a que referências de sentido envolvidas na comunicação desviante sejam escolhidas tendo em vista a construção de estruturas "idôneas para um uso repetido", isto é, para a condensação de expectativas que sejam aptas a atuar como diretivas das comunicações ulteriores[29].

Conforme já foi afirmado acima, embora essa assimilação estrutural da inovação seja imprescindível à ocorrência

---

pondentes – provavelmente porque aqui aquelas três funções podem ser satisfeitas por mecanismos muito diversos, para os quais, até agora, não se introduziram designações que os compreendam em conjunto (como, p. ex., mutação)".

25. Luhmann e De Giorgi, 1992: 190; Luhmann, 1997: 454.

26. Daí por que a variação está estreitamente relacionada com a produção de conflitos (cf. Luhmann, 1997: 466; Luhmann e De Giorgi, 1992: 199).

27. Luhmann, 1997: 454; Luhmann e De Giorgi, 1992: 190.

28. Sobre a distinção entre complexidade estruturada e não estruturada, ver Luhmann 1987a: 383; 1987b: 6 s. Paralelamente, ele distingue complexidade indeterminada/indeterminável de determinada/determinável (cf., p. ex., 1971: 300-2; 1975a: 209 ss.). Bertalanffy (1957: 9) falava analogamente de complicação desorganizada e organizada.

29. Luhmann, 1997: 454; Luhmann e De Giorgi, 1992: 190.

do acontecimento evolutivo, ela lhe é insuficiente. Impõe-se a restabilização como "a inserção das novas estruturas no complexo de estruturas já existentes"[30]. O problema reside aqui na relação das novas estruturas com o sistema como unidade de reprodução, isto é, "consiste na inserção das transformações da estrutura em um sistema que opera de modo determinado pela estrutura e na conseqüência de tal inserção"[31]. Pode-se afirmar que a restabilização (dinâmica) diz respeito à compatibilização das novas expectativas com o sistema[32], o que significa que ela envolve uma questão de consistência sistêmica. As estruturas inovadoras só terão capacidade de resistência se forem incorporadas como parte de uma unidade de reprodução auto-referencial de comunicações, seja esta a sociedade como um todo ou os seus sistemas parciais. Daí não decorre, porém, que elas tenham que se "adaptar passivamente" ao modelo estrutural já existente. Ao contrário, a restabilização como mecanismo evolutivo implica, em grau maior ou menor, que as estruturas preexistentes rearticulem-se para adequar-se às novas expectativas, possibilitando, assim, a continuidade dinâmica da sociedade.

Tal como em relação ao conceito de evolução em geral, a teoria sistêmica vincula a evolução social à diferenciação dos três mecanismos evolutivos[33]. Nas formas menos complexas das sociedades diferenciadas segmentariamente[34], variação e seleção confundem-se. Isso porque, nelas, entre elementos e estruturas ainda não há uma nítida distinção. As comunicações e as expectativas sobrepõem-se. A "carência

---

30. Luhmann, 1997: 490; Luhmann e De Giorgi, 1992: 214.
31. Luhmann e De Giorgi, 1992: 212; cf. Luhmann, 1997: 488.
32. Cf. Luhmann, 1997: 488; Luhmann e De Giorgi, 1992: 212.
33. Luhmann, 1997: 495 e 498-505; Luhmann e De Giorgi, 1992: 216 e 218-21; Luhmann, 1993a: 257.
34. A diferenciação segmentária caracteriza-se pela "*igualdade* dos sistemas parciais, que se distinguem com base na descendência ou na comunidade de habitação, ou mediante a combinação de ambos os critérios" (Luhmann, 1997: 613; Luhmann e De Giorgi, 1992: 255). A respeito, cf. Luhmann, 1997: 634 ss.; Luhmann e De Giorgi, 1992: 260 ss.

de alternativas"[35], ou seja, o baixo grau de variação, significa que as comunicações inesperadas são exceções que põem em xeque a própria estrutura social. O desvio é tido como algo estranho à comunidade. O presente está determinado pelo passado. Nesse contexto, a interação ritualística tem um papel relevante. Nos rituais, condensam-se expectativas através da repetição, entre os presentes, de práticas que refletem e modelam comportamentos cotidianos, esperados como evidentes. O fato de o sistema de interação, baseado na comunicação entre os presentes, ser predominante (isto é, estrutura da interação e estrutura da sociedade não se distinguem claramente) faz com que o desvio tenha ínfima possibilidade de impor-se como inovação. O baixo grau de variação importa insuficiente "pressão seletiva" e, portanto, pouca complexidade[36].

Nas sociedades estratificadas ou diferenciadas hierarquicamente[37], variação e seleção já se distinguem, na medida em que se pode discernir entre elementos e estruturas. Embora se condicionem reciprocamente, comunicações e expectativas não mais se sobrepõem. O modelo estrutural de expectativas condensadas se confronta regularmente com o problema do desvio comportamental. A conduta desviante é avaliada como algo interno à sociedade, a ser tratado por procedimentos de aplicação jurídica fundados em representações morais (e, ao mesmo tempo, religiosas) válidas para todas as esferas da sociedade, como veremos mais adiante (subitem 1.3 deste capítulo). A seleção por procedimentos

---

35. Luhmann, 1981b: 28; 1987b: 148.
36. "Complexidade significa [...] praticamente pressão seletiva [*Selektionszwang*]" (Luhmann, 1987b: 31).
37. A diferenciação estratificada caracteriza-se pela "*desigualdade de nível* dos sistemas parciais*", sendo fundamental a distinção entre "nobreza e povo comum" (Luhmann, 1997: 613; Luhmann e De Giorgi, 1992: 256). Cf. Luhmann, 1987b: 166 ss.; 1981c: 159; 1997: 678 ss.; Luhmann e De Giorgi, 1992: 281 ss. Entre a diferenciação segmentária e a estratificada, Luhmann introduz a diferenciação "centro/periferia" como forma intermediária de diferenciação (cf. Luhmann, 1997: 613 e 663 ss.; Luhmann e De Giorgi, 1992: 225 s. e 275 s.).

vai implicar a discussão sobre a existência ou não de desvio em face do padrão estrutural vigente, isto é, o cotejo entre comunicações concretas e expectativas consolidadas. Tal situação envolve um grau mais elevado de produção de conflitos e tolerância[38], mas é sobretudo com o surgimento da escrita que se vai incrementar uma maior possibilidade de comunicação inovadora[39]. A partir da escrita como aquisição evolutiva referente aos próprios meios de difusão da comunicação, tem início o processo de superação do "controle estrito" dos participantes da comunicação (leitor e escrevente) pelos sistemas de interação (entre os presentes), predominantes nas sociedades arcaicas, o que torna prováveis as interpretações antes improváveis, a negação dos sentidos sedimentados anteriormente[40].

No entanto, nas sociedades estratificadas, apesar do incremento da variação pela escrita, a uma "seleção plausível ou evidente" vincula-se uma "estabilidade normativa ou dogmaticamente indubitável" na forma de evolução das idéias[41]. Assim sendo, não se distingue entre seleção e restabilização. Isso, parece-me, pode ser relacionado com a confusão entre unidade e estrutura sistêmicas; em outras palavras, com o fato de que a unidade do sistema social apresenta-se como unidade estrutural. Os próprios instrumentos procedimentais de solução de conflitos destinam-se basicamente a averiguar a adequação das condutas ao modelo estrutural de expectativas evidentes e inquestionáveis. Isso significa a presença de um plexo de valores, imediatamente válido como padrão de comportamento em todas as esferas da vida social, que legitima a dominação da camada superior. A moral con-

---

38. Cf. Luhmann, 1997: 466 s.; Luhmann e De Giorgi, 1992: 199 s.
39. Cf. Luhmann, 1997: 540 ss.; Luhmann e De Giorgi, 1992: 229 ss.; Luhmann, 1993a: 245 ss.
40. Cf. Luhmann, 1997: esp. pp. 545 s.; Luhmann e De Giorgi, 1992: esp. pp. 233 s.; Luhmann, 1980: 47; 1987a: 127 s., 513 e 581 s.; 1993a: 255 s. Daí por que a escrita está relacionada com a maior capacidade de suportar conflitos e tolerá-los (Luhmann, 1997: 464; Luhmann a De Giorgi, 1992: 197).
41. Cf. Luhmann, 1997: 553; Luhmann e De Giorgi, 1992: 238.

teudística, religiosamente fundamentada, ao mesmo tempo excludente na dimensão pessoal ou social e totalizante na dimensão material e temporal, atua como freio aos desvios inovadores, na medida em que estabelece que o proveniente "de baixo" deve adequar-se ao fixado "em cima".

Só na sociedade moderna, diferenciada funcionalmente[42], distinguem-se claramente seleção e restabilização como mecanismos evolutivos. A unidade sistêmica não se apresenta mais, primariamente, no plano estrutural (expectativas). A unidade é sobretudo operativa, manifesta-se primeiramente no plano dos elementos (comunicações). Não só a difusão da escrita através da imprensa e, posteriormente, a emergência dos meios de comunicação de massa, mas sobretudo o surgimento de sistemas parciais autônomos levam a uma fragmentação estrutural. Entretanto, essa situação, embora importe o distanciamento entre seleção e restabilização, envolve também uma aproximação desta à variação[43]. "Na perspectiva da teoria da evolução, destaca-se que os sistemas funcionais são estabilizados no sentido da variação, de tal sorte que o mecanismo da estabilização atua simultaneamente como motor da variação evolutiva."[44] Disso decorre que a sociedade torna-se excessivamente dinâmica e complexa. A pressão seletiva intensifica-se[45]. A questão compli-

---

42. Características da diferenciação funcional são "*tanto a desigualdade quanto a igualdade* dos sistemas parciais. Os sistemas funcionais são iguais na sua desigualdade". Daí por que as diretrizes para as relações entre eles não residem em mecanismos abrangentes de toda a sociedade (Luhmann, 1997: 613; Luhmann e De Giorgi, 1992: 256; cf., a respeito, Luhmann, 1997: 707 ss. e 743 ss.; Luhmann e De Giorgi, 1992: 290 ss. e 320 ss.). Há horizontalidade nas relações intersistêmicas e autonomia perante a sociedade como um todo.

43. Cf. Luhmann, 1997: esp. pp. 494 s. e 498; Luhmann e De Giorgi, 1992: esp. pp. 216 e 218 s.

44. Luhmann, 1997: 494; Luhmann e De Giorgi, 1992: 216.

45. Isso se torna particularmente relevante desde que se possa, a título de simplificação, "definir a evolução também como seleção da estrutura e, considerando-se que as estruturas guiam a seleção de operações, pode-se definir a evolução como seleção de seleção" (Luhmann, 1997: 455 s.; Luhmann e De Giorgi, 1992: 191).

ca-se porque cada sistema social parcial constitui-se como unidade de reprodução auto-referencialmente fechada, fazendo parte do ambiente dos demais sistemas parciais. A unidade da sociedade repousa na diferenciação sistêmico-funcional. Isso resulta em que, no interior da própria sociedade, relativamente a cada sistema parcial, impõe-se decisivamente a distinção entre evolução interna e evolução externa[46], ou melhor, a confrontação permanente entre diversas formas de evolução sistêmica.

1.2. A sociedade moderna: hipercomplexidade e diferenciação funcional

Antes de abordar a sociedade moderna como supercomplexa e funcionalmente diferenciada, faremos algumas observações preliminares sobre modelos de caracterização da dicotomia "tradição/modernidade", que na sociologia européia podem ser apresentados como precursores do paradigma sistêmico luhmanniano[47].

Em relação aos clássicos da sociologia, a diferença entre comunidade e sociedade, tal como formulada por Tönnies, já colocava problemas relevantes da discussão posterior sobre a modernidade. Partindo dos conceitos de "vontade essencial" e "vontade arbitrária"[48], Tönnies distingue a comunidade ("antiga", "formação orgânica") da sociedade ("nova", "formação mecânica")[49] através das seguintes características: 1) comunhão essencial *versus* separação essencial dos homens[50]; 2) orientação das ações conforme os sentimentos *versus* ações orientadas com respeito a fins[51]; 3) fechamento

---

46. Luhmann, 1981b: 14; cf. criticamente Teubner, 1989: 70.
47. Cf. Neves, 1992: 11 ss., de onde retirei os elementos básicos da exposição que se segue.
48. Cf. Tönnies, 1979: 73 ss.
49. Cf. Tönnies, 1979: 3-6.
50. Tönnies, 1979: 34.
51. Tönnies, 1979: 74 e 106 ss.

versus abertura⁵²; 4) referência ao passado *versus* referência ao futuro⁵³. Abstraindo-se o psicologismo, o pessimismo e o fatalismo como traços inerentes à obra de Tönnies⁵⁴, é de observar-se que, na sua contribuição, encontram-se formas embrionárias dos conceitos de diferenciação social, racionalidade-com-respeito-a-fins e abertura para o futuro, desenvolvidos mais tarde no âmbito das ciências sociais. Sobretudo as noções de "comunhão" e "separação" já fornecem elementos para a discussão atual sobre a ausência de orientação unitária da conduta na contemporaneidade.

Em Durkheim, a dicotomia "tradição/modernidade" expressa-se mediante a distinção entre solidariedade mecânica, protegida pelo "direito repressivo", e solidariedade orgânica, amparada no "direito restitutivo"⁵⁵. Enquanto a primeira estaria fundada nas semelhanças e implicaria o tipo segmentário de estrutura social⁵⁶, a segunda, ao contrário, pressuporia dessemelhanças⁵⁷, dependeria da divisão de trabalho⁵⁸ e corresponderia ao tipo "organizado" de estrutura social⁵⁹. De

---

52. "Toda convivência íntima, familiar, exclusiva (assim entendemos) é compreendida como vida em comunidade. Sociedade é a vida pública, é o mundo" (Tönnies, 1979: 3).
53. Cf. Tönnies, 1979: 73.
54. Cf. Blüm, 1967: 77 ss. e 111-4. A respeito da correspondência entre Tönnies e H. Höffding sobre a questão do pessimismo social, ver Jacoby, 1971: 72 ss. Ver também a primeira carta de Höffding para Tönnies (de 2/7/1888) e a resposta de Tönnies a Höffding (de outubro de 1888), *in*: Blüm, 1967: 145-57.
55. Cf. Durkheim, 1986: 35-102 (Livro I, Caps. 2 e 3).
56. Cf. Durkheim, 1986: 149-57 (Livro I, Cap. 6, item I).
57. "Todavia, nem toda dessemelhança é suficiente para produzir esse efeito. [...] Portanto, apenas as diferenças de um certo gênero tendem uma para a outra; são aquelas que, em vez de se oporem e se excluírem, completam-se mutuamente" (Durkheim, 1986: 18). Cf., em sentido contrário, Souto, 1984: 58 s.
58. "Mas a divisão do trabalho não é peculiar ao mundo econômico; pode-se observar sua influência crescente nas mais diferentes regiões da sociedade" (Durkheim, 1986: 2). "Por um lado, Durkheim equipara, ainda como no século XIX, diferenciação social com divisão do trabalho, mas, por outro lado, rompe este conceito através, por exemplo, da incorporação da diferença funcional dos papéis [dos gêneros] sexuais" (Luhmann, 1984a: 111, nota 30).
59. Cf. Durkheim,1986: 157-67 (Livro I, Cap. 6, item II). Cabe observar que, com os conceitos de "mecânico" e "orgânico", Durkheim refere-se res-

acordo com sua perspectiva evolucionária, Durkheim fala de uma preponderância progressiva da solidariedade orgânica[60]. Esse processo evolutivo teria, em primeiro lugar, um significado moral: "... os serviços econômicos que ela [a divisão do trabalho] pode prestar são pequenos, comparados com o efeito moral que produz, e a sua verdadeira função é de criar entre duas ou mais pessoas um sentimento de solidariedade."[61] Daí surgem as críticas luhmannianas a respeito da fundamentação moral do conceito de divisão do trabalho em Durkheim[62]. Segundo Luhmann, "o que mais surpreende, surpreende sobretudo em uma teoria desenvolvida após Karl Marx, é que as conseqüências do mecanismo monetário no sentido de neutralizar a moral na interação permaneçam fora de consideração"[63]. Tal posicionamento estaria relacionado com o fato de que a solidariedade orgânica ainda constituiria um mecanismo tradicional. Para Luhmann, essa solidariedade ainda pressupõe normas sociais que, embora altamente generalizadas, são comumente válidas para todos os subsistemas da sociedade[64]. Contudo, no que diz respeito ao conceito de modernidade, a concepção clássica durkheimiana de divisão do trabalho contribuiu para a colocação do problema, não para a sua solução[65]. Nessa perspectiva, pode-se compreender melhor a relevância de Durkheim para a posterior construção sociológica do conceito de diferenciação funcional como característica da modernidade.

A concepção weberiana da modernidade acentua o processo de racionalização da sociedade. De acordo com os di-

---

pectivamente ao antigo e ao novo, ao contrário de Tönnies. O fato de Durkheim mostrar-se otimista e Tönnies pessimista em relação à era moderna pode ser esclarecido pela recepção, em ambos, do então influente organicismo moral, combinada com a interpretação das estruturas sociais modernas, respectivamente, como orgânicas ou mecânicas.
60. Cf. Durkheim, 1986: 119-76 (Livro I, Caps. 5 e 6).
61. Durkheim, 1986: 19.
62. Cf. Luhmann, 1977: esp. pp. 25 ss.
63. Luhmann, 1977: 31 s.
64. Cf. Teubner, 1982: 46.
65. Cf. Luhmann, 1977: 19.

ferentes fundamentos de determinação, a ação social vai ser analisada como tradicional, afetiva, racional-com-respeito-a-valores e racional-com-respeito-a-fins[66]. Aos dois primeiros tipos (irracionais) corresponde a relação social "comunitária" ["*Vergemeinschaftung*"]; aos dois últimos (racionais), a relação social "associativa" ["*Vergesellschaftung*"][67]. No que concerne à ação racional, porém, há uma escala, na medida em que o agir racional-com-respeito-a-valores é caracterizado como irracional em face do agir racional-com-respeito-a-fins[68]. Em conexão com essa tipificação, Weber classifica os três tipos puros de dominação legítima: legal-racional (válida por força de ordens estatuídas), tradicional e carismática (extracotidiano-afetiva)[69]. A modernização implica, portanto, a racionalização-com-respeito-a-fins das condutas, institucionalizada através da racionalização legal da dominação. Embora se possa falar de "condições de partida" racionais-com-respeito-a-valores (ética protestante), verifica-se que no enfoque weberiano o desenvolvimento da "relação associativa" racional-com-respeito-a-fins exigiu o desatrelamento da economia e do direito de seus fundamentos éticos (racionais-com-respeito-a-valores)[70]. Assim sendo, o direito formal, moralmente neutralizado, atua como ordem normativo-institucional do mercado livre, que funciona de maneira racional-finalística, e da luta estratégica pelo poder[71].

---

66. Cf. Weber, 1985: 12 s.; Schluchter, 1979: esp. pp. 191-5; Habermas, 1982a I: 379-84.
67. Weber, 1985: 21-3.
68. Cf. Weber, 1985: 13. "Os quatro tipos weberianos de ação" – afirma Schluchter (1979: 191) – "[...] parecem ordenados ao longo de uma escala de racionalidade". Nessa escala, a ação "puramente tradicional" encontra-se na fronteira entre a ação com sentido e um "comportamento meramente reativo" (Weber, 1985: 2).
69. Cf. Weber, 1968b; 1985: 124 ss.
70. Cf. Habermas, 1982a I: 314 e 330. Isso também vale para o direito natural moderno (cf. Weber, 1985: 502).
71. Cf., p. ex., Weber, 1985: 198. A respeito, ver a interpretação crítica de Habermas, 1982a I: 331 ss. Sobre as qualidades racional-formais do direito moderno e as tendências contrárias, ver Weber, 1985: 503-13; cf. também as reflexões críticas de Teubner, 1982: esp. pp. 14-6 e 24 ss.; Teubner e Willke, 1984: esp. pp. 20 s.; Eder, 1986: esp. pp. 6-9.

Conforme a perspectiva weberiana, modernidade significa, em primeira linha, racionalismo-com-respeito-a-fins, em detrimento dos fundamentos tradicionais, afetivos e racionais-com-respeito-a-valores (irracionais) de determinação do agir social, mas isso envolve reciprocamente diferenciação funcional.

Com pretensão de um modelo explicativo mais abrangente a respeito da emergência da sociedade moderna, Luhmann utiliza, em primeiro lugar, o critério da *complexidade*, entendida como presença permanente de mais possibilidades (alternativas) do que as que são suscetíveis de ser realizadas[72]. Não desconhece que, no processo da evolução, construções altamente complexas sejam destruídas ou mesmo substituídas por "simplificações superiores"; antes salienta que "a tese de um incremento contínuo da complexidade no curso da evolução é insustentável"; mas afirma que a evolução implica "testes da complexidade" e a formação de "sistemas mais complexos ao lado de outros menos complexos"[73], definindo "a crescente complexidade da sociedade" como "motor da evolução"[74]. De acordo com esse modelo, a sociedade moderna distingue-se pela sua alta complexidade. "Considerando o número, a diversidade e a interdependência de ações possíveis", assim enfatiza Luhmann, "a sociedade moderna é supercomplexa – muito mais complexa do que qualquer uma das formações sociais mais antigas, limitadas regionalmente"[75].

---

72. Luhmann, 1987b: 31. Cf. também 1989c: 4 s. E. Morin (1990: 48 s.) aponta para o aspecto qualitativo da complexidade: "Mas a complexidade não compreende apenas as quantidades de unidades e interações que desafiam nossas possibilidades de cálculo; ela compreende também as incertezas, as indeterminações, os fenômenos aleatórios. A complexidade em um sentido tem *sempre a ver com o acaso*." Isso se relaciona – como veremos a seguir – com o fato de que complexidade implica contingência. Sobre o conceito de complexidade, ver também as reflexões ulteriores de Luhmann (1997: 134 ss.).

73. Luhmann e De Giorgi, 1992: 185. Cf. Luhmann, 1997: 447; 1993a: 287.

74. Luhmann, 1987b: 106. "A evolução ainda é concebida como aumento da complexidade" (Luhmann, 1981b: 13). Parsons (1966: 21 ss.) falava de aumento da capacidade de adaptação.

75. Luhmann, 1981d: 80.

Por um lado, a supercomplexidade envolve supercontingência[76] e abertura para o futuro[77]; por outro, provoca pressão seletiva e diferenciação sistêmico-funcional. Na medida em que estão presentes complexidade (que implica pressão seletiva), pressão seletiva (que importa contingência) e contingência (que significa risco)[78], desenvolve-se uma sobrecarga seletiva que exige especificação de funções em sistemas parciais diferenciados e operacionalmente autônomos. A própria racionalidade, nessas circunstâncias, resulta da diferenciação funcional. O problema da racionalidade pressupõe a questão de saber "como é possível, através da redução de complexidade, aumentar a complexidade apreensível"[79]. Esse problema é referido a cada sistema funcional, operacionalmente fechado: como reduzir a supercomplexidade advinda do seu respectivo ambiente, ampliando a sua própria complexidade e, portanto, a sua capacidade seletiva? Nes-

---

76. "O princípio do desenvolvimento é a crescente complexidade e contingência da sociedade" (Luhmann, 1987b: 136). Nesse sentido, a contingência é caracterizada como "qualidade peculiar da sociedade moderna" (Luhmann, 1992: 93 ss.). "Por *contingência* entendemos o fato de que as possibilidades apontadas para as demais experiências poderiam ser diferentes das esperadas", significando "perigo de desapontamento e necessidade de assumir-se riscos" (Luhmann, 1987b: 31). Sobre a distinção entre perigo e risco, esclarece Luhmann (1991c: 30 s.): "Ou o eventual dano é visto como conseqüência da decisão e, portanto, imputado à decisão. Então, falamos de risco, isto é, do risco da decisão. Ou o eventual dano é visto como provocado externamente e, portanto, imputado ao ambiente. Então, falamos de perigo."
77. "Sociedades que ultrapassam o limiar da cultura avançada pré-moderna [*Hochkultur*] distanciam-se de seu passado e abrem-se para o seu futuro em uma proporção muito mais intensa, porque são capazes de suportar, absorver ou protelar mais incertezas em seu presente" (Luhmann, 1987b: 344).
78. Luhmann, 1987a: 47.
79. Luhmann, 1987a: 236. Com relação à teoria luhmanniana, afirma Habermas (1982c: 261): "*Racionalidade sistêmica* é a racionalidade-com-respeito-a-fins transportada para os sistemas auto-regulados [...]." Essa interpretação não me parece correta, visto que, de acordo com Luhmann, no processo de redução de complexidade os modelos orientados para fins só "são mobilizados quando os problemas já ganharam estruturas mais específicas, quando, pois, a complexidade já está consideravelmente absorvida" (Luhmann, 1973a: 156; cf. também 1983a: 223; 1971: 294).

se contexto, a diferenciação sistêmico-funcional é concebida como característica distintiva da sociedade moderna[80].

O modelo luhmanniano é passível, porém, de uma releitura em cujo âmbito o conceito de modernidade seja ampliado. Não se questiona aqui que uma sociedade é moderna na medida em que alcança um alto grau de complexidade, contingência e abertura para o futuro. É verdade que isso *exige* diferenciação sistêmico-funcional. Entretanto, muito freqüentemente, a realização desta é insuficiente, sem que a sociedade torne-se menos complexa e contingente, tampouco se reduza a sua abertura para o futuro. Ao contrário, é possível que isso leve a um maior grau de complexidade, contingência e abertura para o futuro. Não se desconhece aqui que sempre há um "desnível de complexidade entre sistema e ambiente", que constitui "impulso e regulador da evolução"[81]; mas na hipótese especial a que pretendo referir-me trata-se de vínculos não suficientemente complexos entre sistema e ambiente, que levam à degeneração da "correspondente segurança das expectativas"[82] e fazem surgir um excesso de novos problemas (mais possibilidades). Nesse caso, não existe nenhuma relação seletiva adequada entre sistemas e os seus respectivos ambientes, entre aumento da complexidade sistêmica e correspondente redução da complexidade ambiental. Há uma carência muito elevada de capacidade funcional dos diferentes sistemas parciais, pois eles não se apresentam em condições de estruturar ou determinar suficientemente a complexidade[83].

Essa situação caracteriza muito freqüentemente os "países periféricos", na medida em que eles estão integrados ao mercado mundial e tomam parte das relações internacionais. Nesse sentido, parece possível falar, mesmo na sociedade

---

80. Cf., p. ex., Luhmann, 1981c: 159; 1981k: 7. Para Parsons (1966: 26 s.), o desenvolvimento central na passagem das sociedades "intermediárias" para a sociedade moderna encontra-se na institucionalização do sistema jurídico autônomo.
81. Luhmann, 1987b: 136.
82. Luhmann, 1981e: 96.
83. Ver *supra* nota 28.

mundial do presente, de uma modernidade periférica em contraposição a uma modernidade central. Assim como se reconhece como "normativa" a concepção de que, por falta de mecanismos de regulação e coordenação, as sociedades dos países desenvolvidos (centrais) não são modernas, mas sim os seus sistemas parciais enquanto são funcionalmente eficientes[84], seria também uma postura "normativa" afirmar que, em virtude de uma deficiente diferenciação sistêmico-funcional, não se configura como moderna a sociedade mundial em sua reprodução altamente complexa e contingente nos "países periféricos". Pelo menos não se pode mais admitir que estes sejam tratados como sociedades tradicionais. Ainda que neles não esteja presente a exigência funcional (a ordenação da complexidade) nem a suposta "idéia regulativa" (a realização da "consciência moral emancipatória") da modernidade, impõe-se reconhecer, parafraseando Lyotard[85], a sua "condição moderna"[86].

1.3. A evolução do direito: direito arcaico, direito das culturas avançadas pré-modernas e direito positivo

A evolução da sociedade como sistema social mais abrangente vincula-se diretamente à evolução dos seus subsistemas funcionais. Nesse contexto, discute-se a emergência dos mecanismos evolutivos especificamente em relação ao direito[87]. Na esfera jurídica, a variação evolutiva, que diz respeito aos elementos, apresenta-se como "comunicação de expectativas normativas inesperadas"[88]. Isso significa que o

---

84. Nesse sentido, cf. Offe, 1986: esp. pp. 106 e 110.
85. Lyotard, 1979.
86. Voltaremos a essa questão no Cap. V.
87. Cf. Luhmann, 1981b; 1993a: 239-96.
88. Luhmann, 1993a: 257; cf. também 242. A rigor, se a variação diz respeito aos elementos, não se pode defini-la simplificadamente como expectativa normativa desviante, ou seja, no plano das estruturas, mas sim como *comunicação* (elemento) de expectativas normativas inesperadas ou, mais precisamente, como *comunicação* inesperada de expectativas normativas (ver, diversamente, Luhmann, 1981b: 16 ss.; Teubner, 1989: 70).

respectivo comportamento não é previsto nas estruturas normativas preexistentes, desaponta expectativas contrafácticas dominantes. O desvio pode ser seletivamente rejeitado ou tratado com indiferença. É possível, porém, que a repetição ou difusão do desvio conduza à produção de novas estruturas normativas que venham a condicionar a continuidade da inovação. A seleção significa, portanto, que conduta inicialmente desviante passa a ser prevista no plano das expectativas normativas. Não importa necessariamente a restabilização. Esta só ocorre quando a nova expectativa é inserida como norma jurídica vigente no modelo estrutural de reprodução do direito. Refere-se à unidade do sistema jurídico[89] e, portanto, ao problema da inserção consistente da nova norma no ordenamento jurídico. Embora elemento, estrutura e unidade sistêmica estejam sempre em conexão, a diferenciação dos três mecanismos evolutivos constitui produto e fator da própria evolução do direito[90], como será observado adiante.

Particularmente com referência ao direito, Luhmann vai discutir o problema da evolução endógena e exógena no interior da sociedade[91]. Teubner critica essa abordagem do "primeiro" Luhmann, argumentando que ela parte de uma concepção muito simples da relação entre sistema e ambiente, nos termos do modelo dos sistemas abertos, de acordo com o qual a evolução do ambiente social influenciaria imediatamente o sistema jurídico[92]. Esse modelo só seria plausível, portanto, para as condições pré-autopoiéticas do direito[93]. Parece-me, contudo, que a distinção entre evolução endógena e exógena aponta, ao contrário, para a noção de co-evolução, que antes se refere à conexão problemática dos mecanismos evolutivos do direito, da sociedade e dos demais sistemas sociais, enquanto se reproduzem autopoieticamente[94].

---

89. Luhmann, 1993a: 242.
90. Cf. Luhmann, 1993a: 242 e 257.
91. Cf. Luhmann, 1981b: 14 ss.
92. Teubner, 1989: 70 s.
93. Teubner, 1989: 73.
94. A respeito, cf. Teubner, 1989: 66 e 78-80, embora com implicações diversas do paradigma luhmanniano.

Isso porque as influências recíprocas entre sistemas, nas diversas formas de interpenetração, acoplamento estrutural e interferência, tornam a evolução do direito, mesmo no contexto de sua reprodução autopoiética, não apenas condicionada causalmente, mas também funcional-estruturalmente sensível ao ambiente social, embora não determinada diretamente por ele.

A partir dessa compreensão do relacionamento entre evolução endógena e exógena, pode-se vincular a evolução do direito aos diversos tipos evolucionários de sociedade: à diferenciação segmentária corresponde o direito arcaico; à hierárquica, o direito das culturas avançadas pré-modernas; à diferenciação funcional, o direito positivo (moderno)[95]. Luhmann satisfaz-se inicialmente com uma "divisão grosseira" ["*Grobeinteilung*"], restringindo-se a verificar se há ou não a diferenciação de procedimentos decisórios e se estes concernem apenas à aplicação ou também à estatuição do direito[96]. Esse modelo ganha em complexidade mais recentemente, apontando para a diversidade no interior de cada um desses tipos evolutivos de direito e os seus envolvimentos recíprocos[97]. Cabe observar também que anteriormente já se enfatizava não se tratar de uma "classificação cronológica objetiva", mas de "estado relativo de desenvolvimento", de tal maneira que traços jurídicos das culturas avançadas pré-modernas e mesmo arcaicas podem ser encontrados no presente[98].

Nas sociedades arcaicas o direito afirma-se, em caso de desapontamento das expectativas, mediante a autodefesa da vítima ou de seu clã. Nessas condições de reação imediata às ofensas, é inconcebível a presença de um procedimento de aplicação ou execução normativo-jurídica. O direito não é, a rigor, aplicado ou executado (instrumentalmente), mas

---

95. Ver Luhmann, 1981b; 1987b: 132-205.
96. Luhmann, 1987b: 147.
97. Cf. Luhmann, 1993a: 239-96.
98. Luhmann, 1987b: 147.

sim assegurado e afirmado expressivamente pelo respectivo indivíduo ou grupo ofendido[99]. Ele é verificado e confirmado concretamente no presente[100], não existindo ainda uma diferença clara entre regra e ação[101]. A generalização congruente de expectativas normativas nas dimensões temporal, pessoal e material manifesta-se através da represália e da reciprocidade[102], não mediante procedimentos. Nesse contexto, não se distingue entre um simples desapontamento de expectativas e uma ofensa a direitos[103]. Em outras palavras, não há uma diferenciação entre moral, direito, costumes e convencionalismo social. Pode-se também afirmar que se confundem expectativas normativas e cognitivas. A ofensa concreta apresenta-se com a evidência de um fato natural imediato. Acrescente-se que não há uma diferença entre interação e sociedade, nem se distinguem estrutura e elemento, o que impossibilita a assimilação e o tratamento procedimentalmente "distanciado" dos conflitos. Tudo isso implica insuficiente variação, de tal maneira que esse mecanismo evolutivo e a seleção ainda não se distinguem. A variação restrita não possibilita o incremento da pressão seletiva no rumo da construção dos procedimentos de solução de conflitos. Nesse sentido, sustenta-se que o impasse da evolução do direito arcaico reside no mecanismo da variação[104], na insuportabilidade *estrutural* do desvio *inovador*.

O direito das culturas avançadas pré-modernas envolve a institucionalização de procedimentos de aplicação jurídi-

---

99. Cf. Luhmann, 1987b: 150.
100. Cf. Luhmann, 1987b: 154.
101. Cf. Luhmann, 1993a: 257, observando, porém, que essa indistinção não é impeditiva de variação. Cf. também Schluchter, 1979: 146. Em Hart (1961: 91 ss.), trata-se antes de um complexo de regras primárias de obrigação, que se caracteriza por três "defeitos principais": incerteza, caráter estático e ineficiência. Os "remédios" para esses "defeitos" seriam, respectivamente, as regras secundárias de reconhecimento, alteração e julgamento.
102. Cf. Luhmann, 1987b: 154-7.
103. Cf. Luhmann, 1993a: 258, associando essa situação à ausência de uma cultura jurídica escrita.
104. Luhmann, 1981b: 27; 1987b: 297; Teubner, 1989: 70; 1982: 36.

ca[105]. Isso pressupõe uma diferenciação hierárquica das sociedades, conforme a qual a dominação política encontra-se no topo, pertencendo exclusivamente à camada superior. Em princípio, o direito já não se expressa mediante a afirmação concreta das partes, mas, antes, é aplicado e executado por decisão de um terceiro com base em normas e valores abstratos. A generalização congruente das expectativas normativas, como função do direito, vai ser assegurada por procedimentos de aplicação jurídica, caracterizados pela incerteza do resultado[106]. Entretanto, as normas e os princípios abstratos, de acordo com os quais a atividade aplicadora dos juízes deve orientar-se – inclusive quando introduzidos por legislação –, são compreendidos como imutáveis[107]. Isso está relacionado com o fato de que o direito é concebido como algo *verdadeiro*, subordinando-se, "apesar de sua normatividade, ao modo de tratamento das expectativas cognitivas"[108]. Além do mais, cabe observar que mesmo a diferenciação do procedimento de aplicação jurídica não é suficiente nas primeiras culturas avançadas, nas quais as questões jurídicas apresentam-se intimamente vinculadas aos rituais divinatórios[109]. Tal diferenciação só vai estar presente no direito civil romano, renovando-se na sistematização medieval do direito[110]. Nesse contexto, a variação intensifica-se, sendo relevante o papel da escrita, principalmente no que concerne à possibilidade de interpretações inovadoras, descarregadas das pressões concretas da interação conflituosa[111]. A seleção de estruturas mediante procedimentos já se distingue da variação advinda dos conflitos entre as partes. Contudo, na medida em

---

105. A respeito, ver Luhmann, 1987b: esp. pp. 171 ss. De acordo com Hart (1961: 94 s.), trata-se aqui da introdução das regras secundárias de julgamento. Luhmann (1987b: 79) fala de "institucionalização da institucionalização de expectativas de comportamento".
106. Luhmann, 1987b: 172 e 182; 1983a: 116.
107. Luhmann, 1987b: 183.
108. Luhmann, 1987b: 185.
109. Cf. Luhmann, 1993a: 248 e 252.
110. Luhmann, 1993a: 253.
111. Cf. Luhmann, 1993a: 252 ss.

que o procedimento de aplicação jurídica fundamenta-se em uma ordem supostamente estável, os mecanismos seletivos "ainda não se distinguem dos problemas da restabilização do sistema"[112]. Nesse sentido, sustenta-se que o impasse da evolução do direito das culturas avançadas pré-modernas reside na deficiência de seletividade em relação à crescente variação de expectativas normativas comunicadas, ou seja, no problema de que os procedimentos decisórios mostram-se incapazes de exercer sua função seletiva[113].

Na transição das culturas avançadas pré-modernas para a sociedade moderna, a concepção jusnaturalista desempenha um importante papel evolutivo no sentido da positivação do direito. A dicotomia "ordem jurídica natural/ordem jurídico-positiva" implica a delimitação da esfera do direito invariável pela noção de direito variável, alterável[114]. Porém, conforme a concepção jusnaturalista, o mutável permanece ainda subordinado ao imutável: o direito positivo só é válido enquanto se conforma ao direito natural inalterável. A pretensão de validade da decisão legiferante expressa-se através da invocação dos princípios jusnaturais. Nesse contexto, ainda não prevalece a noção de um direito inteira e constantemente alterável. Ela só vai surgir com a positivação do direito como conquista da sociedade moderna[115].

Com a introdução do procedimento legiferante como critério de validação das normas jurídicas, surge na era contemporânea o direito positivo no sentido estrito da teoria sistêmica[116]. O fato de que as normas sejam proclamadas por

---

112. Luhmann, 1993a: 269.
113. Cf. Luhmann, 1987b: 297; 1981b: 27 e 29; Teubner, 1982: 36; 1989, 70.
114. Cf. Luhmann, 1987b: 186; 1981f: 119 s. Sobre as formulações dessa dicotomia na tradição ocidental, ver Bobbio: 1979: 5-15. No jusnaturalismo cristão, esse dualismo amplia-se no sentido de "uma tricotomia: *ius positivum, ius naturale humanum* e *ius divinum voluntarium*, o mandamento jurídico imutável da revelação" (Wieacker, 1967: 262). Em São Tomás de Aquino, acrescenta-se o "direito eterno" (Thomas von Aquin, 1977: 16 ss., questão 91; cf. Neves, 1992: 17 s.).
115. Cf. Luhmann, 1981f; 1987b: 190 ss.; 1983a: 141-50; Neves, 1992: 21-44.
116. Sobre a ambigüidade da expressão "direito positivo", cf. Neves, 1992: 17-21, apontando para diversas outras acepções.

meio de processo legislativo não é suficiente para que se caracterize uma ordem jurídica como positiva. A legislação já se encontrava nas culturas antigas[117]. No entanto, a vigência do direito baseava-se em representações sagradas ou tradições, vinculando-se às estruturas sedimentadas como verdadeiras no passado[118]. Só quando o direito passa a ser regularmente posto e alterável por decisão é que se pode falar de positividade[119]. Nesse novo contexto, a legiferação não se destina mais simplesmente ao registro e à compilação de direito já vigente, mas sim serve de fundamento de validade jurídica[120]. A escrita deixa de ser apenas um meio de difusão e sistematização de normas e princípios jurídicos preestabelecidos, a facilitar-lhes a aplicação, e torna-se condição da própria vigência do direito[121]. A positividade significa que a seleção, agora envolvendo o processo legislativo, intensifica-se e diferencia-se da restabilização, que se concentra na reflexão dogmática[122]. Tendo em vista a deficiência da dogmática jurídica em oferecer conceitos socialmente adequados (problema de *output*), Luhmann considerou residir na restabilização o impasse da evolução do direito positivo (moderno)[123].

A noção de positividade como decidibilidade e alterabilidade do direito, tal como formulada por Luhmann inicialmente, deve ser rearticulada com a concepção de positividade como "autodeterminidade", fechamento operacional, autoreferência ou autopoiese do sistema jurídico, por ele desenvolvida e radicalizada posteriormente[124]. Alguns conceitos

---

117. Cf. Luhmann, 1987b: 192 ss.; 1981f: 124 s.
118. Cf. Luhmann, 1987b: 195; Weber, 1985: 131.
119. Cf., p. ex., Luhmann, 1987b: 203; 1983a: 141; 1981f: 125; em sentido análogo, Weber, 1968b: 215 s.; 1985: 125; Schluchter, 1979: 146.
120. Cf. Luhmann, 1987b: 196.
121. Cf. Luhmann, 1993a: 250.
122. Cf. Luhmann, 1993a: 274 s.
123. Cf. Luhmann, 1981b: 27 e 30 s.; 1987b: 297 s.; Teubner, 1989: 70 s.; 1982: 36. Especificamente sobre os problemas de *output* e conceitos jurídicos socialmente adequados, ver Luhmann, 1974: esp. pp. 29 ss.
124. Cf. Luhmann, 1993a: esp. pp. 38-123; 1988a; 1985; 1983b; 1981g; Neves, 1992: 34 ss.

antes formulados perdem significado. O próprio conceito de positividade é considerado como insuficiente, na medida em que pode ser censurado como "decisionista" ou supor uma contraposição ao direito natural e, portanto, não se referir rigorosamente ao fechamento operativo do sistema jurídico[125].

2. A evolução social como desenvolvimento da consciência moral e a evolução do direito conforme o modelo habermasiano

2.1. Do desenvolvimento ontogenético ao filogenético

No modelo habermasiano da evolução social, desenvolvido nos quadros da teoria da ação comunicativa e da ética do discurso (posteriormente denominada, mais precisamente, teoria do discurso), não se desconhece o significado do aumento da complexidade sistêmica como aspecto relevante do processo evolutivo da sociedade[126]. Entretanto, a ênfase é atribuída à "lógica do desenvolvimento", considerando-se, decisivamente, os estádios da consciência moral[127]. Habermas inverte o vetor na determinação do processo evolutivo, argumentando que a complexificação e a correspondente diferenciação social dependem, para a sua continuidade, do desenvolvimento de "mecanismos de aprendizado". Nesse sentido, sustenta que os processos de diferenciação tanto podem ser indícios de evolução quanto causas de estagnação evolutiva[128]. Da mesma maneira, inverte o vetor em relação ao marxismo, salientando que o foco determinante da evolução não se encontra na "dinâmica do desenvolvimento" (forças produtivas), mas sim na "lógica do

---

125. Cf. Luhmann, 1993a: 38 ss. Retorno a essa questão no Cap. III.1.1.
126. Cf. Habermas, 1982a II: 240-57.
127. Cf. Habermas, 1982a II: esp. pp. 257 ss.; 1982d; 1982e; 1982f; 1983.
128. Habermas, 1982f: 133 s.; cf. 1982h: 230; 1982a II: 258 s.

desenvolvimento" (relações intersubjetivas, normativamente orientadas)[129]. Pode-se afirmar que o desenvolvimento das técnicas de produção e o aumento da complexidade sistêmica, na concepção habermasiana, apresentam-se como *condições* da evolução social, ao passo que o desenvolvimento das estruturas normativas constitui-lhe o *fundamento*.

Habermas reconstrói, no âmbito da teoria da ação comunicativa e da ética do discurso, o modelo de desenvolvimento ontogenético (do indivíduo), tal como formulado por Piaget e desenvolvido por Kohlberg, transportando-o para o âmbito da evolução filogenética (da sociedade)[130]. Na esteira da psicologia cognitiva, distingue três níveis de desenvolvimento da consciência moral não só no plano individual, mas igualmente em relação aos tipos de sociedade: o pré-convencional, o convencional e o pós-convencional.

De Piaget, retiram-se e *reconstroem-se* elementos básicos da teoria dos estádios do desenvolvimento cognitivo e, especialmente, do julgamento moral na criança[131]. Na primeira fase da vida, a criança não se distingue como sujeito do seu ambiente. Há uma simbiose entre a criança, as pessoas de referência e os objetos que a cercam. O próprio corpo não é percebido como uma realidade envolvente e delimitadora da pessoa. Nesse estádio, não se pode falar ainda de subjetividade[132].

---

129. Habermas, 1982d: esp. pp. 35; 1982g; cf. 1982f: 139 s. Segundo Habermas (1982a II: 276 s.), a teoria funcionalista dos sistemas, de certo modo, é herdeira do marxismo, na medida em que reduz o problema da evolução ao aspecto "empírico-sistêmico".

130. Habermas, 1983; 1982e; 1982a II: esp. pp. 259 ss.; 1982d: 13 ss.; 1982f: 133 ss.; 1982h: 232 s.; 1991b; 1991c. Teubner (1989: 76 s.) rejeita a distinção entre ontogenético e filogenético como referentes, respectivamente, ao homem e à sociedade, com base na concepção sistêmica de que a sociedade não é constituída de homens, mas sim de comunicações, atribuindo o aprendizado ontogenético à interação e o desenvolvimento filogenético à sociedade como um todo ou aos seus subsistemas funcionais.

131. Na exposição que se segue, acompanho uma síntese anterior de Habermas, 1982d: 14-6. Cf., com um modelo um tanto diferente, Piaget, 1995: esp. pp. 12 s., que aponta para o caráter não linear dos estádios (13).

132. Habermas, 1982d: 14 s.

Mais tarde, na fase sensório-motora ou pré-operativa do desenvolvimento psicológico, a criança vai distinguir o *eu* do ambiente. Ela passa a ter a percepção dos objetos que se encontram ao seu redor, mas ainda não diferencia claramente o mundo físico do social, coisas de sujeitos. Também não há uma demarcação objetiva entre o *eu* e a realidade. Isso implica o egocentrismo cognitivo e moral: a criança só considera as situações a partir de seu próprio ponto de vista, em uma perspectiva de pensar e agir "fixada ao corpo" [*leibgebundene Perspektive*][133].

Com o início da fase posterior da vida, o estádio das operações concretas, a criança dá um passo decisivo na construção do "sistema de delimitações do *eu*", distinguindo "entre coisas e acontecimentos perceptíveis e manipuláveis, de um lado, e sujeitos agentes e suas declarações, de outro"[134]. Além do mais, vai deixando de confundir os signos lingüísticos com as suas referências ou significados. O indivíduo diferencia sua subjetividade em face da natureza e da sociedade. A criança começa a distinguir "entre fantasias e percepções, entre impulsos e deveres"[135]. No fim dessa fase, o desenvolvimento cognitivo, lingüístico-comunicativo e interativo conduz, respectivamente, "a uma objetivação da natureza exterior", "ao domínio de um sistema de atos de fala" e "à relação complementar das expectativas generalizadas de comportamento"[136]. Esse estádio implica uma postura objetivista e sociocêntrica, no sentido de que os padrões cognitivos e normativos estabelecidos no contexto social passam a ser inquestionáveis e atuam como critérios definitivos do conhecimento e do julgamento moral. Não há suficiente reflexividade cognitiva em relação à realidade objetiva que se percebe nem uma postura crítico-reflexiva em relação às normas institucionalizadas.

---

133. Habermas, 1982d: 15.
134. *Ibidem*.
135. *Ibidem*.
136. *Ibidem*.

Só com a adolescência, no estádio de desenvolvimento das operações formais, o indivíduo consegue livrar-se progressivamente do dogmatismo em relação ao conhecimento do mundo objetivo e às estruturas normativas do grupo. O jovem já "não aceita mais ingenuamente as pretensões de validade contidas nas assertivas e normas"[137], superando, assim, o objetivismo em face da natureza dada e o sociocentrismo decorrente da internalização acrítica da ordem normativa a ele transmitida. Torna-se capaz de esclarecer os dados da experiência a partir de hipóteses e de compreender e criticar, à luz de princípios, as normas socialmente vigentes como meras convenções[138]. Na medida em que se supera "o dogmatismo do *dado* e do *existente*"[139], constitui-se um *eu* capaz de pensar hipoteticamente e expor-se discursivamente. O "sistema de delimitações do *eu*" passa a ser reflexivo e universalista. Nessa perspectiva, ao questionar o convencionalmente estabelecido, o jovem demonstra sua aptidão para argumentar na busca de critérios de verdade e de validade normativa que ultrapassem o seu próprio contexto social.

A partir da psicologia cognitiva de Piaget, Kohlberg propõe um modelo de desenvolvimento do julgamento moral em três níveis: pré-convencional, convencional e pós-convencional ou baseado em princípios. Esses três níveis são definidos a partir de três tipos de relação do *eu* com as expectativas e normas sociais: no nível pré-convencional, as normas e expectativas sociais constituem algo externo para o *eu*; no convencional, o *eu* identifica-se com as normas e expectativas sociais ou internaliza-as; no pós-convencional, a pessoa diferencia as suas próprias normas e expectativas das adotadas pelos outros, definindo os "seus valores em termos de princípios auto-escolhidos"[140]. A esses três níveis do desenvolvimento moral correspondem, respectivamente, três tipos de perspectiva social: a concreta individual, a de mem-

---

137. Habermas, 1982d: 15 s.
138. Habermas, 1982d: 16.
139. *Ibidem*.
140. Kohlberg, 1976: 33.

bro da sociedade e a do prioritário-em-face-da-sociedade (*prior-to-society-perspective*)[141]. Os três níveis do desenvolvimento moral vão ser subdivididos em seis estádios com as correspondentes perspectivas sociais. Configuram-se, assim, dois estádios pré-convencionais, dois convencionais e dois pós-convencionais[142]. A seguir, farei uma breve exposição das características de cada um deles[143].

O primeiro estádio (primeira parte do nível pré-convencional) é o da "moralidade heterônoma" ou "da punição e obediência". Nele, o que se apresenta como moralmente correto é evitar as infrações a regras com conseqüências punitivas, as ofensas físicas a pessoas e os danos a propriedades, bem como obedecer por obedecer. A evitação do castigo e a subordinação ao poder superior das autoridades constituem as razões para agir corretamente. Quanto à perspectiva social, a criança adota um ponto de vista egocêntrico. Ela não considera os interesses dos outros nem reconhece que estes diferem dos seus, não sendo capaz de relacionar dois pontos de vista. As ações são concebidas fisicamente, antes que em termos de interesses psicológicos dos outros. A criança confunde a sua perspectiva com a da autoridade[144].

O segundo estádio (segunda parte do nível pré-convencional) é caracterizado pelo individualismo, o objetivo instrumental e a troca. Considera-se moralmente correto seguir as regras somente quando forem do seu interesse imediato, agir de acordo com os seus próprios interesses e necessidades, deixando os outros fazerem o mesmo. A razão para agir corretamente é servir às necessidades ou aos inte-

---

141. Kohlberg, 1976: esp. pp. 32 s. Cf. também K. Günther, 1988: 162-4. Embora em uma postura crítica, Kohlberg formula os seus três níveis paralelamente aos estádios do desenvolvimento cognitivo em Piaget (sensório-motor ou pré-operacional, operacional-concreto e operacional-formal).

142. Kohlberg, 1976: esp. pp. 34 s. (tabela 2.1); 1981. Cf. também K. Günther: 1988: 164 ss.; Habermas, 1983: esp. pp. 130-43; 1982e: esp. pp. 71 ss.

143. Tomo como referência básica Kohlberg, 1976 (tabela 2.1) e 1981, reproduzindo as idéias dos respectivos textos em uma versão livre.

144. Kohlberg, 1976: 34 (tabela 2.1); 1981: 409. Cf. Habermas, 1983: 134 e 139; 1982e: 71 s. e 75.

resses próprios em um mundo onde se deve reconhecer que os outros também possuem os seus interesses. Nesse estádio, a perspectiva social é individualista concreta. A criança já distingue os seus próprios interesses e pontos de vista dos interesses e pontos de vista das autoridades e dos outros (as pessoas que se encontram simetricamente posicionadas em relação a ela). Ela está ciente de que todo indivíduo tem interesses a perseguir e que estes estão em conflito, de tal maneira que o moralmente correto ["*right*"] é relativo em um sentido individualista concreto. A pessoa relaciona-se com as outras e integra os conflitos interindividuais de interesses através da troca instrumental de serviços e da satisfação de necessidades instrumentais, assim como em termos de uma eqüidade destinada a dar a cada pessoa a mesma quantidade[145].

O terceiro estádio (primeira parte do nível convencional) é definido pelas expectativas interpessoais mútuas, os relacionamentos e a conformidade interpessoal. É moralmente correto corresponder às expectativas das pessoas próximas ou assumir o modo de comportamento que se espera geralmente das crianças nos seus diversos papéis (como filho, irmão, amigo etc.). Nesse sentido, "ser bom (para os outros)" é importante nessa fase e significa ter bons motivos e intenções, assim como mostrar consideração pelos outros. Significa também preservar as relações recíprocas, mantendo a confiança, a lealdade, o respeito e a gratidão. A razão para agir corretamente configura-se na necessidade de ser bom aos seus próprios olhos e aos olhos dos outros, implicando que a criança importa-se com o outro e acredita na "regra de ouro", segundo a qual, se alguém se pusesse no lugar do outro, iria querer um bom comportamento de si próprio. A criança deseja manter regras e autoridades que dão suporte a um comportamento estereotipicamente bom. Nesse estádio, ela procura agradar os outros, satisfazendo-lhes os sentimentos, necessidades, interesses e expectativas. A

---

145. Kohlberg, 1976: 34 (tabela 2.1); 1981: 409 s. Cf. Habermas, 1983: 134 e 139; 1982e: 71 s. e 75.

perspectiva social, então, é a do indivíduo em relação a outros indivíduos. A pessoa está ciente de que os sentimentos, os acordos e as expectativas comuns têm primazia sobre os interesses individuais. Relaciona pontos de vista diversos através da "regra de ouro concreta", pondo-se na posição do outro, mas ainda não considera a perspectiva generalizada de um "sistema" social de normas e papéis[146].

A quarta fase (segunda parte do nível convencional) denomina-se estádio do sistema social e da consciência. O que se considera moralmente correto é o cumprimento dos deveres com os quais se concordou. Em consonância com isso, as leis devem ser observadas, exceto nos casos extremos em que elas entrem em conflito com outros deveres e direitos fixados socialmente. O correto é, então, contribuir para a sociedade, o grupo ou a instituição. São razões para agir corretamente: preservar as instituições sociais, evitar o colapso do sistema baseado na consideração generalizada das conseqüências ("se todos fizessem o mesmo") ou seguir o imperativo da consciência que impõe a cada um o cumprimento das próprias obrigações. Embora tais razões sejam amplamente confundidas com as do terceiro estádio (crença nas regras e autoridades), trata-se aqui de um sistema generalizado e abstrato de normas e papéis, não de autoridades e regras que se apresentam concretamente à criança. Nesse sentido, observa-se que, no estádio anterior, a perspectiva da terceira pessoa (do observador) ainda não está diferenciada[147]. No estádio quatro, diversamente, há uma diferenciação do ponto de vista societário em face dos acordos ou motivos interpessoais. A pessoa já adota a perspectiva social do sistema que define papéis e normas. As relações pessoais vão ser consideradas em termos do lugar que ocupam no sistema[148].

---

146. Kohlberg, 1976: 34 (tabela 2.1); 1981: 410. Cf. K. Günther, 1988: 164 e 167; Habermas, 1983: 134 e 139; 1982e: 71 s. e 75.

147. K. Günther, 1988: 164.

148. Kohlberg, 1976: 35 (tabela 2.1); 1981: 410 s. Cf. K. Günther, 1988: 164 s. e 167; Habermas, 1983: 134 s. e 139; 1982e: 71 s. e 75.

O estádio do contrato social, da utilidade e dos direitos individuais é o quinto no desenvolvimento da consciência moral, o primeiro do nível pós-convencional no modelo de Kohlberg. Moralmente correto é observar os direitos, valores e contratos legais básicos da sociedade, mesmo quando estes estejam em conflito com as regras e leis concretas do grupo. Isso significa estar cônscio da variedade de valores e opiniões das pessoas, assim como ter em conta que a maioria dos valores e das regras é relativa ao grupo respectivo. Essas regras "relativas", porém, devem ser normalmente respeitadas em nome da imparcialidade e porque elas constituem o contrato social. Não obstante, certos valores e direitos não relativos, como a vida e a liberdade, devem ser respeitados em qualquer sociedade e independentemente da opinião ou vontade majoritária. As razões para agir corretamente são as seguintes: senso de obrigação perante o direito, tendo em vista que se estabeleceu um contrato social de fazer e observar as "leis" (regras), na perspectiva do bem-estar geral e da proteção dos direitos de todas as pessoas; um sentimento de compromisso contratual, assumido livremente, em relação à família, à amizade, à confiança e ao trabalho; a concepção de que as "leis" e os deveres baseiam-se no cálculo racional da utilidade geral: "o maior bem para o maior número"[149]. A perspectiva social desse estádio é a de um indivíduo racional, cônscio de que há valores prioritários em face dos vínculos e contratos sociais. A pessoa integra perspectivas pelos mecanismos formais do acordo, do contrato, da imparcialidade objetiva e do devido processo legal. Considera os pontos de vista moral e jurídico, reconhece a existência de conflitos entre ambos e acha difícil integrá-los[150].

A sexta e última fase do desenvolvimento da consciência moral (segunda do nível pós-convencional), conforme Kohlberg, é o estádio dos princípios éticos universais. O mo-

---

149. Assim sendo, essa fase corresponde ao utilitarismo ético.
150. Kohlberg, 1976: 35 (tabela 2.1); 1981: 411 s. Cf. K. Günther, 1988: 165 e 167; Habermas, 1983: 135 e 139; 1982e: 71-3 e 75.

ralmente correto é seguir princípios éticos auto-escolhidos. As leis e acordos sociais particulares de cada grupo são, em geral, válidos, uma vez que se apóiam em tais princípios. Se as leis violam esses princípios, a pessoa deve atuar de acordo com eles. Trata-se de princípios gerais de justiça: "a igualdade dos direitos humanos e o respeito pela dignidade dos homens como pessoas individuais". A razão de agir correta e justamente é, portanto, a crença na validade universal de princípios morais e o senso de compromisso pessoal para com eles. Nesse estádio, a perspectiva social corresponde a um "ponto de vista moral" do qual derivam e em que se baseiam os acordos, normas e valores sociais. Essa perspectiva pertence a qualquer indivíduo racional que reconhece a natureza da moralidade ou o fato de que a pessoa é um fim em si mesmo e deve ser tratada como tal (premissa moral básica)[151].

Habermas reinterpreta os modelos de desenvolvimento cognitivo de Piaget e Kohlberg a partir da teoria da ação comunicativa. Em sua perspectiva, o amadurecimento cognitivo e moral está vinculado ao "descentramento progressivo da compreensão do mundo" em três domínios de referência (o mundo objetivo, o social e o subjetivo)[152], relacionando-se também com a distinção dos tipos de ação (estratégica e comunicativa) e a diferenciação de um plano discursivo em face das ações. A seguir, farei uma breve exposição da releitura habermasiana dos três níveis do desenvolvimento ontogenético[153].

O primeiro nível (pré-convencional) implica uma perspectiva egocêntrica ou individualista concreta, no sentido de que o *eu* não distingue claramente entre subjetividade,

---

151. Kohlberg, 1976: 35 (tabela 2.1); 1981: 412. Cf. K. Günther, 1988: 165 e 167; Habermas, 1983: 135 e 139; 1982e: 71-3 e 75. Esse estádio, o mais elevado, corresponde ao paradigma universalista de justiça construído por Rawls. Habermas (1983: 130) enfatiza a filiação de Kohlberg à Teoria da Justiça de Rawls (1990 [1972]).

152. Cf., p. ex., Habermas, 1983: 146 ss. e 180.

153. Recorro aqui basicamente a Habermas, 1983: esp. pp. 169 ss., sendo panorâmica a tabela 7 (176 s.). Cf. também 1982e: 74 ss., esp. p. 83 (esquema 4).

objetividade (natural) e intersubjetividade (social). O mundo exterior ainda é apreendido em termos de relações externas de causas e efeitos. As ações são concebidas concretamente e a partir de suas conseqüências objetivas. Não se considera a intenção dos outros como critério de avaliação de condutas, mas sim os seus resultados. Correspondentemente, não se afirma a diferença entre nexo de causalidade e validade normativa. Portanto, nesse contexto não se pode distinguir entre o agir orientado para o êxito (estratégico) e o agir que se dirige à busca do entendimento intersubjetivo (comunicativo). A obediência à autoridade no *primeiro estádio* desse nível apresenta-se como meio de maximizar a satisfação do desejo (recompensas) e evitar o indesejável (o castigo). A "justiça" é concebida exatamente como "complementaridade de ordem e obediência". O individualismo concreto do *segundo estádio* pré-convencional adota a "troca de equivalentes" como critério de avaliação de condutas. Concebe-se a justiça como "simetria das compensações". Em nenhum dos dois estádios encontra-se suficientemente desenvolvida a idéia de um agir comunicativo, normativamente regulado. As ações e expectativas são concebidas antes de um ponto de vista externo e objetivo-instrumental.

No nível convencional, já está presente uma concepção descentrada do mundo. Distingue-se entre subjetividade, objetividade (natural) e intersubjetividade (social), mas as pretensões de validade correspondentes a cada um desses mundos (sinceridade, verdade e retidão ou validade normativa) ainda permanecem no plano intuitivo, não se diferenciando reflexivamente. Já se distingue entre ação orientada para o êxito e ação dirigida ao entendimento[154]. Isso pressupõe a diferença entre causalidade (natural) e imputação (normativa). A avaliação da conduta não se restringe aos resultados externos, referindo-se também às intenções do agente. Na perspectiva interindividual do *terceiro estádio*, o indivíduo internaliza as expectativas das pessoas próximas, considerando as ações em termos de papéis concretos. É uma

---

154. Cf., p. ex., Habermas, 1983: 151 e 163.

perspectiva da criança em face dos grupos primários. Embora já haja uma coordenação entre perspectivas do participante e do observador, essa ainda não se encontra suficientemente diferenciada. Correspondentemente, a autoridade é internalizada como arbítrio supra-individual ("lealdade"). A "representação da justiça" consiste, nesse estádio, na idéia de "conformidade a papéis", tal como previstos na eticidade concreta do grupo primário. Só no *quarto estádio* a perspectiva do observador diferencia-se em termos de um sistema de regras e valores. O indivíduo interioriza as normas gerais vigentes em sua sociedade. Em consonância com isso, a autoridade é internalizada como "vontade coletiva impessoal" (legitimidade). Nesse sentido, a "representação da justiça" reside na idéia de conformidade ao sistema geral e abstrato de normas existentes. Porém, em ambos os estádios do nível convencional, não se distingue ainda entre ação e discurso. Isso significa que, em princípio, não se discutem ou examinam as pretensões de validade sustentadas implicitamente no plano da ação. As crenças intuitivamente partilhadas no mundo da vida não são passíveis de ser questionadas. A identidade ainda está subordinada aos imperativos institucionais.

Somente no nível pós-convencional a pessoa supera a "ingenuidade da prática cotidiana"[155]. A compreensão descentrada do mundo intensifica-se com o questionamento das diversas pretensões de validade. Isso implica a introdução do discurso como forma reflexiva da ação, em que se problematiza a própria perspectiva do observador impessoal. Habermas fala em "desinstitucionalização" da moral[156]. A rigor, trata-se de relativização ou "desdogmatização" do institucional. Através do discurso, as pretensões de validade em relação aos mundos objetivo, social e subjetivo, ou seja, respectivamente, de verdade, retidão (*Richtigkeit*) e sinceridade, implicitamente sustentadas na linguagem cotidiana, passam a ser passíveis de contestação à luz de princípios. A

---

155. Habermas, 1983: 172.
156. Habermas, 1982a II: 261.

partir de pretensões de validade hipotéticas, coisas e acontecimentos evidentes transformam-se em estados de coisa teorizados, as ordens normativas legítimas são moralizadas[157] e a linguagem expressiva de estados interiores, analiticamente decodificada. Do ponto de vista do mundo social, isso significa que à heteronomia como dependência de normas vigentes opõe-se a exigência de fundamentação universalista da validade normativa como critério de conduta (autonomia)[158]. Em relação à autoridade, significa que a validade ideal contrapõe-se à validade social. No *quinto estádio*, a estrutura das expectativas de comportamento apresenta-se como "regra para exame de normas", ou seja, princípio (norma de normas). Sendo assim, a noção de justiça expressa-se através de princípios com pretensão de universalidade, de acordo com a perspectiva *prior to society*. No *sexto estádio*, a estrutura de expectativas apresenta-se como "regra para exame de princípios: procedimento de fundamentação de normas". Portanto, a perspectiva é procedimental (*ideal-role-taking*), concebendo-se a justiça como "orientação por procedimentos de fundamentação de normas". Esse estádio envolve um grau de reflexividade em relação ao quinto, tendo em vista que os princípios são discutidos no ambiente de procedimentos discursivo-racionais. Porém, por sua vez, esses procedimentos baseiam-se em princípios universais que são compreendidos como condições imprescindíveis de possibilidade do discurso racional. Nesse sentido, pode-se falar de uma auto-reflexividade "procedimental" no último estádio de desenvolvimento da consciência moral[159].

---

157. Habermas, 1983: 170 e 172.
158. Habermas, 1983: 173 s.
159. Em trabalho anterior, Habermas (1982e: 83 e 87 s.) distinguia três estádios no nível pós-convencional, o que implicava um sétimo estádio de desenvolvimento da consciência moral (reconstruído filosoficamente pela ética universal da linguagem). Esse, porém, corresponde ao sexto estádio do esquema acima exposto, enquanto o quinto (cuja reconstrução filosófica encontra-se no direito natural racional) e o sexto (reconstruído filosoficamente pela ética formalista) da formulação anterior podem ser enquadrados no estádio cinco do modelo apresentado no presente texto.

Discussão relevante na releitura do modelo psicológico-cognitivo dos estádios do desenvolvimento moral pela ética do discurso refere-se ao problema da "regressão relativista"[160]. Kohlberg classifica essa fase como estádio de transição entre o nível convencional e o pós-convencional (estádio $4^{1/2}$). Nessa transição, que se apresenta como crise da adolescência, a escolha dos padrões de comportamento é compreendida como pessoal e subjetiva. A emoção prevalece, assim como a consciência e as idéias de dever e direito fundamentado moralmente são consideradas arbitrárias e relativas. O indivíduo apresenta-se como alguém que se situa fora de sua sociedade, definindo-se como uma pessoa que toma decisões sem compromisso ou contrato generalizado com a sociedade. Podem-se assumir obrigações impostas pela respectiva sociedade, mas isso não ocorre com base em princípios[161]. A explicação psicológico-dinâmica de Kohlberg é criticada por Habermas como insuficiente, argumentando que o ceticismo axiológico inerente a esse estádio não pode ser reduzido a um momento de transição do desenvolvimento moral (crise da adolescência), uma vez que pode ser estabilizado através de posições filosóficas sérias[162]. Entretanto, Habermas propõe a subordinação hierárquica da postura metaética caracterizadora desse estádio à ética cognitivista correspondente ao nível pós-convencional[163].

Em contraposição, Murphy e Gilligan introduziram um outro nível do desenvolvimento moral, o "pós-convencional contextual", que seria "superior" ao "pós-convencional formal"[164]. Ao contrário do rigorismo moral desse estádio, o "relativismo contextual" baseia-se na adequação da decisão ao contexto comunicativo[165]. Não se trata da "versão usual do relativismo", conforme a qual é possível uma multiplici-

---

160. Cf. K. Günther, 1988: 176 ss.; Habermas, 1983: 187-99.
161. Kohlberg, 1981: 411; Habermas, 1983: 196 s.
162. Habermas, 1983: 196.
163. Cf. Habermas, 1983: 198 s.
164. Murphy e Gilligan, 1980. Cf. K. Günther, 1988: 177 ss.; Habermas, 1983: 187 ss.
165. Cf. Murphy e Gilligan, 1980: 83.

dade de soluções, sem que se possa fundamentar uma decisão em favor de uma delas: de acordo com o critério da adequação, pode-se distinguir entre soluções melhores e piores[166]. O relativismo do julgamento é compensado pela maior inclusão dos envolvidos e adaptação às situações concretas[167]. Sem aceitar a resposta de Kohlberg a essas críticas, quando este introduz o "princípio da benevolência" como complemento do princípio da justiça no sexto estádio, Habermas, seguido por K. Günther, argumenta contra o "relativismo contextual" com base, por um lado, na distinção entre questões morais, solucionadas à luz de princípios universais, e questões éticas, que dizem respeito à identidade valorativa do grupo ou do indivíduo, e, por outro, na distinção entre discurso de fundamentação e discurso de aplicação[168]. Nessa perspectiva, a fundamentação moral da validade normativa torna-se indissociável de uma aplicação adequada ao contexto e, portanto, sensível à situação valorativa: "A aplicação adequada de normas legítimas não pode, *sem fundamento*, ofender formas de vida."[169] Permanece, porém, nessa reformulação, a subordinação problemática do "ético" ao "moral": havendo "fundamentos", ou seja, caso os valores do grupo ou indivíduo contrariem os princípios universais, justifica-se a aplicação que venha a ofender ou destruir uma forma de vida concreta[170].

---

166. K. Günther, 1988: 178.
167. Murphy e Gilligan, 1980: 97. Cf. K. Günther, 1988: 179.
168. Cf. Habermas, 1983: 188 ss.; 1991b: esp. pp. 69 ss.; K. Günther, 1988: 183 ss. A respeito dessa distinção, ver, relativizando-a criticamente, J. P. Müller, 1993: 89 ss.; Alexy, 1995: 52 ss. e 170 s., que sustenta: "O fato de que qualquer discurso de aplicação envolve necessariamente um discurso de fundamentação, do qual depende o seu resultado, impede que se contraponham discursos de aplicação e de fundamentação como duas formas discursivas autônomas" (70; cf. também 172). Um passo além seria definir como circular a relação entre aplicação e fundamentação normativas no interior do próprio sistema jurídico. A respeito da relação entre criação e aplicação do direito ou entre legislação e jurisdição, ver analogamente Luhmann, 1983b: 141, nota 26; 1990a: 11.
169. K. Günther, 1988: 196 (grifo meu).
170. "... as colisões entre princípios de justiça e orientações da vida boa [*des guten Lebens*], no nível pós-convencional, só podem ser resolvidas universalistamente, portanto, em favor da justiça" (K. Günther, 1988: 196).

O problema da recepção do modelo psicológico de desenvolvimento cognitivo pela teoria da ação comunicativa e pela ética do discurso complica-se quando se pretende transportar os níveis da consciência moral do indivíduo para a sociedade. Assim sendo, tal como na dimensão ontogenética, o desenvolvimento filogenético apontaria para três níveis de consciência moral das sociedades: pré-convencional, convencional e pós-convencional. Evidentemente, não se confunde o desenvolvimento ontogenético com o filogenético: "a consciência individual e a tradição cultural podem coincidir em seu conteúdo sem que expressem as mesmas estruturas de consciência. [...] Nem todos os indivíduos são, da mesma maneira, representativos do nível de desenvolvimento de sua sociedade: assim, em sociedades modernas, o direito tem uma estrutura universalista, embora muitos membros não estejam em condições de julgar com base em princípios. Ao contrário, em sociedades arcaicas, houve indivíduos que dominavam as operações formais de pensamento, apesar de que as visões míticas do mundo, coletivamente partilhadas, correspondessem a um nível inferior do desenvolvimento"[171]. Além do mais, adverte-se que a consciência moral coletiva só tem validade para os adultos, de tal maneira que níveis ontogeneticamente inferiores de "interação incompleta" não encontram correspondência em sociedades mais antigas: nas relações com a família há desde o início a combinação complementar de expectativas generalizadas de comportamento, isto é, "interação completa"[172]. Apesar dessas e de outras ressalvas, Habermas sustenta a existência de homologias e traça um paralelo entre os dois modelos de desenvolvimento, estabelecendo analogias nas "seqüências de conceitos básicos e de estruturas lógicas"[173]. Mas é sobretudo a analogia entre "imagens do mundo e o

---

171. Habermas, 1982d: 16.
172. *Ibidem*.
173. Habermas, 1982d: 17 ss.; cf. 1982i: 97 ss.; 1982f: 133 ss.; 1982a II: esp. pp. 259 ss.; Eder, 1980, cujas idéias, nesse particular, estão intimamente vinculada às de Habermas.

sistema de delimitações do *eu*" que se apresenta relevante para Habermas[174].

Somente com a superação do estádio simbiótico do comportamento ritualizado das hordas primatas, ainda predominante na transição para o paleolítico, ou seja, "só com a transformação dos sistemas primitivos de gritos em uma linguagem gramaticalmente regulada e proposicionalmente diferenciada, alcança-se o estado sociocultural originário, no qual o *comportamento* ritualizado", passível apenas de descrição, "converte-se em *ação* ritual", suscetível de compreensão[175]. A partir desse estado inicial, podem-se distinguir, de maneira simplificada, três níveis societários quanto ao desenvolvimento da consciência moral: às sociedades arcaicas corresponderia o nível pré-convencional; às "culturas avançadas", o convencional; à sociedade moderna, o pós-convencional[176]. A seguir, farei uma breve exposição desses três ti-

---

174. Habermas, 1992d: 18.
175. Habermas, 1982a II: 287. Nesse sentido, observa Habermas (*ibidem*): "a linguagem abre, por assim dizer, a face interna do rito".
176. Cabe observar que Habermas, com freqüência, refere-se a quatro níveis de desenvolvimento das sociedades, não estabelecendo uma conexão tão direta com os três níveis de desenvolvimento da consciência moral. Assim é que adota, sem unidade terminológica, as seguintes classificações: a) (1) sociedades tribais ou anteriores às "culturas avançadas" (*vorhochkulturelle Gesellschaften*), (2) "culturas avançadas arcaicas" (*archaische Hochkulturen*), (3) "culturas avançadas desenvolvidas" (*entwickelte Hochkulturen*) e (4) sociedade moderna (cf. 1982d: 18-20; 1982f: 135); b) (1) "sociedades arcaicas", (2) "culturas avançadas em suas primeiras aparições" (*frühe Hochkulturen*), (3) "culturas avançadas desenvolvidas" e (4) sociedade moderna (cf. 1982i: 97 ss.); c) na perspectiva da evolução sistêmica, (1) sociedades tribais igualitárias, (2) sociedades tribais hierárquicas, (3) sociedades de classe politicamente estratificadas e (4) sociedades de classe economicamente constituídas (1982a II: 249). Às vezes, enfatiza o caráter convencional da moral das "culturas avançadas desenvolvidas" (cf. 1982f: 135); às vezes, aponta-lhes, com certos limites, traços universalistas (cf. 1982i: 99 s.). Para os fins do presente trabalho, especialmente no que concerne à análise da evolução do direito para uma melhor compreensão do Estado Democrático de Direito no pensamento de Habermas, interessa considerar, sem desconhecer a relevância das fases de transição, apenas três tipos de sociedade, às quais correspondem, no modelo habermasiano, três níveis de consciência moral (nesse sentido, cf., p. ex., 1982a II: 260).

pos societários[177], deixando para tratar mais especificamente dos aspectos jurídicos adiante (item 2.3 deste capítulo). O que vai caracterizar as sociedades arcaicas é uma insuficiente distinção entre mundo objetivo, social e subjetivo. Estruturas normativas são concebidas a partir de imagens míticas da natureza. As ações não são avaliadas tendo em vista as intenções do agente, mas antes seus resultados. A falta de uma nítida distinção entre cultura e natureza, normativo e cognitivo, indivíduo e sociedade manifesta-se, no plano sacro, através dos rituais e mitos. A mistura de dimensões que se expressa na prática ritual é controlada e assegurada pelos mitos como imagens do mundo. A interpretação mítica do mundo "confunde nexos internos de sentido com nexos objetivos externos", evitando que se dilacere, na prática ritual, o tecido constituído de uma mescla indiferenciável de comunicação e atividade teleológica[178]. Isso implica que, no âmbito profano, embora já esteja presente uma certa diferenciação entre atitudes orientadas para o êxito e atitudes orientadas para o entendimento, as pretensões de verdade, sinceridade e retidão constituem uma síndrome[179]. Esse amálgama de mundo objetivo, social e subjetivo, ancorado nas imagens míticas do mundo, importa uma confusão da ação individual e coletiva, de tal maneira que o indivíduo só afirma a sua identidade como membro de seu grupo de acordo com relações de parentela (família, clã, tribo). A identidade entre o individual e o grupal, expressa praticamente nos rituais e refletida nos mitos, relaciona-se com um modelo de moral pré-convencional. Além do mais, a percepção dos acontecimentos e coisas como evidências ime-

---

177. Recorro aqui sobretudo a Habermas, 1982a II: 285-93, no âmbito de uma análise do desenvolvimento das formas de entendimento, em que é panorâmica a figura 28 (286). Cf. também as referências da nota anterior.
178. Habermas, 1982a II: 288.
179. Habermas, 1982a II: 289. Tal situação relaciona-se com a predominância do sagrado sobre o profano nas sociedades arcaicas: "O sistema mítico de interpretação do mundo fecha o círculo entre os âmbitos profano e sagrado de ação" (*ibidem*).

diatas e vinculatórias impede a distinção entre convenções estabelecidas e condutas. Nesse contexto, sobretudo a noção de conduta desviante como parte da vida comunitária é inconcebível: a ofensa ao grupo viria do seu exterior, sendo imputada, por fim, a forças externas da natureza.

Nas chamadas "culturas avançadas", já se observa uma distinção entre mundo objetivo, social e subjetivo, mesmo no domínio sacro. Nexos internos de sentido e nexos externos objetivos são diferenciados. A ação já não é observada simplesmente em seus resultados. Entretanto, no âmbito sacro, embora já se possa constatar uma diferenciação entre atitudes orientadas para o êxito e atitudes orientadas para o entendimento, as imagens religiosas e metafísicas do mundo, envolvendo um conceito holístico de validade, resistem "a qualquer tentativa de separar os aspectos do verdadeiro, do bom e do perfeito"[180]. Nesse âmbito, portanto, é assegurada a síndrome das pretensões de verdade, retidão e sinceridade. Contudo, as imagens religiosas do mundo são, em grau maior ou menor, dicotômicas: constroem um mundo transcendente, deixando o mundo social desmitificado e o mundo real dos fenômenos entregues à prática cotidiana "desencantada"[181]. Assim é que, no domínio profano, há uma dissolução do conceito holístico de validade[182]. No que se refere à ação comunicativa, os participantes distinguem, então, entre as três posturas pragmáticas fundamentais, a saber, entre a objetiva, a normativa e a expressiva, diferenciando-se, assim, as pretensões de verdade, retidão e sinceridade. A sociedade organizada estatalmente com instituições jurídicas convencionais exige do indivíduo obediência a uma ordem normativa legítima. Tal postura deve diferenciar-se da atitude em face da natureza exterior (objetiva) e interior (subjetiva)[183]. Nesse contexto, a identidade do indivíduo

---

180. Habermas, 1982a II: 289.
181. *Ibidem*.
182. *Ibidem*.
183. Habermas, 1982a II: 290.

não se confunde com a do grupo. Distingue-se da identidade coletiva, não mais baseada na parentela, mas sim vinculada a uma organização territorial cuja unidade é referida ao soberano[184]. Só assim se torna nítida a noção de obediência e, por conseguinte, incorpora-se a noção de conduta desviante. A ação comunicativa desvincula-se de contextos particulares, mas continua vinculada ao espaço circunscrito pelas normas de ação consagradas pela tradição[185]. Embora já se tenha, por força da prática argumentativa em face de textos, uma consciência da diferença entre plano da ação e do discurso, as diversas pretensões de validade só se distinguem no nível da ação. Ainda não surgem formas específicas de argumentação para cada tipo de validade[186]. Disso resulta, como caracterização geral, a inquestionabilidade discursiva das instituições, assim como a sobreposição permanente e recíproca entre os discursos da verdade e da validade normativa.

No início da era moderna, já se constitui uma pretensão de validade específica (verdade) no âmbito científico. Entretanto, moral, direito e arte, apesar de esferas diferenciadas de valores, não se desvinculam do âmbito sacro e, portanto, falta-lhes um aspecto de validade inequivocamente específico[187], ou seja, ainda não emerge uma diferenciação suficiente dos discursos e suas respectivas pretensões de validade. Contudo, como as formas modernas de religiosidade rompem com o dogmatismo que se manifesta na contraposição dicotômica e hierárquica do mundo profano ao transcendente, da realidade dos fenômenos a uma essência subjacente, torna-se possível, no âmbito profano, a constituição de estruturas determinadas por uma diferenciação plena das pretensões de validade tanto no plano da ação quanto no do discurso[188]. Não só a ciência, mas também a arte, a moral e o

---

184. Cf. Habermas, 1982d: 26.
185. Habermas, 1982a II: 290.
186. *Ibidem*.
187. Habermas, 1982a II: 291.
188. *Ibidem*.

direito desprendem-se, com o desenvolvimento da sociedade moderna, do âmbito sacro. A secularização da cultura burguesa conduz a uma separação incisiva entre as esferas culturais de valor, que passam a desenvolver-se autonomamente, determinadas por dimensões de validade específicas[189].

Essa dessacralização possibilita a emergência de discursos críticos contra as próprias instituições existentes, na medida em que se institucionaliza a discussão, em postura hipotética, das pretensões de validade normativa[190]. Enquanto a normatividade institucional desprende-se das imagens metafísicas e religiosas do mundo, a atividade teleológica (orientada para o êxito) liberta-se radicalmente do contexto normativo e passa a relacionar-se mais estreitamente com o sistema científico, do qual retira informações objetivas para o desenvolvimento de técnicas e estratégias. Apresenta-se como agir racional-com-respeito-a-fins, eticamente neutralizado, desatrelado da atividade orientada para o entendimento, utilizando-se basicamente de tecnologias e estratégias científicas[191]. Nessas condições de diferenciação e autonomia de esferas de validade, que implicam o desacoplamento de sistema e mundo da vida[192], Habermas oferece um diagnóstico da modernidade contrário tanto aos modelos fragmentários quanto aos paradigmas de crítica à ideologia, uma vez que relaciona reflexivamente ao agir comunicativo (orientado para o entendimento) uma racionalidade discursiva, não subordinada a determinações sistêmicas; e, por fim, contra a tendência dominante, enfatiza a presença de uma moral pós-convencional e universalista como característica determinante da sociedade moderna.

---

189. Habermas, 1982a II: 292.
190. Habermas, 1982a II: 291.
191. Habermas, 1982a II: 286 e 292.
192. A própria evolução é definida por Habermas (1982a II: 230) como processo de diferenciação entre sistema e mundo da vida, envolvendo o aumento simultâneo da complexidade daquele e da racionalidade deste. Retornarei a esse tema no Cap. II.2.

2.2. A modernidade como estádio da consciência moral universalista

A concepção habermasiana da modernidade confronta-se com as mais relevantes interpretações da sociedade moderna. Em primeiro lugar, com dois grandes paradigmas clássicos da filosofia e da sociologia alemã: o materialismo histórico marxista e o racionalismo weberiano. Em segundo lugar, com o próprio modelo crítico formulado pelos seus predecessores da Escola de Frankfurt (Horkheimer, Adorno e Marcuse). Por fim, com o modelo sistêmico e o pós-moderno. Habermas enfrenta essas perspectivas profundamente divergentes da modernidade tanto em atitude diretamente crítica quanto em postura reconstrutiva[193]. Evidentemente, não é este o lugar apropriado para uma análise abrangente da discussão da teoria da ação comunicativa e do discurso com cada uma dessas correntes de interpretação da sociedade contemporânea (moderna ou pós-moderna!). No entanto, para o meu objetivo no presente trabalho, a releitura crítica do modelo habermasiano de Estado Democrático de Direito em conexão com o paradigma sistêmico, interessa uma exposição sucinta das confrontações de Habermas com as concepções supramencionadas da sociedade moderna (ou pós-moderna).

De acordo com a abordagem habermasiana, a modernização é concebida pelo marxismo especialmente como diferenciação da economia e do Estado, em termos de uma racionalidade-com-respeito-a-fins e de neutralização moral dessas esferas[194]. Nesse sentido, é relevante a seguinte afirmativa de Marx: "Somente no século XVIII, na 'sociedade burguesa', as diversas formas de relação social apresentam-se ao indivíduo como mero meio para os seus fins privados,

---

193. "*Reconstrução* significa, em nosso contexto, que se desmonta uma teoria e a recompõe em uma nova forma, para que se alcance o fim ao qual ela se propôs" (Habermas, 1982d: 9).

194. Cf. Habermas, 1982a I: 226. Quanto à neutralização moral, esse também é o parecer de Luhmann (ver *supra* item 1.2).

como necessidade externa."[195] Nessa perspectiva, até mesmo a justiça pode ser concebida e avaliada de acordo com as regras racional-finalísticas do mercado[196].

Se é possível de um ponto de vista descritivo, no que concerne ao predomínio da racionalidade-com-respeito-a-fins na sociedade moderna, traçar um paralelo entre Marx e Weber[197], deve considerar-se evidentemente a diferença radical entre os respectivos modelos explicativos. Um parte "de cima" (a ética protestante)[198], o outro "de baixo" (dialética das forças produtivas e das relações de produção)[199]. Porém o que interessa aqui é a leitura segundo a qual, em ambos os paradigmas, a modernidade é compreendida como diferenciação racional-finalística dos sistemas econômico, político e jurídico, implicando a neutralização moral dessas esferas.

Em sua "reconstrução" das contribuições de Weber e Marx para o conceito de modernidade, Habermas reclama da ausência da consideração dos aspectos normativos desse conceito[200]. Tendo em vista que distingue o agir racional-com-respeito-a-fins (instrumental e estratégico) do agir comunicativo[201], ele aponta para o reducionismo racional-finalístico dessas duas concepções da modernidade. O surgimento e o desenvolvimento da sociedade moderna pressupõem a evolução das estruturas da consciência no sentido de uma noção pós-convencional e universalista de moral e direito, ou seja, dependem de uma "lógica de desenvolvimento" autô-

---

195. Marx, 1983: 20.
196. Marx, 1987: 351 s. A esse respeito cabe observar que no contexto do atual neoliberalismo – em oposição, pois, à postura crítica de Marx – Nozick (1990 [1974]: 149 ss.), em atitude "normativa", reduz a justiça exclusivamente aos princípios do mercado.
197. Sobre a posição de Weber, ver *supra* pp. 13 ss.
198. Habermas, 1982a I: 299 s. e 307.
199. Como trecho clássico, ver Marx, 1975: 8 s. A respeito, cf. Zapf, 1975: 218. Sobre as perspectivas weberiana e marxiana de análise dos problemas estruturais da sociedade moderna, ver Münch, 1982: 428-70.
200. Cf. Habermas, 1982a I: 207-366; 1982a II: 449 ss.; 1982d; 1982g.
201. Ver *infra* nota 103 do Cap. II.

noma[202]. A hipertrofia empírica da societarização racional-finalística não significa que o conceito de modernidade reduz-se a essa dimensão. Quer dizer, sim, que a modernidade realizou-se apenas parcialmente, na medida em que a racionalização intersubjetivo-prática da vida social, projetada contrafacticamente, não se efetuou[203]. Daí por que Habermas exige a consideração do aspecto normativo, racional-comunicativo, da sociedade moderna.

Através dessa atitude, Habermas vai afastar-se definitivamente dos seus predecessores da Escola de Frankfurt. A crítica da "razão instrumental" vai ser relativizada, atribuindo-se o problema da modernidade não mais – como naqueles – ao desenvolvimento técnico em si mesmo, mas sim à hipertrofia da "racionalidade-com-respeito-a-fins" em detrimento da esfera do "agir comunicativo"[204]. A "razão técnica" não é mais interpretada como "ideologia" ou "dominação" em si mesma. A linguagem dominante na sociedade moderna não é considerada simplesmente como expressão de nominalismo. Não se trata de uma conexão de fórmulas lingüísticas vazias, suscetíveis de manipulação arbitrária a serviço da dominação[205]. Na perspectiva habermasiana, a téc-

---

202. "Essa nada diz sobre os mecanismos de desenvolvimento; diz apenas algo sobre o espaço de variação dentro do qual valores, representações morais, normas etc., em dado nível de organização da sociedade, são modificados e podem encontrar diversas expressões históricas" (Habermas, 1982d: 12).

203. Cf., p. ex., Habermas, 1982a I: 304-6. Ver também, em perspectiva semelhante, Offe, 1986: 98 ss.

204. Cf. Habermas, 1969: 48 ss.; 1982a I: 455 ss. (esp. pp. 489 ss.); Marcuse, 1967: esp. pp. 159 ss.; Horkheimer e Adorno, 1969.

205. Em sentido contrário, investigando na *Odisséia* as origens do "nominalismo formalista" da sociedade burguesa plenamente desenvolvida, discorrem Horkheimer e Adorno (1969: 67 s., trad. bras., 1985: 65): "Como o nome *Oudeis* pode ser atribuído tanto ao herói quanto a ninguém, Ulisses consegue romper o encanto do nome. As palavras imutáveis permanecem fórmulas para o contexto inexorável da natureza [...]. Ulisses descobre nas palavras o que na sociedade burguesa plenamente desenvolvida se chama formalismo: o preço de sua validade permanente é o fato de que elas se distanciam do conteúdo que as preenche em cada caso e que, a distância, se referem a todo conteúdo possível, tanto a ninguém quanto ao próprio Ulisses. É do formalismo dos nomes e estatutos míticos, que querem reger com a mesma indiferença da natureza os homens e a história, que surge o nominalismo, o protótipo do pensamento burguês."

nica só se apresenta como ideologia na medida em que se expande patologicamente, invadindo a esfera da ação comunicativa (orientada para o entendimento e discursivamente fundamentável). Esse problema é relido como "colonização do mundo da vida": a subordinação do mundo da vida como horizonte dos agentes comunicativos a imperativos sistêmicos[206]. Mas Habermas enfatiza a relação complementar entre o aumento da complexidade sistêmica e da racionalidade do mundo da vida no processo de construção da modernidade[207]. Ou seja, na sua concepção, o desenvolvimento técnico é condição imprescindível à emergência de formas universalistas ou pós-convencionais de estruturas da consciência. Nesse sentido, embora a "lógica de desenvolvimento" (estruturas normativas) estejam em primeiro plano na caracterização da sociedade moderna, "razão prática" e "razão técnica" complementam-se como dimensões da modernidade.

Antes de tudo, é a noção de uma esfera social não subordinada a imperativos sistêmicos que afasta Habermas da teoria dos sistemas. A diferenciação do sistema da ação em organismo (adaptação), personalidade (consecução de fins), sistema social (integração das unidades agentes) e cultura (manutenção de padrões), e, por sua vez, a diferenciação paralela do sistema social em economia (recursos), política (coletividade), subsistema referente à manutenção de padrões culturais institucionalizados (valores) e subsistema integrativo ou "comunidade societária" (normas), tal como formuladas por Parsons[208], são criticadas à medida que a diferença entre sistema e ambiente passa a ser determinante para todas as esferas da sociedade[209]. Cultura (valores) e

---

206. Cf. Habermas, 1982a II: 489 ss. Sobre a distinção entre sistema e mundo da vida, ver *infra* Cap. II.2.

207. Ver *supra* nota 192 e *infra* Cap. II.2.

208. Parsons, 1966: 7-25 e 28 s. Cf. Habermas, 1982a II: 358 ss.

209. Habermas (1982a II: 297 ss.) oferece uma análise crítica pormenorizada do desenvolvimento do pensamento de Parsons, enfatizando a sua transição progressiva da teoria da ação para o modelo sistêmico.

"comunidade societária" (integração) são igualadas a sistemas entre outros[210]. Ou, mais abrangentemente, os componentes do "mundo da vida" – personalidade, sociedade e cultura – teriam sido reinterpretados por Parsons em sua maturidade como sistemas de ação, constituindo cada um deles ambiente para os outros[211]. Tendo em vista que lhe falta um conceito de sociedade desenvolvido a partir da perspectiva da ação, "Parsons não pode descrever a racionalização do mundo da vida e o aumento de complexidade dos sistemas de ação como dois processos separados e interagentes, mas que, com freqüência, também transcorrem em sentido contrário"[212]. No entanto, Habermas admite que Parsons "não conceitua a modernização da sociedade apenas como racionalização sistêmica, mas também como racionalização relativa à ação"[213]. Além do mais, as noções conexas de "comunidade societária" e "integração", embora assumam progressivamente um significado sistêmico na obra de Parsons, servem a uma reconstrução de Habermas no sentido de introduzir a distinção entre integração sistêmica e integração social[214]. De acordo com essa leitura, Parsons "pode pôr em relação a crescente autonomia sistêmica com a progressiva autonomia na acepção prático-moral e interpretar a crescente inclusão e generalização dos valores no sentido de uma aproximação a ideais universalistas de justiça"[215]. Assim compreendida, a teoria parsoniana da modernidade torna-se suscetível de uma absorção reconstrutiva no âmbito da teoria da ação comunicativa[216].

A contraposição de Habermas à concepção sistêmica da sociedade moderna torna-se mais radical quando se trata

---

210. Cf. Habermas, 1982a II: esp. pp. 352 s. e 362.
211. Habermas, 1982a II: 229. Cf. Parsons, 1966: 10 ss. e 29.
212. Habermas, 1982a II: 422.
213. Habermas, 1982a II: 421.
214. Cf. Habermas, 1982a II: esp. pp. 361 s. Essa distinção remonta, de fato, a Lockwood, 1964; cf. também Habermas, 1973: 13 ss.
215. Habermas, 1982a II: 421.
216. Cf. Habermas, 1982a II: 420-43.

do paradigma luhmanniano, porque neste não há mais espaço para um conceito como o de "comunidade societária" como sistema destinado à "integração" da sociedade. Os restos de uma teoria da sociedade a partir da perspectiva da ação, presentes em Parsons, são eliminados completamente[217]. Como já foi observado acima e será ainda analisado nos próximos capítulos, Luhmann radicaliza a teoria dos sistemas autopoiéticos, contrariando qualquer pretensão teórica de uma esfera de integração abrangente da sociedade moderna: toda integração da sociedade realiza-se parcialmente do ponto de vista de cada subsistema social. Nessa orientação, não há um ponto privilegiado a partir do qual se possa refletir racionalmente sobre a sociedade como uma unidade total: toda perspectiva é parcial, toda racionalidade é sistêmica. Portanto, a teoria sistêmica na versão luhmanniana exclui radicalmente conceitos como "ação orientada para o entendimento intersubjetivo"[218], "racionalização do mundo da vida" e "moral universalista" na caracterização da sociedade moderna[219]. Nesta, o código moral "consideração/desprezo", difusamente reproduzido, importa uma diversidade de programas e critérios, em torno dos quais não se constrói consenso (suposto)[220]. Exatamente porque Habermas caracteriza a modernidade primacialmente em termos de racionalização de uma esfera extra-sistêmica (o mundo da vida), no âmbito da qual a sociedade constrói e reflete a sua unidade, e, correspondentemente, em termos de desenvolvimento de uma consciência moral universalista, a concepção luhmanniana apresenta-se como um paradigma inteiramente contraposto à teoria da ação comunicativa no

---

217. Cf. Habermas, 1982a II: 420 s.
218. Isso porque concebe a sociedade (constituída de comunicações) e a consciência como sistemas autopoieticamente fechados, assim como por considerar o homem parte do ambiente da sociedade (cf., p. ex., Luhmann, 1987a: 286 ss.; 1987b: 133 s.; 1995c; 2002a: esp. p. 26).
219. Quanto à crítica de Luhmann ao pensamento de Habermas, ver sobretudo Luhmann, 1971, 1995d, 1996a.
220. Cf. Luhmann, 1993b, 1990d.

que se refere à descrição, compreensão e reflexão da sociedade moderna[221].

Finalmente, Habermas enfrenta um outro flanco teórico, segundo o qual não só a unidade da razão como projeto iluminista é negada (ou "desconstruída"), mas também a própria noção de modernidade considera-se superada em face da condição pós-moderna[222]. Nessa perspectiva, não cabe sequer falar de sistemas sociais diferenciados como unidades parciais. A fragmentação da sociedade resulta em esferas de ação difusas e instáveis. Caso se insista no conceito de racionalidade, trata-se de racionalidade "tópica" ou "situativa"[223]. O consenso só pode ser "local", tendo em vista a "heteromorfia dos jogos de linguagem"[224]. Assim sendo, nega-se a possibilidade de uma metanarrativa ou um superdiscurso legitimador[225]. Cada jogo de linguagem reproduz-se de acordo com as suas próprias regras[226]. Ao enfrentarem-se,

---

221. A respeito da crítica de Habermas a Luhmann, ver sobretudo Habermas, 1971; 1988a: 426-45; e, especialmente no que concerne ao direito, 1992: 67 ss. e 573 ss.; 1996b: 393-8. É bom observar que Habermas, em sua polêmica, não classifica Luhmann como sociólogo ou teórico da sociedade, mas sim, contrariando a auto-avaliação deste, como "o verdadeiro filósofo" (1996b: 393).

222. A respeito, ver Lyotard, 1979, 1983; e, quanto à "desconstrução", Derrida, 1967, 1994.

223. Cf., especificamente em relação ao direito, Ladeur, 1983: esp. p. 272; 1984: 205 ss.; 1985: esp. p. 425. Mas salienta Derrida (1967: 21): "A racionalidade – mas talvez seria necessário abandonar essa palavra pela razão que aparecerá no fim desta frase – que comanda a escrita assim alargada e radicalizada já não é questão de um *logos* e ela inaugura a destruição, não a demolição, mas a dessedimentação, a desconstrução de todas as significações que têm sua fonte naquela de *logos*. Em particular, a significação de *verdade*."

224. Lyotard, 1979: 106 s.

225. Cf. Lyotard, 1979: esp. pp. 63 ss. Acompanham-no na abordagem do direito Teubner (1996a, 1996b) e Ladeur (1992: 80 ss.). Cf., com posição diferente, Welsch, 1991, que se refere a uma metanarrativa pós-moderna.

226. "Nessa disseminação de jogos de linguagem, é o próprio sujeito social que parece dissolver-se. O laço social é de linguagem [*langagier*], mas não é de uma única fibra. É uma textura onde se cruzam pelo menos dois tipos, na realidade um número indeterminado, de jogos de linguagem que obedecem a regras diferentes" (Lyotard, 1979: 66 s.). Apesar de enfatizar a diversidade dos jogos de linguagem, parece-me que há uma tendência simplificadora na concepção pós-moderna de Lyotard, ao atribuir ao poder (*puissance*) um papel

os respectivos discursos podem apenas fazer "injustiça" uns aos outros, tornam-se reciprocamente "vítimas"[227]. O problema da colisão entre discursos só pode ser solucionado heterarquicamente, de acordo com uma hierarquia estabelecida no interior de cada um dos discursos[228]. Habermas reage à postura pós-moderna, sustentando "a unidade da razão na multiplicidade de suas vozes"[229]. Para ele, a razão prática expressa-se em vários tipos de discurso que se complementam e se compatibilizam no processo de formação da vontade política racional[230]. As diferenças são respeitadas exatamente na medida em que na sociedade estruturam-se procedimentos imparciais e includentes (razão procedimental), orientados na busca do entendimento intersubjetivo (consenso)[231]. A pluralidade dos valores e interesses é viabilizada em face da unidade em torno de princípios com pretensão de universalidade.

Diante dessas várias tendências divergentes, a concepção habermasiana da modernidade pode ser sintetizada nos seguintes pontos: a) a emergência da sociedade moderna relaciona-se primacialmente com o desenvolvimento das estruturas da consciência; b) portanto, a modernidade não se restringe ao domínio da "razão instrumental", caracterizando-se, antes, pela relevância da "razão prática"; c) a modernização implica a diferenciação progressiva entre sistema e mundo da vida, o que se relaciona com o fato de que a complexidade daquele e a racionalidade deste aumentam

---

legitimador em relação aos diferentes jogos de linguagem (cf. 1979: 77). O "poder" (*puissance*) refere-se a um "supermecanismo", sem distinções e especificidades em relação às diversas esferas de ação; é um conceito vago e "hipertrófico".

227. Teubner, 1996a: 903 s., referindo-se a Lyotard, 1983. Cf. também Teubner, 1996b: 210.

228. Cf. Teubner, 1996a: 907 ss., recorrendo à noção de *re-entry* (909 ss.). Ver *infra* nota 4 do Cap. II.

229. Habermas, 1988b: 153-86. A respeito da crítica à concepção pós-moderna e desconstrutivista, ver Habermas, 1988a: 104 ss. e 191 ss.

230. Cf. Habermas, 1991f; 1992: 197-207.

231. Habermas (1996c: 172 ss.) fala de "inclusão sensível à diferença".

simultânea e complementarmente; d) nesse sentido, o agir comunicativo, orientado para o entendimento, diferencia-se do agir racional-com-respeito-a-fins (instrumental ou estratégico), orientado para o êxito; e) a compreensão do mundo torna-se descentrada (mundo objetivo, social e subjetivo) tanto no plano da ação quanto no nível do discurso; f) com a diferenciação entre ação e discurso, as diversas pretensões de validade (verdade, retidão e sinceridade) passam a ser suscetíveis de questionamento reflexivo em diversas formas de discurso; g) o universalismo moral e jurídico viabiliza a integração social em um contexto de pluralismo em torno de valores e interesses, possibilitando a construção do consenso.

2.3. Estádios da evolução do direito

Habermas, juntamente com Klaus Eder, aponta uma homologia entre as estruturas da consciência no desenvolvimento da moral e do direito. A cada um dos três níveis da consciência moral, o pré-convencional, o convencional e o pós-convencional, corresponde, respectivamente, um tipo de direito, o revelado, o tradicional e o "estatuído", "formal" ou positivo. Entretanto, essa tipologia, além de influenciada pelo modelo de desenvolvimento da consciência moral, formulado pela psicologia cognitiva, utiliza-se reconstrutivamente da concepção weberiana dos níveis de desenvolvimento do direito em termos de sua progressiva racionalização. Nesse sentido, pode acrescentar-se um outro nível, o direito "deduzido", que precede à positivação. Mas como esse também se fundamenta em princípios, pode ser incluído como um primeiro estádio do nível pós-convencional[232].

O direito revelado, que corresponde ao nível de consciência moral pré-convencional e baseia-se numa ética má-

---

232. Cf. Habermas, 1982a I: esp. pp. 350 ss.; 1982a II: 259 ss.; 1982f: 135-7; 1992: 95 ss.; Eder, 1980: 158-66; Schluchter, 1979: 145 ss.; Weber, 1985: esp. pp. 504 s.

gica, apóia-se fundamentalmente em expectativas de comportamento particulares. Isso significa que não está presente a noção de norma como expectativa generalizada de comportamento. Não se distingue entre norma e ação. Portanto, não é possível julgar a conduta a partir de estruturas normativas. Inexiste procedimento de aplicação normativo-jurídica[233]. Os conflitos são solucionados concretamente mediante autocomposição, autodefesa e retaliação, sem a interferência de um terceiro. Mesmo quando há a intermediação de um árbitro, não há lugar para a imposição do direito: a solução proposta tem que ser aceita pelas partes litigantes. As penas com as quais a comunidade reage a ofensas contra a ordem sacra têm o caráter de sacrifícios que se realizam nos rituais, não se apresentando como imposição de uma autoridade social[234]. Nesse contexto, não se consideram as intenções dos agentes, mas sim os resultados da ação. O dano objetivo é o que interessa, importando sobretudo restabelecer o *status quo ante*, isto é, compensar os prejuízos causados[235]. Sendo assim, a pena não se apresenta como resposta a um comportamento imputado a indivíduo(s), mas sim como forma de livrar a coletividade do perigo que a ameaça[236]. Habermas refere-se a "uma espécie de validade que é equipada com a força do fáctico", a uma "fusão de facticidade e validade" na forma de um sentimento ambivalente de medo e entusiasmo perante uma "autoridade" que se apresenta aos membros da comunidade como imperiosa, absoluta, incontestável[237]. Nessa orientação, sustenta que "em sociedades primitivas o direito ainda não é coercitivo"[238]. Essa assertiva, para os juristas, pode levar a equívocos. A coercitividade como característica do direito é indiscutível, mesmo

---

233. Cf. Weber, 1985: 445 s.; Schluchter, 1979: 146; Habermas, 1982a I: 349 e 351; 1982a II: 261 s.; 1982f: 135.
234. Habermas, 1982a II: 263.
235. Habermas, 1982f: 135; 1982a II: 262 s.
236. Habermas, 1982a II: 263, referindo-se ao tabu do incesto.
237. Habermas, 1992: 39-41.
238. Habermas, 1982a II: 262.

se for reconhecida apenas como aspecto externo ou meio[239].

A asserção de Habermas deve ser interpretada no sentido de que a indiferenciação entre norma e ação, a inexistência de procedimento de aplicação normativa e, portanto, a ausência de um terceiro encarregado de julgar e executar sentenças vinculatórias excluem a idéia de um direito a ser imposto coativamente por uma autoridade[240]. Entretanto, a ordem jurídica primitiva dispõe de uma coercitividade difusa[241], que se manifesta através dos indivíduos como "órgãos" da comunidade[242] ou nos rituais comunitários. O que falta, no amálgama entre cultura e natureza, norma e ação, indivíduo e coletividade, é uma noção precisa do sentido da coação, considerada antes como uma reação natural à conduta danosa.

Só com o direito tradicional das "culturas avançadas", que corresponde ao nível moral convencional e a uma "ética da lei", a norma como expectativa generalizada de comportamento torna-se a categoria fundamental de orientação da conduta[243]. Distinguem-se o plano da ação e o normativo, introduzindo-se os procedimentos diferenciados de aplicação e execução jurídica. Isso se relaciona com a centralização do poder nas sociedades estatalmente organizadas: a autoridade política baseia-se no fato de dispor de meios de sanção centralizados, o que confere às decisões do detentor do cargo caráter vinculante[244]. As violações à ordem normativa já são avaliadas de acordo com a intenção de um sujeito responsável, não apenas a partir de seus resultados. Não

---

239. Referindo-se à violência física, Luhmann (1981f: 138-40; 1987b: 106-15 e 262) enfatiza-lhe a função simbólica para o direito. Benjamin (1965: 35) sustentava "que a violência, onde ela não se encontra nas mãos do respectivo direito, constitui-lhe uma ameaça, não através dos fins que ela pode aspirar, mas sim pela sua simples existência fora do direito".
240. Cf. Habermas, 1982a II: 261 s.
241. Em sentido análogo, Burdeau (1949: 249-51) refere-se ao poder anônimo ou difuso como característica da sociedade primitiva.
242. Cf. Kelsen, 1946: 338 s.
243. Cf. Habermas, 1982a II: 260.
244. Habermas, 1982a II: 264; cf. 1992: 178.

se trata mais de restabelecer um *status quo ante*, mas sim de reparar ilícitos cometidos e "curar o ferimento de normas"[245]. O direito apresenta-se como uma metainstituição, servindo de garantia para os casos em que falhem as instituições de primeira ordem[246]. Mas o ordenamento normativo a aplicar nos procedimentos jurisdicionais ainda não se encontra diferenciado juridicamente: direito, moral e ética constituem um amálgama sacramente fusionado. O direito sacro legitima o poder político, que simultaneamente o sanciona[247]. Essa conexão indiferenciada entre poder e ordem jurídico-moral sacramente fundamentada impede, conforme o modelo habermasiano, a reflexão crítica das normas vigentes a partir de princípios. As instituições convencionais são, em última análise, incontestáveis. A crítica apresenta-se como perigo à manutenção da ordem dominante. É um desvio condenável juridicamente.

O chamado "direito deduzido" já implica a presença de princípios à luz dos quais as instituições jurídicas tradicionais podem ser avaliadas. Entretanto, esse tipo, que corresponde à fase de transição jusnaturalista para a plena positivação do direito no paradigma evolucionário luhmanniano[248], é fundamentado em princípios metajurídicos[249]. Neles, ainda se expressa um *ethos* social total, não se diferenciando as esferas do ético, do moral e do jurídico[250]. A validade do direito é deduzida de postulados metafísicos. As normas jurídicas são criticáveis a partir de princípios metajurídicos, mas estes permanecem inquestionáveis[251].

---

245. Habermas, 1982a II: 264.
246. Habermas, 1982a II: 265.
247. Habermas, 1992: 177-9.
248. Ver *supra* p. 23.
249. Schluchter, 1979: 146. Cf. Habermas, 1982a I: 351.
250. Cf. Habermas, 1992: 124.
251. Segundo Habermas (1982a I: 357 s., criticando nesse passo Weber), isso não se aplicaria exatamente ao jusnaturalismo contratualista: "Com certeza, pode objetar-se que o conceito de direitos naturais nos séculos XVII e XVIII ainda tinha fortes conotações metafísicas. Porém, com o modelo de um contrato através do qual todos os membros da comunidade jurídica [*Rechtsge-*

Apenas a partir da positivação do direito na sociedade moderna, diferenciam-se plenamente moralidade, eticidade e juridicidade. As normas jurídicas já não se fundamentam diretamente em princípios de natureza metajurídica, mas sim em princípios especificamente jurídicos. Estes, por sua vez, tornam-se procedimentalmente reflexíveis e, portanto, criticáveis; necessitam, pois, de fundamentação racional nos termos de procedimentos[252]. Ao contrário da concepção weberiana da racionalidade formal e também do paradigma luhmanniano da positividade, o direito positivo, que corresponde ao nível da moral pós-convencional, apesar de diferenciado da moral e da ética, não se caracteriza pela "desfundamentação" no modelo habermasiano. Em Weber, a racionalidade formal do direito moderno corresponderia à racionalidade-com-respeito-a-fins prevalecente na sociedade moderna[253]. O direito formal apresenta-se como um instrumento do capitalismo: "o que ele [este] precisa é de um direito que possa ser calculado de maneira semelhante a uma máquina"[254]. Nesse sentido, a positivação significaria que o direito é posto e revisável permanentemente por decisão conforme exigências racional-finalísticas[255].

Habermas critica esse modelo, sustentando que o princípio da positivação [*Satzungsprinzip*] é indissociável do princípio da fundamentação[256]. Além da positividade, do legalismo e da formalidade como três características do direito moderno, aponta-lhe a generalidade ou universalidade, que envolve a necessidade de justificação nos quadros de uma

---

nossen], como parceiros originariamente livres e iguais, regulam sua vida em comum ponderando racionalmente seus interesses, os teóricos do direito natural moderno foram os primeiros a responder à exigência de fundamentação procedimental do direito, isto é, de uma fundamentação a partir de princípios cuja validade, por sua vez, pode ser criticada."

252. Schluchter, 1979: 146. Cf. Habermas, 1982a I: 351.
253. Ver *supra* pp. 14 s.
254. Weber, 1985: 817.
255. Cf. Weber, 1968b: 215 s.; 1985: 125; Schluchter, 1979: 146.
256. A respeito, em uma perspectiva de "reconstrução" do modelo teórico weberiano, ver Habermas, 1982a I: 332 ss. Cf. também 1982a II: 266; 1992: 97.

moral pós-convencional[257]. Ao perder os seus fundamentos sacros, o direito, por um lado, assume o papel de instrumento do poder e do mercado, mas, por outro, exige uma fundamentação em termos de uma racionalidade procedimental tanto ética quanto moral. Ao diferenciar-se da eticidade concreta do grupo e de uma moralidade conteudística, impõe-se-lhe uma justificação racional não apenas nos limites do discurso jurídico sobre a consistência, mas também a partir dos discursos ético e moral. A legitimação procedimental implica, então, a criticabilidade dos princípios jurídicos à luz de uma racionalidade discursiva abrangente, envolvendo questões jurídicas (de consistência), pragmáticas (de estabelecimento de fins e determinação dos meios adequados a alcançá-los), ético-políticas (de valores) e morais (de justiça), assim como questões concernentes ao compromisso eqüitativo. Inverte-se evidentemente o vetor em relação à noção luhmanniana de autonomia do sistema jurídico: a dimensão sistêmica é reduzida à instrumentalidade política e econômica do direito; a autonomia do direito perante os meios "poder" e "dinheiro" resulta de sua fundamentação racional discursiva, com outras palavras, de sua racionalidade procedimental[258].

---

257. Cf. Habermas, 1982a I: 351 ss.; 1982c: 264 ss.
258. Tratarei especificamente dessas questões no Cap. III.2.

Capítulo II
Duas diferenças paradigmáticas

1. A diferença "sistema/ambiente": a autopoiese dos sistemas sociais

Na teoria sistêmica de Niklas Luhmann, a diferença "sistema/ambiente" desempenha um papel fundamental para a compreensão da sociedade moderna: "O paradigma central da nova teoria dos sistemas chama-se 'sistema e ambiente'. Correspondentemente, o conceito de função e a análise funcional não se referem a 'o sistema' (no sentido de uma massa que é conservada ou de um efeito a ser causado), mas sim à relação entre sistema e ambiente. A referência última de todas as análises funcionais reside na diferença entre sistema e ambiente."[1] Nesse sentido, tudo que ocorre pertence simultaneamente a um sistema (ou a vários sistemas) e ao ambiente de outros sistemas[2]. Tal diferença, como "forma-de-dois-lados" ("uma forma particular de formas")[3], é introduzida no sistema, servindo-lhe de estrutura orientadora no tratamento do seu desnível de complexidade em relação ao ambiente[4]. Mas é sobretudo na sociedade

---

1. Luhmann, 1987a: 242. A respeito, ver também Luhmann, 1997: 60-78; 2002b: 66-91; Luhmann e De Giorgi, 1992: 16-24.
2. Luhmann, 1987a: 243.
3. Luhmann, 1997: 60 ss. (63). Luhmann recorre aqui ao conceito de forma de Spencer Brown, 1971: esp. pp. 1 ss. A respeito, cf. Foerster, 1993.
4. Luhmann, 1987a: 251. Trata-se de *re-entry* no sentido de Spencer Brown (1971: 56 s. e 69 ss.), a "reentrada" da diferença no interior do sistema.

moderna, no interior da qual se diferenciam e autonomizam operacionalmente sistemas funcionais, que a forma-diferença "sistema/ambiente" ganha relevância. A questão já não é mais apenas distinguir a sociedade, como unidade de reprodução de comunicações, do seu ambiente psíquico, orgânico e físico, no qual não existe comunicação[5]. O problema reside, além disso, em compreender a emergência de sistemas funcionais operacionalmente autônomos no interior da sociedade como sistema social mais abrangente. O que se põe é a delicada questão da construção de sistemas autopoiéticos no interior de sistema autopoiético, de que resulta a noção de sociedade policontextural[6] ou de mundo multicêntrico, na medida em que toda diferença transforma-se em "centro do mundo"[7].

O conceito de autopoiese tem sua origem na teoria biológica de Maturana e Varela[8]. Etimologicamente, a palavra deriva do grego *autós* ("por si próprio") e *poiesis* ("criação", "produção")[9]. Significa inicialmente que o respectivo sistema é construído pelos próprios componentes que ele constrói. Definem-se então os sistemas vivos como máquinas autopoiéticas: uma rede de processos de produção, transformação e destruição de componentes que, através de suas interações e transformações, regeneram e realizam continuamente essa mesma rede de processos, constituindo-a como unidade concreta no espaço em que se encontram, ao especificarem-lhe o domínio topológico de realização[10]. Trata-se,

---

Cf., a respeito, Esposito, 1993: esp. pp. 97 ss., 107 s. e 111; Luhmann, 2002b: 166 s.
   5. Cf. Luhmann, 1987a: 60 s.; 1993a: 54 s. e 552 s.
   6. Luhmann, 1997: 36 s. e *passim*; 1996b: 44.
   7. Luhmann, 1987a: 284. A respeito do conceito de autopoiese, ver Neves, 1995a ou 1994a: 113 ss., de onde foram retirados os elementos básicos da exposição que se segue neste item.
   8. Cf. Maturana e Varela, 1980: 73 ss.; 1987: esp. pp. 55-60; Maturana, 1982: esp. pp. 141 s., 157 ss. e 279 s.
   9. Cf. Maturana e Varela, 1980: XVII.
   10. Maturana e Varela, 1980: 78 s. e 135; Maturana, 1982: 141 s., 158, 184 s. e 280. Essa seria, segundo Teubner (1989: 32), a "definição oficial" de autopoiese.

portanto, de sistemas homeostáticos[11], caracterizados pelo fechamento na produção e reprodução dos elementos[12]. Dessa maneira, procura-se romper com a tradição segundo a qual a conservação e a evolução da espécie seriam condicionadas basicamente pelos fatores ambientais. Ao contrário, sustenta-se que a conservação dos sistemas vivos (indivíduos) fica vinculada à sua capacidade de reprodução autopoiética, que os diferencia em um espaço determinado[13].

A recepção do conceito de autopoiese nas ciências sociais foi proposta por Luhmann, tendo encontrado ampla ressonância[14]. A concepção luhmanniana da autopoiese afasta-se do modelo biológico de Maturana, na medida em que nela se distinguem os sistemas constituintes de sentido (psíquicos e sociais) dos sistemas não constituintes de sentido (orgânicos e neurofisiológicos)[15]. Na teoria biológica da autopoiese, há, segundo Luhmann, uma concepção radical do fechamento, visto que, para a produção das relações entre sistema e ambiente, é exigido um observador fora do sistema, ou seja, um outro sistema[16]. No caso de sistemas constituintes de sentido, ao contrário, a "auto-observação torna-se componente necessário da reprodução autopoiética"[17]. Eles man-

---

11. Maturana e Varela, 1980: 78.
12. Cf., p. ex., Maturana e Varela, 1980: 127 s., em relação ao sistema nervoso.
13. Cf. Maturana e Varela, 1980: 117 s., também com críticas às implicações ideológicas da teoria darwiniana da seleção natural.
14. A respeito, ver sobretudo Luhmann, 1987a; Haferkamp e Schmid (orgs.), 1987; Baecker *et al.* (orgs.), 1987: esp. pp. 394 ss.; Teubner (org.), 1988b; Teubner e Febrajo (orgs.), 1992. Para a crítica à recepção científico-social do conceito de autopoiese, Bühl, 1989, com referência especial ao paradigma luhmanniano (229 ss.); em uma perspectiva mais abrangente sobre a teoria sistêmica de Luhmann, ver Krawietz e Welker (orgs.), 1992. Para a leitura crítica a partir da teoria do discurso, Habermas, 1988a: 426 ss. Definindo a autopoiese como paradigma ideológico conservador, Zolo, 1986.
15. Ladeur (1985: 408 s.) interpreta de maneira diversa. Cf. também Teubner, 1988a: 51; 1989: 38, 43 e 46, criticando a tese sustentada por Luhmann (1985: 2; 1987c: 318) – que nesse ponto acompanha Maturana e Varela (1980: 94; Maturana, 1982: 301) – da impossibilidade de autopoiese parcial também com relação aos sistemas sociais.
16. Luhmann, 1987a: 64.
17. *Ibidem*.

têm o seu caráter autopoiético enquanto se referem simultaneamente a si mesmos (para dentro) e ao seu ambiente (para fora), operando internamente com a diferença fundamental entre sistema e ambiente[18]. O seu fechamento operacional não é prejudicado com isso, considerando-se que sentido só se relaciona com sentido e só pode ser alterado através de sentido[19]. Porém, a incorporação da diferença "sistema/ambiente" no interior dos sistemas baseados no sentido (a auto-observação como "momento operativo da autopoiese")[20] possibilita uma combinação de fechamento operacional com abertura para o ambiente, de tal maneira que a circularidade da autopoiese pode ser interrompida através da referência ao ambiente[21]. Portanto, na teoria dos sistemas sociais autopoiéticos de Luhmann, o ambiente não atua perante o sistema nem meramente como "condição infraestrutural de possibilidade da constituição dos elementos"[22], nem apenas como perturbação, ruído, "*bruit*"[23]; constitui algo mais, "o fundamento do sistema"[24]. Em relação ao sistema, atuam as mais diversas determinações do ambiente, mas elas só são inseridas no sistema quando este, de acordo com os seus próprios critérios e código-diferença, atribui-lhes sua forma[25].

Além de diferenciar-se da teoria biológica da autopoiese, a concepção luhmanniana do fechamento auto-referencial dos sistemas baseados no sentido, especialmente dos sistemas sociais, afasta-se ainda mais claramente da clássica oposição teórica entre sistemas fechados e abertos[26]. O con-

---

18. *Ibidem*.
19. *Ibidem*.
20. Luhmann, 1987a: 63.
21. Luhmann, 1987a: 64 s.
22. Luhmann, 1987a: 60.
23. Para Varela (1983), o "ruído" (*bruit* – "couplage par clôture" em oposição a "couplage par input") atua como forma típica de atuação do ambiente em relação aos sistemas autônomos.
24. Luhmann, 1987a: 602.
25. "Fundamento é sempre algo *sem forma*" (Luhmann, 1987a: 602).
26. Como paradigma dessa tradição, ver sinteticamente Bertalanffy, 1957: 10 ss. Em contraposição, cf. Luhmann, 1987a: 63 s.

ceito de sistemas fechados ganha, "em comparação com a antiga teoria dos sistemas, um novo sentido. Ele não designa mais sistemas que existem (quase) sem ambiente e, portanto, podem determinar-se (quase) integralmente a si mesmos"[27]. Nesse sentido, afirma-se: "Fechamento não significa agora falta de ambiente, nem determinação integral por si mesmo[...]."[28] Trata-se de autonomia do sistema, não de sua autarquia[29], nem de isolamento (causal)[30]. O fechamento operativo "é, ao contrário, condição de possibilidade para abertura. Toda abertura baseia-se no fechamento"[31]. A combinação de fechamento e abertura pode ser tratada sob duas perspectivas: (1) embora um sistema construtor e construído de sentido exerça o "controle das próprias possibilidades de negação por ocasião da produção dos próprios elementos" (fechamento), esse controle depende das condições de escolha entre o sim e o não do respectivo código sistêmico (abertura)[32]; (2) o controle das possibilidades de negação (fechamento) proporciona uma relação seletiva contínua e estável (ou, no mínimo, menos instável) do sistema com o seu ambiente (abertura adequada).

O conceito de autopoiese será definido mais enfaticamente por Luhmann, sob influência de Maturana e Varela, como auto-referência dos elementos sistêmicos: "Um sistema pode ser designado como auto-referencial, se ele mesmo constitui, como unidades funcionais, os elementos de que é composto..."[33] Aqui se trata primariamente da reprodução unitária dos elementos construtores do sistema e, simultaneamente, por ele constituídos[34], não da auto-organiza-

---

27. Luhmann, 1987a: 602.
28. Luhmann, 1983b: 133.
29. Luhmann, 1983a: 69; Teubner, 1982: 20.
30. Luhmann, 1997: 68 e 94; 1995b: 15; 1993a: 43 s.; 1991b: 13. Ver *infra* nota 13 do Cap. III.
31. Luhmann, 1987a: 606; cf. 1993a: 76; 1997: 68.
32. Luhmann, 1987a: 603; cf. 1986a: 83.
33. Luhmann, 1987a: 59; cf. também 2002b: 109 s.
34. "Elementos são elementos apenas para os sistemas que os utilizam como unidade, e só são através desses sistemas" (Luhmann, 1987a: 43).

ção ou da manutenção estrutural do sistema[35]. Nesse sentido, a unidade do sistema apresenta-se em primeiro lugar como unidade dos elementos básicos de que ele é composto e dos processos nos quais esses elementos reúnem-se operacionalmente[36]. Nessa perspectiva, formula-se "que um sistema autopoiético constitui os elementos de que é composto através dos elementos de que é composto, e, dessa maneira, demarca fronteiras que não existem na complexidade infra-estrutural do ambiente do sistema"[37].

Mas a concepção de autopoiese não se limita em Luhmann à *auto-referência* elementar ou *de base*, que se assenta na diferença entre elemento e relação[38]. Essa se apresenta apenas como "a forma mínima de auto-referência"[39], constituindo um dos três momentos da autopoiese[40]; os outros são a *reflexividade* e a *reflexão*, que se baseiam respectivamente na distinção entre "antes e depois" ou entre "sistema e ambiente"[41]. Reflexividade e reflexão são conceitos mais precisos do que a categoria mais abrangente de mecanismos reflexivos, formulada anteriormente por Luhmann[42].

A *reflexividade* diz respeito à referência de um processo a si mesmo, ou melhor, a processos sistêmicos da mesma espécie[43]. Assim se apresentam a decisão sobre tomada de

---

35. Luhmann, 1983b: 132.
36. Luhmann, 1983b: 131.
37. Luhmann, 1983b: 132; cf. 1997: 65 s.
38. Luhmann, 1987a: 600 s.
39. Luhmann, 1987a: 600.
40. Daí por que a confusão entre autopoiese e auto-referência de base (cf. Luhmann, 1987a: 602) deve ser relativizada e compreendida restritivamente no âmbito do modelo sistêmico-teorético de Luhmann.
41. Luhmann, 1987a: 601 s.
42. Cf. Luhmann, 1984a.
43. A respeito, ver esp. Luhmann, 1987a: 601 e 610-6. Distinguindo este do conceito lógico de reflexidade, observa Luhmann: "Ele designa uma relação que preenche o pressuposto de que cada membro está para si mesmo na mesma relação que está para o outro [...]. Nós não nos atemos a essa definição, porque a identidade exata da relação reflexiva obstruiria justamente o argumento a que queremos chegar: o aumento da eficiência através de reflexividade. Por isso, aqui, um mecanismo deve ser considerado reflexivo, se tiver em vista um objeto caracterizado como um mecanismo da mesma espécie; se, portanto, referir-se a si mesmo no concernente à espécie" (1984a: 109, nota 6).

decisão, a normatização da normatização, o ensino do ensino (ou o estudo do aprendizado) etc.[44] Mas, formulado dessa maneira, o conceito resulta insuficiente para caracterizar a reflexividade de um sistema autopoiético. Em face disso, Luhmann tenta defini-lo mais exatamente: "De auto-referência processual ou reflexividade queremos falar apenas, então, se esse reingresso no processo é articulado com os meios do processo."[45] Pode-se, de acordo com o modelo sistêmico-teórico, formular de maneira mais rigorosa: reflexividade como mecanismo no interior de um sistema autopoiético implica que o processo referente e o processo referido são estruturados pelo mesmo código binário e que, em conexão com isso, critérios e programas do primeiro reaparecem em parte no segundo. Por conseguinte, não é suficiente, por exemplo, indicar a normatização de normatização, pois a normatização religiosa ou moral da normatização jurídica, como também a referência normativa de um padrão de "direito natural" à emissão de norma jurídico-positiva não representam, nesse sentido estrito, nenhuma reflexividade da produção normativa.

Na *reflexão*, que pressupõe auto-referência elementar e reflexividade, é ao próprio sistema como um todo que se atribui a operação auto-referencial, não apenas aos elementos ou processos sistêmicos[46]. Definida também como autodescrição, significa a "exposição da unidade do sistema no sistema"[47]. Como "teoria do sistema no sistema"[48], ela implica a elaboração conceitual da "identidade do sistema em oposição ao seu ambiente"[49]. Trata-se, pois, de "uma forma con-

---

44. Luhmann, 1984a: 94-9.
45. Luhmann, 1987a: 611. De acordo com Luhmann (*ibidem*, nota 31), faltava essa distinção em sua contribuição anterior para esse tema, publicada primeiramente em 1966 (1984a).
46. Cf. Luhmann, 1987a: 601; 1981g: 423.
47. Luhmann, 1993a: 498, onde a autodescrição é igualmente conceituada como "reflexão da unidade exatamente no sistema que auto-reflete".
48. Luhmann, 1981g: 422 e 446.
49. Luhmann, 1987a: 620. Sobre as teorias de reflexão dos sistemas funcionais, ver 1997: 958-83.

centrada de auto-referência"[50], que possibilita a problematização da própria identidade do sistema[51].

Enquanto em Luhmann a autopoiese é concebida em três momentos interdependentes (auto-referência elementar, reflexividade e reflexão), Teubner vai propor um conceito mais abrangente, definindo-a como "enlace hipercíclico" de elemento, processo, estrutura e identidade[52]. Parece-me, porém, que o modelo luhmanniano de autopoiese não contraria a noção de "enlace hipercíclico", envolvendo também o momento estrutural. Luhmann não reduziu a reprodução autopoiética à auto-referência dos elementos, mas apenas fixou que essa é a forma mínima de autopoiese. O que vai caracterizar exatamente a concepção dos sistemas autopoiéticos é que ela parte dos aspectos operacionais, não se referindo primariamente à dimensão estrutural (autonomia).

Com relação aos sistemas sociais, "constituídos sobre a base de uma conexão unitária (auto-referencial) de comunicações"[53], a sociedade é o sistema mais abrangente. As unidades elementares da sociedade, as comunicações[54], que ela constitui mediante a síntese de informação, mensagem e compreensão[55], somente estão presentes no seu interior, não em seu ambiente, de tal maneira que ela pode ser caracterizada como um sistema "real-necessariamente fechado"[56]. Embora a reprodução de comunicações só se realize dentro da sociedade (fechamento auto-referencial), existem imprescindivelmente comunicações sobre o seu ambiente psíquico, orgânico e químico-físico (abertura)[57].

O caráter autopoiético dos sistemas parciais da sociedade não pode, porém, ser esclarecido desse mesmo modo,

---

50. Luhmann, 1981g: 423.
51. Luhmann, 1982: 59.
52. Teubner, 1987a: 106 ss.; 1989: 36-60; cf. também 1987b.
53. Luhmann, 1987a: 92. Ver *supra* nota 17 do Cap. I.
54. Luhmann, 1987a: 192 s.; cf. 1997: 81.
55. Luhmann, 1983b: 137. A respeito, ver 1987a: 193 ss.; 2002b: 292 ss.
56. Luhmann, 1987a: 60 s.
57. Luhmann, 1983b: 137; cf. também 1997: 96; 1993a: 553.

pois a comunicação é a unidade elementar de todos os sistemas sociais: há comunicação no ambiente dos subsistemas da sociedade, nos quais se desenvolvem, portanto, não apenas comunicações *sobre* o seu ambiente, mas também *com* este[58]. Somente quando um sistema social dispõe de um específico código-diferença binário é que ele pode ser caracterizado como auto-referencialmente fechado (e, portanto, aberto ao ambiente)[59]. Por meio de código sistêmico próprio, estruturado binariamente entre um valor negativo e um valor positivo específico, as unidades elementares do sistema são reproduzidas internamente e distinguidas claramente das comunicações exteriores[60]. Mas os códigos tornam-se formas vazias caso não sejam combinados com programas e critérios. Nesse sentido, a autopoiese importa uma combinação entre "codificação" e "programação", possibilitando-se assim a simultaneidade de fechamento e abertura[61].

Conforme o exposto, a teoria luhmanniana nega um espaço privilegiado de observação a partir do qual se possa refletir abrangentemente sobre a sociedade. Toda e qualquer observação é parcial. A diferença entre sistema e ambiente apresenta-se nos diversos sistemas sociais autopoiéticos, cada um dos quais com uma perspectiva própria do mundo e da sociedade. É nesse sentido que se define a sociedade moderna como multicêntrica ou policontextural.

2. A diferença "sistema/mundo da vida": teoria da ação comunicativa

Na teoria da ação comunicativa, a diferença entre sistema e mundo da vida ocupa uma posição central. A socie-

---

58. Luhmann, 1983b: 137 s.
59. Cf. Luhmann, 1983b: 134; 1987a: 603; 1986a: 83; 1986b: 171 s.
60. Sobre código binário em geral, ver Luhmann, 1986a: 75 ss.
61. Cf. Luhmann, 1986a: 82 s. e 89 ss. Em uma perspectiva desconstrutivista, Stäheli (1996) interpreta o código no sentido luhmanniano como "significante vazio" e limita a relação entre código e programa "a uma suplementaridade 'benévola'" (279).

dade nem é conceituada de um ponto de vista estritamente sistêmico nem exclusivamente como mundo da vida. Habermas concebe-a simultaneamente como sistema e mundo da vida[62]. A própria evolução social vai ser definida como diferenciação entre ambas as dimensões[63]. Nesse sentido, ele observa: "Compreendo a evolução social como um processo de diferenciação de segunda ordem: sistema e mundo da vida diferenciam-se, ao aumentar a complexidade de um e a racionalidade do outro, não apenas respectivamente como sistema e mundo da vida – ambos diferenciam-se simultaneamente um do outro."[64] Enquanto nas sociedades arcaicas haveria um amálgama entre essas duas dimensões da realidade social, relacionado com o fato de que não se distinguia claramente entre agir comunicativo e agir racional-com-respeito-a-fins, a sociedade moderna seria caracterizada pela diferenciação das duas esferas[65].

O mundo da vida no modelo habermasiano apresenta-se "como o horizonte em que os agentes comunicativos movimentam-se"[66]. Em outras palavras, consiste, antes de tudo, no "pano de fundo" (*Hintergrund*) do agir comunicativo[67]. Nesse sentido, o conceito de mundo da vida apresenta-se como complementar ao de agir comunicativo[68]. O mundo da vida reproduz-se mediante a ação comunicativa, orientada para o entendimento intersubjetivo[69]. "Disso naturalmente não resulta que no mundo da vida não possam surgir interações estratégicas."[70] Mas este "é, então, neutralizado em sua força coordenadora da ação"[71]. Nesse caso, não serviria à antecipação do consenso, porque, para os agentes es-

---

62. Habermas, 1982a II: 183 e 223 ss.
63. Cf. sobretudo Habermas, 1982a II: 229 ss.
64. Habermas, 1982a II: 230.
65. Ver *supra* Cap. I.2.2.
66. Habermas, 1982a II: 182.
67. Habermas, 1986b: 593.
68. Habermas, 1982a II: 182; 1986c: 546.
69. Habermas, 1992: 43, nota 18.
70. *Ibidem*.
71. *Ibidem*.

tratégicos, os dados institucionais e os outros participantes da interação apresentar-se-iam apenas objetivamente como fatos sociais[72]. Portanto, é possível no modelo habermasiano conceituar o mundo da vida como a moldura simbólica de referência da ação comunicativa[73].

Habermas não compartilha do conceito culturalista de mundo da vida que remonta a Husserl, considerando-o unilateral[74]. Também qualifica de parcial a concepção que parte de Durkheim, segundo a qual o mundo da vida reduz-se ao aspecto da integração (normativa) da sociedade[75]. Por fim, rejeita também como unilateral a tradição que remonta a Mead, no âmbito da qual o conceito de mundo da vida restringe-se ao aspecto da socialização dos indivíduos[76]. De acordo com o modelo habermasiano, cultura, sociedade e personalidade constituem os três componentes estruturais do mundo da vida[77]. "Chamo *cultura* o acervo de saber no qual os participantes da comunicação, ao entenderem-se sobre algo em um

---

72. *Ibidem.*
73. Não obstante, deve-se advertir também que, enquanto as estruturas simbólicas do mundo da vida reproduzem-se através do agir comunicativo, o seu substrato material reproduz-se por meio de ações instrumentais (Habermas, 1986c: 546; cf. 1982a II: 209 s.).
74. Cf. Habermas, 1982a II: 210 ss. Para Husserl (1982: 52 ss.), o "mundo da vida", em contraposição ao mundo das idealidades, apresenta-se como o "fundamento-de-sentido esquecido da ciência natural" (a respeito, criticamente, ver também Habermas, 1991e; 1988b: 85 ss.). Conforme enfatiza Habermas (1982a II: 210 s.), o conceito culturalista que remonta a Husserl será absorvido conseqüentemente na sociologia do saber de Berger e Luckmann, 1967; cf. também Luckmann, 1980; Schütz e Luckmann, 1975. Recorrendo a Husserl em outra perspectiva, Luhmann (1988b: 70-3) distingue técnica e mundo da vida, referindo-se a este como "um horizonte de possibilidades não atualizadas" (71). Parece-me que para tal referência seria mais adequado o termo "mundo", enquanto aponta para a soma e unidade de todas as possibilidades que se apresentam ao sistema (Luhmann, 1987a: 106, acrescentando, porém, que o mundo, ao atualizar-se em situações determinadas, atua como mundo da vida).
75. Habermas, 1982a II: 211 s., vinculando esse conceito do mundo da vida à noção parsoniana de *societal community*.
76. Habermas, 1982a II: 212, enfatizando que, conforme essa perspectiva, a teoria social é reduzida à psicologia social.
77. Cf. Habermas, 1982a II: 208 ss.

mundo, abastecem-se de interpretações. Chamo *sociedade* as ordens legítimas através das quais os participantes da interação regulam sua pertinência a grupos sociais e, com isso, asseguram a solidariedade. Por *personalidade* entendo as competências que tornam um sujeito capaz de linguagem e de ação, ou seja, que o capacitam a participar de processos de entendimento e, neles, afirmar sua própria identidade."[78] Esses três componentes do mundo da vida correspondem aos processos de reprodução cultural (na dimensão semântica de significações e conteúdos), integração social (na dimensão do espaço social) e socialização (na dimensão do tempo histórico – da sucessão de gerações)[79]. A cultura, a sociedade e a personalidade não se reduzem a subsistemas do sistema geral de ação, não constituindo cada um deles ambiente para os outros[80]. São estruturantes da ação comunicativa e, ao mesmo tempo, reproduzem-se por meio dela. Esta serve à tradição e à inovação do saber cultural sob o aspecto funcional do entendimento; à integração social e à produção de solidariedade sob o aspecto da coordenação da ação; à formação da identidade pessoal sob o aspecto da socialização[81].

A racionalização do mundo da vida relaciona-se com a sua diferenciação estrutural, ou seja, com a diferenciação dos seus três elementos estruturais[82]. "Na relação entre *cultura e sociedade*, a diferenciação estrutural manifesta-se no crescente desacoplamento entre sistema institucional e imagens do mundo; na relação entre *personalidade e sociedade*, na ampliação do espaço de contingência para o estabelecimento de relacionamentos interpessoais; e na relação entre *cultura e personalidade*, no fato de que a inovação cultural torna-se cada vez mais dependente da postura crítica e capacidade de inovação dos indivíduos."[83]

---

78. Habermas, 1982a II: 209.
79. *Ibidem*.
80. Habermas, 1982a II: 229, criticando a concepção parsoniana (cf. Parsons, 1966: 10 ss. e 29).
81. Habermas, 1982a II: 208.
82. Habermas, 1982a II: 219 s.
83. Habermas, 1982a II: 219.

Não se confunde o mundo da vida com o mundo como referência dos agentes comunicativos[84]. Estes "movimentam-se *dentro* do horizonte de seu mundo da vida; não podem sair dele. Como intérpretes, pertencem eles mesmos com seus atos de fala ao mundo da vida, mas não podem referir-se 'a algo no mundo da vida' do mesmo modo que a fatos, normas ou vivências [*Erlebnisse*]"[85]. O mundo apresenta-se como sistema de referência dos agentes comunicativos[86]. Com a evolução social, diferenciam-se o mundo objetivo, o social e o subjetivo[87]. O objetivo é constituído pelos estados e acontecimentos acerca dos quais se pode afirmar algo como verdadeiro ou falso. O mundo social consiste nas interações intersubjetivas reguladas legitimamente; a respeito, os participantes referem-se com pretensão de validez normativa (retidão). Por fim, no horizonte do mundo da vida, os agentes comunicativos expressam suas vivências, referindo-se ao seu mundo interno (subjetivo) com pretensão de sinceridade[88]. "Assim, na prática comunicativa cotidiana, o acordo pode apoiar-se ao mesmo tempo em um saber proposicional intersubjetivamente partilhado, na concordância normativa e na confiança recíproca."[89] A racionalização do mundo da vida, além de relacionar-se com a diferenciação de cultura, sociedade e personalidade como seus três componentes estruturais, importa o descentramento da compreensão do mundo e a distinção entre as respectivas pretensões de validade. No modelo habermasiano pode verificar-se uma correspondência entre diferenciação do mundo da vida e distinção das referências ao mundo. Enquanto cultura (acervo de saber), sociedade (ordens legítimas) e personalidade di-

---

84. Cf. Habermas, 1982a II: 191 ss.; 1983: 146 ss.
85. Habermas, 1982a II: 192. "Os sujeitos da ação comunicativa entendem-se sempre no horizonte de um mundo da vida" (Habermas, 1982a I: 107).
86. Habermas, 1983: 146 s.
87. Ver *supra* Cap. I.2.1.
88. Cf., por ex., Habermas, 1982a I: 427 ss.; 1983: 147 ss.; 1986b: 588 s.; 1986d: 137 ss.; 1986e: 426 s.; 1986f: 462 ss.
89. Habermas, 1983: 147.

ferenciam-se, correlativamente as referências aos mundos objetivo, social e subjetivo distinguem-se. Cabe observar, porém, que a ação comunicativa, mediante a qual se reproduz o mundo da vida, orienta-se para o entendimento (que conduz ao acordo ou leva ao consenso)[90] nessas três dimensões. No âmbito dela, vale "a regra segundo a qual um ouvinte, ao concordar com uma pretensão de validade tematizada em dada oportunidade, reconhece também as outras duas pretensões de validade implicitamente sustentadas; caso contrário, deve manifestar o seu dissenso"[91]. O consenso não se realiza quando o ouvinte reconhece a verdade de uma afirmativa, mas duvida da sinceridade do falante ou da adequação normativa de sua manifestação; da mesma maneira, não surge consenso quando o ouvinte concorda com a validade normativa de uma ordem, mas duvida da existência das condições objetivas de seu cumprimento ou desconfia da sinceridade da manifestação de vontade respectiva[92]; igualmente,

---

90. Habermas analisa "o processo de entendimento [*Verständigung*] sob o aspecto dinâmico da *produção* de um acordo [*Einverständnis*]" (1986e: 355) e enfatiza: "Quando o entendimento tem êxito, ele conduz ao acordo entre os participantes" (1985: 541). Acrescenta: "Sob o ponto de vista da teoria da ação, não interessa em primeira linha [...] *sobre o que* se pode produzir um acordo, o conteúdo de um consenso, mas sim as condições formais de sua realização" (1985: 542). Mais tarde, Habermas reformula a distinção entre entendimento [*Verständigung*] (ou uso de linguagem orientado para o entendimento) e acordo [*Einverständnis*] (ou uso de linguagem orientado para o acordo): "Ora, certamente faz diferença se entre os participantes há um *acordo* [*Einverständnis*] ou se ambos *simplesmente se entendem* [*sich bloß verständigen*] sobre a intenção sincera daquele que fala. Então, o *acordo* em sentido rigoroso só é alcançado quando os participantes podem aceitar uma pretensão de validade com *os mesmos* fundamentos, enquanto um *entendimento* [*Verständigung*] também ocorre quando um vê que o outro, à luz de suas preferências, sob dadas circunstâncias, tem bons fundamentos para a intenção declarada, isto é, fundamentos que, *para ele*, são bons, sem que o outro tenha, à luz de suas próprias preferências, que fazer seus esses fundamentos" (1999b: 116 s.). Correspondentemente, distingue-se entre agir (ou uso de linguagem) comunicativo no sentido *forte* e agir (ou uso de linguagem) comunicativo no sentido *fraco* (1999b: 117 ss. e 122 ss.).
91. Habermas, 1982a II: 184.
92. Habermas, 1982a II: 184 s.

quando acredita na sinceridade do agente, mas considera a sua assertiva falsa ou a sua prescrição inválida. Portanto, a concepção habermasiana do mundo da vida como "pano de fundo" da ação comunicativa envolve uma sobrecarga consensual para os agentes comunicativos.

Nessa perspectiva, Habermas analisa as "contribuições dos processos de reprodução para a manutenção dos componentes estruturais do mundo da vida", assim como aborda os "fenômenos de crise em caso de perturbações da reprodução (patologias)"[93]. A reprodução cultural fornece esquemas de interpretação suscetíveis de consenso ("saber válido") no âmbito da cultura, elementos legitimadores para a sociedade e, no que se refere à personalidade, padrões de comportamento eficazes no processo de formação e metas educativas. Em caso de crise, falham as contribuições da reprodução cultural, decorrendo, respectivamente, "perda de sentido", perda de legitimação e crise de orientação e educativa. A integração social gera obrigações no âmbito da cultura, relações interpessoais legitimamente reguladas para a própria sociedade e pertinência social no que concerne à personalidade. Na emergência da crise, falham as contribuições da integração social, do que resulta, respectivamente, insegurança da identidade coletiva, anomia e alienação. A socialização fornece interpretações (para a cultura), é motivadora de ações em conformidade com as normas (na sociedade) e fomenta as capacidades de interação, sendo determinante para a construção da personalidade. Em casos de crise, falham as contribuições da socialização, o que tem como conseqüência, respectivamente, ruptura de tradições, perda de motivação e psicopatologias. Os processos de reprodução e os respectivos fenômenos de crise "podem ser avaliados conforme os critérios da *racionalidade do saber*, da *solidariedade dos membros* e da *imputabilidade da pessoa adul-*

---

93. Habermas, 1982a II: 212 ss., esp. pp. 214 s., figuras 21 e 22, de onde retirei os elementos básicos das observações que se seguem. Cf. também 1986c: 562 ss, esp. pp. 563 s., reproduzindo-se as mesmas figuras (figs. 24 e 25).

ta"[94]. Porém, em todas as hipóteses, o fundamental no diagnóstico do estado crítico é a limitação das possibilidades do agir comunicativo, orientado para o entendimento.

A noção de crise está intimamente relacionada com a interação entre sistema e mundo da vida[95]. O sistema pode ser concebido, em uma primeira aproximação, como esfera auto-regulada de intermediação do agir racional-com-respeito-a-fins. É verdade que tal formulação é imprecisa, pois, no modelo habermasiano, o conceito de sistema e o de ação distinguem-se claramente, assim como só se pode falar de racionalidade sistêmica em um sentido figurado: "Mudanças do estado de um sistema auto-regulado podem ser compreendidas como quase-ações, *como se* nelas a capacidade de ação de um sujeito se manifestasse."[96] Mas é inegável que, na obra de Habermas, a noção de sistema está vinculada intimamente à racionalidade-com-respeito-a-fins e, portanto, aos conceitos de agir instrumental e estratégico[97]. O sistema pode ser definido como conexão de ações racionais-com-respeito-a-fins *mediatizadas* por dinheiro e poder como meios deslingüistizados[98]. Por força de tal mediação, as intenções dos atores que se envolvem na malha sistêmica são neutralizadas. O conceito habermasiano de sistema é restrito, limitando-se à economia e ao "poder administrativo"[99]. A ciência, a religião, a arte, a educação e parcialmente o direito, assim como a política nas "formas democráticas de formação discursiva da vontade" (poder comunicativo), não constituem sistemas, mas sim níveis reflexivos da reprodução simbólica do mundo da vida[100]. Nesse caso, os respectivos meios de generalização constroem-se lingüisticamente. De acordo com

---

94. Habermas, 1982a II: 216.
95. Cf. Habermas, 1986c: 565 s.
96. Habermas, 1982c: 261.
97. Cf., p. ex., Habermas, 1969: 63-5; 1982a II: 269 e 273; 1982c: 261; 1986b: 578 s.
98. Cf. Habermas, 1982a II: 271 ss. (esp. p. 273).
99. Cf. Habermas, 1982a II: 229 ss. e 522 ss.
100. Cf. Habermas, 1982a II: 220 s.

essa noção estrita de sistema, Habermas introduz o conceito de colonização do mundo da vida[101]. Aqui, economia e política como sistemas auto-regulados invadem destrutivamente o mundo da vida, perturbando-lhe os processos de reprodução e, assim, ameaçando a manutenção de seus componentes. A colonização do mundo da vida relaciona-se diretamente com três fenômenos de crise acima referidos: "perda de sentido", anomia e perturbação da personalidade[102]. Nesse sentido, a integração sistêmica intervém destrutivamente na reprodução cultural, na integração social e na socialização.

Na teoria habermasiana a diferenciação entre sistema e mundo da vida associa-se, em outro nível, à distinção entre agir comunicativo e agir racional-com-respeito-a-fins[103]. O primeiro, como tenho enfatizado, é orientado para o entendimento intersubjetivo. Os participantes buscam, implícita ou explicitamente, o consenso em torno de referências aos mundos objetivo, social e subjetivo. O segundo orienta-se na busca do êxito, distinguindo-se em dois subtipos, ação instrumental e ação estratégica. A ação instrumental diz respeito à utilização de objetos para satisfação de interesses e necessidades humanas. Ela baseia-se em regras técnicas, sendo definida como um tipo de comportamento dirigido a alcançar determinados fins por meio do uso de objetos. Em princípio, não é uma ação social, mas pode estar vinculada a interações socais. O agir estratégico ocorre como aplicação da racionalidade instrumental às relações interpessoais, constituindo em si mesmo uma ação social. Implica a escolha racional dos meios para influenciar um adversário. O agen-

---

101. Cf. Habermas, 1982a II: 489 ss.
102. Cf. Habermas, 1986c: 565.
103. A respeito, ver, em diferentes fases de desenvolvimento da "teoria do agir comunicativo", Habermas, 1969: 62-5; 1982a I: esp. pp. 384 ss.; 1986b; 1986f: 459 ss.; 1988b: 68 ss.; 1999b: 121 ss. (nos dois últimos trechos, especificamente quanto à distinção entre agir comunicativo e estratégico). Essa classificação implica uma reconstrução do modelo weberiano dos tipos de ação: tradicional, afetiva, racional-com-respeito-a-valores e racional-com-respeito-a-fins (cf. Habermas, 1982a I: 379-84; ver *supra* p. 14).

te procura, a fim de satisfazer seus interesses, influir na decisão ou na atividade de outrem ou determiná-las. Nesse sentido, o outro não se apresenta ao agente estratégico como pessoa, mas sim como meio para consecução dos seus objetivos egocêntricos. A ação estratégica tanto pode ser aberta quanto encoberta. Esta pode configurar um engano consciente (manipulação) ou inconsciente (comunicação sistematicamente distorcida)[104]. Evidentemente, na prática misturam-se as ações comunicativas e racionais-com-respeito-a-fins. Entretanto, a diferenciação delas é fator de evolução social no modelo habermasiano, relacionando-se com o aumento de complexidade do sistema e a racionalização do mundo da vida.

Por fim, cabe observar que o plano da ação distingue-se do plano do discurso. Mesmo já diferenciadas as referências ao mundo e as pretensões de validade, elas não são problematizadas no plano da ação comunicativa. O discurso, como nível reflexivo que emerge da prática cotidiana[105] e, ao mesmo tempo, constrói-se recorrendo ao mundo da vida como pano de fundo[106], introduz-se exatamente quando se ques-

---

104. Habermas, 1982a I: 444-6.

105. A metáfora de Habermas tem o seguinte teor: "Discursos racionais têm um caráter improvável e emergem como ilhas do mar da prática cotidiana" (1991d: 162). De acordo com a mesma metáfora, "discursos práticos, como todas as argumentações, assemelham-se a ilhas ameaçadas de submersão no mar de uma prática em que não domina, de maneira alguma, o modelo de solução consensual de conflitos de ação" (1983: 116). J. P. Müller (1993: 82 ss.) apresenta, com relação a esses trechos, a seguinte formulação: "a metáfora de Habermas 'ilhas dos discursos no mar do mundo da vida'". Não me parece precisa tal formulação, porque em Habermas a "prática cotidiana" não se confunde com o mundo da vida, que constitui, antes, "tanto o horizonte como o pano de fundo da comunicação e experiência cotidianas" e, portanto, permanece "relacionado a uma prática cotidiana" (Habermas, 1991e: 42). Cf. *infra* notas 5 e 10 do Cap. IV.

106. Particularmente nesse ponto, a saber, no concernente à relação do discurso com o mundo da vida, a "pragmática universal" de Habermas (1986e), que se desenvolve a partir de uma perspectiva reconstrutiva em relação ao mundo da vida como horizonte dos agentes comunicativos (cf. 1982a II: 182 ss.; 1988b: 87 ss.), distancia-se da "pragmática transcendental" (apriorística) de Apel (1988), que insiste na "figura argumentativa da *fundamentação transcendental-pragmática última do princípio do discurso*" e, por isso, questiona criticamente "a figura de pensamento, preferida por Habermas, *da substituição da fundamentação última pelo recurso à eticidade do mundo da vida*" (Apel, 1989: 28 e 45 ss.).

tiona uma das pretensões de validade na interação concreta. Nessa hipótese, os agentes são compelidos a apresentar argumentos que fundamentem a pretensão de validade que estava implícita no seu ato de fala. Conforme o princípio formal-pragmático da fundamentação, só são admitidas racionalmente como válidas as assertivas ou prescrições que poderiam ser aceitas por qualquer um que se encontrasse idealmente na mesma situação dos participantes do discurso. Tanto no campo da verdade como no da normatividade, o consenso racional, entendido como capacidade de generalização a partir das condições ideais do discurso, é o critério de determinação da validade. Com a especialização e abstração reflexiva do questionamento de cada uma das pretensões de validade, o discurso científico concentra-se generalizadamente no problema da verdade, enquanto o discurso moral na questão da validade normativa. É verdade que na obra de Habermas há uma intrincada relação dos discursos ético, pragmático e jurídico, assim como das negociações referentes ao compromisso eqüitativo com o discurso moral, mas este permanece no primeiro plano da razão prática[107].

Em síntese, o mundo da vida racionaliza-se tanto pela diferenciação interna dos seus componentes estruturais quanto pela diferenciação das referências ao mundo (compreensão descentrada do mundo) e das respectivas pretensões de validade. Além do mais, a racionalização é indissociável da distinção entre tipos de ação, assim como entre plano da ação e do discurso. Mas a racionalidade do mundo da vida está vinculada à sua diferenciação externa em relação ao sistema: este, ao tornar-se mais complexo, pode servir à reprodução material daquele, contribuindo, assim, para a racionalidade do saber, a solidariedade dos membros da sociedade e a autonomia da pessoa. Não obstante, a sua hipertrofia conduz-lhe a uma invasão do mundo da vida, com conseqüências destrutivas para a cultura, a sociedade e a personalidade, principalmente na medida em que provoca "perda de

---

107. Voltarei a esse tema no Cap. III.2.2.

sentido", anomia e psicopatologias. Cabe observar, por fim, que toda a questão da racionalidade do mundo da vida relaciona-se com a viabilização de situações consensuais. Essa interpretação do mundo da vida em conexão com o conceito estrito de agir comunicativo, orientado para o consenso, reduz a capacidade analítica da contribuição de Habermas para a compreensão da supercomplexa sociedade mundial hodierna e do Estado Democrático de Direito[108].

---

108. Para uma retrospectiva do debate em torno da teoria da ação comunicativa e da teoria do discurso, ver, entre inumeráveis trabalhos, as seguintes obras coletivas: Müller-Doohm (org.), 2000; Wingert e Günther (orgs.), 2001; Honneth e Joas (orgs.), 2002.

Capítulo III
Duas concepções de Estado Democrático de Direito

1. A concepção de Estado Democrático de Direito na teoria dos sistemas

1.1. Positividade: da decidibilidade à autopoiese do direito

A positividade do direito é concebida inicialmente na obra de Luhmann sobretudo em termos de decidibilidade e alterabilidade do sistema jurídico[1]. Isso deu ensejo à crítica de Habermas no sentido de caracterizar a concepção luhmanniana como decisionista[2]. Porém, com o tempo, o aspecto da autonomia operacional do direito, especialmente em face da política, foi ganhando cada vez mais significado na teoria de Luhmann, de tal maneira que perdeu qualquer fundamentação reduzir a sua noção de positividade a uma fórmula decisionista. Daí por que, posteriormente, o próprio conceito de positividade é considerado como insuficiente, na medida em que pode ser censurado como "decisionista" ou supor uma contraposição ao conceito de direito natural[3]. Assim sendo, sugere-se uma nova formulação conceitual do problema que é abordado no âmbito semântico da expres-

---

1. Ver *supra* p. 24. Nessa perspectiva, ver também Ferraz Jr., 1980: 68 s. e 87 s.
2. Habermas, 1971: 242 ss.; 1973: 135 s.; 1982a I: 358.
3. Cf. Luhmann, 1993a: 38 ss.

são "positividade"[4]. Trata-se, a rigor, de uma rearticulação do conceito, de acordo com a qual se enfatiza que o aspecto da decidibilidade fica subordinado à dimensão do fechamento ou autonomia operacional. A positividade significa que a decisão, mesmo se vier a alterar radicalmente o direito, receberá o seu significado normativo do próprio sistema jurídico. Nessa perspectiva, a noção de autopoiese (auto-referência, autonomia ou fechamento operacional, "autodeterminidade") do direito passa a constituir o cerne do conceito de positividade[5].

A diferenciação do direito na sociedade moderna pode ser interpretada como controle do código-diferença "lícito/ilícito" por um sistema funcional para isso especializado[6]. De acordo com o paradigma luhmanniano, essa nova posição do direito pressupõe a superação da sociedade pré-moderna, diferenciada verticalmente, ou seja, conforme o princípio da estratificação. Na medida em que o princípio de diferenciação baseava-se em uma distinção entre "superior" e "inferior", praticamente apenas o sistema supremo, a ordem política da camada social mais alta, constituía-se auto-referencialmente[7]. O direito permanecia sobredeterminado pela política e pelas representações morais estáticas, político-legitimadoras, não dispondo exclusivamente de um código-diferença específico entre um *sim* e um *não*. A positivação do direito na sociedade moderna implica o controle do código-diferença "lícito/ilícito" *exclusivamente* pelo sistema jurídico, que adquire dessa maneira seu fechamento operativo[8].

---

4. Luhmann, 1993a: 40.
5. Cf. Luhmann, 1993a: esp. pp. 38-123; 1988a; 1985; 1983b; 1981g. A respeito, ver Neves, 1994a: 119 ss. ou 1995a, de onde foram retirados os elementos básicos da exposição que se segue neste subitem.
6. Luhmann, 1986b: 171. Cf., em relação aos sistemas sociais em geral, Luhmann, 1986a: 85 s.
7. Luhmann, 1981c: 159 s.; 1987b: 168 ss.
8. Luhmann, 1986a: 125 s. Especificamente sobre o código binário do sistema jurídico, ver de forma abrangente Luhmann, 1986b; 1993a: 165 ss. Aqui deve ser lembrado que o direito, na perspectiva de observação do sistema

Nesse sentido, a positividade é conceituada como "autodeterminidade" [*selbstbestimmtheit*] ou fechamento operacional do direito. Assim como em relação aos outros sistemas sociais diferenciados, não se trata aqui de autarquia, de (quase) privação de ambiente ou isolamento (causal). Se o fato de dispor exclusivamente do código-diferença "lícito/ilícito" conduz ao fechamento operacional, a escolha entre lícito e ilícito é condicionada pelo ambiente. Por outro lado, a autodeterminação do direito fundamenta-se na distinção entre expectativas normativas e cognitivas[9], que só se torna clara a partir da codificação binária da diferença entre lícito e ilícito exclusivamente pelo sistema jurídico. Com base na distinção entre o normativo e o cognitivo, o fechamento operativo do sistema jurídico é assegurado e simultaneamente compatibilizado com sua abertura ao ambiente. A respeito, escreve Luhmann: "Sistemas jurídicos utilizam essa diferença para combinar o fechamento da autoprodução recursiva e a abertura de sua referência ao ambiente. O direito constitui, em outras palavras, um sistema *normativamente fechado*, mas *cognitivamente aberto*. [...]. A qualidade normativa serve à autopoiese do sistema, à sua autocontinuação diferenciada do ambiente. A qualidade cognitiva serve à concordância desse processo com o ambiente do sistema."[10] Daí resulta uma conexão entre conceito e interesse na reprodução do direito positivo, que se manifesta no fato de "que o sistema jurídico 'fatorializa' a auto-referência por meio de conceitos, a heterorreferência, ao contrário, mediante interesses"[11].

Destarte, o sistema jurídico pode assimilar, de acordo com os seus próprios critérios, os *fatores* do ambiente, não sendo diretamente influenciado por esses fatores. A vigência jurídica das expectativas normativas não é determinada

---

político, pode ser qualificado como um segundo código do poder político (1986b: 199; 1988b: 34, 48 ss. e 56).

9. Luhmann, 1983b: 138 ss. Sobre essa distinção, ver Luhmann, 1987a: 436-43; 1987b: 40-53; cf. também Neves, 1992: 22 s.

10. Luhmann, 1983b: 139; cf. também 1984b: 110 ss.; 1993a: 77 ss.

11. Luhmann, 1990a: 10; a respeito, cf. também 1993a: 393 ss.

imediatamente por interesses econômicos, critérios políticos, representações éticas, nem mesmo por proposições científicas[12], pois depende de processos seletivos de filtragem conceitual no interior do sistema jurídico[13]. A capacidade de aprendizagem (dimensão cognitivamente aberta) do direito positivo possibilita que ele se altere para adaptar-se ao ambiente complexo e "veloz". O fechamento normativo impede a confusão entre sistema jurídico e seu ambiente, exige a "digitalização" interna de informações provenientes do ambiente. A diferenciação do direito na sociedade não é outra coisa senão o resultado da mediação dessas duas orientações[14]. A alterabilidade do direito é, desse modo, fortificada, não impedida, como seria de afirmar-se com respeito a um fechamento indiferente ao ambiente; mas ela ocorre conforme os critérios internos e específicos de um sistema capaz de aprender e reciclar-se, sensível ao seu ambiente[15].

Nessa perspectiva, o fechamento auto-referencial, a normatividade para o sistema jurídico, não constitui finalidade em si do sistema, antes é a condição da abertura[16]. A

---

12. Com relação particularmente ao conhecimento científico, afirma Luhmann (1985: 17) em consonância com isso: "Seria, porém, seguramente fatal para o sistema jurídico – e sobretudo politicamente fatal – se ele pudesse ser revolucionado através de uma substituição de elementos teóricos centrais ou mediante uma mudança de paradigma." Cf. também 1990b: 593 s. e 663 s., assim como, considerando a interdependência do direito com relação à ciência, 1993a: 86 e 91 s. Em contrapartida, na perspectiva singular de C. Souto e S. Souto, pode-se definir o direito, em parte, *conforme os critérios do conhecimento científico* (cf. Souto e Souto, 1981: esp. pp. 101 e 106-13; Souto, 1992: 43-5; 1984: 82-4 e 91 s.; 1978: 85-117).

13. "Desenvolvimentos externos" – enfatiza Teubner (1982: 21) – "não são, por um lado, ignorados, nem, por outro, convertidos diretamente, conforme o esquema 'estímulo-resposta', em efeitos internos." Nesse sentido, adverte o mesmo autor: "Autonomia do direito refere-se à circularidade de sua auto-reprodução e não à sua independência causal do ambiente" (1989: 47). Em conformidade com isso, embora com base em fundamentos teóricos totalmente diferentes, afirma Patterson (1996: 182): "O direito não está isolado dos espaços sociais e discursivos que o cercam. Entretanto, é uma prática identificável, com sua própria gramática argumentativa."

14. Luhmann, 1983b: 152 s.

15. Cf. Luhmann, 1983b: 136.

16. Luhmann, 1987a: 606; 1993a: 76 e 79.

radicalização da tese do fechamento como ausência de ambiente desconhece o problema central da capacidade de conexão (em contraposição à simples repetição) entre acontecimentos elementares[17]. Só sob as condições de abertura cognitiva em face do ambiente (capacidade de aprendizagem), o sistema jurídico pode tomar providências para "desparadoxizar" a auto-referência, possibilitando a capacidade de conexão[18]. O fechamento cognitivo do sistema jurídico proporcionaria um paradoxo insuperável da autopoiese; não permitiria, portanto, a interrupção da interdependência dos componentes internos através da referência ao ambiente[19].

Por outro lado, porém, a interrupção do fechamento normativo através do questionamento do código-diferença "lícito/ilícito" afetaria a autonomia do sistema jurídico e levaria a paradoxos heteronomizantes: "Se um sistema emprega uma diferença-guia como código da totalidade de suas operações, essa auto-aplicação do código ao código deve ser excluída. A auto-referência só é admitida dentro do código e, aqui, operacionalizada como negação. [...] A *autonomia* do sistema não é, então, nada mais do que o *operar conforme o próprio código*, e precisamente porque *este desparadoxiza o paradoxo da auto-referência.*"[20] De acordo com a concepção de Luhmann, a "auto-aplicação do código ao código" não implica apenas efeitos heteronomizantes, mas também imobilidade do sistema jurídico, na medida em que a capacidade de conexão da reprodução autopoiética é, dessa maneira, bloqueada.

Especialmente nesse ponto, emergem as divergências entre a teoria luhmanniana da positividade e as novas concepções axiológicas ou morais do direito[21]. Pressuposto que

---

17. Luhmann, 1987a: 62.
18. Cf. Luhmann, 1987a: 59.
19. Cf. Luhmann, 1987a: 65.
20. Luhmann, 1985: 6. Em relação aos sistemas sociais em geral, cf. também Luhmann, 1986a: 76 s. e 80 s. Sobre "desparadoxização" e "destautologização" do direito por meio do código "lícito/ilícito", ver 1993a: esp. pp. 168 s.
21. Ver sobretudo Luhmann, 1981h; 1988a; 1993a: 214-38; 1996a; e, a respeito, criticamente, R. Dreier, 1981; Habermas, 1992: esp. pp. 573 ss.; 1996b:

à positividade do direito é inerente não apenas a supressão da determinação imediata do direito pelos interesses, vontades e critérios políticos dos "donos do poder", mas também a neutralização moral do sistema jurídico, torna-se irrelevante para Luhmann uma teoria da justiça como critério exterior ou superior ao direito positivo: "Todos os valores que circulam no discurso geral da sociedade são, após a diferenciação de um sistema jurídico, ou juridicamente irrelevantes, ou valores próprios do direito."[22] Portanto, a justiça só pode ser considerada conseqüentemente a partir do interior do sistema jurídico, seja como adequada complexidade (justiça externa) ou como consistência das decisões (justiça interna)[23]. Trata-se, com outras palavras, por um lado (externamente), de abertura cognitiva adequada ao ambiente, capacidade de aprendizagem e reciclagem em face deste; por outro (internamente), da capacidade de conexão da reprodução normativa autopoiética. A positividade não se limita, pois, ao *deslocamento* dos problemas de fundamentação no sentido da teoria do discurso habermasiana[24], significa a *eliminação* da problemática da fundamentação. O fato de que o direito preenche sua função perante um ambiente hipercomplexo,

---

393-8; Alexy, 1983: 161-5; K. Günther, 1988: 318-34. Em defesa do modelo luhmanniano, cf., p. ex., Kasprzik, 1985.

22. Luhmann, 1988a: 27. Daí por que Kasprzik (1985: 368 ss.) designa o enfoque luhmanniano de "desfundamentação". É de observar-se que a vigência do código "lícito/ilícito", diferença-guia da reprodução autopoiética do direito conforme Luhmann, é também independente de uma "norma fundamental" (Kelsen) ou de uma "regra de reconhecimento" (Hart). Cf. Luhmann, 1983b: 140 s.; K. Günther, 1988: 328. Cumpre advertir igualmente que o conceito kelseniano de autoprodução do direito (Kelsen, 1960: esp. pp. 73, 228 e 283) permanece no nível estrutural hierárquico do ordenamento normativo-jurídico. Portanto, ao contrário do que propõe Ost (1986: 141-4), não cabe vinculá-lo ao paradigma autopoiético, que se refere primariamente ao nível operacional e à circularidade da reprodução do direito. Contra a aproximação dos dois modelos, ver Reisinger, 1982, considerando sobretudo a abertura cognitiva em Luhmann. Propondo uma releitura sistêmica da teoria da norma fundamental como uma teoria da observação de segunda ordem, cf. Pawlik, 1994.

23. Luhmann, 1988a: 26 s.; cf. também 1981h: 388 ss.; 1993a: 225 s.

24. Ver *infra* subitem 2.1 deste capítulo.

inundado das mais diversas expectativas normativas, exige, segundo Luhmann, um desencargo mais radical com respeito à fundamentação ética ou moral, seja ela material ou argumentativo-procedimental[25]. A relevância eventual de ponderações referentes a valores pretensamente universais teria como conseqüência a imobilidade do sistema jurídico, o bloqueio de sua tarefa seletiva, portanto, efeitos disfuncionais. Em suma: nos termos da concepção luhmanniana da positividade do direito, isto é, fechamento normativo e abertura cognitiva do direito moderno, o problema da justiça é reorientado para a questão da *complexidade* adequada do sistema jurídico e da *consistência* de suas decisões[26].

1.2. A diferenciação entre direito e poder político

No modelo sistêmico, o Estado Democrático de Direito apresenta-se, em princípio, como autonomia operacional do direito. Significa que o sistema jurídico reproduz-se primariamente a partir de um código binário de preferência próprio (lícito/ilícito) e de seus próprios programas (Constituição, leis, decretos, jurisprudência, negócios jurídicos, atos administrativos etc.). Isso, porém, não é suficiente para caracterizar o Estado de Direito, que pressupõe a diferenciação dos sistemas jurídico e político, resultando em um tipo de relacionamento específico entre ambos.

Não se trata, portanto, simplesmente de autonomia do direito. Impõe-se também a autopoiese da política. Definindo-se a política como a esfera da tomada de decisão coleti-

---

25. Segundo Luhmann (1981h: 389, nota 33), "... formas discursivo-racionais de esclarecimento de posições valorativas aceitáveis ou inaceitáveis ficam hoje encravadas no domínio do mero vivenciar. O pressuposto central da filosofia prática, conforme o qual, ao argumentar-se sobre o que hoje se designa de valores, poderia compreender-se melhor o *agir*, não é mais defensável nas condições hodiernas de um mundo muito mais rico em possibilidades".

26. Em consonância com essa formulação anterior, Luhmann vai definir a justiça mais tarde como "fórmula de contingência" [*Kontingenzformel*] do sistema jurídico (1993a: 214-38). Cf. Neves, 2002: 324.

vamente vinculante[27] ou da generalização da influência (autoridade, reputação, liderança)[28], a autopoiese da política significa que as respectivas comunicações não são imediatamente determinadas por fatores externos e particularismos. O sistema político reproduz-se, primariamente, de acordo com o código de preferência generalizado "poder superior/ inferior" (convertido contemporaneamente na diferença entre governo e oposição)[29] e os seus respectivos programas, estabelecidos por procedimentos eleitorais, parlamentares, burocráticos etc. Nesse sentido, "poder ou não-poder" é uma disjunção que não se confunde com aquela entre "ter ou não-ter". Em outras palavras, o código de preferência da economia não se sobrepõe ao código da política, nem vice-versa. Correspondentemente, os programas e critérios econômicos e políticos não se transportam, diretamente, de um para o outro. Em termos práticos, isso importa que no Estado de Direito os mais ricos nem sempre são os "donos do poder", freqüentemente perdem a eleição. Há uma neutralização do econômico na esfera do político. Da mesma maneira, a política não fica subordinada aos códigos da relação amorosa ("amor/desamor"), da amizade ("amigo/inimigo"), da moral ("consideração/desprezo"), da ciência ("verdadeiro/falso"), da religião ("transcendente/imanente") e da arte ("belo/feio"), assim como aos critérios relacionais e familiares. Ela enfrenta o ambiente econômico, artístico, científico etc., comutando discursivamente as respectivas influências de acordo com os seus programas e o seu código de preferência. Disso resultam, através dos procedimentos eleitorais, parlamentares e burocráticos, as *políticas* econômica, cien-

---

27. Cf., p. ex., Luhmann, 1995f: 103 e 132; 1998: 380; 2000a: 227.
28. Cf. Luhmann, 1988b: 75 ss.
29. "O poder político é antes de tudo codificado hierarquicamente de acordo com o esquema poder superior/inferior", não obstante "hoje o código político é praticado sobretudo como distinção entre governo e oposição" (Luhmann, 1986b: 199). O código de preferência primário do poder também pode ser formulado mediante a disjunção mais radical entre poder [*Macht*] e não-poder ou impotência [*Ohnmacht*] (cf., p. ex., Luhmann, 1988b: 56; 1990c: 193).

tífica, artístico-cultural, familiar, educacional, religiosa etc. Tais *políticas*, porém, não se confundem com o respectivo ambiente a que se referem: com a família, com o amor, com a economia, com a religião, com a ciência. Não são em si mesmas (i)legitimadas porque resultam em maior riqueza ou pobreza, por serem verdadeiras ou falsas, morais ou imorais. Elas legitimam-se internamente pela circulação e contracirculação de público, "política" e "administração", esta compreendida em sentido amplo como o subsistema encarregado de produzir decisões vinculantes, incluindo parlamento, governo e burocracia administrativa, aquela entendida em sentido estrito, como o subsistema destinado à "preparação de temas e à escolha de pessoas, ao teste das chances de consenso e à construção de poder", devendo sua existência sobretudo à organização dos partidos políticos, cuja independência relaciona-se com a possibilidade de continuarem a existir mesmo quando não ocupam posições no governo[30].

A circulação do poder desenvolve-se na medida em que o público escolhe programas políticos e elege dirigentes, os "políticos" condensam premissas para a tomada de decisões vinculantes, a "administração" (em sentido amplo) decide e vincula o público, que, por sua vez, reage a isso na forma de eleições políticas ou mediante outras manifestações de opinião. Essa circulação induz a uma contracirculação: "Assim, a política praticamente não pode trabalhar sem os projetos da administração. O público depende da pré-seleção de pessoas e programas no âmbito da política. A administração precisa, na medida em que se expande em campos eficaciais complexos, da colaboração voluntária do público, tendo, pois, de conceder-lhe influência."[31] Essa dupla circulação significa que o sistema político constitui-se como uma esfera auto-referencialmente fechada de comunicações, não

---

30. Cf. Luhmann, 1981c: 164; cf. 1981i: 42-9, esp. pp. 44 s.; 2000a: 253 ss. Mas, nessa última publicação, Luhmann refere-se também, mais analiticamente, à circulação (e à respectiva contracirculação) "de *povo*/política/administração/público" (2000a: 256 ss. [258] – grifo meu).

31. Luhmann, 1981c: 164; cf. também 1981i: 45 s.

se subordinando a critérios "absolutos", jusnaturalísticos ou transcendentais. As informações do ambiente são relidas e processadas internamente, só se tornando politicamente relevantes quando envolvidas na circulação e contracirculação do poder[32].

A dupla circulação de público, política (em sentido estrito) e administração (em sentido amplo) implica um processo de filtragem seletiva. Em princípio, as expectativas, valores e interesses presentes no público são os mais diversos e contraditórios. Em relação a essa diversidade incongruente, típica da supercomplexidade da sociedade moderna, a escolha de pessoas e programas mediante o procedimento eleitoral atua seletivamente. Ainda assim, as divergências nas relações políticas, no interior das organizações partidárias e entre elas, impedem que dos programas e pessoas eleitos seja possível uma imediata decisão vinculante. Daí ser imprescindível a condensação política das premissas que tornem viável a decisão no âmbito do parlamento, governo e burocracia administrativa. Mesmo no âmbito estrito dessas instâncias, a tomada de decisão, em face dos dissensos profundos, implica uma intensa pressão seletiva. O público, ao se inserir novamente no procedimento eleitoral e em outras manifestações políticas de opinião, realimenta o processo seletivo da circulação do poder. Mas também a contracirculação importa uma retroalimentação da complexidade e da pressão seletiva: as expectativas, os interesses e os valores do público influem na tomada de decisão, ou seja, em virtude das exigências do público, reduz-se o campo das alternativas decisórias; os projetos da "administração" condicionam e delimitam as opções políticas; as organizações partidárias oferecem ao público um elenco de programas e pessoas pré-selecionados. Ao *reduzir a complexidade da política* em face do seu ambiente *desestruturado politicamente*, a circulação e a contracirculação do poder possibilitam uma complexidade estruturada do sistema político, fortificando-lhe a capacidade seletiva e de aprendizagem.

---

32. Cf. Luhmann, 1981c: 164 s.

No entanto, a autonomização do sistema político, a saber, a emergência do modelo de circulação dinâmica do poder no lugar da estrutura hierárquica das relações entre dominadores ("de cima") e dominados ("de baixo"), só se torna viável quando o código de preferência do direito passa a ser relevante no interior do próprio sistema político. Tendo em vista que o poder é "por natureza" difuso e flutuante, só com a ajuda da distinção entre poder lícito e ilícito se põe um claro *ou* disjuntivo no âmbito da própria política[33]. Ao lado da distinção primária "poder/não-poder", o esquema binário "lícito/ilícito" passa a desempenhar, na perspectiva de observação do sistema político, o papel de segundo código do poder[34]. Só a partir dessa inserção do código de preferência jurídico no interior do sistema político, este se constitui como circulação dinâmica e generalizada de poder, afirmando-se autonomamente perante as pressões particularistas e os fatores imediatos do seu ambiente social.

No modelo teórico sistêmico, o Estado de Direito pode ser definido, em princípio, como relevância da distinção entre lícito e ilícito para o sistema político. Isso significa que "todas as decisões do sistema político estão subordinadas ao direito"[35]. Não implica, porém, uma indiferenciação do político sob o jurídico. O que resulta é uma interdependência entre esses sistemas[36]. Da presença do segundo código não decorre a superposição das preferências "poder" e "lícito" ou "não-poder" (*Ohnemacht*) e "ilícito", mas sim que "as disjunções poder/não-poder e lícito/ilícito referem-se reciprocamente"[37]. Assim como as decisões políticas subordinam-se ao controle jurídico, o direito positivo não pode prescindir, por exemplo, de legislação controlada e deliberada politicamente[38]. Da mesma maneira, enquanto a força física

---

33. Luhmann, 1988b: 43.
34. Luhmann, 1986b: 199; 1988b: 34, 48 ss. e 56.
35. Luhmann, 1986b: 199.
36. Interdependência entendida como simultaneidade paradoxal de dependência e independência recíprocas (cf. Luhmann, 1981c: 165).
37. Luhmann, 1988b: 56.
38. Cf. Luhmann, 1981c: 165.

no âmbito da política submete-se ao controle do direito, ela depende, como coação jurídica, de variáveis políticas.

Portanto, o conceito sistêmico de Estado de Direito não se refere a um tipo de relação qualquer entre o jurídico e o político. Nas formas pré-modernas de dominação, assim como no absolutismo do início da era moderna e nas autocracias contemporâneas, configura-se a relação de subordinação do direito à política. A relevância do jurídico para o poder é parcial, determinada pela hierarquia política dominante. O código de preferência "lícito/ilícito" só é vinculante para os que estão no pólo inferior da relação de poder. O detentor de poder (casta, estamento, monarca, junta etc.) não está, no caso-limite, subordinado a essa distinção. Em princípio, as suas decisões não são avaliadas de acordo com o código jurídico, mas antes pressupostas como intrinsecamente lícitas. A referência do direito aos súditos é unilateralmente prescritiva de deveres, ônus e responsabilidades jurídicas perante o Estado; no que concerne ao soberano, unilateralmente atributiva de direitos, competências e, sobretudo, prerrogativas. Nesse sentido, no período absolutista tinha uma relevância especial o princípio "*Princeps legibus solutus est*" ("o príncipe está isento da lei"). Embora na prática os reis absolutistas não estivessem totalmente desvinculados de condicionamentos jurídicos[39], esse princípio apontava para uma assimetria na relação entre soberano e súdito, resultando em uma prevalência hierárquica do poder sobre o direito.

A inserção do código de preferência "lícito/ilícito" como segundo código do poder, no Estado de Direito, conduz a uma relação sinalagmática entre sistemas político e jurídico. Se, de um lado, o direito é posto basicamente por decisões políticas, de outro, a diferença entre lícito e ilícito passa a ser relevante para os órgãos políticos supremos, inclusive para os procedimentos eleitorais de sua escolha. Disso resulta também uma relação sinalagmática entre Estado como pes-

---

39. Cf. Luhmann, 1993a: 271, nota 69.

soa jurídica ou governantes (em sentido amplo) e cidadãos. Por um lado, o ordenamento jurídico constitucional confere competências, direitos e prerrogativas para o Estado ou governantes, mas também lhes impõe deveres e responsabilidades perante os cidadãos, grupos sociais e organizações privadas. Por outro lado, embora a ordem jurídica prescreva deveres, ônus e responsabilidades dos indivíduos e organizações perante o Estado, também lhes atribui direitos e garantias fundamentais de natureza individual e coletiva. Nesse sentido, o direito não se apresenta simplesmente como mecanismo de justificação do poder ou como instrumento de dominação, mas também serve à delimitação e ao controle do poder. Há como que um *re-entry* (Spencer Brown) da distinção entre lícito e ilícito no interior do sistema político.

Em termos sistêmico-teóricos, é possível, portanto, caracterizar o Estado de Direito como espaço de entrecruzamento horizontal de dois meios de comunicação simbolicamente generalizados: o poder e o direito. As respectivas conexões entre seleção e motivação, as diversas maneiras que cada um dos sistemas transmite e vincula os seus desempenhos seletivos[40] interseccionam-se, fortificando a complexidade e, portanto, a pressão seletiva em ambos. Não se trata apenas de auto-observação, mas também de heteroobservação recíproca, permanente e intensiva. As seleções realizadas no âmbito do jurídico passam a atuar como motivações relevantes na comunicação política e vice-versa. Isso resulta em um alto grau de implausibilidade, na presença acentuada de comunicação improvável nos dois sistemas. Não significa, portanto, limitação recíproca estática das possibilidades, mas incremento de possibilidades por controles recíprocos. Ao contrário do modelo hierárquico unilateral "poder → direito" e "soberano → súdito", que encerra imobilidade e inflexibilidade, o esquema circular "poder ↔ direito" e "Estado ↔ cidadania" importa ampliação de possibilidades

---

40. Luhmann, 1987a: 222; 1988b: 7; cf. também Luhmann, 1975b: 174; 1997: 316 ss.; Luhmann e De Giorgi, 1992: 105 ss.

através de controles e limitações mútuas, ou seja, aumento de complexidade mediante redução de complexidade.

A circularidade resulta em prestações[41] recíprocas entre os dois sistemas: assim como o direito normatiza procedimentos eleitorais e parlamentares, regula organizações partidárias e estabelece competências e responsabilidades jurídicas dos agentes políticos, a política decide legislativamente sobre a entrada de novas estruturas normativas no sistema jurídico. Mas a circularidade típica do Estado de Direito significa sobretudo uma acentuada interpenetração entre os sistemas jurídico e político: o direito põe a sua própria complexidade à disposição da autoconstrução do sistema político e vice-versa[42]. Porém, como a complexidade de um é desordem para o outro[43], isso implica uma necessidade recíproca de seleção ou de estruturação da complexidade penetrante. Daí resulta uma constante ordenação jurídica de desordem política e ordenação política de desordem jurídica. Na linguagem de Heinz von Foerster, a interpenetração envolve *order from noise*[44] na relação específica entre direito e política: ordem jurídica construída a partir do caos político e ordem política construída a partir do caos jurídico.

No âmbito da teoria sistêmica, cabe questionar se, além de relações recíprocas de *input/output* (prestações) e interpenetração, a interferência entre o político e o jurídico é inerente ao Estado de Direito como espaço de interdependência entre dois sistemas autopoiéticos. Divergindo de Luhmann, Teubner introduz a noção de interferência. Nesse caso, cada um dos sistemas põe à disposição do outro *complexidade preordenada*[45]. Pressupondo a relação entre interação como dimensão ontogenética e sociedade como dimensão filoge-

---

41. Sobre prestações como "*input/output*-relações", ver Luhmann, 1987a: 275 ss.
42. Cf. Luhmann, 1987a: 290, referindo-se ao conceito sistêmico de interpenetração.
43. Luhmann, 1987a: 291.
44. Foerster, 1981a: 17.
45. Teubner, 1989: esp. p. 110; 1988a: 55 ss.

nética da evolução⁴⁶, mais precisamente, partindo da distinção entre acontecimento comunicativo concreto e sociedade como conexão complexa de comunicações, Teubner vai observar que, tratando-se de sistemas do mesmo nível quanto à constituição de sua unidade elementar, pode haver interferências sistêmicas em cada episódio⁴⁷. No acontecimento concreto, informações de mais de um sistema são relevantes. Na relação entre o jurídico e o político que caracteriza o Estado de Direito, inúmeros são os casos em que se manifestam interferências sistêmicas. Os procedimentos eleitorais, parlamentares, administrativos e jurisdicionais concretos implicam constantemente a presença simultânea e relevante de elementos e estruturas de ambos os sistemas. Discussões parlamentares envolvem problemas de adequação jurídico-constitucional de projetos legislativos; tribunais constitucionais enveredam por questões de conveniência política. O ato de votar é exercício de um direito (e, eventualmente, cumprimento de uma obrigação) e expressão de uma opção política sobre pessoas e programas. Da interferência não resulta, porém, harmonia entre o jurídico e o político, mas antes conflitos intersistêmicos⁴⁸. Das informações divergentes de cada um dos sistemas interferentes decorre que não só atores diversos entram em disputa, uns argumentando pelo programa condicional normativo-jurídico, outros ponderando politicamente com base em programas finalísticos; no mesmo agente concreto esse conflito sistêmico apresenta-se exigindo solução ou intermediação situativa.

Aqui cabe também observar que o modelo sistêmico de Estado de Direito aponta para uma mútua implicação entre programação condicional, primariamente jurídica, e progra-

---

46. Teubner, 1989: 76 s.
47. Teubner, 1989: esp. p. 111, distinguindo analiticamente entre interferência de evento (*Ereignisinterferenz*), de papel, estrutural e, por fim, sistêmica (referente a todos os componentes do sistema); mas, em sentido amplo, todas elas constituem formas de interferência sistêmica.
48. Cf. Teubner, 1989: 126.

mação finalística, primariamente política[49]. Não é suficiente que a diferença entre lícito e ilícito atue como segundo código da política. O código binário puro é uma forma vazia e inoperante. A capacidade operativa depende da distinção entre código e programa, que "possibilita uma combinação de *fechamento e abertura no mesmo sistema*"[50]. Na relação entre direito e política, a legislação, em princípio orientada politicamente com respeito a fins, apresenta-se como mecanismo mediante o qual se manifesta a capacidade de aprendizado do sistema jurídico[51]. Além do mais, embora atuando sempre no âmbito de programas condicionais[52], o procedimento jurisdicional, em sua atividade controladora do poder, tem que se orientar também, em grau maior ou menor, de acordo com programas finalísticos. Pense-se apenas no controle jurisdicional da constitucionalidade das leis. Evidentemente, o "se-então" do programa condicional referente à decisão judicial sobre a constitucionalidade só pode ser formulado e concretizado após amplas ponderações programático-finalísticas. Por seu turno, o sistema político, na elaboração e operacionalização de seus programas finalísticos, fica vinculado, em dimensões diversas, aos programas condicionais de natureza normativo-jurídica. Embora isso não fique claro no âmbito da atividade legislativa, é inegável que o legislador, além de orientar-se por programas finalísticos, inclusive constitucionalmente previstos, também se subordina a programas condicionais jurídico-constitucionais. Mas é sobretudo na esfera do poder administrativo que a programação condicional é mais intensa: em linguagem dogmático-jurídica, os atos administrativos dispõem de maior

---

49. Sobre a relação complementar seletivo-legitimadora de programa condicional e finalístico, ver Luhmann, 1973a: 101 ss.; 1983a: 130 ss.

50. Luhmann, 1986a: 83.

51. Cf. Luhmann, 1987b: 234-42 (esp. pp. 238 s.); 1981f: 128 e 133 ss.; Neves, 1992: 30.

52. Cf. Luhmann, 1993a: 195 ss., modificando aqui a sua posição anterior e sustentando que a forma em que o direito combina abertura com fechamento é o próprio programa condicional (85 e 195). Ver também 1983b: 144.

grau de vinculatoriedade do que os atos políticos ou de governo, caracterizados, portanto, por possuir um espaço mais amplo de "discricionariedade". Enfatize-se que se trata de uma questão de grau: o ato discricionário (ao contrário do arbitrário)[53] também é, em parte, programado condicionalmente por normas jurídicas. O Estado de Direito não comporta a noção de poder *arbitrário* e, por isso mesmo, está sempre a enfrentar o problema do poder *ilícito*[54].

1.3. Constituição como acoplamento estrutural

No Estado de Direito, a diferenciação de política e direito realiza-se mediante a Constituição. Nessa acepção sistêmico-teorética, não se trata de um conceito normativo-jurídico[55], fáctico-social[56] ou culturalista[57], no sentido de que todo e qualquer Estado, pré-moderno ou contemporâneo, absolutista, totalitário ou democrático-liberal, tem uma Constituição[58]. Tampouco a Constituição é concebida como ordem total da comunidade no sentido do conceito clássico de *politeia*[59].

---

53. Cf., p. ex., Fleiner, 1980: 134.

54. O poder arbitrário é concebível sempre que o detentor ou agente está acima da diferença entre lícito e ilícito. Ele não se manifesta apenas quando está presente a máxima moral "*Princeps legibus solutus est*" ("o príncipe está isento da lei") ou um princípio equivalente, mas também quando a situação de fato impede que se controle efetivamente o ocasional "dono do poder", ou seja, que se aplique aos seus atos de dominação a distinção entre lícito e ilícito.

55. Constituição como o complexo normativo que "representa o escalão de direito positivo mais elevado" da ordem jurídica estatal (Kelsen, 1960: 228-30; 1946: 124 s.; 1925: 251-3).

56. Constituição como "as relações de poder realmente existentes em um país" (Lassalle, 1987: 130; cf., acompanhando-o, Weber, 1985: 27; analogamente, Engels, 1988: esp. pp. 572 ss.).

57. Constituição como dialética de normalidade (real) e normatividade (ideal) (Heller, 1934: 249 ss.) ou como norma e realidade do Estado como processo de integração (Smend, 1968: esp. pp. 136 ss. e 189-91).

58. Cabe falar, então, de conceitos "histórico-universais" de Constituição (cf. Canotilho, 1991: 59).

59. Cf. Aristóteles, 1968: 80 (III, 1, 1274 b), 91 s. (III, 6, 1278 b) e 124 s. (IV, 1, 1289 a). Embora somente a partir do século XVIII tornou-se corrente, nas tra-

Também se exclui qualquer conceito decisionista[60], que implica uma relação hierárquica de sobreposição do poder ao direito. A Constituição é compreendida, especificamente, como "aquisição evolutiva" da sociedade moderna[61]. Envolve um uso lingüístico inovador vinculado às transformações revolucionárias ocorridas no início da era contemporânea[62]. Esse novo sentido rompe com o paradigma semântico emergente na transição para a época moderna, no âmbito do qual a Constituição era conceituada como carta de liberdade ou pacto de poder[63]. Em contraposição ao caráter apenas "modificador do poder", "pontual" e "particular" dos pactos de poder, surge, nos quadros das revoluções burguesas do século XVIII, o constitucionalismo moderno, cuja semântica aponta tanto para o sentido normativo quanto para a função "constituinte de poder", "abrangente" e "universal" da Constituição[64].

Nessa acepção estritamente moderna, a Constituição pode ser apreendida como "uma limitação jurídica ao governo", "a antítese do regime arbitrário" (constitucionalismo)[65]. Daí não decorre forçosamente que seja concebida como uma

---

duções de Aristóteles, verter *politeia* em Constituição, prevalecendo anteriormente a palavra inglesa *government* (Stourzh, 1975: 101 ss. ou 1989: 3 ss.; Mohnhaupt, 1995: 8), o conceito aristotélico vai desempenhar um importante papel até o início da Idade Moderna (cf. Stourzh, 1975: 99 ss. ou 1989: 3 ss.).

60. Constituição como "decisão de conjunto sobre modo e forma da unidade política" (Schmitt, 1970: 20 ss.). Crítico em relação ao "voluntarismo jurídico" subjacente a essa concepção, cf. Pontes de Miranda, 1932: 26 s.

61. Luhmann, 1990c.

62. "Concentrando-se nas questões da política relativa a conceitos e da inovação semântica, então é fácil reconhecer que transformações revolucionárias motivam um uso lingüístico inovador" (Luhmann, 1990c: 177). A respeito, cf. Skinner, 1989.

63. A respeito, ver Böckenförde, 1983: 7 ss.

64. Grimm, 1987b: esp. pp. 48 ss.; cf. 1989: 633 s.; 1995: 100 ss.

65. McIlwain, 1940: 24. Esse sentido é consagrado no art. 16 da Declaração dos Direitos do Homem e do Cidadão de 1789: "Qualquer sociedade em que não esteja assegurada a garantia dos direitos, nem estabelecida a separação de poderes, não tem Constituição" (entre outros, *in*: Duverger [org.], 1966: 3 s. [4]; Miranda [org.], 1980: 57-9 [59]). A respeito dessa postura liberal no início do século passado, ver Melo Franco, 1960: 10 ss.

"declaração" de valores ou princípios político-jurídicos fundamentais inerentes à pessoa humana ou conquistados historicamente, isto é, não resulta necessariamente um "conceito ideal"[66]. É possível também uma leitura no sentido de que a Constituição na acepção moderna é fator e produto da diferenciação funcional entre política e direito como subsistemas da sociedade.

De acordo com esse modelo, Luhmann vai definir a Constituição como "acoplamento estrutural" (*strukturelle Kopplung*) entre política e direito[67]. Nessa perspectiva, a Constituição em sentido especificamente moderno não se apresenta simplesmente como uma via de prestações recíprocas, mas antes como mecanismo de interpenetração permanente e concentrada entre dois sistemas sociais autônomos, a política e o direito. Não se trata aqui apenas de acoplamento operativo como vínculo momentâneo entre operações do sistema e do ambiente[68]. O acoplamento estrutural importa que o sistema duradouramente pressupõe e conta, no plano de suas próprias estruturas, com particularidades do seu ambiente[69]. A Constituição assume a forma de acoplamento estrutural, na medida em que possibilita influências recíprocas permanentes entre direito e política, filtrando-as. Como

---

66. Sobre o "conceito ideal" de Constituição como modelo normativo que encerra a garantia da liberdade burguesa, a divisão de poderes e a forma escrita, cf. Schmitt, 1970: 38-40. Para uma fundamentação do constitucionalismo liberal no século XX, ver Hayek, 1960: esp. pp. 176-92. Cf. também, em outra direção, Rawls, 1990 [1972]: 221 ss., vinculando a justiça da Constituição ao princípio da participação (igual), que, por sua vez, ele concebe como a aplicação do princípio da liberdade igual aos procedimentos constitucionais.

67. Luhmann, 1990c: 193 ss; 1993a: esp. pp. 470 ss.; 1997: 782 s.; 2000a: 389-92. O conceito de "acoplamento estrutural" ocupa um lugar central na teoria biológica dos sistemas autopoiéticos de Maturana e Varela (cf. Maturana, 1982: 143 ss., 150 ss., 251 ss. e 287 ss.; Maturana e Varela, 1980: xx s.; 1987: 85 ss.), à qual Luhmann explicitamente recorre na aplicação dele aos sistemas sociais (cf. Luhmann, 1997: 100; 1993a: 440 s.; 1990c: 204, nota 72; 2000a: 373, nota 3; 2002b: 119 s.; Luhmann e De Giorgi, 1992: 33). Sobre a teoria dos sistemas autopoiéticos, ver *supra* Cap. II.1.

68. Luhmann, 1993a: 440 s.

69. Luhmann, 1993a: 441.

"forma de dois lados" (*Zwei-Seiten-Form*), inclui e exclui, limita e facilita simultaneamente a influência entre ambos os sistemas[70]. Ao excluir certos "ruídos" intersistêmicos, inclui e fortifica outros[71]. Enquanto para a política é provocadora de irritações, perturbações e surpresas jurídicas, para o direito provoca irritações, perturbações e surpresas políticas[72]. Nesse sentido, "possibilita uma solução *jurídica* do problema de auto-referência do sistema *político* e, ao mesmo tempo, uma solução *política* do problema de auto-referência do sistema *jurídico*"[73].

Evidentemente, a noção de acoplamento estrutural não aponta para um vínculo permanente qualquer entre o direito e a política, o que implicaria um conceito "histórico-universal" de Constituição. Como já observei acima, nas sociedades pré-modernas e também nos Estados autocráticos contemporâneos, a relação entre poder e direito é hierárquica, caracterizando-se pela subordinação do jurídico ao político[74]. Em linguagem da teoria dos sistemas, isso significa a subordinação explícita do código de diferença "lícito/ilícito" ao código de diferença "poder/não-poder"; o código binário de preferência do direito não atuaria como segundo código do sistema político.

Através da Constituição como acoplamento estrutural, as ingerências da política no direito não mediatizadas por mecanismos especificamente jurídicos são excluídas, e vice-versa. Configura-se um vínculo intersistêmico horizontal, típico do Estado de Direito. A autonomia operacional de ambos os sistemas é condição e resultado da própria existência desse acoplamento. Porém, por meio dele, cresce imensamente a possibilidade de influência recíproca[75] e condensam-se as "chances de aprendizado" (capacidade cognitiva)

---

70. Cf. *ibidem*.
71. Cf. Luhmann, 1990c: 202.
72. Cf. Luhmann, 1993a: 442.
73. Luhmann, 1990c: 202; cf., no mesmo sentido, 1993a: 478.
74. Cf. Luhmann, 1981c: 159 s.; 1987b: 168 ss., em relação especificamente às sociedades pré-modernas.
75. Luhmann, 1990c: 205.

para os sistemas participantes[76]. Destarte, a Constituição serve à interpenetração (e mesmo à interferência) de dois sistemas auto-referenciais, o que implica, simultaneamente, relações recíprocas de dependência e independência, que, por sua vez, só se tornam possíveis com base na formação auto-referencial de cada um dos sistemas[77].

No modelo da teoria dos sistemas, a Constituição, embora acoplamento estrutural entre política e direito, é concebida por cada um dos sistemas como mecanismo interno de sua auto-reprodução. Ela possibilita o reingresso (*re-entry*) da diferença entre o jurídico e o político nos respectivos sistemas.

Do ponto de vista do direito, a Constituição apresenta-se como estrutura normativa que possibilita e resulta de sua autonomia operacional[78]. Nesse sentido, observa Luhmann que "a Constituição é a forma com a qual o sistema jurídico reage à própria autonomia. A Constituição deve, com outras palavras, substituir apoios externos, tais como os que foram postulados pelo direito natural"[79]. Ela impede que critérios externos de natureza valorativa, moral e política tenham validade imediata no interior do sistema jurídico, delimitando-lhe, dessa maneira, as fronteiras. Conforme enfatiza Luhmann, "a Constituição fecha o sistema jurídico, enquanto o regula como um domínio no qual ela mesma reaparece. Ela constitui o sistema jurídico como sistema fechado através do reingresso no sistema"[80]. Afasta-se, assim, uma hierarquização externa no estilo típico "direito natural → direito positivo" e constrói-se uma hierarquização interna na ordem jurídica mediante a validade supralegal do direito constitucional[81]. Não se trata aqui de escalões normativos

---

76. Luhmann, 1990c: 206.
77. Luhmann, 1981c: 165.
78. Cf. Neves, 1992, 50 ss.; 1994a: 63 ss.; Luhmann: 1990c: 185 ss.
79. Luhmann, 1990c: 187.
80. *Ibidem*.
81. Luhmann, 1990c: 190. Em trabalho mais antigo, Luhmann (1973b: 1), diversamente, atribuía à hierarquização interna "Constituição-lei" apenas um significado técnico-jurídico.

isolados, mas sim de "hierarquias entrelaçadas" [tangled hierarchies][82]. Por um lado, a presença do código "constitucional/inconstitucional", distinguindo-se do código "legal/ilegal" e cortando-lhe transversalmente, atua como impedimento à legislação ilimitada[83]. Por outro lado, a atividade legislativa e a aplicação concreta do direito constitucional condicionam-lhe a validade e o sentido[84]. Disso decorre que qualquer intervenção legiferante do sistema político no direito é mediatizada por normas jurídicas. O sistema jurídico ganha com isso critérios para a aplicação do código "lícito/ilícito" ao procedimento legislativo. Enquanto normatização de processos de produção normativa, a Constituição apresenta-se como mecanismo reflexivo do sistema jurídico (norma de normas)[85]. A normatividade constitucional fixa os limites da capacidade de aprendizado do direito. Estabelece como e até que ponto o sistema jurídico pode reciclar-se sem perder a sua identidade/autonomia[86]. É verdade que o próprio sistema constitucional é capaz de aprender e, assim, de reciclar-se. Isso não ocorre apenas mediante procedimentos específicos de reforma da Constituição, mas também no processo de concretização constitucional. Entretanto, a auto-reciclagem decorrente da capacidade de aprendizado tem que respeitar princípios e normas constitucionais que se apresentam como limitações implícitas e explícitas à

---

82. Um conceito de Hofstadter (1979: 10 e 684 ss.), empregado nesse contexto por Luhmann (1986c: 15 s.). Cf. Teubner, 1989: 9.

83. Cf. Luhmann, 1990c: 188 s.; 1993a: 474 s.

84. "Pode haver diferenças de influência, hierarquias, assimetrizações, mas nenhuma parte do sistema pode controlar outras sem submeter-se, por sua vez, ao controle; e nessas circunstâncias é possível, antes altamente provável em sistemas orientados no plano da construção de sentido, que cada controle seja exercido em antecipação do controle inverso" (Luhmann, 1987a: 63; cf. em relação especificamente ao sistema jurídico 1981j: 254 s.).

85. Ver *supra* pp. 64 s.

86. Em conformidade com isso, escrevia Luhmann (1973b: 165): "Distinguem-se o sentido e a função da Constituição pelo emprego de negações explícitas, negações de negações, demarcações, impedimentos; a Constituição mesma é, conforme sua compreensão formal, a negação da alterabilidade ilimitada do direito."

mutação jurídica da Constituição. Nesse sentido, a estrutura normativo-constitucional determina os parâmetros básicos do fechamento normativo e da abertura cognitiva do direito. Ou seja, a Constituição configura-se como o mecanismo mais abrangente de controle da auto-reprodução jurídica e de filtragem das influências do ambiente no direito enquanto sistema autopoiético.

A Constituição também pode ser concebida como instância interna do sistema político[87]. Antes de tudo, pode ser vista como mecanismo da política, seja esta "instrumental" ou "simbólica"[88]. Sendo assim, sempre é possível que o sentido político e o jurídico da Constituição desenvolvam-se em descompasso maior ou menor[89]. Mas nos casos de simbolismo e instrumentalismo constitucional não está presente o Estado de Direito, isto é, o conceito de Constituição como instrumento da política não exclui as situações de destruição direta ou corrosão do acoplamento estrutural entre política e direito, que implicam a quebra da própria autonomia do sistema jurídico. Ao contrário, no âmbito do Estado de Direito e em consonância com a noção sistêmica de acoplamento estrutural, a Constituição reingressa no interior do sistema político como mecanismo que viabiliza a inserção do código "lícito/ilícito" como segundo código da política. Nessa perspectiva, imuniza o sistema político em relação às pressões particularistas concretas. Trata-se de uma imunização jurídica recepcionada internamente pelo sistema político na construção de sua própria autonomia[90]. Tal imuni-

---

87. A respeito, ver Luhmann, 1973b.
88. Luhmann, 1993a: 478.
89. Cf. *ibidem*, em que Luhmann – relacionando-se à minha abordagem do tema (Neves, 1992), embora sem retirar as mesmas conseqüências a respeito da falta de autopoiese do direito – reconhece o problema de que a Constituição em muitos "países em desenvolvimento" reduz-se basicamente a um "instrumento de política simbólica". Mais tarde (Luhmann, 1997: 810), refere-se à constitucionalização simbólica como alopoiese do direito, sem apresentar restrições. Retornarei a essa questão no Cap. V.4.
90. Em um sentido mais abrangente, o direito é conceituado por Luhmann (1993a: 565 ss.) como sistema imunizante da sociedade.

zação envolve sobretudo a institucionalização do procedimento eleitoral democrático como forma de "generalização do apoio político", que serve de empecilho à manipulação do sistema político por interesses particularistas e encerra, indissociavelmente, a formação pluripartidária do parlamento, incompatível com o mandato imperativo[91]. Mas também protege o sistema político, mediante a instituição da "divisão de poderes" contra uma expansão destrutiva da própria autonomia.

Como acoplamento estrutural entre política e direito e, assim, por reingresso (*re-entry*), mecanismo de autonomia de cada um desses sistemas, a Constituição do Estado Democrático de Direito institucionaliza tanto o procedimento eleitoral e a "divisão de poderes" quanto os direitos fundamentais. Aqueles configuram exigências primariamente políticas, estes, jurídicas. Trata-se, porém, de instituições inseparáveis na caracterização do Estado Democrático de Direito. Assim é que a eleição como procedimento político importa o voto como direito fundamental, a "divisão de poderes" e, portanto, o controle jurídico da política mediante, sobretudo, as garantias fundamentais contra a ilegalidade do poder.

Na concepção sistêmica, a noção de direitos fundamentais não se confunde com a concepção de "direitos humanos" como "direitos eternos"[92]; aponta antes para uma resposta do sistema jurídico à diferenciação funcional da sociedade moderna. A função dos direitos fundamentais relaciona-se com o "perigo da indiferenciação", servindo à "manutenção de uma ordem diferenciada de comunicação"[93]. A diferen-

---

91. Cf. Luhmann, 1983a: 165, nota 19.
92. Luhmann, 1986d: 23. Mais tarde, Luhmann (1993a: 574 ss.) reelabora o conceito de direitos humanos na perspectiva de um sistema jurídico mundial, propondo que a discussão concentre-se no problema das ofensas flagrantes e escandalosas à "dignidade humana", no âmbito de uma semântica restritiva dos direitos humanos. Voltarei a essa questão no Cap. V.
93. Luhmann, 1986d: 23-5. A respeito, ver Neves, 1992: 151-5; 1994a: 70-2, em que o problema dos direitos fundamentais é tratado no âmbito da *função* (relação de um subsistema com a sociedade como um todo) do direito constitucional.

ciação funcional da sociedade reingressa por via constitucional no direito, que assegura, assim, o livre desenvolvimento da comunicação conforme diversos códigos sistêmicos autônomos. Nesse sentido, a institucionalização dos direitos fundamentais imuniza a sociedade contra uma simplificação totalitária incompatível com o caráter hipercomplexo da modernidade[94]. Apresenta-se sobretudo como um antídoto ao perigo da "politização", entendida aqui como sobreposição do código "poder/não-poder" aos demais códigos de preferência ("verdade/falsidade", "ter/não-ter", "amor/desamor", "belo/feio", "consideração/desprezo", "transcendente/imanente" e, principalmente, "lícito/ilícito"), ou seja, prevalência imediata e absorvente dos critérios políticos em todas as esferas de comunicação: ciência, economia, amor, arte, moral, religião, direito, família, educação etc. Essa tendência expansiva e hipertrófica de Leviatã sofre, com os direitos fundamentais, um freio ativo de Têmis. Isso não significa impotência da política, mas antes se relaciona com a sua intensificação enquanto sistema diferenciado e especializado funcionalmente para a tomada de decisões vinculantes em uma sociedade supercomplexa. A limitação do poder é, ao mesmo tempo, a fortificação de sua capacidade de enfrentar politicamente problemas os mais diversos, advindos – como "perturbações" – de todas as esferas diferenciadas de comunicação constituídas no ambiente social do sistema.

Em conexão com essa concepção sistêmica dos direitos fundamentais, a institucionalização constitucional do pro-

---

94. Embora em outra perspectiva teórica, a crítica de Lefort (1981) às tendências totalitárias contrárias aos direitos humanos parece-me compatível com essa colocação, na medida em que ele reconduz a institucionalização desses direitos à diferenciação ("desintrincamento") de poder, lei e saber (1981: 64). Mas também na postura crítica de Marx (1988: 361 ss.) com relação aos "direitos do homem" ("em contraposição aos direitos do cidadão") como "direitos do membro da sociedade burguesa, isto é, do homem egoísta" (1988: 364), pode-se observar uma conexão com o problema da diferenciação funcional: "O homem não foi por isso libertado da religião, ele obteve a liberdade religiosa. Não foi libertado da propriedade, obteve a liberdade de propriedade. Não foi libertado do egoísmo da indústria, obteve a liberdade industrial" (1988: 369). Marx fala, porém, de "desagregação do homem" (1988: 357).

cedimento eleitoral não é compreendida como vinculação imediata da política às determinações da sociedade como o sistema mais abrangente de comunicações ou às de qualquer subsistema social. Ao contrário, a eleição democrática importa uma filtragem das influências externas, excluindo a imposição imediata de interesses particularistas no âmbito da política. Isso não significa que os interesses de grupos e as pressões extrapolíticas (econômicas e relacionais, por exemplo) não condicionem a tomada de decisões coletivamente vinculantes, mas sim que passam por uma filtragem seletiva que conduz a uma comutação do seu sentido, de "particulares" em "gerais", de extrapolíticas em políticas. Assim sendo, a eleição serve à "generalização do apoio político"[95]. Não apenas descarrega o eleito da sobrecarga de pressões concretas as mais diversas. O sufrágio universal, igual e secreto também objetiva assegurar a independência do eleitor em relação aos seus outros papéis sociais e, dessa maneira, imunizar o procedimento eleitoral contra diferenças de *status*[96]. Isso estaria associado, segundo Luhmann, com a passagem de critérios baseados em atributos (estáticos) para critérios fundados na aptidão e no desempenho (dinâmicos), relativamente aos papéis políticos[97]. Cabe observar, porém, que uma interpretação muito estrita da sociedade moderna no sentido da prevalência do princípio da seleção e recrutamento baseados na aptidão, como se a democracia conduzisse à eleição dos melhores, não resiste evidentemente a uma crítica de modelos ideológicos[98]. Antes, cabe afirmar que a eleição democrática tem, na perspectiva sistêmica, uma função descarregante da política em face da sobrecarga de influências do seu ambiente, possibilitando que eleito e eleitor atuem com

---

95. Luhmann, 1983a: 165, nota 18, recorrendo aqui a Parsons.
96. Luhmann, 1983a: 159 s.
97. Luhmann, 1983a: 156-8.
98. Cf. Rubinstein, 1988: 539 s., no contexto de uma crítica à concepção do *achievement* como base e esquema de distribuição de recompensas na sociedade moderna (531). A respeito da distinção entre *ascription* e *achievement*, ver Parsons, 1964a: 63-5, 180-200 e *passim*.

independência dos seus outros vínculos sociais. Funciona como mecanismo de apoio generalizado do sistema político, exatamente enquanto contribui para a sua diferenciação.

Nessa perspectiva, a inexistência de eleições efetivamente democráticas, nas condições atuais, relaciona-se estreitamente com tendências ideológicas que desconhecem a pluralidade contraditória de valores, interesses e expectativas, característica inerente à sociedade supercomplexa de hoje, como também com a prevalência de interesses de grupos privilegiados. Dessa maneira, o Estado identifica-se, excludentemente, com determinado grupo dominante e respectiva ideologia, o que leva à indiferenciação da sociedade, à ausência de Constituição como acoplamento estrutural entre política e direito e, por fim, à subordinação unilateral do código "lícito/ilícito" ao código "poder/não-poder"[99].

Ao procedimento eleitoral democrático acrescenta-se a "divisão de poderes" como mecanismo assegurador da diferenciação entre direito e política. Através dela, o código do poder é associado ao código jurídico, procedimentos de decisão política são conduzidos pela via do direito[100]. Nesse sentido, é correntemente concebida como limitação do poder por uma esfera jurídica autônoma, mas também é uma forma de vincular procedimentos primariamente jurídicos a processos de decisão política, por força do princípio da legalidade. Envolve, portanto, a realimentação circular entre legislação e jurisdição[101]. Além do mais, serve à "filtragem entre política e administração"[102], assim como ao "prolonga-

---

99. Nesse sentido, o ordenamento que não dispõe de regulação democrática da eleição exige "que o cidadão se identifique em suas comunicações com o sistema de ação (e não, porventura, apenas com uma ordem normativa básica: a Constituição), portanto, que se apresente como inteiramente leal" (Luhmann, 1986d: 149). Analogamente às nossas considerações acima sobre a eleição democrática, ver Neves, 1994a: 72-4, abordando a regulação jurídico-constitucional do procedimento eleitoral como *prestação* do direito à política.

100. Luhmann, 1973b: 11.

101. Cf. Luhmann, 1993a: 289.

102. Sobre a diferença entre política (em sentido estrito) e administração como corolário da "divisão de poderes", ver Luhmann, 1973b: 8-12. Voltarei a essa questão no Cap. IV.6.

mento da cadeia de poder"[103]. Por um lado, a especialização constitucional das funções limita juridicamente o poder, intensificando-o. Por outro, vincula o direito às decisões políticas, fortificando-lhe a autonomia. Assim sendo, a introdução de procedimentos funcionalmente diferenciados (legislativo, judiciário e político-administrativo), mediante a institucionalização da "divisão de poderes", aumenta a capacidade dos sistemas político e jurídico de responder adequadamente às exigências do respectivo ambiente[104]. Na perspectiva da teoria dos sistemas, não se trata de isolamento interorgânico, mas antes de interdependência procedimental. De acordo com esse paradigma teórico, a ausência ou deformação da "divisão de poderes", implicando efeitos indiferenciantes, especialmente na relação entre política e direito, é concebida como funcionalmente incompatível com a complexidade da sociedade moderna. Invertendo a concepção tradicional, a concentração de poder, nas circunstâncias hodiernas, não é compreendida como fortificação do poder, mas sim como sua fragilidade e inadequação em face dos problemas emergentes em um contexto social supercomplexo, repleto de expectativas, valores e interesses os mais diversos e contraditórios[105]. Nessas condições, a hipertrofia de Leviatã significa a sua própria impotência.

2. A concepção de Estado Democrático de Direito na teoria do discurso

2.1. *A autonomia do direito fundada no procedimento racional*

Habermas vincula o conceito de Estado Democrático de Direito à noção de autonomia do direito, mas, na teoria do

---

103. Luhmann, 1973b: 11 s.
104. A respeito, ver Luhmann, 1983a.
105. Em contraposição à concepção dominante na Teoria do Estado, Fleiner (1995: 337) salienta em conformidade com o modelo teórico sistêmico – evidentemente com base em outros pressupostos – que a "divisão de poderes no sentido autêntico fortifica também a atividade estatal".

discurso, a autonomia fundamenta-se moralmente, distinguindo-se de maneira radical da autopoiese jurídica no sentido sistêmico proposto por Luhmann[106]. O direito não é concebido como sistema funcional, que se auto-regula e autolegitima; ele precisa ser fundamentado em um procedimento racional. Nesse sentido, Habermas apresenta, em um primeiro momento, ao enfrentar mais especificamente o pensamento weberiano, a seguinte objeção: "A função própria da positivação consiste em *deslocar problemas de fundamentação*, portanto, em descarregar a aplicação técnica do direito, *em amplos espaços*, de problemas de fundamentação, mas não em *eliminar* a problemática da fundamentação."[107] Mais tarde, a oposição à concepção luhmanniana da positividade como autonomia sistêmica vai ser expressa de forma mais vigorosa: "Um sistema jurídico adquire autonomia não apenas para si. Ele é autônomo apenas na medida em que os procedimentos institucionalizados para legislação e jurisdição garantem formação imparcial de julgamento e vontade, e, por esse caminho, proporcionam a uma racionalidade ético-procedimental ingresso igualmente no direito e na política. Não há direito autônomo sem democracia realizada."[108] A exigência habermasiana de justificação racional do direito não importa, no entanto, a confusão entre o moral e o jurídico. Também não significa que o direito esteja assentado exclusivamente no mundo da vida. O direito apresenta-se como esfera de intermediação entre sistema e mundo da vida. Em face dessa posição de meio-termo, emerge, em vários níveis, a tensão entre "validade e facticidade" no âmbito jurídico[109]. Porém, a concepção de Habermas nesse

---

106. Cf. sobretudo Habermas, 1992: 67-78 (criticando também o modelo sistêmico de Teubner) e 573-80.

107. Habermas, 1982a I: 354; cf. também 1982a II: 536.

108. Habermas, 1987: 16; cf. semelhantemente 1992: 599, em que os termos "julgamento" e "ético" são substituídos, respectivamente, pelas expressões "opinião" e "moral".

109. A obra homônima de Habermas (1992) tem desencadeado um amplo debate internacional sobre a contribuição da teoria do discurso para a compreensão do direito e do Estado Democrático de Direito; cf., entre muitos,

sentido não é clara na primeira fase de sua obra. É possível afirmar que se verificou um desenvolvimento do pensamento jurídico habermasiano de uma concepção que enfatizava o aspecto instrumental-sistêmico do direito[110], passando por um modelo que, apesar de considerar as duas dimensões, a sistêmica e a do mundo da vida, não lhes releva a conexão[111], para chegar ao modelo que apresenta o direito como "transformador" entre sistema e mundo da vida[112].

A concepção do direito como meio sistêmico e como instituição é elaborada inicialmente no âmbito do debate sobre a juridificação como uma forma de colonização do mundo da vida[113]. No primeiro caso, "o direito é combinado de tal forma com os meios [*Medien*] dinheiro e poder, que ele mesmo assume o papel de meio de controle", sendo significativa nesse sentido "a maioria das matérias do direito econômico, comercial, empresarial e administrativo"[114]. Por *instituições* jurídicas Habermas compreende "normas jurídicas que mediante as referências positivistas a procedimentos não podem ser suficientemente legitimadas". Tendo em vista que elas pertencem "às ordens legítimas do mundo da vida", precisam de "uma justificação material"[115]. De acordo

---

Habermas *et al.*, 1996; Krawietz e Preyer (orgs.), 1996; Deflem (org.), 1996; White (org.), 1995: 3-16 e 167-259; Höffe, 1996: 146-59; Habermas, 1996b.

110. Cf. Habermas, 1990a [1962]: 142 ss. Correlativamente, ver a sua análise do "direito natural" no âmbito da "revolução burguesa", 1978 [1963].

111. Cf. Habermas, 1982a I: 332-66; 1982a II: 259 ss. e 522 ss. Caminhando no sentido dessa formulação, ver 1982c.

112. Habermas, 1992: 77 s., 108 e 217, também declarando que "o direito detém uma função de dobradiça [*Scharnierfunktion*] entre sistema e mundo da vida" (77). Nesse sentido, refere-se ao direito moderno como "um meio profundamente ambíguo de integração da sociedade" (59). Apel (1992: 59), por seu turno, sustenta: "o *Estado de Direito*, de certa maneira, constitui-se entre *direito* e *moral* como intermediação responsável de ambas as esferas". Antes, afirmava Timasheff – embora a partir de pressupostos teóricos inteiramente diversos – que o direito como fenômeno secundário constitui a combinação de ética e política enquanto fenômenos primários (1937/1938: 230 s.; 1936: esp. pp. 143 e 155 ss.).

113. Cf. Habermas, 1982a II: 522 ss.

114. Habermas, 1982a II: 536.

115. *Ibidem*.

com esse modelo analítico, o direito como meio teria "força *constitutiva*"; o direito como instituição, apenas "função *regulativa*"[116]. À medida que o direito na sua dimensão sistêmica invadisse a esfera regulada informalmente do mundo da vida, a juridificação produziria efeitos negativos, socialmente desintegradores. Habermas refere-se especificamente ao Estado Social e Democrático de Direito, cuja postura intervencionista, ambivalentemente, apesar de servir como "garantia de liberdade", teria conduzido à "privação de liberdade"[117]. É verdade que observa já nessa abordagem que "o direito-*meio*, não obstante, permanece conectado com o *direito como instituição*"[118]. Porém, trata-se ainda de dois pólos distintos, que de certa maneira estão em permanente confronto. Nesse sentido, afirma Habermas que a distinção proposta anteriormente "entre direito como instituição e direito como meio, que contrapõe as normas jurídicas sociointegrativas às formas jurídicas do controle político, não pode ser mantida"[119]. Propõe então um modelo que enfatize o relacionamento íntimo das duas dimensões do fenômeno jurídico no âmbito do Estado Democrático de Direito.

No novo contexto teórico, procura-se apontar para a relação entre instrumentalidade e indisponibilidade do direito[120]. A tensão insolúvel entre esses dois momentos não se torna evidente enquanto "o fundamento sacro do direito" permanece intocável e o costume jurídico tradicional continua rigidamente ancorado na práxis cotidiana[121]. Conforme a argumentação de Habermas, a superação do fundamento sacro do direito na modernidade não conduz à simples instrumentalização sistêmica do direito, antes torna evidente a tensão entre os dois momentos. Nessa perspectiva, a cone-

---

116. Habermas, 1982a II: 537.
117. Habermas, 1982a II: 530 ss. (531).
118. Habermas, 1982a II: 536.
119. Habermas, 1992: 502, nota 47.
120. Cf. Habermas, 1992: esp. pp. 582 ss.
121. Habermas, 1992: 582 s.

xão entre instrumentalidade e indisponibilidade tem um significado decisivo no relacionamento do direito positivo (moderno) com a moral e a política: "Aquele momento de indisponibilidade, que também no direito moderno constitui um contrapeso imprescindível para a instrumentalização política do direito como meio, deve-se ao entrelaçamento de política e direito com moral."[122] Isso não implica, no pensamento habermasiano, uma indiferenciação. Aponta antes para o fato de que o direito, apesar de servir como instrumento de poder, precisa de justificação moral. Naquilo que se refere ao plano moral, como nos casos dos direitos fundamentais, o direito é considerado indisponível. Mesmo a intervenção instrumental no direito exige o respeito a procedimentos baseados em princípios universais.

Esse modelo teórico afasta-se da concepção luhmanniana em dois aspectos fundamentais. Por um lado, define a dimensão sistêmica como momento de instrumentalização política do direito, inteiramente em contraposição à idéia de autonomia. Por outro lado, aponta para a fundamentação moral do direito, o que significaria a negação de sua autonomia no paradigma sistêmico. Nesse quadro teórico, discute-se na obra de Habermas a tensão entre facticidade e validade. Não se trata da concepção usual do abismo ou da contradição entre norma e realidade, mas sim de "uma tensão *inerente* ao direito"[123]. Da mesma maneira, a questão não se confunde com a tensão entre fato e valor, a ser superada e integrada pelo momento normativo, conforme o modelo tridimensional[124]. A noção de norma na teoria tridimensional do direito refere-se à dimensão jurídico-positiva. Na teoria do discurso, ao contrário, não se pode definir a normatividade jurídico-positiva como momento de superação da tensão entre facticidade e validade. A normatividade refere-se à validade e, portanto, exige fundamentação moral ou, mais

---

122. Habermas, 1992: 585.
123. Habermas, 1992: 170 s.
124. Reale, 1979: 57.

abrangentemente, justificação discursiva do direito[125]. Nesse sentido, as normas são concebidas em uma perspectiva universalista, sendo definidas como "expectativas de comportamento cuja vinculatoriedade normativa apresenta um certo parentesco com a força motivadora das afirmações verdadeiras. Na perspectiva dos participantes, concordamos com normas não da mesma maneira, mas de maneira *semelhante* àquela em que concordamos com proposições assertóricas que consideramos como verdadeiras"[126]. Porém, o momento normativo, enquanto exige a justificação racional do direito, não soluciona a tensão entre facticidade e validade, estando nela envolvido. Ele também não deve ser confundido com a questão dos valores, que concerne às preferências individuais ou coletivas a respeito da "boa vida". A normatividade, que se fundamenta em princípios no estádio da moral pós-convencional, diz respeito ao "dever-ser" (*Sollen*) universalista, incondicionado[127].

Na análise da tensão entre facticidade e validade, Habermas recorre reconstrutivamente a Kant[128]. No modelo kantiano, a validade do direito relaciona-se com a conexão entre coerção e liberdade. A coerção só se justifica como "impedimento de um obstáculo à liberdade"[129]. Nesse sentido, associa-se necessariamente ao direito – definido como "o conjunto das condições sob as quais o arbítrio de um pode conciliar-se com o arbítrio do outro, conforme uma lei geral da liberdade" [130] – a faculdade de coagir[131]. Acrescente-se que na concepção kantiana a legalidade é compreendida como a "mera concordância ou discordância de uma ação

---

125. Mas a normatividade não se confunde com a racionalidade comunicativa, interseccionando-se com esta no campo da fundamentação moral (Habermas, 1992: 19).
126. Habermas, 1997: 66 s.
127. Retornarei a essa questão no próximo subitem.
128. Cf. Habermas, 1992: 46 ss.
129. Kant, 1986: 40. A respeito, Habermas, 1992: 46.
130. Kant, 1986: 38.
131. Kant, 1986: 40.

com a lei, sem considerar o motivo da mesma [da ação]"[132]. Tendo em vista esses elementos conceituais, Habermas aponta para os limites dessa concepção no que se refere ao problema da legitimidade. O respeito à lei não se justifica simplesmente a partir da postura de sujeitos que buscam manter um espaço individual de liberdade. Isso implicaria uma postura puramente estratégica[133]. Destaca-se o caráter legitimador do processo legislativo democrático, compreendido como "o lugar próprio da integração social no sistema jurídico"[134]. A coerção jurídica só se justifica quando a sua autorização baseia-se na expectativa de legitimidade vinculada à deliberação do legislador: "À positividade do direito está vinculada a expectativa de que o procedimento democrático de produção jurídica fundamenta a suposição da aceitabilidade racional das normas estatuídas. Na positividade do direito, não se expressa a facticidade de uma vontade arbitrária, simplesmente contingente, mas sim a vontade legítima, que se deve à autolegislação presumivelmente racional de cidadãos politicamente autônomos."[135] Isso importa que a liberdade não é interpretada negativa e instrumentalmente. Os sujeitos não são concebidos de um ponto de vista egoísta, como se pretendessem apenas manter os seus respectivos espaços de liberdade. Além de sua postura como sujeitos privados, impõem-se os direitos de participação em uma práxis orientada para o entendimento intersubjetivo[136].

Assim sendo, a tensão interna entre facticidade e validade não se apresenta nos termos kantianos do relacionamento entre coerção e liberdade. Em Habermas, essa tensão reproduz-se em vários níveis. Cabe verificar inicialmente uma distinção entre a tensão interna e a externa. A externa refere-se à situação do direito perante os imperativos funcionais de uma sociedade supercomplexa[137]. Habermas enfrenta

---

132. Kant, 1986: 29.
133. Cf. Habermas, 1992: 49.
134. Habermas, 1992: 50.
135. Habermas, 1992: 51.
136. Habermas, 1992: 50.
137. Habermas, 1992: 52.

essa questão, discutindo os conceitos sociológicos de direito e o conceito filosófico de justiça[138]. De um lado, critica tanto o modelo ideológico-crítico de origem marxista, segundo o qual o direito pertence à "superestrutura" e é reduzido a um epifenômeno, quanto o paradigma sistêmico da autopoiese[139]. Em ambas as perspectivas não seria considerada a dimensão da fundamentação jurídica. De outro lado, critica a teoria da justiça de Rawls. Este, ao enfatizar a questão da justiça, desconsideraria a dimensão fáctico-social do direito[140]. "Sem a visão do direito como sistema empírico de ação" – afirma Habermas – "os conceitos filosóficos permanecem vazios."[141]

Propõe-se, então, uma reconstrução dos enfoques "neokantianos" de Weber e Parsons, conforme os quais a ordem social é atravessada, respectivamente, por idéias e interesses ou por valores culturais e motivos[142]. A esse respeito, critica o modelo de legitimidade a partir da legalidade, tal como formulado por Weber, apontando para o princípio da fundamentação[143]. Em relação a Parsons, oferece uma releitura da concepção de "*societal community*" e, sobretudo, do conceito de inclusão, referindo-se à sua redução sistêmica[144]. O direito não se apresenta, assim, como um sistema entre outros sistemas funcionais, uma vez que também se assenta no mundo da vida, nem se confunde com a moral. O direito, nessa perspectiva, põe as mensagens do mundo da vida, elaboradas na linguagem natural do cotidiano, em uma forma lingüística que se torna "compreensível para os códigos especiais da administração, regida pelo poder, e da economia, regida pelo dinheiro. Nessa medida, a linguagem do di-

---

138. Cf. Habermas, 1992: 61 ss.
139. Habermas, 1992: 65 ss.
140. Habermas, 1992: 78 ss. Quanto à crítica habermasiana à concepção de Rawls, ver também 1996d e 1996g.
141. Habermas, 1992: 90.
142. Habermas, 1992: 90 ss.
143. Habermas, 1992: esp. pp. 97 s. A respeito, ver também 1982a I: 332-66 (esp. pp. 353 ss.); 1982a II: 266.
144. Cf. Habermas, 1992: 98 ss.

reito, diferentemente da comunicação moral restrita à esfera do mundo da vida, pode funcionar como transformador entre sistema e mundo da vida na circulação da comunicação em toda a sociedade"[145]. Dessa maneira, a crítica habermasiana ao unilateralismo das concepções sociológica e filosófica da validade jurídica caminha no sentido de uma sobrecarga para o direito em uma sociedade supercomplexa. Ao formular a idéia de tensão externa, parece que Habermas – tendo em vista sobretudo a sua própria exigência da aceitabilidade racional do direito – quer apontar exatamente para a dificuldade de tradução de duas linguagens tão distintas mediante a linguagem jurídica.

Do ponto de vista interno, a tensão entre validade e facticidade manifesta-se inicialmente na relação entre positividade e legitimidade[146]. O direito vale não apenas porque é posto, mas sim enquanto é posto de acordo com um procedimento democrático, no qual se expressa intersubjetivamente a autonomia dos cidadãos. Essa é a forma mais genérica em que se apresenta o problema. No âmbito da jurisdição, a questão relaciona-se com a tensão entre segurança jurídica e decisão correta (ou discursivamente fundamentada)[147]. Habermas vai argumentar que a validade não se restringe à consistência da decisão, alegando que ela pressupõe a fundamentação moral e ético-política. Além do mais, é relevante nesse contexto o problema da aplicação jurídica adequada[148]. Outra forma em que se manifesta a tensão entre facticidade e validade consiste na relação entre aceitação fáctica e aceitabilidade racional[149]. O problema reside aqui na capacidade de generalização de proposições normativas. A aceitabilidade importa que, na situação ideal do discurso, pressupondo igualdade e liberdade dos participantes, a norma seria observada por qualquer sujeito que se orientasse

---

145. Habermas, 1992: 108.
146. Cf. Habermas, 1992: 171 e *passim*.
147. Cf. Habermas, 1992: 241 ss.
148. K. Günther, 1988; Habermas, 1992: 200 s. e 265 ss.
149. Habermas, 1992: 56 s.

na busca do consenso racional. No direito de uma sociedade supercomplexa, a tensão entre aceitabilidade e aceitação complica-se quando é enfrentada em termos de princípios morais universalistas[150].

Mas, na obra de Habermas, a tensão entre validade e facticidade que emerge no âmbito do "sistema dos direitos" adquire uma importância fundamental para a compreensão do Estado Democrático de Direito. Aqui, ela apresenta-se como conexão interna entre autonomia privada e autonomia pública, ou seja, como direitos humanos e princípio da soberania do povo pressupondo-se reciprocamente[151]. Para Habermas, ambos "constituem, não por acaso, as únicas idéias à luz das quais ainda pode ser justificado o direito moderno"[152]. Na análise da relação entre autonomia privada e autonomia pública, Habermas segue a interpretação dominante do pensamento de Kant e Rousseau no sentido de que, neles, os direitos humanos moralmente fundamentados e o princípio da soberania do povo estariam em uma "relação inconfessada de concorrência"[153]. Em seguida, rejeita a subordinação do princípio do direito ao princípio (da autonomia) moral, como também sua restrição ao princípio democrático[154]. Dessa maneira, sem desconhecer a tensão entre autonomia privada e autonomia pública, enfatiza, no seu estilo reconstrutivo, "a afinidade entre soberania do povo e direitos humanos e, portanto, a co-originalidade de autonomia política e privada" ou "a relação de pressuposição recíproca" entre ambas[155].

Embora advertindo que não se trata de uma conexão linear, Habermas relaciona direitos humanos e soberania do povo, respectivamente, com autodeterminação (moral) e au-

---

150. Voltarei a esse problema no próximo subitem.
151. Cf. Habermas, 1992: esp. pp. 111 ss.; 1996d: 87 ss.; 1996e: 298 ss.; 2005a: 85 ss.
152. Habermas, 1992: 129.
153. Habermas, 1992: 123 e 129 ss. Contra essa interpretação, ver Maus, 1995.
154. Cf. Habermas, 1992: 135 ss.
155. Habermas, 1992: 161 s.

to-realização (ético-política)[156]. Nesse sentido, afasta-se tanto do modelo "liberal" quanto do "republicano" (ou comunitarista), que, sobretudo na discussão constitucional norte-americana, atribuem primazia, respectivamente, ao princípio da autonomia privada ou ao da autonomia pública, à liberdade negativa ou à positiva[157]. Esse antagonismo remontaria, em termos gerais, à divergência de concepção da autonomia em Kant e Rousseau[158]. Cabe observar, porém, que, no debate presente, os liberais concebem os direitos em uma perspectiva eminentemente individualista da cidadania e com uma visão estratégica da política[159], enquanto os republicanos, que expressam o pensamento comunitarista no âmbito da teoria constitucional, remontam à tradição aristotélica[160]. Nessa acepção estrita, não caberia classificar Rawls, de modo simplista, na tradição liberal. Mas Habermas argumenta no sentido de que Rawls dá prioridade aos direitos fundamentais liberais e deixa na sombra, de certa maneira, o processo democrático[161]. Assim sendo, também em Rawls, o aspecto moral-cognitivo seria superestimado em detrimento do ético-volitivo[162].

A teoria do discurso pretende fundamentar o equilíbrio da autonomia privada e da autonomia pública, apontando para o fato de que os direitos humanos só podem estar garantidos onde esteja assegurado o princípio da soberania do povo, ou seja, o procedimento democrático de formação da vontade estatal. Mas, ao relacionar esses dois conceitos, respectivamente, à autodeterminação (moral) e à auto-realização (ético-política) no Estado Democrático de Direito, Habermas não leva às últimas conseqüências essa postura.

---

156. Cf. Habermas, 1992: 129.
157. Cf. Habermas, 1992: 129 ss. e 324 ss.; 1996d: 89.
158. "Visto em termos gerais, Kant sugere uma leitura liberal, Rousseau, antes, uma leitura republicana da autonomia política" (Habermas, 1992: 130).
159. Cf. Habermas, 1992: 328 e 331.
160. Cf Habermas, 1992: 325.
161. Habermas, 1996d: 89.
162. Cf. Habermas, 1992: 130, vinculando a ênfase em um desses aspectos aos liberais e aos republicanos, respectivamente.

Em Habermas, moral e direito referem-se aos mesmos problemas: a regulação legítima de relações interpessoais, a coordenação de ações mediante normas justificadas e a solução consensual de conflitos com base em regras e princípios normativos reconhecidos intersubjetivamente[163]. Entretanto, segundo ele, "a moral pós-tradicional constitui apenas uma forma do saber cultural, enquanto o direito adquire simultaneamente força vinculante no plano institucional"[164]. Reconhece-se, assim, que "as fronteiras entre direito e moral não devem ser apagadas", considerando-se que a racionalidade procedimental de discursos morais não regulados juridicamente é incompleta, uma vez que lhes falta um terceiro institucionalmente encarregado de decidir as questões entre as partes[165]. Não obstante, embora insista que entre moral e direito haja uma relação de complementaridade, Habermas sustenta, por fim, que "uma ordem jurídica só pode ser legítima se não contradisser os princípios morais"[166]. Além do mais, as questões ético-políticas permanecem subordinadas às questões morais[167].

Portanto, ao superestimar os princípios morais (universais), Habermas não sustenta propriamente um modelo de autonomia jurídica, mas sim, em última análise, de autonomia moral do direito perante os meios "poder" e "dinheiro"[168]. A rigor, apesar de apontar a interdependência entre a autodeterminação moral referente aos direitos humanos e a auto-realização ético-política concernente ao princípio

---

163. Cf. Habermas, 1992: 137. Habermas rompe, portanto, com a tradição kantiana, conforme a qual a moral, ao contrário da intersubjetividade do direito, é subjetiva. Para ele, ambos, moral e direito, pertencem ao domínio das relações intersubjetivas.

164. *Ibidem*; cf. também 1992: 106.

165. Habermas, 1992: 565.

166. Habermas, 1992: 137.

167. Cf. Habermas, 1992: 343 s.

168. No sentido mais amplo, essa autonomia seria discursivamente fundada, exigindo fundamentação em outras formas discursivas (ético-política e pragmática), mas estas não poderiam contradizer o princípio moral na justificação do direito.

da soberania do povo, também não as põe no mesmo nível, dando decisiva prioridade àquela.

2.2. O discurso do Estado Democrático de Direito

O modelo habermasiano de Estado Democrático de Direito, não obstante a sua ênfase na fundamentação moral, afirma o caráter legitimador do procedimento democrático: "O direito não alcança o seu sentido normativo pleno *per se*, através de sua *forma*, tampouco mediante um conteúdo moral dado *a priori*, mas sim através de um procedimento de produção jurídica que gere legitimidade."[169] Habermas sustenta um entrelaçamento entre moral, política e direito[170]. De acordo com esse entendimento, impõe-se, por um lado, uma fundamentação moral, importando que o dever-ser jurídico não ofenda princípios de justiça (universais). Por outro lado, o pluralismo da esfera pública exige a consideração da diversidade de valores no âmbito dos procedimentos políticos.

Conforme a construção habermasiana, a tensão entre validade e facticidade, no Estado Democrático de Direito, estende-se ao âmbito do poder: "A dominação política apóia-se em um potencial de ameaça que é provido pelos meios de força da caserna; ao mesmo tempo, pode ser *autorizada* por direito legítimo."[171] De maneira mais abrangente, pode-se falar que, em Habermas, destaca-se a conexão complementar e problemática de "poder comunicativo" e "poder administrativo". O poder comunicativo manifesta-se nos procedimentos democráticos de formação da vontade estatal, que, além de incluir o processo eleitoral e o legislativo, abrange o discurso em vários níveis da esfera pública[172]. Trata-se da tomada de decisões vinculantes e da produção de normas

---

169. Habermas, 1992: 169.
170. Cf. Habermas, 1992: esp. pp. 580 ss., ou 1987.
171. Habermas, 1992: 171.
172. Cf. Habermas, 1992: 182 ss., recorrendo, nesse trecho, a Arendt (1960: 193 ss.; 1996: 42 ss.).

jurídicas entre sujeitos orientados na busca do entendimento. O poder administrativo corresponde à dominação legal-racional no sentido weberiano. Habermas propõe que "o direito seja compreendido como o meio de conversão do poder comunicativo em poder administrativo"[173].

Essa compreensão do direito em face do poder conduz Habermas à análise das formas discursivas que integram o processo de formação racional da vontade política[174]. Trata-se aqui de definir várias aplicações ou modos de expressão do princípio do discurso: "Válidas são precisamente aquelas normas de ação com as quais todos os possíveis atingidos poderiam concordar como participantes de discursos racionais."[175] Distingue-se então entre discurso moral, ético-político, pragmático e jurídico. O discurso moral refere-se ao dever-ser universal. A questão central diz respeito à aceitabilidade racional de uma norma por toda e qualquer pessoa que venha a encontrar-se em situações equivalentes. "Mandamentos morais" – acrescenta Habermas adotando a terminologia kantiana – "têm a forma semântica de imperativos categóricos ou incondicionais."[176] O discurso pragmático destina-se a justificar os fins e os meios adequados à sua consecução[177]. Nesse caso, as instruções da ação apresentam "a forma semântica de imperativos condicionados"[178]. O discurso ético-político diz respeito à justificação do modo de vida que é "bom" para uma comunidade determinada. Trata-se de estabelecer preferências sobre a "vida boa". A questão ético-política refere-se a uma forma particular de vida; os participantes não têm, portanto, pretensão de universalidade, tal como ocorre no discurso moral[179]. O princí-

---

173. Habermas, 1992: 187.
174. Cf. Habermas, 1992: 187 ss.
175. Habermas, 1992: 138; cf. também 1983: 132.
176. Habermas, 1992: 200.
177. Habermas, 1992: 197 ss.
178. Habermas, 1992: 198.
179. Habermas, 1992: 198 s. Deve-se distinguir a ética individual, cuja questão concerne a definir "qual modo de vida é bom para mim", da ética política, cujo problema é estabelecer qual forma de vida é "boa para nós". Além

pio democrático relaciona-se com essas três formas discursivas. Exige fundamentos morais, ético-políticos e pragmáticos[180]. No Estado de Direito, acrescenta-se o discurso jurídico, que se refere ao controle da coerência normativa do sistema jurídico[181].

Habermas não desconhece, porém, o papel do jogo de interesses no processo de formação da vontade estatal. Não se trata aqui de sujeitos orientados na busca do consenso, mas sim de negociações que visam à satisfação de interesses. Mas se sustenta que, no processo discursivo do Estado Democrático de Direito, essas negociações são suscetíveis de regulação procedimental. Dessa maneira, asseguram-se chances iguais de participação, de influência recíproca e de imposição dos interesses divergentes nas negociações. Fala-se, então, de "formação de compromissos" com base em "negociações eqüitativas"[182]. Nessa hipótese, embora os agentes estejam orientados para o êxito, o procedimento torna-o racional.

O processo de formação racional da vontade política implica uma conexão complexa entre o discurso pragmático, o ético-político, o moral, o jurídico e as negociações reguladas procedimentalmente[183]. Esse processo complexo explica "a *aceitabilidade* racional *dos resultados* alcançados conforme o procedimento"[184]. Porém, como já observado acima, Habermas não se afasta totalmente de suas posições anteriores: a questão moral (da justiça), que implica a pretensão de universalidade, tem prevalência sobre as questões jurídi-

---

do mais, cabe observar que, em outro contexto teórico, Habermas refere-se, posteriormente, a uma "ética da espécie" humana (2001a: 27, 49 e 70 ss.), a saber, uma *"autocompreensão ética da espécie*, compartilhada por *todas as pessoas morais"* (74) e na qual a própria moral estaria assentada.
180. Cf. Habermas, 1992: 139.
181. Habermas, 1992: 207. Ver, a respeito, as objeções de Alexy, 1995: 165 ss.
182. Habermas, 1992: 204-6.
183. Habermas, 1992: esp. p. 207.
184. Habermas, 1992: 210 (grifo meu).

cas, ético-políticas e pragmáticas[185]. Ele insiste em um universalismo consensual que lhe dificulta uma consideração adequada da problemática do pluralismo em uma sociedade altamente complexa. Além do mais, a idéia de aceitabilidade dos resultados não responde conseqüentemente ao problema do dissenso estrutural da esfera pública nas condições supercomplexas da sociedade mundial do presente.

---

185. Cf. Habermas, 1992: 137 e 343 s.

Capítulo IV
Estado Democrático de Direito: o modelo

1. Além das divergências e complementaridades entre os pressupostos teóricos de ambas as concepções

As concepções da modernidade e do Estado Democrático de Direito na teoria dos sistemas e na teoria do discurso, conforme foi analisado nos capítulos anteriores, divergem radicalmente quanto aos pressupostos. A título de síntese, pode-se afirmar que, de acordo com a teoria dos sistemas, a sociedade moderna assentar-se-ia na hipercomplexificação social vinculada à diferenciação funcional dos âmbitos de comunicação. Implicaria, portanto, o desaparecimento de uma moral tradicional, de conteúdo hierárquico, válida para todas as esferas de agir e de vivenciar, e o surgimento de sistemas sociais operacionalmente autônomos (autopoiéticos), reproduzidos com base nos seus próprios códigos e critérios, embora condicionados e influenciados pelos seus ambientes respectivos. Também haveria uma fragmentação da moral na sociedade, no sentido de que o código moral "consideração/desprezo" reproduzir-se-ia difusamente, não se desenvolvendo a partir dele generalização congruente de expectativas de comportamento (ausência de consenso suposto em torno de programas ou critérios morais). Além do mais, destacar-se-ia a neutralização da moral na reprodução dos respectivos sistemas funcionais. Contrariamente, conforme a concepção racional-procedimental ou ético-discursiva proposta por Habermas, a modernidade resultaria do desenvolvimento das estruturas da consciência no sentido da superação das representações morais pré-convencionais e convencionais e o advento de uma moral pós-convencional, universalista. Isso significa uma clara diferenciação entre sistema e "mundo da vida", aquele como espaço de intermediação do "agir racional-com-respeito-a-fins" (instrumental e estratégico), este como horizonte dos "agentes comunicativos", orientados na busca do entendimento intersubjetivo. Nessa perspectiva, a modernidade exigiria positivamente a construção de uma "esfera pública" [*Öffentlichkeit*], *topos* democrático discursivamente autônomo com relação aos "meios" [*Medien*] sistêmicos "poder" e "dinheiro".

Porém, apesar da contraposição do modelo luhmanniano de fragmentação e neutralização da moral ao paradigma habermasiano de fundamentação moral, ambas as concepções da modernidade aproximam-se, na medida em que se referem à superação da moral tradicional conteudística e hierárquica. Pode-se afirmar que Luhmann procura enfatizar sociologicamente o dissenso em torno de conteúdos morais na sociedade moderna. Habermas discute a construção do consenso mediante procedimentos com potencialidade normativa universal como característica da modernidade, sem desconhecer a diversidade de conteúdos valorativos. Parece-me, porém, que, antes de orientar-se à construção do consenso, os "procedimentos" servem, discursiva e funcionalmente, à intermediação do dissenso conteudístico. De acordo com essa releitura da relação entre esses dois paradigmas teóricos, a modernidade, em face da ampla divergência em torno de conteúdos morais ou valorativos, implica a exigência funcional e normativa da absorção do dissenso conteudístico através do consenso procedimental.

A tentativa de enfatizar a complementaridade entre duas teorias tão divergentes pode conduzir, é verdade, a um ecletismo inconsistente. No entanto, não se trata aqui de uma tentativa de reunir ambas as teorias em um "denominador comum". Antes, pretende-se – ao destacar-lhes os limites na análise e no esclarecimento do Estado Democrático de Direito como um fenômeno da modernidade – retirar-lhes elementos conceituais que possam servir à construção de um modelo adequado de fundamentação do Estado Democrático de Direito e à compreensão das condições limitantes de sua realização. Sem dúvida, algumas reconstruções e reinterpretações em ambas as direções são indispensáveis. Podem-se traduzir adequadamente conceitos como "mundo da vida", "esfera pública", "autonomia pública", "autonomia privada" etc. em uma linguagem sistêmica? E, vice-versa, pode-se compatibilizar o conceito de autopoiese com a concepção de uma esfera pública pluralista?

O modelo habermasiano de compreensão da sociedade moderna a partir primacialmente da noção de intersubjetividade (e, portanto, do conceito de agir comunicativo) parece-me insuficiente em face da complexidade do mundo social contemporâneo. As relações intersubjetivas orientadas para o entendimento constituem uma variável relevante da reprodução do mundo da vida. Isso é incontestável. Mas Habermas sobrecarrega, com sua pretensão consensualista, o mundo da vida enquanto horizonte dos agentes comunicativos ou da construção da intersubjetividade. A "racionalização discursiva do mundo da vida", relacionada à sua diferenciação do "sistema", seria o elemento identificador da modernidade. Embora a contribuição habermasiana sobre o mundo da vida e a ação comunicativa não seja imprestável no que concerne à consideração das esferas de comunicação não estruturadas sistemicamente, afigura-se-me imprescindível a sua releitura à luz da teoria dos sistemas.

O mundo da vida pode ser considerado a esfera social em que a comunicação é reproduzida através da linguagem natural cotidiana, não de acordo com uma linguagem sistêmica especializada. Ele não se subordina a códigos de preferência entre um "sim" e um "não" sistemicamente delimitados ("lícito/ilícito", "poder/não-poder", "ter/não-ter" etc.). A preferência entre "sim" e "não" é difusa e imprecisa. Evidentemente, o mundo da vida está em constante interferência com os diversos sistemas funcionais, uma vez que a comunicação é comum a todas as esferas sociais[1]. Pode-se afirmar que os sistemas emergem quando uma linguagem especial diferencia-se da linguagem comum da sociedade. Nesse sentido, o mundo da vida é a base da construção sistêmica[2]. Porém, a multifuncionalidade e a imprecisão da linguagem cotidiana mediante a qual se reproduz o mundo da vida implicam que, nele, o problema da compreensibilidade (da mensagem transmitida) e também do entendimento (que leva a um acordo, ou seja, traz consigo o consenso)[3] só se apresenta e resolve na interação intersubjetiva concreta. Mesmo os códigos sistêmicos são cortados por códigos lingüísticos binários concretos que se reproduzem conforme as exigências tópicas de sujeitos interagentes. O problema da compreensibilidade resolve-se, em parte, por força de uma semântica social generalizada no plano da linguagem natural, em parte por força dos sentidos construídos no particularismo da interação; refere-se à possibilidade de que o destinatário corresponda à expectativa do emitente no que se refere ao conteúdo da mensagem. A compreensibilidade manifesta-se, no plano da comunicação, mediante ações (incluindo a omissão) ou linguagem (incluindo o silêncio) que respondem, com sentido, à mensagem. Ainda não é o entendimento intersubjetivo (acordo, consenso), que só se apresenta com a partilha lingüisticamente intermediada de expectativas por *ego* e *alter*. Nesse caso, ambos concordam com

---

1. Cf. Teubner, 1989: 108 s.; a respeito, ver Habermas, 1992: 73-8, criticando Teubner e propondo uma releitura do fenômeno da "interferência" entre mundo da vida (→ linguagem natural não especializada) e sistema (→ códigos especiais), no sentido de considerar o direito como "transformador" ou "tradutor".

2. "Sistemas sociais parciais utilizam o fluxo de comunicações da sociedade e extraem desse fluxo comunicações especiais como novos elementos. Eles utilizam estruturas sociais (expectativas) para a construção de normas jurídicas, sim, construções sociais da realidade para a construção da 'realidade jurídica'. Não precisam criá-las novamente, mas apenas extrair-lhes um novo sentido" (Teubner, 1989: 108).

3. Ver *supra* nota 90 do Cap. II.

o mesmo modelo de comportamento e interação. Pode ocorrer, porém, compreensibilidade que aponte para o dissenso manifesto ou para estratégias manipulativas.

Nessa perspectiva, deve-se observar não apenas que no mundo da vida estão presentes interações estratégicas[4]. Além disso, deve ter-se em consideração que a intersubjetividade que se constrói no seu âmbito tanto pode implicar a busca do entendimento quanto a manifestação do desentendimento. Ou seja, a interação plenamente intersubjetiva, na qual se considera o outro como pessoa e não estrategicamente como meio, pode importar tanto o consenso quanto o dissenso. De fato, consensos construídos concretamente na interação podem relacionar-se com padrões comportamentais e preferências partilhadas pelo grupo. Nesse sentido, cabe falar de convencionalismo social e valores culturais como generalização de expectativas e preferências no mundo da vida. A própria moralidade tradicional, com sua pretensão de valer em todas as interações da sociedade, também estaria vinculada a essa generalização de valores. Entretanto, é inegável que a hipercomplexidade da sociedade moderna, com uma diversidade incontrolável e contraditória de valores e interesses, torna praticamente impossível uma reconstrução racional do mundo da vida a partir da ação comunicativa em sentido estrito (orientada para o entendimento intersubjetivo). A ocorrência do consenso na interação é eventual. A multiculturalidade, por um lado, e a pluralidade de esferas autônomas de comunicação, por outro, implicam uma fragmentação do mundo da vida no que diz respeito às certezas e convicções partilhadas intersubjetivamente no cotidiano[5].

---

4. Conforme reconhece Habermas (ver *supra* pp. 68 s.).

5. Em uma perspectiva pós-moderna, afirma Ladeur: "a pluralidade de racionalidades da ação dissolveu a unidade do mundo da vida" (1996: 394). É verdade que Habermas refere-se à "fragmentação da consciência cotidiana" na sociedade moderna, mas ele toma, a esse respeito, antes uma posição de crítico da ideologia: "A consciência cotidiana *fragmentada* dos consumidores de lazer impede uma formação ideológica de tipo clássico – e tornou-se mesmo forma dominante de ideologia" (Habermas, 1990b: 91). Portanto, não re-

Na sociedade contemporânea, o mundo da vida apresenta-se antes como espaço de reprodução do dissenso intersubjetivo[6]. Em outras palavras, a intersubjetividade, lingüisticamente construída, afirma-se sobretudo mediante a manifestação e o reconhecimento das divergências[7]. As certezas partilhadas no mundo da vida tornam-se localizadas e a identidade valorativa fragmenta-se. Portanto, justamente o respeito às diferenças e à autonomia de esferas plurais de comunicação constitui o fator de integração do mundo da vida. O que se impõe como consensual para a continuidade das interações intersubjetivas é o respeito às divergências quanto a valores e interesses que se exprimem nos diversos grupos e circulam nos vários âmbitos autônomos de comunicação. Ou seja, o consenso potencialmente generalizado no mundo da vida destina-se a assegurar o dissenso generalizado que se expressa nos mais diversos tipos de relações interpessoais de uma pluralidade de esferas de comunicação e mesmo a fomentar-lhe a manifestação.

Da ausência de identidade valorativa com base em princípios morais conteudísticos, surge a questão da moralidade no âmbito do mundo da vida. Luhmann define o código

---

tira daí qualquer conseqüência para a sua concepção do potencial de entendimento do mundo da vida como pano de fundo e horizonte da comunicação, experiência e práxis cotidiana (ver *supra* nota 105 do Cap. II e *infra* nota 10 deste capítulo). De um ponto de vista psicossocial, J. P. Müller (1993: 82 ss.) aponta para as dimensões "inconscientes"/"irracionais" do mundo da vida, sustentando que elas teriam sido ofuscadas na ética do discurso. Baseado nisso, ele elabora um outro modelo teórico, que considera também os aspectos psicossociais para a fundamentação da democracia (cf. 1989: 633 ss.; 1993: esp. pp. 94 ss.). Esta não é a oportunidade para entrar nesse tema.

6. Também Luhmann (2000a: 54) sustenta mais tarde: "Diferentemente do que Habermas supõe, o mundo da vida não é de maneira alguma um fundo de consenso social, que teria apenas de ser transformado em comunicações suscetíveis de consentimento." Mas, em outra perspectiva, Luhmann não enfatiza, a respeito, o momento do dissenso, antes o aspecto do *unmarked space*: "Há consenso silencioso e dissenso silencioso, e sobretudo, nesse sentido, disposições não qualificadas, *que não podem ser conhecidas*" (*ibidem*).

7. Ao contrário, afirma Habermas: "O entendimento parece ser inerente, como *telos*, à linguagem humana" (1985: 542).

da moral nos termos da preferência "consideração/desprezo", para concluir pelo caráter difuso e fragmentário desse código na sociedade moderna[8]. Inexistindo o consenso sobre programas ou critérios, a moral não se reproduziria como sistema funcional, assim como seria neutralizada no âmbito da reprodução autopoiética dos subsistemas sociais. Essa atitude sistêmica resulta de uma desconsideração do significado do mundo da vida na modernidade. A moral está assentada no mundo da vida, expressando-se na linguagem natural. Na sociedade moderna, o dissenso que se manifesta nas interações intersubjetivas concretas relaciona-se tanto com a diversidade valorativa e, utilizando-me da semântica habermasiana, a pluralidade de identidades éticas quanto com a multiplicidade de âmbitos autônomos de comunicação ou esferas discursivas. Ao contrário da concepção neo-iluminista e consensualista habermasiana, há indícios claros de que, em lugar da moral tradicional, intrincada com a identidade ética, não há condições para a emergência de uma moral orientada procedimentalmente para a construção do consenso. Partindo-se de que a moral aponta para o reconhecimento do outro, um espaço de moralidade no mundo da vida só pode ser concebido exatamente como âmbito de viabilização do dissenso em torno de valores e interesses. Além do mais, com o aumento da complexidade e a crescente diferenciação funcional da sociedade, o respeito à autonomia das diversas esferas de comunicação transforma-se cada vez mais em uma exigência moral[9]. A convivência "intersubjetiva" (não estruturada sistemicamente) só se torna suportável em termos de uma moral do dissenso que, no plano sistêmico, esteja relacionada com uma moral da autono-

---

8. A distinção de Luhmann (1990d, 1993b) entre *Achtung* (consideração, respeito, estima) e *Mißachtung* (desconsideração, desprezo) na definição do código moral, embora em outra perspectiva, lembra a concepção de Piaget (1965: 191 ss.), segundo a qual a moral fundamenta-se no *respeito* a pessoas, enquanto o direito, no *reconhecimento* de serviços e funções (aspecto particular e abstrato da pessoa).

9. Cf. Teubner, 1998a: 21 s.; 1996b: 218; Luhmann, 1997: 1043.

mia dos âmbitos de comunicação em que se diferencia a sociedade. O consenso moral que se impõe diz respeito apenas aos padrões de expectativas (princípios) que tornam possível e promovem a interação dissensual. Estes não visam à busca de um resultado racionalmente consensual ou a afastar o risco do dissenso[10]. Destinam-se precisamente a promover o dissenso provável e a tornar provável o dissenso improvável nas relações interpessoais. Nas condições presentes da sociedade mundial, só os princípios de uma moral do dissenso podem ter o caráter universalista e includente no sentido do acesso de toda e qualquer pessoa, independentemente de seus interesses, expectativas e valores, a procedimentos discursivamente abertos.

Mas a intersubjetividade que se constitui por meio da linguagem natural não especializada do mundo da vida permanece no plano das relações pessoais (interações). A partir dela não é possível construir-se um modelo teórico de compreensão da sociedade moderna, caracterizada pela supercomplexidade e a presença das relações impessoais. Habermas responde a essa dificuldade com a concepção de esfera pública, reconstruindo o modelo de meios generalizados de comunicação formulado por Parsons[11]. Enquanto a coordenação da ação através dos "meios de comunicação deslingüistizados" "dinheiro" e "poder" serviriam à integração sistêmica, a coordenação da ação mediante os "meios lingüísticos de comunicação", tais como "verdade" e "vínculo valorativo", serviriam à construção da esfera pública e à integração social[12]. Habermas parte, porém, da suposição de um consenso presente intuitivamente na prática cotidiana, que através da coordenação da ação por meios lingüísticos

---

10. Para Habermas, ao contrário, o mundo da vida "é o contrapeso conservador contra o risco de dissenso que surge com todo processo de entendimento em curso" (1982a I: 107; cf. também 1991e: 42). Em um outro contexto, Habermas (1992: esp. pp. 42-4) discute o controle do crescente risco de dissenso no processo de evolução social.
11. Cf. Parsons, 1964b: 5 s. e 115 ss.
12. Cf. Habermas, 1982a II: 267 ss.

de comunicação ultrapassaria o contexto da interação. Mediante esse tipo de coordenação, dependente da "formação de consenso", constituir-se-ia a esfera pública. Nesse caso, os "riscos do dissenso" (um "perigo") são amortecidos, mas não com a indiferença para a construção do entendimento, indiferença que seria inerente à coordenação da ação por meios sistêmicos de controle[13].

Justamente porque Habermas parte do consenso construído (ou das "certezas intuitivamente partilhadas") na prática cotidiana do mundo da vida, a esfera pública apresenta-se como horizonte de racionalização desse consenso nos quadros da coordenação da ação por meios generalizados ("lingüísticos" em contraposição aos "sistêmicos", "deslingüistizados") de comunicação. Parece-me que o conceito de esfera pública como reconstrução do mundo da vida em um segundo plano, socialmente generalizado, não é infrutífero. Mas, na compreensão da esfera pública, deve-se partir exatamente do dissenso estrutural já presente, em primeiro grau, na prática cotidiana de uma sociedade supercomplexa. Trata-se da intermediação generalizada desse dissenso, não de sua amortização ou evitação. Nessa perspectiva, a esfera pública pode ser compreendida, no sentido estrito, como *campo de tensão entre mundo da vida*, de um lado, e *sistemas* político e jurídico, de outro, ou mais precisamente: como campo de tensão entre mundo da vida e Constituição enquanto acoplamento estrutural desses dois sistemas. À medida que se constroem procedimentos constitucionais para viabilização, intermediação e absorção do dissenso, a esfera pública pluralista emerge do mundo da vida em forma de interesses, valores e discursos que pretendem, através desses

---

13. Cf. Habermas, 1982a II: esp. pp. 272 ss. Apel (1987: 71) refere-se ao problema do dissenso em uma perspectiva semelhante: "O discurso livre da força tem precisamente o objetivo de, *no interesse da formação fundamentada do consenso*, deixar todos os dissensos aflorar e jamais restringi-los, quiçá impedi-los por meios não argumentativos" (grifo meu). Dessa maneira, o tratamento do dissenso reduz-se a um meio da formação do consenso. Cf. também J. P. Müller, 1993: esp. pp. 27, 35, 65, 79 s. e 84; 1999: 25 s. e 41.

procedimentos, generalizar-se politicamente, isto é, como decisão coletivamente vinculante, e/ou juridicamente, a saber, como norma jurídica vigente. Na esfera pública concentram-se interferências (não apenas interpenetrações) estruturais entre sistema (político-jurídico) e mundo da vida. Esse campo de tensão constrói-se, em primeiro lugar, em face da perspectiva de inserção e comutação de sentido de estruturas do mundo da vida (valores, expectativas e interesses) em procedimentos políticos e jurídicos constitucionalmente estabelecidos. Assim sendo, pode-se dizer, do ponto de vista inverso, que a Constituição é o mecanismo de intermediação sistêmica do mundo da vida, do qual resulta a esfera pública. Isso não significa que a Constituição constrói o espaço público, nos termos da concepção de "poder comunicativo" de Hannah Arendt[14]. Tampouco implica uma sobrecarga do direito como "transformador" entre sistema e mundo da vida[15]. A Constituição continua sendo compreendida aqui como acoplamento estrutural entre política e direito enquanto sub*sistemas* da sociedade. Entretanto, no Estado Democrático de Direito, os procedimentos constitucionais possibilitam que os diversos valores, expectativas e interesses conflitantes que se expressam, em primeiro grau, na linguagem cotidiana do mundo da vida ganhem um significado político e jurídico generalizado. É nesse segundo plano, da intermediação procedimental e pretensão de generalização desses valores, interesses e expectativas como normas vigentes ou decisões vinculantes, que emerge a *esfera pública* pluralista. Ela *é arena do dissenso*. O pluralismo significa que, em princípio, todos os valores, interesses e expectativas possam apresentar-se livre e igualmente no âmbito dos procedimentos políticos e jurídicos. É claro que as normas jurídicas vigentes e as decisões políticas vinculantes envolvem a seleção sistêmica. Esta, contudo, só se legi-

---

14. Cf. Frankenberg, 1996a: 35-40, com base em Arendt, 1960: 193 ss., 1996: 42 ss.
15. Habermas, 1992: 77 s., 108 e 217. Ver *supra* Cap. III.2.1.

tima, no Estado Democrático de Direito, na medida em que não se privilegia ou exclui a inserção de valores e interesses de determinados grupos, indivíduos ou organizações nos procedimentos constitucionais.

No sentido amplo, também integram a esfera pública aquelas exigências que emergem dos diferentes subsistemas da sociedade, perdem o seu sentido sistêmico específico e pretendem ser generalizadas jurídica e politicamente através dos procedimentos constitucionais. Desde que o sentido de tais exigências deixa de pertencer especificamente ao complexo de sentido de um subsistema da sociedade, elas misturam-se com os valores, interesses e discursos que emergem do mundo da vida e também têm a pretensão de generalização. A esfera pública, nesse sentido amplo, torna-se um campo complexo de tensão entre direito e política como sistemas acoplados estruturalmente pela Constituição, de um lado, e mundo da vida e outros subsistemas funcionalmente diferenciados da sociedade (economia, ciência, religião etc.), de outro (ver figura abaixo). Nesse campo de tensão não há um dissenso estrutural e, pois, amplos conflitos em torno de expectativas normativas, valores e interesses apenas, mas também entre os diversos discursos que nele emergem e no

A Constituição do Estado Democrático de Direito e a esfera pública

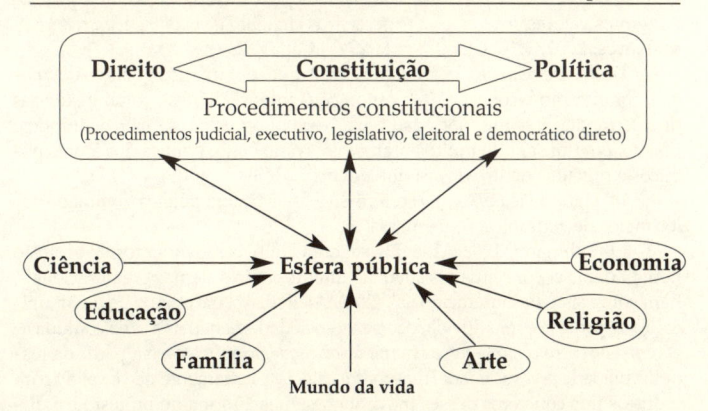

Direito ⇐ Constituição ⇒ Política
Procedimentos constitucionais
(Procedimentos judicial, executivo, legislativo, eleitoral e democrático direto)

Ciência → Esfera pública ← Economia
Educação   Religião
Família   Arte
Mundo da vida

interior deles[16]. Tanto as chamadas "corporações intermediárias" como instâncias de intermediação entre "sociedade civil" e Estado[17] quanto os meios de comunicação de massa[18] desempenham um papel importante na esfera pública, mas esta é muito mais ampla, visto que inclui diferentes formas de intermediação entre Estado de Direito e "sociedade civil" (à qual, no sentido aqui entendido, pertencem os sistemas funcionais não estruturados político-juridicamente e a reprodução da sociedade em sua dimensão de mundo da vida), como movimentos cívicos ou sociais e modos não organizados de comportamento e comunicação, inclusive a "forma do protesto", que se distingue da "forma da oposição política em uma democracia constitucionalmente regulada"[19].

16. Defino valores como as preferências individuais ou coletivas com relação ao (bom?) modo de viver (valores-preferência) (cf. Habermas, 1992: 190) ou como as evidências (formas indiscutíveis de agir e de vivenciar) que são constitutivas da formação da identidade de indivíduos e grupos (valores-identidade) (cf. Luhmann, 1998: 349 ou 2000a: 193); embora valores-preferência e valores-identidade não possam ser totalmente separados (cf. Habermas, 2001a: 14), eles encontram-se em uma relação ambivalente de complementaridade e tensão. Concebo interesses como as formas em que as relações entre meios e fins manifestam-se no comportamento e nas comunicações de indivíduos e grupos. Conceituo expectativas normativas como as expectativas contrafácticas de comportamento e, por seu turno, expectativas de comportamento como os padrões comportamentais projetados no plano do vivenciar de indivíduos e grupos. E entendo por discursos os diversos jogos de linguagem nos quais os diferentes valores, interesses e expectativas circulam *de uma maneira conflituosa* (Neves, 2002: 325). Cf. *infra* nota 23 do Cap. V.

17. A esse respeito, cf. Teubner, 1999, que, porém, nos quadros do "policorporativismo", concebe as "corporações intermediárias" como instâncias de intermediação entre "sociedade civil" e *processos políticos* (350), definindo o Estado, em um sentido muito abrangente, como "rede política dos atores públicos e privados dentro do sistema político" (363).

18. Habermas (1990a: 47) refere-se a uma "esfera pública dominada pelos meios de comunicação de massa".

19. Luhmann, 1996c: 206. Ele salienta "que os movimentos de protesto nem podem ser conceituados adequadamente como sistemas organizacionais, nem como sistemas interacionais" (202). Além disso, ele enfatiza: "A comunicação de protesto, sem dúvida, ocorre *na* sociedade, senão não seria comunicação; mas ocorre *como se fosse externa à sociedade*. Manifesta-se a partir da responsabilidade *pela* sociedade, mas *contra* esta. Isso certamente não é válido para todos os fins concretos desses movimentos; mas a forma do protesto e a dis-

A *esfera pública como arena do dissenso* apresenta-se, em princípio, inteiramente desestruturada. Ela só se torna, em certa medida, estruturada quando há perspectivas de que as expectativas, os valores, os interesses e os discursos que lhe são constitutivos sejam generalizados pelos procedimentos constitucionais. Estes estruturam a esfera pública mediante a canalização de suas exigências dissensuais. É verdade que a esfera pública converte-se em público como dimensão interna do sistema político, logo que as expectativas, os valores, os interesses e os discursos que a integram são selecionados procedimentalmente. Mas estes só podem corresponder adequadamente à heterogeneidade conflituosa da esfera pública na sociedade de hoje se permanecerem abertos, universalista e pluralistamente, para as diferentes exigências que, com pretensão de generalizar-se política e juridicamente por meio de decisões coletivamente vinculantes e normas jurídicas válidas, afloram na esfera pública. Este é o desafio fundamental do Estado Democrático de Direito em face da esfera pública, isto é, a estruturação dela através da canalização e intermediação procedimental (universalista e pluralista) dos enormes conflitos que a caracterizam, conflitos de expectativas, valores, interesses e discursos.

Evidentemente, põe-se a questão dos valores e interesses dirigidos à destruição do "universalismo procedimental", aqui entendido como inclusão político-jurídica generalizada

---

posição de empregar meios mais fortes, se o protesto não é ouvido, distinguem esses movimentos de esforços por reformas" (204). Entretanto, pondera: "Sistemas funcionais foram, em medida considerável, capazes de assimilar e reabsorver temas de protesto. Isso vale para a economia capitalista, para os meios de comunicação de massa, mas também para o sistema político, que se orienta pela opinião pública" (208). Deve-se também considerar que os movimentos de protesto ultrapassam a esfera pública, na medida em que se dirigem diretamente contra outros sistemas funcionais, além da política e do direito; mas, normalmente, eles têm sua sede na esfera pública, pois, em regra, põem novos temas na agenda do sistema político. Eles constituem "irritações" para o Estado Democrático de Direito e podem levar este a importantes inovações. Podem emergir como mecanismo de variação e, conseqüentemente, contribuir mediante seleção e restabilização político-jurídica para a reciclagem do Estado Democrático de Direito.

e respeito às diferenças e à autonomia das esferas plurais de comunicação. Impõe-se, então, que as práticas e organizações orientadas à destruição da própria esfera pública pluralista sofram restrições jurídico-políticas, precisamente porque negam o dissenso estrutural do mundo da vida e a complexidade da sociedade, apontando para tendências simplificadoras, sejam autoritárias ou totalitárias. É verdade que isso pode implicar uma manobra ideológica para rotular certas tendências políticas divergentes do *status quo* como "inimigas da Constituição" ou "antidemocráticas" e, sob esse pretexto, excluí-las da esfera pública e da participação nos procedimentos constitucionais do Estado de Direito[20]. Nesse caso, trata-se da própria deturpação do pluralismo democrático e de restrições ilegítimas ao dissenso. Entretanto, quando se configuram claramente posturas destrutivas da esfera pública, legitimam-se as limitações estabelecidas nos termos constitucionais. É nesse contexto que surge o problema da legitimação procedimental. O consenso sobre procedimentos apresenta-se como modo de viabilização e mesmo de fomento do dissenso conteudístico na esfera pública, assim como de sua absorção sistêmica.

2. Por uma releitura da legitimação procedimental: intermediação do dissenso conteudístico através do consenso procedimental

O modelo de legitimação procedimental do Estado Democrático de Direito contemporâneo foi objeto de várias leituras teóricas no século XX. Já no positivismo jurídico e relativismo axiológico de Kelsen, a legitimação política da democracia resolve-se na admissão do acesso das diversas tendências políticas nos procedimentos de formação da vontade estatal[21]. O conteúdo que resulta da decisão tomada

---

20. Referindo-se criticamente a esse problema, Denninger (1993: 12 s.) define-o como "risco ideológico" do Estado de Direito.
21. Kelsen, 1929.

conforme o procedimento é, em princípio, irrelevante[22]. Kelsen fundamenta-se, porém, em um relativismo aistórico[23]. Nessa perspectiva, sustenta genericamente que a justiça e os valores são definidos a partir de critérios subjetivos, emocionais e variáveis entre indivíduos e grupos, não fazendo uma análise específica da diversidade valorativa na sociedade moderna. Sintomática dos limites de sua concepção de legitimidade para a compreensão do Estado Democrático de Direito é a interpretação que faz da decisão bíblica de Pilatos: este teria tratado a posição de Jesus, que se apresentava como "Rei dos Judeus", de maneira relativista e, por isso, teria submetido o caso à votação popular[24]. Mas o exemplo oferecido não pode ser utilizado na caracterização do papel legitimador dos procedimentos democráticos na sociedade supercomplexa da modernidade. No caso, manifesta-se claramente a ausência de pluralismo no âmbito de uma sociedade tradicional em que o dissenso valorativo é insuportável. Portanto, a simples afirmação da relatividade de toda e qualquer concepção de justiça não é suficiente para a fundamentação do Estado Democrático de Direito, podendo servir também à justificação de modelos absolutistas e totalitários.

Ao definir a democracia a partir das "regras do jogo", Bobbio também aponta para a legitimação procedimental no Estado contemporâneo. As regras do jogo democrático, além de determinarem o predomínio da maioria, asseguram o pluralismo, estabelecendo a participação o mais abrangen-

---

22. Kelsen não utiliza, entretanto, a palavra "procedimento", mas sim – em consonância com a semântica científica positivista de sua época – o termo método: "Mas é um abuso evidente empregar a palavra democracia, que – seja em uma consideração ideológica ou realista – representa um método determinado de produção da ordem social, para um conteúdo dessa ordem, o qual não se encontra em nenhuma relação essencial com o método de produção da mesma" (1929: 94; cf. também 98, em que, entretanto, a questão do conteúdo é definida como mais importante do que a do método democrático; a esse respeito, pode-se acrescentar que a questão do conteúdo é a mais problemática por ser a verdadeira questão conflituosa da democracia).

23. Kelsen, 1929: 98 ss.

24. Kelsen, 1929: 103 ss.

te possível de indivíduos e, por conseguinte, o respeito às minorias[25]. Em conexão com essa concepção procedimental da democracia, Bobbio compreende os direitos humanos em uma perspectiva histórico-relativista[26]. Mas, assim como afirma em relação a esses que o problema fundamental "não é tanto o de *justificá-los*, mas o de *protegê-los*", considerando-o "um problema não filosófico, mas político"[27], não analisa suficientemente as condições sociais da modernidade que possibilitaram a emergência e a consolidação da legitimação procedimental. Sua abordagem dirige-se sobretudo à descrição das regras do jogo e às condições e limites de sua realização. Não há uma pretensão mais ampla de fundamentação filosófica ou explicação sociológica das "regras do jogo" a partir das peculiaridades da sociedade moderna. No entanto, a abordagem bobbiana, por enfatizar a questão da diversidade que deve ser absorvida nos procedimentos democráticos, sem consideração privilegiada de determinados valores ou interesses[28], permanece relevante para os fins a que me proponho: a relação paradoxal entre consenso procedimental e dissenso conteudístico no Estado Democrático de Direito.

O modelo procedimental da democracia formulado por Schumpeter teve especial significado no âmbito da teoria política. Segundo a sua abordagem, o Estado democrático legitima-se através do respeito às regras da competição entre as diversas forças políticas concorrentes. A legitimidade do programa político vitorioso no processo eleitoral resulta da observância das regras do jogo. Nessa perspectiva, o procedimento democrático apresenta-se como meio da luta estratégica pelo poder. Analogamente à competição no mercado para venda de produtos, a eleição seria uma luta pela obtenção do número de votos que conduzam à vitória e,

---

25. Bobbio, 1992a: esp. pp. 18-21.
26. Bobbio, 1992b: 15-24.
27. Bobbio, 1992b: 24 s.
28. Bobbio, 1992a. A respeito, critica-o Habermas (1992: 367 s.) por enfatizar a orientação para o consenso.

ESTADO DEMOCRÁTICO DE DIREITO: O MODELO 139

assim, legitimem a tomada de decisão política[29]. Além do mais, dá-se ênfase às relações de concorrência política no âmbito das elites dirigentes, reduzindo o papel do eleitor praticamente à aceitação ou rejeição de propostas[30]. Do ponto de vista da teoria dos sistemas, essa concepção da democracia como palco da luta estratégica de atores conscientes é limitada tanto porque não considera adequadamente a dinâmica complexa da "circulação" e "contracirculação" de público, política, administração e povo quanto por desconhecer a relevância das variáveis simbólicas nos processos de construção das decisões coletivamente vinculantes e nos procedimentos de produção e aplicação normativo-jurídica, superestimando as variáveis instrumentais[31]. Nos termos da teoria do discurso sobre o Estado Democrático de Direito,

---

29. Schumpeter, 1943: 269 ss. De maneira semelhante a Kelsen (ver *supra* nota 22 deste capítulo), Schumpeter refere-se antes a método do que a procedimento: "A democracia é um *método* político" (1943: 242). Assim o define: "o método democrático é um arranjo institucional para se chegar a decisões políticas em que os indivíduos adquirem o poder de decisão através de uma luta competitiva pelo voto popular" (269). Mas ele fala, em conformidade com a terminologia atual, de "regras do procedimento democrático" (242) e de "*modus procedendi*" (270). É interessante que Schumpeter – aparentemente sem vinculação a Kelsen, ao menos sem citá-lo – recorre ao exemplo bíblico da decisão de Pilatos, tal como se este tivesse seguido um método democrático (243, nota 9).

30. Cf. Schumpeter, 1943: 282. Com muita influência na discussão teórico-política da atualidade, "a teoria da escolha racional", compreendida como uma "classe ampla de teorias com certo traço comum", aproxima-se, na sua "visão privado-instrumental" da política, à teoria democrática de Schumpeter: "Em particular, elas [as teorias da escolha racional] partilham a concepção de que o processo político é antes instrumental do que um fim em si mesmo, e a visão de que o ato político decisivo é antes uma ação privada do que pública, a saber, o voto individual e secreto" (Elster, 1992: 103). Não obstante, a concepção de Elster afasta-se do modelo teórico de Schumpeter no seguinte aspecto: "Por exemplo, a insistência de Schumpeter em que as preferências do eleitor são formadas e manipuladas pelos políticos tende a obscurecer a distinção, central para a minha análise, entre política como a agregação de preferências dadas e política como a transformação de preferências mediante discussão racional" (Elster, 1992: 104). Elster define a política, então, "como pública em sua natureza e instrumental no seu propósito" (128).

31. Ver *supra* nota 79 do Cap. I.

além da crítica ao modelo "elitista" de democracia em Schumpeter[32], também se pode apontar para a redução da democracia à dimensão da racionalidade-com-respeito-a-fins: os procedimentos democráticos legitimar-se-iam, ao contrário, enquanto se assentassem na ação orientada para o entendimento intersubjetivo.

Na perspectiva da esfera pública como campo de tensão entre direito e política, enquanto sistemas acoplados estruturalmente pela Constituição, de um lado, e outros subsistemas diferenciados da sociedade e mundo da vida, de outro, Schumpeter não considera adequadamente o problema da inserção dos valores os mais diversos, independentemente de sua eventual prevalência, nos procedimentos democráticos. Não se trata simplesmente de regras que estabelecem a competição pelo poder. Decisivo é o fato de que os diversos valores e interesses presentes na esfera pública são passíveis de prevalecer eventualmente nos procedimentos democráticos, isto é, são suscetíveis de passar pela seleção de expectativas dos sistemas político e jurídico. Os procedimentos democráticos não se legitimam apenas porque canalizam a luta democrática pelo poder, mas sim decisivamente enquanto permanecem cognitivamente abertos e sensíveis para a pluralidade da esfera pública e a autonomia dos subsistemas sociais.

Em sentido inteiramente diverso do modelo realista e empírico de Schumpeter, a teoria da justiça de John Rawls é suscetível de uma leitura conforme a noção de legitimação procedimental. Rawls parte de um modelo hipotético da situação originária, na qual todos os membros da comunidade estariam "encobertos" pelo "véu da ignorância", desconhecendo as respectivas posições que iriam ocupar na sociedade e, portanto, desvinculados de interesses particulares e concretos[33]. Disso resulta a construção racional dos dois princípios de justiça: 1) igualdade na atribuição de direitos e de-

---

32. Cf. Habermas, 1992: 402.
33. Cf. Rawls, 1990 [1972]: esp. pp. 11 ss. e 136 ss.; 1993: 22-8.

veres básicos, também formulado como princípio da liberdade igual; 2) desigualdades econômicas e sociais só se justificam se corresponderem à expectativa racional de que trarão vantagens para todos, principalmente para os menos favorecidos, e estiverem ligadas a cargos e posições acessíveis a todos (subordinado ao primeiro princípio)[34]. Rawls relaciona esses princípios com a imparcialidade de uma justiça puramente procedimental[35]. O modelo de justiça de Rawls implica evidentemente a defesa do pluralismo. Nesse sentido, é sensível às diversidades de valores da sociedade moderna, os quais devem ser tratados imparcialmente pelos procedimentos do Estado Democrático de Direito[36]. Entretanto, apesar de sua referência ao contexto histórico, trata-se de uma

---

34. Rawls, 1990 [1972]: esp. pp. 14 s., 60 ss., 243 ss. e 302 s.; 1993: 5 ss. A respeito, ver criticamente Höffe, 1977b: esp. pp. 16 s. e 20 ss., que se refere ao caráter tautológico dos princípios de justiça em Rawls: "O caráter de *fairness* das conclusões, ou seja, dos princípios de justiça, reproduz apenas o caráter de *fairness* das premissas, isto é, das condições de partida" (35). Cf. também J. P. Müller, 1993: 44 ss.; Hart, 1977, com objeções ao argumento da prioridade da liberdade (156 ss.); tratando igualmente dessa questão, Alexy, 1997. Sobre o debate em torno da teoria da justiça de Rawls, ver, entre muitos, Höffe (org.), 1977a; Philosophische Gesellschaft Bad Homburg e Hinsch (orgs.), 1997.

35. Cf. Rawls, 1990 [1972]: 83 ss., enfatizando, porém, a relação da "justiça puramente procedimental" com o segundo princípio ("igualdade eqüitativa de oportunidades"). Mas cabe advertir que Rawls (1993: 192), em referência crítica a Habermas, observa: "A justiça como eqüidade não é neutra no sentido procedimental." Ver também Rawls, 1997: 237 ss. Na verdade, fazem parte da "idéia de um consenso sobreposto [*overlapping consensus*]" (1993: 133 ss.; 1992: 293 ss.; cf. também 1997: 206 ss.) tanto elementos procedimentais quanto substanciais. Isso porque, de acordo com Rawls (1993: 158 ss.), diferentemente da "profundidade e extensão de um consenso sobreposto" (1993: 164), "o consenso constitucional não é profundo e tampouco é amplo: o seu âmbito é restrito, não inclui a estrutura básica, mas apenas os procedimentos políticos do governo democrático" (1993: 159). Nessa orientação, chega-se a uma compreensão muito abrangente do consenso: "A profundidade de um consenso sobreposto requer que seus princípios e ideais políticos tenham por base uma concepção de justiça que utilize as idéias fundamentais de sociedade e pessoa da forma ilustrada pela justiça como eqüidade. Sua extensão vai além dos princípios políticos que instituem os procedimentos democráticos, e inclui os princípios que abarcam a estrutura básica como um todo" (1993: 164).

36. Decerto, Rawls refere-se normativamente ao "fato do pluralismo razoável", não empiricamente ao "fato do pluralismo propriamente dito" (1993: 36 s.).

construção hipotética[37], que não se desenvolve no sentido de estabelecer a noção de justiça peculiar à modernidade. Não parte de uma análise da superação do moralismo convencional pré-moderno e da complexificação sistêmica como condições que levam ao pluralismo e ao "universalismo" caracterizadores do Estado Democrático de Direito. Além do mais, a concepção de justiça de Rawls subordina o princípio democrático aos direitos fundamentais liberais, o que conduz a uma compreensão limitada da legitimação procedimental no Estado Democrático de Direito[38].

Nos modelos de Habermas e Luhmann, o conceito de legitimação procedimental vincula-se mais especificamente à própria compreensão da sociedade moderna. Embora partam de pressupostos teóricos diversos, ambos associam a positividade do direito na modernidade à realização do Estado Democrático de Direito. Sintetizando o que já foi exposto nos capítulos anteriores, pode-se afirmar que, na pers-

---

37. Sobre o caráter aistórico da teoria da justiça de Rawls, cf. Barber, 1977: esp. pp. 245 ss.; J. P. Müller, 1993: 47 ss. Contra a interpretação dominante da teoria da justiça de Rawls, Rorty (1991: 179 ss.) sustenta que esta "é inteiramente historicista e antiuniversalista" (180), "representa uma reação à idéia kantiana da moralidade como portadora de uma essência aistórica" (186, nota 29), "já não parece comprometida com uma consideração filosófica da natureza humana, mas apenas com uma descrição histórico-sociológica do modo que vivemos agora" (nos EUA!) (185). Rorty não distingue a inequívoca condicionalidade e aplicabilidade histórica da construção de Rawls (mas isso também se encontra em Kant) do seu caráter hipotético, abstrato e aistórico na própria formulação. Embora se possa admitir que a teoria de Rawls refere-se a "uma forma historicamente adequada de consciência da justiça" e, portanto, que seus princípios não podem "reclamar nenhuma validade culturalmente invariante" (Höffe, 1977b: 31), não se deve desconsiderar a ênfase que Rawls dava no passado ao caráter "puramente hipotético" da posição original (1990 [1972]: 12 e 21), nem a sua concepção posterior de que o "acordo inicial" é "hipotético e não histórico" (1993: 271-5): "Assim sendo, fica evidente por que o contrato social deve ser considerado hipotético e não histórico. A explicação é que o acordo feito na posição original representa o resultado de um processo racional de deliberação em condições ideais e não históricas que expressam certas exigências razoáveis" (1993: 273).

38. Nesse sentido, cf. Habermas, 1996d: 67 e 87 ss. Quanto à réplica de Rawls a Habermas, ver Rawls, 1997. Sobre o debate entre Habermas e Rawls, ver Forst, 1999.

pectiva sistêmica, dá-se ênfase à não-sobreposição dos códigos de preferência do poder e da economia ao código de preferência do direito (lícito/ilícito), sustentando-se que este é o segundo código do sistema político e que a "Constituição enquanto aquisição evolutiva" atua como mecanismo de autonomia operacional do direito. E, por fim, partindo-se de que desapareceu a moral tradicional de conteúdo hierárquico, partilhada generalizadamente na "comunidade", argumenta-se que o pluralismo democrático no sistema político é pressuposto da positivação do direito[39]. Em Habermas, a autonomia do direito, inerente ao Estado de Direito, embora também possa ser vista como uma autonomia em relação aos meios [*Medien*] "poder" e "dinheiro", resulta da presença de procedimentos políticos com fundamentação racional-discursiva. Isso implica autonomia privada em conexão com autonomia pública, ou seja, "direitos humanos" e "soberania do povo" pressupondo-se reciprocamente.

Em ambos os modelos, a positividade como autonomia do direito só é concebível com o desaparecimento de moral tradicional, conteudística e hierárquica. Diante da pluralidade reconhecida de valores, Habermas interpreta a racionalidade discursiva ou procedimental – que envolve as dimensões pragmáticas, éticas e morais – do Estado Democrático de Direito como forma de construção do consenso na esfera pública, imprescindível à indisponibilidade do direito. Em face da diversidade de expectativas, interesses e valores da sociedade moderna, Luhmann interpreta os procedimentos eleitoral, legislativo, judicial e administrativo do Estado de Direito como mecanismos funcionais de seleção, filtragem e imunização dos sistemas político e jurídico em face das influências contraditórias do respectivo ambiente. Entretanto, o dissenso conteudístico em face de valores e interesses torna os procedimentos democráticos do Estado de Direito, que implicam o princípio da legalidade, não só uma exi-

---

39. Cf. Luhmann, 1981f: 147; 1983a: 151-4; 1987b: 247 ss.; 1993a: 278; Neves, 1992: 33.

gência sistêmico-funcional, mas também uma imposição normativa da sociedade moderna. Por um lado, tais procedimentos não podem legitimar-se sem uma esfera pública pluralista que lhes dê fundamentação discursiva. Por outro, a inserção da discussão pública no direito é impossível sem a correspondente estruturação "sistêmico-legal" deles. Por fim, cabe observar que os procedimentos do Estado de Direito não servem, geralmente, à construção do consenso jurídico-político em torno de valores e interesses. O consenso em relação aos procedimentos possibilita a convivência com o dissenso político e jurídico sobre valores e interesses no Estado Democrático de Direito, tornando-a suportável na sociedade complexa de hoje. Isso porque é no âmbito deste que se pode construir e desenvolver uma esfera pública pluralista constitucionalmente estruturada, cujos procedimentos estão abertos aos mais diferentes modos de agir e vivenciar políticos, admitindo inclusive os argumentos e as opiniões minoritárias como probabilidades de transformação futura dos *conteúdos* da ordem jurídico-política, desde que respeitadas e mantidas as *regras procedimentais*. Intermediando consenso quanto ao procedimento e dissenso com relação ao conteúdo, o Estado Democrático de Direito viabiliza o respeito recíproco às diferenças no campo jurídico-político da sociedade supercomplexa contemporânea e pode, ao mesmo tempo, atuar como fator construtivo e dinâmico para a reprodução autônoma das esferas plurais de comunicação.

Pode-se objetar que, em Habermas, o problema da diferença de interesses e principalmente de valores é enfatizado na abordagem do Estado Democrático de Direito. Nesse sentido, a exigência da "inclusão do outro" como "inclusão sensível à diferença" é lapidar[40]. Também se pode argüir que não se trata de consenso fáctico no paradigma procedimental habermasiano. Entretanto, a justificação do Estado Democrático de Direito decorre, conforme a teoria do discurso, de uma razão procedimental possibilitadora da prevalência de

---

40. Habermas, 1996c: esp. pp. 172-5.

resultados passíveis de generalização pragmática e, pois, consensuais. Nessa perspectiva, a compreensão procedimental da Constituição assenta-se "no caráter intrinsecamente racional daquelas condições procedimentais, que, para o processo democrático considerado como um todo, fundamentam a suposição de que possibilitam resultados racionais"[41]. Habermas acrescenta: "A teoria do discurso esclarece a legitimidade do direito com a ajuda de procedimentos juridicamente institucionalizados e de pressupostos comunicativos que fundamentam a suposição de que os processos de estabelecimento do direito e de aplicação jurídica conduzem a resultados racionais."[42] Nesse sentido, "a razão corporifica-se apenas nas condições formal-pragmáticas de possibilidade para uma política deliberativa"[43] e, dessa maneira, para a construção do entendimento racional na esfera pública. Os procedimentos legitimam-se, nessa orientação, enquanto possibilitam e viabilizam o consenso racional, ou seja, a tomada de decisões racionalmente generalizáveis.

Na verdade, essa postura consensualista não leva às últimas conseqüências os problemas da fragmentação ética e do antagonismo de interesses, presentes na esfera pública pluralista. Nesta, o consenso sobre *resultados* procedimentais é eventual e localizado. O Estado Democrático de Direito legitima-se exatamente enquanto garante e promove o acesso equânime dos mais diferentes valores e interesses nos seus procedimentos jurídico-políticos. Só se justifica a inadmissão dos resultados que venham a impedir a própria continuidade da esfera pública pluralista e, portanto, a desconhecer ou eliminar as diferenças éticas e pragmáticas, assim como a autonomia das diversas esferas sociais. O consenso que se impõe é sobre os procedimentos que absorvem o dissenso. Isso pode ser interpretado como a presença de uma

---

41. Habermas, 1992: 347.
42. Habermas, 1992: 499. Cf., com certa distância crítica em relação a essa hipótese central da teoria do discurso, Peters, 1991: esp. pp. 230 ss., 253 ss. e 310 ss.
43. Habermas, 1992: 347.

moral "pós-convencional" e um "universalismo" na esfera pública, entendida esta como campo de tensão entre os sistemas jurídico e político, de um lado, e os demais sistemas sociais e o mundo da vida, de outro. No entanto, tal "pós-convencionalismo moral" implica que os resultados vitoriosos nos procedimentos político-jurídicos sejam sempre suscetíveis de crítica e de superação em procedimentos posteriores. O universalismo revela-se como inclusão de todos os indivíduos e grupos como potencialmente "portadores" de diferentes valores, interesses e expectativas que circulam em diversas formas de discurso, impedindo a absolutização da eticidade particular de determinado grupo. Além do mais, ele expressa-se no reconhecimento e na promoção da autonomia de diferentes formas discursivas ou campos de comunicação, excluindo, no plano político-jurídico, que uma espécie de discurso ou uma esfera da sociedade subordine as outras. Nesse sentido, impõe-se a moral do dissenso, a qual, por sua vez, pressupõe o consenso sobre os procedimentos que, por um lado, asseguram o reconhecimento da diversidade de valores, interesses e expectativas que se manifestam e concorrem na esfera pública, por outro, são acessíveis às exigências das esferas autônomas e conflitantes de comunicação de uma sociedade supercomplexa. Caso se pretenda continuar a falar de uma fundamentação moral do Estado Democrático de Direito na sociedade moderna, parece-me mais adequado, em vez de recorrer-se a um modelo consensualista que tem como padrão a discussão acadêmica, afirmar-se que ele se justifica enquanto constrói procedimentos abertos à pluralidade ética e ao antagonismo dos interesses, como também à autonomia das diferentes esferas sociais, absorvendo e intermediando eqüitativamente o dissenso estrutural, sem a pretensão de eliminá-lo ou evitá-lo[44]. De acordo com isso, a Constituição do Estado De-

---

44. Nesse sentido, observa Jeand'Heur (1995: 461) que a concordância entre ética e ordem normativa não se constitui em *conditio sine qua non* do Estado Democrático de Direito, para enfatizar que este se afirma enquanto põe

mocrático de Direito não se apresenta como "fundamento do consenso", mas sim como "um fundamento consentido do dissenso"[45].

A teoria luhmanniana dos sistemas nega radicalmente que o consenso possa ser condição de validade jurídica. Isso impossibilitaria a própria evolução do direito. Tal negação refere-se ao consenso como aceitação de todas as normas, por todos, em qualquer tempo, o qual não se encontra em nenhuma sociedade[46], ou simplesmente ao consenso fáctico como legitimador dos procedimentos em uma sociedade supercomplexa[47]. Mas se afirma que o procedimento desempenha uma função legitimadora enquanto conduz ao consenso suposto[48]. A legitimidade pelo procedimento envolve um processo de reestruturação das expectativas, "que pode tornar-se amplamente indiferente ao fato de se aque-

---

sob sua proteção o dissenso. Em outro contexto, enfatizam Ost e Kerchove (1987: 539): "Longe de representar o escolho ou revés do processo de legitimação prática, a emergência do dissenso representa o seu desafio mais próprio." Apesar de seu modelo teórico orientado para o consenso, também J. P. Müller (1999: 110) salienta: "Há uma única homogeneidade de que a comunidade política depende incondicionalmente: a homogeneidade na disposição de reconhecer diferenças, fazer valer a pluralidade, não violentar os dissensos e os homens que os representam." Cf. também J. P. Müller, 1996a: 9.

45. "A Constituição é caracterizada freqüentemente como fundamento do consenso. Seria melhor dizer: a Constituição é um fundamento consentido do dissenso. Ela oferece uma regulação, de um lado, mediante a apresentação de uma ordem do conflito como ordem procedimental; de outro lado, pela regulação daquilo que deve ser subtraído ao conflito [as regras preliminares – M.N.]. A Constituição é uma ordem mínima que possibilita uma luta civilizada das correntes políticas" (Haverkate, 1992: 143). Essa concepção constitucional adequa-se à seguinte asserção de Welsch (1996: 937) no âmbito da teoria da razão: "Pois, nas condições hodiernas, deve-se justamente contar com a possibilidade de que a atividade da razão, por fim, não leva a um consenso, mas sim à articulação de dissensos básicos. Certamente, também nesse contexto a intenção de chegar a um entendimento ainda é diretriz – mas ela termina chegando ao entendimento sobre a impossibilidade de uma concordância última a respeito de conteúdos." Cf. também Welsch, 1991: 179 s., com relação ao Estado Democrático de Direito.

46. Luhmann, 1993a: 261.

47. Luhmann, 1983a: 196; cf. 1981f: 132; 1987b: 67 e 261.

48. Cf. Luhmann, 1981f: 132; 1987b: 67 s.; 94 e 261 s.; 1993a: 261 s.

le que tem de mudar suas expectativas concorda ou não"[49]. Pressupõem-se evidentemente certas condições, como a igualdade dos participantes no início do procedimento e, sobretudo, a incerteza dos resultados[50]. No entanto, a noção de "consenso suposto", que importa a reorientação das expectativas a partir do resultado do procedimento, independentemente de sua aceitação, aponta para um mecanismo intra-sistêmico de validação, seja do direito ou da política. O procedimento pode, assim, imunizar o próprio sistema em relação ao dissenso. Essa *autolegitimação*, portanto, distingue-se claramente da *heterolegitimação*, que tanto provém da esfera pública como espaço de interferência e interpenetração entre mundo da vida e sistemas político e jurídico, quanto é alimentada pelo fluxo de informações dos diversos subsistemas sociais autônomos no direito e na política. Inegavelmente, há uma tensão entre esses dois tipos de legitimação. O fato é que a legitimação forjada a partir da esfera pública pluralista não resulta do consenso em torno do resultado do procedimento, seja esse consenso suposto, fáctico ou hipotético-racional. O relevante é que os procedimentos constitucionais, independentemente de seus resultados, permaneçam abertos para a diversidade de valores, expectativas e interesses, mesmo os que eventualmente sejam derrotados nos termos procedimentais. Os procedimentos atuam seletivamente, mas não terão força legitimadora se ignorarem a continuidade do dissenso na esfera pública[51]. Os canais de mutação devem permanecer abertos para o fluxo de informações que advêm conflituosamente do mundo da vida e dos

---

49. Luhmann, 1983a: 119; cf. 252 s.
50. Cf. Luhmann, 1983a: esp. pp. 51, 116, 128, 155, 163 e 197.
51. O próprio Luhmann enfatiza, mais tarde, em relação à "opinião pública": "Ela *ajuda*, a despeito de todas as expectativas tradicionais, não por meio de diretrizes de consenso, mas sim pelo fato de que *possibilita a reprodução contínua de dissensos compreensíveis*" (1999a: 31 s. – grifos meus). Porém, para Luhmann, a *opinião pública* é uma dimensão do sistema político, não podendo atuar *heterolegitimadoramente* sobre o direito e a política, diferentemente da *esfera pública* no sentido do modelo aqui esboçado.

diversos subsistemas sociais autônomos. Novas possibilidades de vigência normativa e decisão vinculante não estão excluídas. Nesse sentido, o que se impõe para a manutenção de uma esfera pública pluralista e mesmo para o desenvolvimento da heterogeneidade social é o consenso em torno das regras procedimentais do jogo democrático do Estado de Direito. Assim sendo, a observância dessas regras é legitimadora do resultado procedimental no interior dos sistemas jurídico e político, reestruturando expectativas, como também legitima o sistema constitucional como um todo na perspectiva externa da esfera pública e dos diferentes subsistemas sociais autônomos, independentemente do resultado eventual do procedimento. Em outras palavras, o Estado Democrático de Direito legitima-se enquanto os seus procedimentos absorvem sistemicamente o dissenso e, ao mesmo tempo, possibilitam, intermedeiam e mesmo fomentam a sua emergência na esfera pública.

Essa ênfase no dissenso em relação a conteúdos não se confunde com o dissensualismo pós-moderno[52]. Nessa perspectiva, nega-se a unidade do sistema jurídico, sua reprodução generalizada com base no mesmo código-diferença "lícito/ilícito"[53]. A heterogeneidade dos jogos de linguagem e a pluralidade dos discursos jurídicos apontariam no sentido contrário à unidade da ordem jurídica. Em vez de consenso suposto, caberia falar de compatibilização do dissenso[54]. A reprodução autopoiética realizar-se-ia nos termos de "uma lógica local" para a dogmática[55]. Evidentemente, o paradigma pós-moderno não nega apenas a unidade sistêmica, mas também rejeita, sobretudo, qualquer modelo consensualista,

---

52. Sobre a concepção pós-moderna do direito, ver, em diferentes perspectivas: Ladeur, 1983, 1984, 1985, 1986, 1990, 1991, 1992, 1996; Teubner, 1996a, 1996b, 1996c, 1996d, 1998a, 1998b, 1998c; 2000; 2003; Teubner e Willke, 1984; Sousa Santos, 1987; Douzinas e Warrington, 1991; Ost e Kerchove, 1992; Patterson, 1996, 151 ss. Cf. também Neves, 1992: 41-4.
53. Nesse sentido, cf. sobretudo Ladeur, 1985, 1992.
54. Ladeur, 1986: 273.
55. Ladeur, 1985: 426.

no estilo habermasiano[56]. Além disso, a idéia de fragmentação ética, normativa, pragmática e discursiva torna-se tão radical que não se admite sequer a noção de consenso generalizado sobre procedimentos que sirvam como quadro de referência para a construção e o desenvolvimento de uma esfera pública pluralista. Haveria, conforme o modelo pós-moderno, uma fragmentação procedimental, o que só permitiria consensos locais e situativos, em face das exigências de cada caso, sobre regras concretas do jogo[57].

Entretanto, apesar do dissenso radical quanto a valores, expectativas e interesses e da fragmentação do sujeito, o Estado Democrático de Direito só se afirma, do ponto de vista sistêmico, caso a unidade de uma esfera de juridicidade esteja presente. Isso importa que o direito positivo estatal reproduz-se autônoma e generalizadamente com base no código de preferência "lícito/ilícito" e nos seus respectivos programas e critérios. Com isso, não se nega o fato óbvio do pluralismo jurídico, ou seja, o fato de que ordens jurídicas extra-estatais e carentes de autonomia e unidade estejam em uma relação de concorrência com o direito operativamente autônomo do Estado Democrático de Direito, nem se contesta que o código binário "lícito/ilícito", que está na base do sistema jurídico, encontra-se em "operações transjuncionais"[58] com outros códigos binários[59]. Deve-se observar que a unidade do direito não é simples e invariante como a de uma "máquina trivial", mas sim complexa, variante e múltipla, como a de uma "máquina não trivial"[60]. Porém, caso haja uma subordinação particularista e situativa do direito aos jogos de linguagem que se desenvolvem conforme os códigos "ter/não-ter", "poder/não-poder", "amigo/inimigo", "amor/

---

56. Cf. Ladeur, 1992: 51 ss.; 1996.
57. Cf. Ladeur, 1992: 80 ss.
58. A respeito, ver G. Günther, 1976.
59. Teubner (1996d: 249) interpreta tais operações como prova da falta de unidade do sistema jurídico. Retornarei a esse tema *infra*, em "Perspectiva".
60. Sobre a distinção entre máquina trivial e não trivial, cf. Foerster, 1981b: 201 s. A respeito, ver Luhmann, 2002b: 97 ss.

desamor" etc., haverá uma descaracterização do Estado Democrático de Direito com efeitos destrutivos sobre a unidade e identidade complexa do seu sistema jurídico. Nessa hipótese, a legalidade e constitucionalidade deixam de ser critérios decisivos das condutas e decisões jurídicas. De fato, os fatores externos condicionam a reprodução do sistema jurídico também no Estado Democrático de Direito. Mas eles passam por comutação discursiva de acordo com o código-diferença "lícito/ilícito" e os respectivos critérios ou programas jurídicos generalizados. A pluralidade de discursos é processada internamente, ganhando unidade sistêmica.

Além do mais, o dissenso em torno de valores, interesses e expectativas e a heterogeneidade da linguagem na esfera pública não significam indiferença em relação aos procedimentos do Estado Democrático de Direito. Ao contrário, a manutenção da heterogeneidade depende da presença de procedimentos abertos de modo universalista para as diferenças[61]. Ou seja, a continuidade da esfera pública pluralista só está garantida se os procedimentos constitucionais possibilitarem o influxo eqüitativo de valores, expectativas e interesses os mais heterogêneos que emergem do mundo da vida e dos subsistemas da sociedade, com a pretensão de generalização jurídica e política, em diversas formas discursivas. Disso resulta que o consenso procedimental é pressuposto imprescindível. Se os próprios procedimentos pluralistas constitucionalmente estabelecidos são questionados de maneira generalizada, faltam as condições de permanência de uma esfera pública pluralista e, por conseguinte, de realização do Estado Democrático de Direito.

O modelo aqui apresentado de Estado Democrático de Direito como intermediação entre consenso procedimental

---

61. A manutenção da heterogeneidade está, portanto, relacionada com mecanismos federativos que possam assegurar a diversidade regional dentro do Estado (cf., p. ex., Fleiner e Basta [orgs.], 1996). É verdade que o conceito de federalismo tem um significado que abrange não apenas a diversidade territorial de culturas e etnias, mas também a não territorial (cf. Smith, 1995: 6); mas nesse sentido amplo o conceito perde sua especificidade perante outras formas e instituições do "multiculturalismo".

e dissenso conteudístico aproxima-se, no que concerne à formulação, da (re)interpretação da teoria kantiana da legislação democrática por Ingeborg Maus: "combinação da arbitrariedade conteudística das decisões jurídicas com a não-arbitrariedade de seus pressupostos procedimentais"[62]. Nesse sentido, afirma Maus: "A 'justiça' da lei é garantida mediante o procedimento especial de sua produção."[63] Contudo, Maus procura reconstruir o modelo kantiano do legislador racional. A noção de um sujeito transcendental é como que transferida para o processo legislativo. Em conformidade com essa releitura de Kant, ela superestima o valor do processo legislativo em detrimento dos demais procedimentos do Estado Democrático de Direito[64]. Não considera adequadamente a pluralidade procedimental que caracteriza este. Não cabe falar de uma supremacia da legislação em relação à jurisdição, como pretende Maus em sua crítica "democrático-radical" à atuação do Tribunal Constitucional Federal alemão no exercício de sua função de controle da constitucionalidade das leis[65]. Nesse caso, trata-se, em princípio, de distribuição constitucional de competências[66]. O legislador não pode ultrapassar os limites estabelecidos na Constituição, cabendo ao Tribunal Constitucional exercer o respectivo controle. Entretanto, como o texto constitucional é concretizado normativamente mediante a interpretação jurisdicional, disso resulta que não há uma hierarquia linear no

---

62. Maus, 1994: 277.
63. Maus, 1978: 15. Cf. Habermas, 1992: 232.
64. Nesse sentido, enfatiza Maus (1994: 281): "As limitações legítimas ao legislador consistem apenas nos princípios constitucionais do próprio procedimento democrático." E acrescenta (282): "Constituição e legislação, de acordo com essa construção de Kant, encontram-se em uma relação de reflexividade, *na medida em que a Constituição não contém nada mais do que os princípios e as condições do irrevogável processo democrático de legislação*" (grifo meu). A respeito da (re)interpretação democrático-procedimental do pensamento jurídico de Kant, ver também *ibidem*: 148-75.
65. Cf. Maus, 1994: 298-336; e, criticamente, Habermas, 1992: 310 ss.
66. Mas não se desconhece aqui que, na práxis do Tribunal Constitucional Federal alemão, podem ser verificadas certas tendências expansionistas incompatíveis com o Estado Democrático de Direito.

interior do sistema jurídico, muito menos no âmbito mais abrangente dos procedimentos constitutivos do Estado Democrático de Direito. Este se caracteriza justamente pelas "hierarquias entrelaçadas" [*tangled hierarchies*][67]. Enquanto a jurisdição estabelece o que é legal e também o que é constitucional, põe-se em uma posição controladora em relação à execução e à legislação, embora, simultaneamente, esteja subordinada a limitações constitucionais e legais, assim como a controles do parlamento e do Executivo. Essa circularidade internormativa e interprocedimental no Estado Democrático de Direito é precisamente o que possibilita a inserção da crítica permanente advinda da esfera pública pluralista no âmbito sistêmico da política e do direito. A prevalência hierárquica unilateral do processo legislativo poderia conduzir à ditadura das maiorias e, assim, à negação da esfera pública pluralista. Portanto, o que a Constituição estabelece no Estado de Direito não é a hierarquia procedimental, mas antes a repartição orgânica de competências e o controle interorgânico. É nesse sentido que o princípio da "divisão de poderes" tem relevância para a caracterização do Estado de Direito: não como fórmula de isolamento, mas sim como modelo de horizontalidade orgânica e circularidade procedimental[68].

Não obstante, a formulação de Maus em relação à combinação da arbitrariedade de conteúdo com a não-arbitrariedade dos pressupostos procedimentais da legislação pode ser estendida para os procedimentos do Estado Democrático de Direito em geral. Respeitadas as regras constitucionais de organização e procedimento, as decisões judiciais, executivas e legislativas estariam legitimadas. No entanto, a arbitrariedade conteudística não deve ser mal interpretada. No Estado de Direito, a Constituição fixa direitos fundamentais que não se referem diretamente ao procedimento ou à or-

---

67. A respeito desse conceito, cf. Hofstadter, 1979: 10 e 684 ss. Ver também *supra* pp. 99 s.
68. Ver *infra* item 6 deste capítulo.

ganização, como a liberdade de locomoção, de reunião, de associação e de consciência. Isso implica, é verdade, uma limitação da "arbitrariedade do conteúdo". Diversamente, segundo a formulação já referida de Maus, esses preceitos constitucionais consistiriam em "nada mais do que os princípios e condições do irrevogável processo democrático de legislação"[69]. Sem se limitar à legislação, pode-se afirmar que os direitos fundamentais não relacionados imediatamente à organização e aos procedimentos (eleitoral, legislativo, jurisdicional e político-administrativo) são requisitos da legitimação procedimental no Estado Democrático de Direito. Apresentam-se como regras preliminares à realização do jogo[70]. Sem os direitos fundamentais referentes à liberdade e à igualdade não se construiria uma esfera pública pluralista, nem haveria as condições de emergência do dissenso. Portanto, não só a destruição das regras procedimentais que possibilitam a intermediação do dissenso está excluída no Estado de Direito, mas também a supressão das regras materiais que constituem precondições dos procedimentos abertos à diversidade de valores, expectativas, interesses e discursos presentes na esfera pública. Nesse sentido, a igualdade e as liberdades fundamentais tornam-se princípios do Estado Democrático de Direito.

Nessa perspectiva, justificam-se as restrições a valores e interesses que pretendam destruir os procedimentos jurídicos e políticos do Estado de Direito e, dessa maneira, a esfera pública pluralista. Impõem-se limitações aos valores e interesses que visam eliminar diretamente as regras procedimentais do jogo ou as que lhe são preliminares. Devem-se, porém, distinguir dois níveis: as práticas que desrespeitam os próprios procedimentos ou os direitos fundamentais, que se caracterizam como ilícitas ou inválidas; a emergência, no mundo da vida e na esfera pública, de valores que defendem

---

69. Ver *supra* nota 64 deste capítulo.
70. Nesse sentido, Bobbio, 1992a: 20, referindo-se, porém, mais especificamente aos procedimentos eleitoral e legislativo.

a supressão do Estado Democrático de Direito sem desrespeitar-lhe os procedimentos e direitos fundamentais. É nesse segundo caso que se coloca o dilema: negar o acesso aos procedimentos democráticos de qualquer ideologia que defenda a abolição deles ou enfrentá-la dentro dos próprios procedimentos? A última alternativa importa aceitar o paradoxo da negação do procedimento através do próprio procedimento. Admitindo essa opção, o Estado de Direito corre abertamente o risco de sua abolição. Contudo, também se fortifica discursivamente, tendo em vista a exigência permanente de argumentação contra as ideologias antidemocráticas presentes na esfera pública. Além do mais, há os meios sistêmicos de imunização contra os valores contrários à manutenção do pluralismo procedimental, como a declaração de inconstitucionalidade de leis e emendas constitucionais que venham a ferir os princípios do Estado Democrático de Direito. Mas a solução pela admissão ou simples exclusão de valores e interesses antidemocráticos na esfera pública e, desse modo, nos procedimentos constitucionalmente estabelecidos depende de cada situação concreta. É claro que há casos extremos em que o conteúdo programático de organizações políticas é tão aberta e intensamente antidemocrático que não se trata mais de correr um risco, mas antes de perigo insuportável para as regras do jogo democrático. Nessas hipóteses, impõe-se, para a continuidade do Estado de Direito, a aplicação das regras (geralmente muito vagas) constitucionais restritivas das organizações antidemocráticas.

Por fim, é bom observar que o Estado Democrático de Direito não exclui transformações, mediante os seus próprios procedimentos, de regras procedimentais do jogo e direitos fundamentais que lhe são preliminares. No entanto, essas mudanças não podem atingir o núcleo normativo de que dependem a continuidade da esfera pública pluralista e a autonomia dos sistemas jurídico e político. Por isso é que se impõem limitações constitucionais expressas e implícitas ao próprio poder reformador. Com exceção do núcleo procedimental de identidade, cujos elementos serão analisados nos próximos itens deste capítulo, qualquer alteração constitucional é admissível e provável. Sendo assim, os argumentos e opiniões minoritárias configuram probabilidades contínuas de mutação da ordem jurídico-política.

Diante do exposto, pode-se concluir que o Estado Democrático de Direito, pressupondo reciprocamente uma esfera pública pluralista, legitima-se enquanto é capaz de, no âmbito político-jurídico da sociedade supercomplexa da contemporaneidade, intermediar consenso procedimental e dissenso conteudístico e, dessa maneira, viabilizar e promover o respeito recíproco às diferenças, assim como a autonomia das diversas esferas de comunicação.

3. Soberania do Estado e soberania do povo

A noção de soberania é um dos temas mais discutidos no âmbito da Teoria do Estado. Não pretendo aqui, obviamente, apresentar mais uma exposição abrangente sobre as diversas concepções de soberania. Interessa-me especificar dois conceitos de soberania característicos do Estado Democrático de Direito, relacionando-os reciprocamente. Antes, porém, farei um breve comentário sobre o desenvolvimento conceitual da soberania.

A soberania é concebida inicialmente como poder pessoal e supremo de um monarca. O soberano não estaria subordinado, ao contrário dos "seus" súditos, à lei[71], tampouco vinculado a uma ordem jurídica interestatal[72]. No caso-limi-

---

71. Bodin, 1961: 122 ss., Livro II, Cap. VIII (a respeito do surgimento e desenvolvimento do conceito de soberania cunhado por Bodin, ver Quaritsch, 1986); Grotius, 1950: 90, 171 e 270, com restrições no que concerne à atividade privada da pessoa do soberano; Hobbes, 1992: 184, que se refere também à soberania de uma assembléia de *homens*.

72. Uma vez que as relações interestatais, isto é, entre soberanos, ocorreriam no "estado de natureza". Cf. Hobbes, 1992: 149. No mesmo sentido, embora sem compartilhar do absolutismo, cf. Locke, 1980: 13, § 14.

ESTADO DEMOCRÁTICO DE DIREITO: O MODELO

te, o poder supremo não estaria sujeito a qualquer limitação jurídico-positiva. O direito estatal, modificável conforme o arbítrio pessoal do soberano, atribuir-lhe-ia apenas poderes, competências, direitos e, em suma, prerrogativas, não lhe impondo, porém, deveres e responsabilidades perante os súditos. Estes, no pólo inferior da relação político-jurídica, teriam apenas deveres, ônus e responsabilidades perante o soberano, não direitos. Evidentemente, essa acepção pré-moderna ou absolutista de soberania como poder pessoal jurídico-positivamente ilimitado não é compatível com a noção de Estado Democrático de Direito.

Com a institucionalização do poder[73], que importa a dominação legal-racional[74], a soberania passa a ser atribuída à própria organização estatal. Mas essa reorientação para um "portador impessoal" da soberania não significa convergência teórica no âmbito da Teoria do Estado. É verdade que, de certa maneira, constrói-se um certo consenso em admitir que a soberania do Estado não é um conceito real-político, no sentido de que o poder estatal não estaria subordinado a qualquer influência fáctica interna ou externa[75]. Assim concebida, nenhum Estado seria soberano. Nesse contexto teórico, o conceito tende a ser reduzido à sua dimensão normativo-jurídica, enquanto não-subordinação da ordem ou instituição jurídica estatal a qualquer outra ordem ou instituição jurídica. Ainda assim, emergem divergências entre monismo formalista e pluralismo institucionalista, em uma discussão com contornos epistemológicos bem definidos. Os monistas argumentavam a partir da norma fundamental pressuposta, da qual resultaria a unidade do sistema jurídico. Não se desenvolvia necessariamente a concepção da predominância absoluta do ordenamento jurídico estatal. A questão do primado do direito "internacional" ou do direito "na-

---

73. Sobre a distinção entre poder anônimo (ou difuso), individualizado (ou pessoal) e institucionalizado, ver Burdeau, 1949: 248 ss.
74. Cf. Weber, 1968b; 1985: 124 ss. Ver também *supra* pp. 14 s.
75. Cf. Jellinek, 1966: 476; Kelsen, 1925: 103.

cional" e, portanto, da soberania (compreendida rigorosamente como "absoluta", não imprecisamente como "relativa") da ordem internacional ou do Estado dependeria, conforme Kelsen, de uma alternativa "político-ideológica" tomada previamente e considerada "jurídico-cientificamente" irrelevante[76]. Verdross, por sua vez, admitia apenas o primado da ordem internacional, caracterizando a soberania do Estado como "relativa", a partir de um monismo moderado em que se distinguia a validade interna da validade internacional do direito internacional público[77]. Mas, embora não seja "estatalista", toda a concepção de soberania da Teoria Pura do Direito baseava-se na unidade da ordem jurídica, que só poderia ser compreensível, no plano epistemológico, partindo-se de uma (única) norma fundamental pressuposta (hipotética)[78].

O pluralismo institucionalista nega a supra-infra-ordenação entre ordem jurídica do Estado e ordens não estatais, e sustenta a tese de que se trata de ordenamentos coordenados[79]. Nessa orientação, a soberania do Estado não significaria, a rigor, *supremacia* de uma ordem jurídico-política em relação às demais. Haveria esferas de juridicidade diferenciadas pelas suas temáticas e destinatários, não só no que se refere à relação entre ordem internacional e ordem estatal, mas também na relação entre ordenamentos extra-estatais que atuam no âmbito interno do Estado. Trata-se de relações horizontais. Contra a conexão *formal* internormativa fundadora do monismo, as ordens plurais dis-

---

76. Kelsen, 1960: 333-45; 1946: 376-88; 1925: 128-32.
77. Verdross, 1955: 66 ss.
78. Cf., p. ex., Kelsen, 1960: 200 ss.; 1946: 110 ss. (esp. pp. 115 ss.); 1925: 249-51; H. Dreier, 1986: 42 ss.; Walter, 1992; Bobbio, 1960: 51 ss.; Vilanova, 1976; Alexy, 1992: 115 ss. Mais tarde, Kelsen (1979: 206) vai definir a norma fundamental como "uma ficção autêntica ou 'verdadeira' no sentido da filosofia vaihingeriana do Como Se" (cf. Vaihinger, 1922: esp. p. 24). Para uma releitura na perspectiva da teoria sistêmica, ver Pawlik, 1994.
79. Entre outros, cf. Anzilotti, 1964: 51-63; Romano, 1975: 94 s. Ver precursoramente Triepel, 1899.

tinguir-se-iam, em última análise, por seus âmbitos específicos de vigência, que, na verdade, coincidiriam parcialmente no tempo e no espaço.

Essa discussão clássica sobre soberania do Estado, do ponto de vista normativo-jurídico, está esgotada e, de certa maneira, superada. A inserção cada vez maior do Estado na ordem internacional e, sobretudo, a crescente emergência de ordens jurídicas "supranacionais" de âmbito regional, cujas normas têm validade imediata no âmbito interno de cada Estado-Membro, conduziram a uma crise do conceito de soberania formulado pela Teoria Geral do Estado entre o fim do século XIX e meados do século XX. Essa crise, contudo, não importa necessariamente a impossibilidade de reconstrução do conceito de soberania, conforme uma semântica referente ao Estado Democrático de Direito. Não se trata aqui de considerar a soberania como característica essencial do Estado[80]. O problema é estabelecer o(s) sentido(s) que a expressão "soberania" pode adquirir relativamente à caracterização do Estado Democrático de Direito, seja na perspectiva interna dos sistemas político e jurídico, seja a partir do ponto de vista externo da esfera pública pluralista ou das esferas sociais autônomas. Nesse sentido, cabe distinguir o conceito sistêmico de soberania do Estado e o conceito procedimental de soberania do povo, que, antes de se excluírem, complementam-se.

O conceito de soberania será redefinido pela teoria dos sistemas com relação especificamente à política. Diferentemente de sua compreensão medieval como independência do poder político supremo, a soberania é compreendida como autonomia funcionalmente condicionada e territorialmente determinada do sistema político em face de "interferências religiosas, estamentais (familiais) e jurídico-positivas"[81]. A so-

---

80. Jellinek (1966: 486 ss.), p. ex., manifestava-se contrariamente, embora com base em uma ampliação do conceito de Estado, abrangente inclusive dos Estados-Membros de uma federação (494).

81. Luhmann e Schorr, 1988: 46. Cf. também Luhmann, 2000a: 349, 353 e 370. "O problema da ordem política desloca-se de uma inevitável arbitrarie-

berania do Estado significaria, portanto, autopoiese da política. Embora condicionado pelos fatores externos (conexão causal) e sensível às exigências do seu ambiente social (abertura cognitiva), o sistema político diferencia-se funcionalmente na sociedade moderna e, assim, reproduz-se autonomamente de acordo com os seus próprios códigos de preferência e critérios ou programas (fechamento operacional). As influências religiosas, corporativas, jurídicas, científicas, relacionais, familiares e mesmo as decorrentes do poder de outros Estados e organizações só ganham significado político interno através de decisões coletivamente vinculantes se passarem por um processo de filtragem sistêmica e comutação discursiva nos termos dos procedimentos políticos do respectivo Estado.

No entanto, com respeito ao Estado *de Direito*, a soberania significa também a autonomia operacional do sistema jurídico[82]. Se houver uma relação hierárquica "poder → direito", estará ausente a soberania do Estado como conceito sistêmico. Não se trata apenas da exigência da autopoiese dos dois sistemas funcionais, o político e o jurídico, com base nos quais se reproduz o Estado como organização. Relevante é o fato de que a autonomia operacional do sistema político relaciona-se com a inserção da diferença "lícito/ilícito" como segundo código do poder[83]. Se o poder não é qualificável com base nessa diferença, estando acima dela, não se pode falar rigorosamente de soberania do Estado como conceito sistêmico. Nesse caso, os particularismos da dominação concreta fluem diretamente na esfera do poder estatal, descaracterizando ou destruindo a autopoiese do sistema político. Assim sendo, a soberania não é suscetível de ser

---

dade do soberano no topo do Estado (que não reconhece autoridade alguma acima de si) para a questão do fechamento organizatório ('burocrático') do sistema, que produz as próprias decisões somente com base nas próprias decisões" (Luhmann, 1998: 368 ou 2000a: 213 s.).

82. Além da soberania *política*, Luhmann (2000a: 339 e 342) fala de uma soberania *jurídica*.

83. Ver *supra* Cap. III.1.2.

atribuída ao Estado como organização dos sistemas jurídico e político, mas sim à pessoa, à corporação ou ao grupo que detém o poder. Daí por que a noção sistêmica de soberania do Estado enquanto organização, que pressupõe concomitante e reciprocamente autopoiese dos sistemas político e jurídico, só se aplica ao Estado de Direito. Neste, a soberania sistêmica manifesta-se e afirma-se na Constituição como acoplamento estrutural entre política e direito. Através dos procedimentos constitucionais, o Estado, além de comutar reciprocamente as interinfluências dos seus respectivos sistemas político e jurídico, filtra as influências advindas de outros sistemas funcionais e também de outras organizações políticas, sejam estas Estados, organismos internacionais ou instituições extra-estatais. Nesse sentido, a Constituição pode ser definida como o mecanismo sistêmico da soberania do Estado enquanto organização central ou centro de observação de dois sistemas autopoiéticos estruturalmente acoplados, a política e o direito. Além disso, pode-se concluir que a Constituição como acoplamento estrutural desparadoxiza ou soluciona o paradoxo da soberania *política* e da soberania *jurídica*, na medida em que relaciona mutuamente uma à outra, a saber, institucionaliza a condicionalidade política da soberania ou da positividade jurídica (o fato de que o estabelecimento e a alteração permanente e continuada do direito dependem de decisões políticas) e a vinculação da política estatal soberana ao direito ("lícito/ilícito" como segundo código do poder). Essa desparadoxização resulta inclusive em "hierarquias entrelaçadas" na relação entre soberania política e soberania jurídica do Estado[84].

Pressuposto que a política é um subsistema funcionalmente diferenciado da sociedade mundial, o qual, do ponto de vista interno, por sua vez, diferencia-se segmentariamen-

---

84. Evidentemente o paradoxo da soberania não é solucionado definitivamente pela Constituição como acoplamento estrutural, mas sim deslocado para o paradoxo da fundação pelo poder constituinte. Aqui, porém, deve-se passar da soberania *do Estado* para a soberania *do povo*, para novamente desparadoxizar ou solucionar o paradoxo da soberania.

te em Estados territorialmente delimitados[85], a soberania exige do Estado Democrático de Direito a responsabilidade política para questões globais urgentes. O conceito usual de soberania como autonomia regional perde, nessa perspectiva, em significado[86]. O conceito de soberania é reorientado para o problema das exigências da sociedade mundial, como enfatiza Luhmann: "Não se poderá prescindir dos conceitos referentes à autonomia territorialmente delimitada, mas eles deverão ser legitimados de outra maneira, talvez por noções de uma responsabilidade política regional sob as condições estruturais da sociedade mundial."[87] Salienta ainda em relação a esse novo contexto: "A dependência de cada um dos Estados para com outros diminui e a sua dependência do sistema da sociedade mundial aumenta. Com isso, o conceito de soberania perde sua função de proteção contra poder superior e deriva em direção à responsabilidade pela ordem regional."[88] A colocação do problema nesses termos não resulta apenas do fato de que a autopoiese da política, como subsistema diferenciado da sociedade mundial, não reside nos Estados territoriais como organizações regionais que possibilitam a diferenciação segmentária (interna) desse subsistema. Decorre também, por fim, da própria autopoiese do sistema político: além do fechamento operativo deste, ela implica abertura cognitiva e, conseqüentemente, responsabilidade para com as exigências crescentes da sociedade mundial em relação à política e, portanto, aos Estados.

Mas ao Estado Democrático de Direito, além da soberania no sentido sistêmico, é imprescindível a soberania do povo. Enquanto aquela é construída e percebida em uma perspectiva interna de autolegitimação do Estado, esta constrói-se e é observada do ponto de vista externo da heterolegitimação. Não se trata, porém, de soberania do povo no

---

85. Luhmann, 1998: 375 s. ou 2000a: 222.
86. Nesse sentido, afirma Luhmann: "Sobretudo a noção de 'Estados soberanos' oculta mais do que esclarece" (1998: 280 ou 2000a: 227).
87. Luhmann, 1995f: 118.
88. Luhmann, 1998: 374 s. ou 2000a: 221.

sentido clássico de Rousseau: uma vontade geral que se manifesta homogênea e unitariamente[89]. De acordo com essa compreensão clássica, o povo é o sujeito da soberania, que se refere substantivamente à vontade do povo como unidade. Contra esse modelo, Habermas, sensível à heterogeneidade de valores e interesses que caracterizam a sociedade moderna, propôs a dessubstancialização do conceito de soberania, reconstruindo-o em uma perspectiva procedimental. Nesse sentido, (re)define a "soberania do povo como procedimento"[90]. O povo não é concebido como sujeito que, com vontade e consciência, é portador do poder soberano. "Ele apresenta-se no plural, não sendo capaz, *enquanto* povo como um todo, nem de decisão nem de ação."[91] Assim sendo, há uma despersonalização ou dessubjetivização da soberania[92]. Inexistindo o seu sujeito e caracterizada a heterogeneidade do povo, a soberania torna-se "dispersa"[93]. Ela afirma-se pluralisticamente nos processos de formação da vontade estatal, enquanto estes permitem o fluxo das diversas opiniões, valores e interesses. No entanto, Habermas insiste no modelo do consenso racional, já acima criticado, sustentando que as "formas de comunicação sem sujeito" em que se expressa a soberania "regulam de tal sorte o fluxo da formação discursiva de opinião e de vontade, que os seus resultados falíveis têm para si a suposição da razão prática"[94]. Nessa orientação, as formas procedimentais através das quais flui

---

89. Nesse sentido, sustentava Rousseau: "Enquanto muitos homens reunidos consideram-se um único corpo, eles não têm senão uma única vontade que se liga à conservação comum e ao bem-estar geral" (1964 [1762]: 437, Livro IV, Cap. I). Cf. também 1964: 368 ss. (Livro II) e, negando a possibilidade de representação da soberania, 429 s. (Livro III, Cap. XV). Maus (1995: 548), afastando-se da interpretação comunitarista do pensamento de Rousseau, sustenta: "Ao contrário, em Rousseau a homogeneidade social não constitui porventura um pressuposto do processo político, mas sim o produto – antes minimalista – dele."
90. Habermas, 1992: 600-31.
91. Habermas, 1992: 607.
92. Cf. Habermas, 1992: 607 e 626.
93. Cf. Habermas, 1992: 626.
94. *Ibidem*.

a soberania ("dispersa") do povo levam supostamente ao consenso racional. Ou seja, à soberania do povo importa que o procedimento democrático constitua condição formal-pragmática do resultado racional e, portanto, consensual, no sentido de ser capaz de generalização.

Persistindo na pretensão moralista da condição formal-pragmática do resultado racionalmente consensual, Habermas deixa de levar às últimas conseqüências o caráter plural e heterogêneo da soberania do povo como procedimento(s)[95]. Esta se afirma, em uma sociedade supercomplexa, na medida em que os procedimentos do Estado Democrático de Direito estão discursivamente abertos aos diversos valores e interesses que circulam na esfera pública, assim como às exigências dos subsistemas autônomos da sociedade, sem privilegiar ou excluir qualquer um deles ou delas. Os resultados são imprevisíveis e, muito freqüentemente, fortificam o dissenso conteudístico no próprio povo. O que se pressupõe necessariamente é que as regras do jogo democrático do Estado de Direito sejam respeitadas por todas as partes, ou seja, imprescindível é o consenso procedimental[96]. A quebra das regras do jogo importa a destruição da soberania ou, mais radicalmente, a ausência dos procedimentos democráticos implica a própria inexistência do povo. Este, enquanto pluralidade, manifesta-se soberanamente na dissensualidade dos procedimentos. Os grupos, valores, interesses e exigências vitoriosos em uma eventualidade procedimental não podem ser absolutizados como expressão da "vontade ge-

---

95. Em perspectiva pós-moderna, ver criticamente Ladeur, 1992: 55 ss.
96. Nesse sentido, observa Sartori (1987: 91): "O consenso procedimental é [...] uma *condição necessária*, na verdade, o pré-requisito da democracia. Esse consenso é o início da democracia." Ele acrescenta "que a teoria consensual da democracia deve enfrentar a tese de que a democracia reside, ao invés, no *conflito*" (87). Mas se refere ao consenso básico sobre "as crenças valorativas que estruturam nosso sistema de crenças" (consenso sobre conteúdo) como "um consenso que a democracia pode adquirir como um produto final" (91), subestimando, por fim – em conformidade com a teoria consensual da democracia –, o significado do dissenso sobre conteúdo ou do conflito para a construção da democracia (92).

ral" ou do "bem comum", mas apenas como governantes ou parlamentares periódicos, normas jurídicas vigentes ou decisões coletivamente vinculantes (políticas), sempre suscetíveis de substituição, alteração ou revogação em outras eventualidades procedimentais. Assim sendo, a soberania do povo apresenta-se como inserção contínua dos mais diversos valores, interesses e exigências presentes na esfera pública pluralista nos procedimentos do Estado Democrático de Direito. Fluindo do dissenso conteudístico que caracteriza estruturalmente o mundo da vida e, pois, a esfera pública, a soberania do povo é fator de reciclagem permanente do Estado em face das novas situações e possibilidades, assim como condição básica e indispensável de sua heterolegitimação em uma sociedade sistemicamente hipercomplexa, eticamente heterogênea e politicamente pluralista.

O paradoxo da soberania política e jurídica do Estado, solucionado do ponto de vista intra-sistêmico mediante a Constituição como acoplamento estrutural, vai ser solucionado na perspectiva extra-sistêmica por meio da referência à soberania do povo: decisões políticas (também decisões constituintes) e normas jurídicas (inclusive normas constitucionais) baseiam-se, por fim, na soberania do povo assubjetivada e construída discursivamente (*democracia*). Por sua vez, na perspectiva intra-sistêmica, o paradoxo da soberania do povo é solucionado através da referência à soberania do Estado: as pretensões e exigências variadas e entre si contraditórias que provêm do povo heterogêneo só se tornam conteúdo de normas jurídicas vigentes e decisões coletivamente vinculantes quando percorrem os procedimentos jurídico-constitucionalmente e político-constitucionalmente estruturados e institucionalizados (procedimentos eleitorais, parlamentares ou legislativos, administrativos e jurisdicionais) e, dessa maneira, são selecionados sistemicamente (Estado de Direito ou Estado constitucional). Essa desparadoxização recíproca de soberania do Estado e soberania do povo resulta, porém, em uma *tangled hierarchy*: por um lado, a soberania do povo assubjetivada e discursivamente construída depende da sua institucionalização mediante a Constituição como acoplamento estrutural de direito e política; por outro lado, a soberania do Estado estruturada sistemicamente depende do fluxo de legitimação proveniente do povo heterogêneo. Em suma, no Estado Democrático de Direito a soberania do povo funda-se na soberania do Estado, enquanto a soberania do Estado, por seu turno, na soberania do povo.

4. O princípio da igualdade e a heterogeneidade

O Estado Democrático de Direito é impensável sem a presença do princípio da igualdade. Embora se possa constatar ampla convergência em torno dessa assertiva, há forte divergência quanto à determinação do seu significado. O "princípio da igualdade" é uma expressão vaga e ambígua, com enorme conotação retórica, exigindo delimitação semântica.

Inicialmente, deve ser afastada toda e qualquer concepção de que se trata de "igualdade de fato". O princípio da igualdade surge exatamente como instituição destinada a neutralizar as desigualdades no âmbito do exercício dos direitos. Nesse sentido é que se fala de "igualdade de direito"[97]. Considerando-se o conceito de Estado Democrático de Direito, pode-se afirmar que se trata de igualdade jurídico-política. Deve-se acrescentar, contudo, para evitar, de um lado,

---

97. Cf., p. ex., Jouvenel, 1976: 134-44, criticando a frase com a qual se inicia um clássico da literatura política do século XIX, "De la Démocratie en Amérique": "Entre as novidades que atraíram minha atenção durante minha permanência nos Estados Unidos, não houve nenhuma que me impressionasse tanto como a igualdade de condições" (Tocqueville, 1986: 37). Em contraposição, sustenta Jouvenel (1976: 135-7), recorrendo a Sieyès, que não se trata de "igualdade de meios", mas sim de "igualdade jurídica", e que, nesse sentido, não haveria diferença entre a igualdade francesa e a americana. No Brasil, distinguindo entre a isonomia (pressuposto da aplicação normativa concreta) e a chamada "igualdade material" (meta político-jurídica referente à igualdade de condições sociais), adverte Comparato (1993: 77 s.): "Não há, pois, que se pretender apagar ou escamotear as desigualdades sociais de fato entre os homens, com a aplicação da isonomia."

ilusões e, de outro, críticas ideológicas fundadas na sobrecarga do princípio, que este não aponta para a igualdade conteudística de direitos e poder dos indivíduos e grupos. O princípio refere-se antes à integração ou acesso igualitário aos procedimentos jurídico-políticos do Estado Democrático de Direito.

Outro equívoco a ser advertido preliminarmente diz respeito à confusão entre igualdade jurídico-política, prevista como princípio constitucional, e homogeneidade da sociedade. Essa confusão relaciona-se com uma postura simplificadora em relação à caracterização da sociedade moderna e da democracia[98]. Ao contrário, a complexidade e a heterogeneidade social é que são pressupostas na emergência e concretização do princípio jurídico-político da igualdade. A "homogeneidade estratificada" pré-moderna é incompatível com o princípio da igualdade. A diversidade de valores, interesses, crenças e etnias no espaço social e político torna possível a implantação do princípio da igualdade. Diante das diferenças, pode-se assumir um modelo autocrático, seja este autoritário ou totalitário, desconhecendo-se e reprimindo-se a heterogeneidade e pluralidade da sociedade. Mas há também a alternativa de reconhecer e incorporar as diferenças sem privilégios. Nesse sentido, o princípio da igualdade só se realiza enquanto viabiliza nas diversas esferas autônomas de comunicação o respeito recíproco e simétrico às diferenças[99].

---

98. Criticando esse modelo e enfatizando a relação entre democracia e complexidade, ver Zolo, 1992: esp. pp. 17 ss. e 73 ss. Cf. também Willke, 1999.

99. Em outra perspectiva, observa Luhmann que diferenças sempre existiram, mesmo "no paraíso ou na comunidade mítica originária", enquanto a desigualdade só se apresenta com "o pecado original ou, conforme a teoria do direito natural, com a utilização diferencial da propriedade" (1993a: 115; cf. 1989b); segundo a autocompreensão mítica do paraíso, nas origens haveria diferenças, mas não desigualdades. Mas quando falo de diferença refiro-me à heterogeneidade estrutural de valores, interesses, crenças e etnias que caracteriza a complexidade da sociedade moderna, não às diferenças fácticas sempre existentes na natureza e na cultura. Por outro lado, cabe com razão sustentar que, sob o ponto de vista da distribuição de bens e chances na sociedade, as disparidades sociais podem levar à erosão do princípio da igual-

Embora admitido que o princípio da igualdade não tem a pretensão de estabelecer uma igualdade de fato na sociedade, muito menos a homogeneidade social, pressupondo, ao contrário, a desigualdade fáctica e a heterogeneidade de valores e interesses, ainda assim surgem dificuldades em sua delimitação semântica. O caráter problemático do princípio resulta de que ele só pode ser formulado se incorporar a desigualdade como um de seus pólos. Em outras palavras, o princípio da igualdade apresenta-se inicialmente mediante a diferença entre igual e desigual. Não me restrinjo aqui, sem considerar a diversidade de contextos históricos, a retomar a formulação aristotélica de que a igualdade consiste em tratar igualmente os iguais e desigualmente os desiguais[100]. No mundo grego, esse modelo implicava inclusive a justificação da escravidão. Inegável, porém, que a formulação clássica do princípio da igualdade é passível de uma releitura ou reconstrução que o torne compatível com as exigências da sociedade contemporânea.

Destarte, reinterpretando o "princípio da igualdade" na perspectiva sistêmica, Luhmann define a igualdade como um conceito formal (uma diferença), que depende da existência de um outro lado, a desigualdade: "Igualdade sem desigualdade não tem sentido – e vice-versa. Se o igual deve ser tratado igualmente, o desigual tem de ser tratado como desigual. [...] Caso se renuncie ao conceito normativo de igualdade, chega-se à regra aristotélica de que o igual seja tratado igualmente e o desigual, desigualmente. Trata-se, portanto, de um esquema de observação que apenas sugere o desen-

---

dade; que, portanto, sem um mínimo de "homogeneidade social", a "mais radical igualdade formal torna-se a mais radical desigualdade" (Heller, 1971 [1928]: 430). Contudo, essa questão é enfrentada hoje antes sob a rubrica "inclusão"; trata-se da pretensão de inclusão generalizada, universal, contra as tendências à exclusão de amplos grupos da população (cf., a respeito, Brunkhorst, 2001). Retornarei a esse tema no Cap. V.4.

100. Aristóteles não desconhecia o caráter problemático de sua formulação: "Se elas [as pessoas] não são iguais, não terão o que é igual; mas isso é origem de disputas e queixas – ou quando iguais têm e recebem partes desiguais, ou quando desiguais, partes iguais" (1941: 1006 [1131 a, 20-25]).

volvimento de normas e preferências, mas que não fixa, ele mesmo, já a preferência pela igualdade."[101] Nessa orientação, a igualdade é, antes de tudo, forma que estabelece uma diferença, "igual/desigual". Assim sendo, é adaptável aos mais diferentes tipos societários, até mesmo às sociedades estratificadas[102]. Só quando a igualdade transforma-se de forma em norma é que se pode compreender o papel específico do princípio da igualdade no direito da sociedade moderna como sistema autopoiético. Luhmann, considerando que o papel do princípio da igualdade é apenas de descrever a autopoiese do sistema, enfatiza que o salto lógico "reside na interpretação da forma como norma"[103]. Dessa maneira, o paradoxo da forma converter-se-ia na "assimetria de uma regra aplicável"[104]. De acordo com a *norma* da igualdade, o tratamento igual seria a regra, da qual o tratamento desigual constituiria a exceção[105].

Porém, na concepção sistêmica luhmanniana, o princípio da igualdade, em sua dimensão jurídica, exige especificamente "que os *casos* sejam tratados igualmente"; em sua utilização política, exige "que os *homens* sejam tratados igualmente"[106]. Nesse sentido, Luhmann reduz o princípio jurídico da igualdade à exigência da regularidade da aplicação normativa, que, com a positivação do direito na modernidade, significa o princípio da legalidade. Não obstante, enfatiza: "O mandamento constitucional da igualdade pode, enquanto norma jurídica, conduzir ao fato de que a igualdade política seja interpretada juridicamente como igualdade/desigualdade de casos."[107] Na linguagem kelseniana, o princípio da igualdade em sua dimensão puramente jurídica implica-

---

101. Luhmann, 1993a: 111.
102. Luhmann, 1993a: 112.
103. *Ibidem*. Sobre a igualdade como forma e como norma, cf. analogamente Luhmann, 1991a.
104. Luhmann, 1993a: 112.
105. Luhmann, 1993a: 111 s.
106. Luhmann, 1993a: 113.
107. *Ibidem*.

ria a igualdade *perante* a lei, ao passo que o princípio político da igualdade como conteúdo de preceito constitucional significaria a igualdade *na* lei[108]. E, quando se discute sobre o princípio constitucional da isonomia no Estado Democrático de Direito, é a igualdade na lei que está em questão. O tema do debate é, em primeiro lugar, a integração igualitária dos homens ao ordenamento jurídico; só secundariamente, o tratamento igual de casos e situações jurídicas.

O princípio da igualdade, entretanto, não se restringe à integração igualitária no sistema. A noção de acesso igualitário aos procedimentos pode ser lida a partir de duas perspectivas diversas e, entretanto, inseparáveis. Do ponto de vista sistêmico, a questão refere-se à neutralização de desigualdades fácticas na consideração jurídico-política de pessoas e grupos. Mas, por outro lado, é imprescindível que na esfera pública pluralista tenha-se desenvolvido a idéia de que as diferenças sejam recíproca e simetricamente respeitadas. Isso exige que os procedimentos constitucionais apresentem-se como sensíveis ao convívio dos diferentes e, dessa maneira, possibilitem-lhes um tratamento jurídico-político igualitário. Nessa perspectiva, cabe uma releitura da concepção de Dworkin do direito "fundamental" de igual respeito e consideração[109]. Este consistiria no direito a "ser tratado como um igual " [*treatment as an equal*], distinguindo-se do direito a "igual tratamento" [*equal treatment*], que diz respeito a uma distribuição igual de oportunidades, recursos ou encargos e seria "derivado"[110]. Evidentemente, a "fundamentalidade" do direito de igual respeito e consideração depende da existência de uma esfera pública pluralista na qual se assente e seja generalizado o respeito recíproco e simétrico às diferenças. Assim sendo, esse direito precisa ser pressuposto para que os sistemas político e jurídico possam institucionalizar o direito ("secundário") de tratamento igual, ou seja, o

---

108. Cf. Kelsen, 1960: 146 e 396.
109. Dworkin, 1991a: 180 ss. e 272 ss., que o concebe como "direito natural" (cf., p. ex., 182).
110. Dworkin, 1991a: 227.

primeiro seria construído a partir da esfera pública pluralista, o segundo seria uma resposta sistêmica às exigências de integração jurídico-política igualitária. Dilui-se, porém, aquele, caso não esteja sistemicamente assegurado o direito de igual tratamento. Se os sistemas político e jurídico procedem a uma distribuição desigual de oportunidades, recursos e encargos (por exemplo, estabelecem o voto desigual ou privilégios corporativos), não é mais cabível falar de direito de igual respeito e consideração assentado na esfera pública pluralista. Portanto, em vez de relação de fundamentalidade e derivação, pode-se afirmar que se trata da pressuposição recíproca das duas perspectivas através das quais o princípio da igualdade pode ser observado: a perspectiva interna e sistêmica, referente ao tratamento jurídico-político igual, que envolve a neutralização das desigualdades presentes no ambiente; a perspectiva externa da esfera pública pluralista, concernente ao direito a ser tratado como um igual ou ao direito de igual respeito e consideração[111].

Um dos problemas mais delicados que se enfrenta na abordagem do princípio da igualdade refere-se à possibilidade e aos limites de regulamentações jurídicas e programas políticos destinados a estabelecer vantagens em favor de gru-

---

111. Não desconheço aqui que essa releitura da concepção dworkiniana do direito de igual respeito e consideração é problemática no âmbito conceitual do presente trabalho. Para ser mais rigoroso, caberia acrescentar que se trata não propriamente de um direito, mas sim, em primeiro lugar, de uma questão de "reconhecimento" como problema de *dupla contingência* na esfera pública. Mediante uma reconstrução conceitual, pode-se dizer que, no caso da falta de "reconhecimento", as expectativas de *alter* não são levadas em consideração, ou melhor, são desprezadas por *ego* (questão moral?!). Em princípio, isso não acarreta dificuldades maiores na esfera dos direitos ou da *inclusão* jurídica. Entretanto, a generalização e a intensificação desse problema em relação a certos indivíduos e grupos, na esfera pública e na interação cotidiana, podem levar à exclusão jurídica ou à falta de acesso aos direitos fundamentais (pense-se apenas nos judeus durante o nazismo). Nessa medida, o "reconhecimento" do outro enquanto problema de dupla contingência, isto é, a consideração das expectativas (relativamente indeterminadas) de *alter* por parte de *ego*, pode converter-se em um pressuposto do direito de ser tratado como um igual (sobre dupla contingência, ver Luhmann, 1987a: 148 ss.; 2002b: 315 ss.).

pos sociais discriminados. Em relação à experiência norte-americana, Dworkin – ainda que com base em ponderações liberais – manifesta-se favoravelmente à "ação afirmativa" em benefício das minorias étnicas discriminadas, argumentando que a Décima Quarta Emenda à Constituição dos Estados Unidos da América, ao prescrever que "nenhum Estado poderá [...] negar a qualquer pessoa sob sua jurisdição a igual proteção das leis", está assegurando, em verdade, o direito fundamental a *ser tratado como um igual*[112]. Com base nesse argumento, conclui que o programa de discriminações "inversas", também denominadas afirmativas ou positivas, tais como as que favorecem a admissão de minorias raciais discriminadas socialmente em sentido negativo, "justifica-se caso sirva a uma política adequada que respeite o direito de todos os membros da comunidade a ser tratados como iguais, mas não em caso contrário"[113]. Dworkin reconhece que os efeitos práticos delas podem ser contrários aos que defendem seus partidários. Essa questão empírica continua até hoje em discussão nos Estados Unidos da América. "Porém, não devemos corromper o debate" – assim fecha Dworkin o seu ensaio *Reverse Discrimination* – "supondo que esses programas são injustos, mesmo que funcionem. Devemos ter cuidado para não usar a Cláusula de Igual Proteção para nos privar da igualdade."[114]

Aqui não é o espaço apropriado para entrar no controverso debate sobre discriminações inversas nos Estados Unidos da América (*affirmative action*)[115]. Antes, interessa esclarecer que elas podem ser compatíveis com o núcleo do princípio da igualdade como norma (não apenas como forma) do tratamento "igual/desigual". Nesse sentido, recomenda-se recorrer novamente ao argumento de Luhmann: "Tratamento igual vale então como regra, da qual são possíveis ex-

---

112. Dworkin, 1991a: 223-39, esp. pp. 227 ss.
113. Dworkin, 1991a: 239.
114. *Ibidem*. Cf. Dworkin, 1991b: 395-7, com uma posição mais cuidadosa em relação à sua atitude anterior com respeito à "ação afirmativa".
115. Para um panorama, ver Rössler (org.), 1993; cf. também Forst, 1996: 122 ss.

ceções, quando a desigualdade de casos impõe-se. Tratamento igual é fundamento suficiente para si mesmo, tratamento desigual, ao contrário, necessita de fundamentação. A simetria da forma-de-dois-lados [*Zwei-Seiten-Form*] é assimetrizada pelo esquema regra/exceção."[116] De acordo com essa compreensão do problema, o próprio direito pode ser definido como "mecanismo do tratamento igual/desigual"[117].

A compatibilidade das discriminações inversas com o princípio da igualdade pode ser concebida, portanto, de uma maneira mais abrangente do que no âmbito da discutível ação afirmativa nos Estados Unidos da América. Esse princípio normativo pressupõe a forma-diferença "igual/desigual" de maneira que se possa enfrentar as dessemelhanças reais entre casos, situações e pessoas, sobretudo aquelas que impliquem a sonegação de direitos fundamentais a determinados indivíduos e grupos. Nesse sentido, destaca-se a contribuição de Celso Antônio Bandeira de Mello a respeito do conteúdo jurídico do princípio da igualdade[118]. Em uma abordagem jurídico-positiva, mas de relevância para a teoria geral do direito e da Constituição, Bandeira de Mello enfatiza que o princípio constitucional da isonomia envolve discriminações legais de pessoas, coisas, fatos e situações. Discute, então, quando os discrímenes justificam-se sem que o princípio vetor seja deturpado. Aponta três exigências: a presença de traços diferenciais nas pessoas, coisas, situações ou fatos[119]; "correlação lógica entre fator de discrímen e a desequiparação procedida"[120]; e "consonância da discriminação com os interesses e valores protegidos na Constituição"[121]. Embora Bandeira de Mello não tenha enfrentado o problema da discriminação positiva de grupos socialmente desfavorecidos, sua linha de raciocínio parece-me orientar-se

---

116. Luhmann, 1993a: 111 s.
117. Teubner, 1996b: 211.
118. Bandeira de Mello, 1993.
119. Bandeira de Mello, 1993: esp. pp. 23-35.
120. Bandeira de Mello, 1993: esp. pp. 36-40.
121. Bandeira de Mello, 1993: esp. pp. 41-3.

perfeitamente no sentido da compatibilização de tal espécie de discrímen com o princípio constitucional da isonomia, afastando-se de certos preconceitos decorrentes de interpretações literais do art. 5.º, *caput*, da Constituição Federal brasileira.

Precisamente em virtude da presença da discriminação *social negativa*, implicando obstáculos reais ao exercício de direitos, justifica-se a discriminação *jurídica afirmativa* em favor de determinados grupos e indivíduos. Há, nesse caso, perfeita correlação lógica entre o fator de discrímen e a desequiparação a ser, porventura, procedida. A introdução de vantagens competitivas em benefício de grupos desfavorecidos poderá ser fundamentada constitucionalmente como a institucionalização de meios jurídico-políticos que se destinam a viabilizar a integração igualitária de todos os cidadãos no Estado e na sociedade em geral. Evidentemente, é plausível o argumento dworkiniano de que se trata de favorecer a realização social do direito a ser tratado com igual respeito e consideração, promovendo maior igualdade na sociedade. Mas se pode formular o princípio da igualdade, no que concerne particularmente ao problema dos grupos e indivíduos discriminados, da seguinte maneira: quanto mais se sedimenta historicamente e se efetiva a discriminação social negativa contra determinados grupos, principalmente nas hipóteses em que ela implica obstáculos relevantes ao exercício de direitos, tanto mais se justifica a discriminação jurídica afirmativa em favor dos seus membros, pressupondo-se que esta se oriente no sentido da integração igualitária de todos nos diversos procedimentos do Estado Democrático de Direito. Dessa maneira, o princípio constitucional da igualdade apresenta-se sensível às diferenças presentes na realidade social e inseparável do princípio da proporcionalidade. Por fim, pode-se concluir que, embora se trate de um paradoxo, pois a presença de setores discriminados importa limites à construção de uma esfera pública pluralista, as discriminações legais afirmativas ou inversas justificam-se com base no princípio da igualdade enquanto reagem proporcionalmente às discriminações sociais negativas contra os membros desses grupos e desde que objetivem à integração jurídico-política igualitária de todos os cidadãos no Estado e, abrangentemente, na sociedade, servindo, portanto, à construção e à ampliação da cidadania.

5. A cidadania como mecanismo de inclusão

O princípio da igualdade é o núcleo da cidadania. Contudo, esta – compreendida aqui não no seu sentido técnico-jurídico, mas sim como mecanismo jurídico-político de inclusão social – apresenta-se em uma pluralidade de direitos reciprocamente partilhados e exercitáveis contra o Estado. Não se trata de um conceito estático. Pode-se afirmar que há uma permanente ampliação da cidadania com a emergência de novos direitos. Assim é que se pode constatar uma evolução do conceito de cidadania de um sentido estrito para uma concepção ampla[122].

A noção de "direitos do cidadão", na semântica das revoluções burguesas modernas, tem um sentido estrito, apontando especificamente para o direito à participação na formação da "vontade" estatal. Assim, distinguiam-se os *droits de l'homme*, enquanto direitos individuais pré-estatais, dos *droits du citoyen*, que pressuporiam a construção do Estado como instituição política. A cidadania ficaria restrita aos "direitos políticos"[123].

---

122. Cabe insistir advertindo que, a seguir, a cidadania não vai ser tratada no seu sentido técnico-jurídico como "nacionalidade". Parto, ao contrário, da semântica científico-social presente no debate predominantemente anglo-americano sobre *citizenship* (para um panorama, ver Turner e Hamilton [orgs.], 1992), compreendendo-a em sentido jurídico-político como um conjunto de direitos fundamentais que possibilitam a inclusão social de pessoas e grupos. A respeito, cf. Neves, 1994b: 254, do qual retirei os elementos básicos da exposição que se segue.

123. Nessa perspectiva estrita, os direitos civis não pertencem rigorosamente ao âmbito dos direitos (políticos) do cidadão (*droits du citoyen*), mas antes constituem a forma estatalmente organizada dos direitos humanos (*droits de l'homme*) preexistentes.

Essa semântica estrita ultrapassou, porém, os modelos teóricos liberais, tendo sido adotada por Marx na "Questão Judaica", em que ele vai distinguir dos *Menschenrechte* (direitos humanos), definidos "como os direitos do *membro da sociedade burguesa*, isto é, do homem egoísta", os direitos políticos (direitos do cidadão), que implicam a participação no Estado como "comunidade política"[124]. Os *droits de l'homme* eram vistos criticamente como resultantes da "*separação* do homem de sua *comunidade*, de si e dos outros homens"[125], enquanto os *droits du citoyen* como político-integrativos.

Essa concepção, na qual se limita a cidadania ao direito à participação política, foi progressivamente perdendo espaço na linguagem das ciências sociais no decorrer do século XX, destacando-se a contribuição teórica de T. H. Marshall no sentido de sua maior abrangência semântica. Nessa perspectiva, constata-se a ampliação "evolutiva" do conceito, incluindo os direitos civis, políticos e sociais, cujos períodos de formação teriam transcorrido, respectivamente, nos séculos XVIII, XIX e XX[126]. A igualdade inerente à cidadania só seria alcançada, então, caso se estendesse simultaneamente à liberdade (civil), à participação (política) e à satisfação das necessidades (sociais). Nesse sentido abrangente ela entraria em "guerra", no século XX, com o sistema de classe capitalista, fundado na desigualdade[127].

Mas a cidadania, orientada pelo princípio da igualdade, não esgota o seu desenvolvimento nas três fases estudadas por Marshall, nas quais se conquistaram e ampliaram direitos cuja titularidade, em última análise, era individual. Os direitos políticos clássicos afirmavam a liberdade do *indivíduo* de participar politicamente no exercício do poder, inclusive de associar-se e reunir-se com outros *indivíduos* para esse

---

124. Marx, 1988: 361 ss., esp. pp. 362 e 364. Ver também *supra* nota 94 do Cap. III.
125. Marx, 1988: 356; cf. p. 364.
126. Marshall, 1976: 71 ss. Acompanhando-o, cf. Bendix, 1969: 92 ss.; Parsons, 1972: 33 s. e 105 ss.; 1994: 146 ss.
127. Marshall, 1976: 84.

fim. Mesmo os direitos sociais, enquanto *droits-créances* em contraposição aos *droits-libertés*[128], referem-se à exigência de uma prestação do Estado em relação ao indivíduo. Nas últimas décadas, a cidadania tem-se desenvolvido no sentido da conquista e ampliação dos direitos referentes a interesses coletivos e difusos, os chamados direitos de "terceira geração"[129]. É verdade que durante o surgimento da legislação social trabalhista também houve a emergência de direitos coletivos, como o direito de greve e os decorrentes dos dissídios coletivos. Porém, a exigência mais generalizada de integração dos direitos coletivos à realidade dos Estados é algo que se manifesta especialmente a partir da década de 1970[130]. A importância dos direitos coletivos e difusos reside no fato de que eles viabilizam ações concretas e eficazes contra as práticas ilícitas e socialmente danosas das grandes organizações impessoais, que se fortificam cada vez mais no mundo de hoje, o que não seria possível no período individualista dos direitos. Em outras palavras, os direitos coletivos de cidadania vêm impondo-se em face da incapacidade dos indivíduos de enfrentar isoladamente o Estado e as grandes organizações privadas impessoais.

Por fim e como "quinta fase" no desenvolvimento do conteúdo da cidadania, surgem os direitos decorrentes das discriminações inversas[131]. Não só no modelo norte-americano de "ação afirmativa" em favor das minorias étnico-raciais discriminadas, especialmente dos negros, tem-se afirmado (e, ao mesmo tempo, questionado) tal tipo de direitos.

---

128. Ferry e Renaut, 1992: 26-32.
129. Lafer, 1988: 131 ss. Com restrições à "inflação normativa do conceito de cidadania", Zolo (1993: 259) aponta para "o risco de diluição do seu significado histórico e funcional". Cf. também Bobbio, 1992b: 6 e 11 s. (nota 9), referindo-se ao caráter excessivamente heterogêneo e vago do conceito de direitos humanos de "terceira geração". Em sentido contrário, Bretherton (1998: esp. pp. 272 ss. e 290) defende um conceito amplo de direitos humanos.
130. Cf. Cappelletti, 1978; Cappelletti e Garth, 1981: 11-4.
131. As discriminações inversas, que introduzem vantagens de concorrência para os grupos socialmente discriminados (ver *supra* item 4 deste capítulo), não devem ser confundidas com os direitos sociais no sentido clássico, compreendidos como mecanismos gerais de compensação de desigualdades sociais.

Em vários países, essa orientação vem sendo adotada na práxis de grupos políticos, na jurisprudência e também no âmbito da legislação (inclusive constitucional), dirigindo-se a compensar discriminações sociais negativas baseadas nas características étnicas, no gênero, na opção sexual ou em deficiências físicas. Discute-se, então, se os direitos que decorrem dessa política de tratamento diferenciado de grupos sociais resultam incompatíveis com o modelo universalista e igualitário de cidadania, inerente ao Estado Democrático de Direito, por implicarem a noção de *status* e privilégio, ou se, ao contrário, a instituição de tais direitos serve exatamente para possibilitar uma maior realização do "ideal" de integração igual de indivíduos e grupos na sociedade. A rigor, não se trata realmente de um privilégio, mas sim de superação de obstáculos ao exercício de direitos fundamentais pelos discriminados socialmente. As discriminações afirmativas ou inversas rompem com a concepção universalista clássica dos direitos dos cidadãos, abrindo-se fragmentariamente com relação às diferenças e condições particulares de grupos minoritários, sem que disso resulte negação do princípio da igualdade. Há apenas a pluralização da cidadania. Assim sendo, tampouco o universalismo, inerente à cidadania, é negado. Apresenta-se, antes, como um universalismo sensível às diferenças referentes a pessoas ou grupos e às exigências das esferas autônomas de comunicação.

É incontestável que a formulação linear dos momentos de emergência dos direitos civis, políticos e sociais no modelo de Marshall e, posteriormente, dos direitos referentes a interesses coletivos e difusos e às minorias discriminadas é passível de crítica, cabendo enfatizar as lutas políticas e os movimentos sociais na conquista e ampliação da cidadania[132]. Também é inegável que esses direitos estejam freqüente-

---

132. Cf. Giddens, 1982: 171-3 e 176; Barbalet: 1988; Held, 1989; Habermas, 1992: 103 s.; Zolo, 1993. Essa crítica refere-se diretamente ao modelo de Marshall. Este, porém, como observei acima, não desconheceu o conflito (a "guerra") entre a desigualdade em que se funda o sistema capitalista e a igualdade inerente à cidadania, embora restringindo essa observação à emergência dos direitos sociais.

ESTADO DEMOCRÁTICO DE DIREITO: O MODELO

mente intrincados na práxis jurídico-política concreta[133]. Entretanto, não se pode negar a importância da classificação dos direitos de cidadania para uma melhor compreensão do Estado Democrático de Direito como resultante de um processo de juridificação[134]. Poderia afirmar-se, mais abrangentemente, para incluir o sistema político, que a cidadania relaciona-se como um processo de constitucionalização crescente de exigências fundamentais de integração jurídico-política na sociedade.

Considerando-a resultante de um processo de juridificação ou de constitucionalização, podem-se distinguir diversos momentos do desenvolvimento da cidadania no Estado moderno, desde sua negação no período absolutista à pretensão crescente de sua ampliação no decorrer do século XX, apesar das contratendências[135].

No primeiro período, a juridificação conduz aos clássicos direitos subjetivos privados, estando vinculada ao conceito de "Estado burguês" do período absolutista. Na medida em que tais direitos não eram exercitáveis perante o soberano, mas apenas diante de outros súditos, não se poderia, a rigor, falar de cidadania. A relação assimétrica entre soberano e súditos, constituída por poderes e prerrogativas no pólo superior e de obediência e deveres no pólo inferior, era incompatível com o princípio de igualdade que informa a noção de cidadania.

---

133. Por exemplo, na análise dos obstáculos aos direitos sociais no fim do século XX, Frankenberg (1996b) aponta para a indissociável vinculação destes aos direitos referentes a interesses coletivos e difusos e aos das minorias discriminadas (esp. p. 1389), no âmbito mais abrangente de uma crítica à concepção individualista dos direitos.

134. Cf. Habermas, 1982a II: 524 ss., que, mais tarde, com apoio em Barbalet (1988), salienta: "Fatores que estimulam a juridificação de novas relações de inclusão têm também, inversamente, efeitos sobre a mobilização política da população e, dessa maneira, sobre a ativação dos direitos de cidadania já existentes" (Habermas, 1992: 103 s.). Sobre o problema da juridificação, ver *infra* Cap. V.2.

135. Cf. Habermas, 1982a II: 524 ss.; seguindo-o nesse particular, Teubner, 1984: 301 s.; Voigt, 1983b: 21 s.; 1993: 130 s.; Görlitz e Voigt, 1985: 121 ss.; Werle, 1982: 9 s.; Neves, 1992: 31 ss.; 1994b: 255-7.

Na segunda fase, a juridificação conduz à positivação dos direitos subjetivos públicos de caráter liberal, correspondendo ao "Estado Burguês de Direito". Os sujeitos privados passam a dispor de direitos exercitáveis contra o "soberano", que, por sua vez, fica obrigado a respeitar-lhes a esfera de ação preestabelecida jurídico-positivamente. A cidadania surge, então, como afirmação das liberdades negativas, na forma dos direitos civis clássicos[136].

Posteriormente, com o surgimento do Estado Democrático de Direito, tem-se a emergência dos direitos subjetivos públicos democráticos (juridificação do processo de legitimação) "na forma de direito de voto geral e igual, assim como do reconhecimento da liberdade de organização das associações políticas e partidos"[137]. Na linguagem de Rawls, o princípio da liberdade igual passa a ser designado, então, "princípio da (igual) participação"[138]. A liberdade-autonomia cede espaço à liberdade-participação[139]. A cidadania amplia-se afirmando as liberdades positivas na forma dos direitos políticos[140].

O desenvolvimento da cidadania teve um novo impulso nos quadros do Estado Democrático e Social de Direito, que trouxe consigo a positivação dos direitos sociais, a intervenção compensatória na estrutura de classes e na economia, a política social do Estado e a regulamentação jurídica das relações familiares e educacionais. É especificamente a essa fase que se dirige a crítica de Habermas à juridificação como colonização do mundo da vida[141]. Entretanto, ele pró-

---

136. Para uma proposta de reconstrução das liberdades negativas, ver Ladeur, 2000.
137. Habermas, 1982a II: 529.
138. Rawls, 1990 [1972]: 221.
139. Pedrosa, 1978: 193.
140. Sobre a distinção entre liberdades negativas e positivas, ver Berlin, 1975; Passerin D'Entrèves, 1962: 279-310; Macpherson, 1990: 95 ss.; Taylor, 1988; Habermas, 1992: 325 ss., associando-as, respectivamente, aos conceitos de cidadania dos "liberais" e dos "republicanos", em rivalidade no âmbito do debate constitucional norte-americano (327 s.). Para a problematização reconstrutiva dessa distinção, ver Ladeur, 2000: esp. pp. 81 ss.
141. Cf. *supra* pp. 48, 75 e 108 s.; *infra* pp. 230 s.

prio reconhece que a política social do Estado conduz, ambivalentemente, tanto à privação de liberdade quanto à garantia da liberdade[142]. Embora um lugar-comum, é ainda incontestável que, sem os direitos sociais como *droits-créances*, os *droits-libertés* não têm sentido[143]. Portanto, a cidadania, enquanto integração jurídico-política generalizada e igualitária à sociedade, amplia-se significativamente com a conquista dos direitos sociais, mesmo que, de um ponto de vista teórico-crítico, eles sejam passíveis de uma avaliação negativa em face da "lealdade das massas" no Estado de bem-estar[144]. Não se trata simplesmente da compensação de desigualdades, mas sim de institutos que viabilizam e promovem a inclusão jurídico-política generalizada[145].

Além das quatro fases acima referidas, podemos interpretar a instituição dos direitos coletivos/difusos e das discriminações inversas como um novo momento do processo de juridificação. Quanto aos primeiros, o direito positivo responde à incapacidade de ação eficaz dos indivíduos isolados contra a atuação das grandes organizações. As ações referentes a "interesses coletivos e difusos" possibilitam o acesso mais generalizado e eficiente dos indivíduos e grupos aos benefícios e vantagens do sistema social, fortificando a

---

142. Habermas, 1982a II: 531.
143. Cf., entre outros, Bonavides, 1972; Grimmer, 1976; Grimm: 1987a. Isso não implica necessariamente uma compreensão dos direitos sociais como mero instrumento da autonomia privada, tal como critica Frankenberg (1996b: esp. pp. 1382), enfatizando-lhes a dimensão da "solidariedade".
144. Sobre a concepção de "lealdade das massas" no *welfare state*, ver Narr e Offe (orgs.), 1975. Na linha de Offe, refere-se Preuß (1989: 2) à "domesticação da luta de classes através da juridificação da luta trabalhista". A noção de "lealdade das massas" está intimamente vinculada à concepção de Bendix (1969: 89) de que as lutas da classe trabalhadora nos países ocidentais desenvolvidos orientaram-se antes pela busca de integração ("participação") no sistema do que pela construção de uma "nova ordem social", podendo ser caracterizadas como expressão de um espírito conservador. Crítico em relação à concepção de "lealdade das massas", Luhmann (1981i: 10) enfatiza a constante mudança das motivações dos indivíduos no Estado de bem-estar, no qual, portanto, "não se pode contar com atitudes de pronta satisfação e gratidão, e de correspondente lealdade 'política'".
145. Luhmann, 1981i: 7 e 25 ss.; cf. *infra* nota 150 deste capítulo.

cidadania. Já as discriminações inversas, além de assegurarem juridicamente a integração das minorias nos sistemas sociais, institucionalizam o direito de ser diferente. Ao discriminarem juridicamente, orientam-se pelo princípio igualitário da cidadania.

A conquista de novos direitos de cidadania e a sua ampliação passam por três momentos jurídico-políticos. Em primeiro lugar, surge a semântica dos direitos humanos, como exigência moral ou valorativa do reconhecimento e satisfação de determinadas expectativas normativas que emergem na sociedade e são avaliadas como imprescindíveis à integração dos indivíduos e grupos. A semântica dos direitos humanos pressupõe inegavelmente tanto o desenvolvimento de representações morais universalistas, a saber, orientadas no sentido da construção e da ampliação generalizada dos direitos de cidadania, quanto a complexificação e diferenciação da sociedade em esferas autônomas de comunicação. Em um segundo momento, a semântica dos direitos humanos passa a ser reconhecida estatalmente e incorporada ao sistema constitucional na forma de direitos fundamentais. Trata-se, portanto, de uma resposta dos sistemas jurídico e político às exigências de integração social e sistêmica, tornando-as conteúdo de normas constitucionais. Evidentemente, a simples declaração dos direitos fundamentais na Constituição não significa a conquista e realização da cidadania. É imprescindível, em um terceiro momento, a força normativa da Constituição[146], ou seja, a sua integração ao vivenciar e agir dos cidadãos e agentes públicos na forma de direitos e deveres recíprocos. A cidadania exige, portanto, concretização das normas constitucionais referentes aos direitos fundamentais. Ausente tal concretização, permanece o texto sem o seu significado normativo generalizado. Só quando a Constituição é um reflexo da esfera pública[147], existe e desenvolve-se a cidadania como mecanismo polí-

---

146. Hesse, 1984.
147. Häberle, 1980a: 87.

tico-jurídico de inclusão social. Havendo bloqueios do processo de concretização constitucional por fatores políticos, econômicos e culturais, a reprodução autônoma do direito não se realiza. Portanto, os direitos do cidadão permanecem no texto constitucional formando a bela fachada de uma "realidade constitucional" estranha à cidadania.

A noção de cidadania como integração jurídico-política igualitária não importa a inexistência de estratificação social. Inegavelmente variam, conforme a classe social, as chances dos indivíduos e grupos em face dos juízes e tribunais, como também de influenciar a legislação e o governo ou a administração[148]. O que a cidadania importa é um acesso generalizado aos procedimentos constitucionalmente estabelecidos e aos benefícios sistêmicos deles decorrentes nos diversos setores da sociedade. Como foi observado no item anterior, não se trata de uma "igualdade fáctica", tampouco uma igualdade quanto ao conteúdo ou à extensão dos direitos pertencentes a cada cidadão, mas sim uma isonomia de direitos fundamentais suscetíveis de garantia por procedimentos jurídico-políticos. Entretanto, como será visto adiante, a presença de abismos socioeconômicos é obstante ou destrutiva da própria cidadania[149].

Por um lado, a cidadania pode ser interpretada como mecanismo político-jurídico de "inclusão de toda a população nas prestações de cada um dos sistemas funcionais da sociedade"[150]. Nesse sentido, os direitos humanos que lhe

---

148. Cf. Luhmann, 1993a: 116. Mais abrangentemente, observa Luhmann (1981i: 26) que, apesar do princípio da inclusão, "tal como dantes [*nach wie vor*], as camadas sociais mais altas são distinguidas com maior participação em certamente todos os âmbitos funcionais".

149. Nesse sentido, Forst recorre novamente a um lugar-comum: "Sem um certo grau de igualdade social, não pode haver participação política igual ou igualdade jurídica formal (como, por exemplo, chances iguais de acionar os seus direitos)" (1996: 125).

150. Luhmann, 1981i: 25 ss., com apoio em Marshall (1976). Cf. também Luhmann, 1980: 168; 1981k: 87; 1997: 619. A respeito, afirma Luhmann mais tarde em referência às transformações que levaram ao constitucionalismo moderno na segunda metade do século XVIII: "A inclusão básica de toda

constituem o conteúdo serviriam para deixar o futuro aberto à reprodução autopoiética do respectivo sistema social ao qual se relacionam[151]. Por outro, pode ser compreendida enquanto instituição da conexão entre "autonomia privada e autonomia pública", ou seja, como "direitos humanos" e "soberania do povo", pressupondo-se reciprocamente em uma relação de tensão permanente[152]. Em princípio incompatíveis, essas duas leituras da cidadania correspondem a duas concepções unilaterais do Estado Democrático de Direito, suscetíveis de uma releitura que aponte no sentido da superação das divergências[153]. Na perspectiva interna e sis-

---

a população em todos os sistemas funcionais chamava-se, agora, no caso particular do sistema político, democracia" (2000a: 97). Parsons (1994 [1965]), acompanhando Marshall, define a *citizenship* como inclusão, mas restringe o conceito à qualidade do membro da "comunidade societária": "O conceito de cidadania [...] refere-se à qualidade de ser membro pleno [*full membership*] do que chamarei *comunidade societária* [*societal community*]. Esse termo refere-se àquele aspecto da sociedade total como um sistema, o qual forma uma *Gemeinschaft*, que é o foco de solidariedade ou lealdade mútua dos seus membros, e que constitui a base consensual subjacente à sua integração política" (141); cf. também Parsons, 1972: 32 ss. e 118. Luhmann (1997: 619) aponta – com base na sua radicalização da concepção sistêmica e, em conformidade com isso, na rejeição do conceito de *societal community* de Parsons – para "exploração", por este, da análise de Marshall relativa ao desenvolvimento da cidadania. Em uma perspectiva inteiramente diversa, Touraine (1994: 97 ss.), seguindo Walzer (1983: 31 ss.), define a *citoyenneté* como (direito à) *membership* ou pertinência a uma comunidade: "O termo cidadania refere-se diretamente ao Estado nacional. Mas se pode dar-lhe um sentido mais geral, como o faz Michael Walzer, que fala de direito a *membership* e de pertinência a uma comunidade" (97). Com efeito, essa conceituação sugere que os homens fazem parte da sociedade, contrariando postulado básico da teoria sistêmica. Mas, embora de uma perspectiva sistêmica, Holz (2000: 191 ss.) propõe uma diferença entre *inclusão* na *sociedade* (ou em seus sistemas funcionais) e *cidadania* como qualidade de *membro de um Estado* ("nacionalidade") (cf. também Bora, 2002: 76). Dessa maneira, desconhece a distinção entre o sentido técnico-jurídico de cidadania como "nacionalidade" (qualidade de membro de um Estado enquanto *organização*) e o sentido sociológico de cidadania como instituição político-jurídica de inclusão na sociedade.

151. Luhmann, 1993a: 116; cf. analogamente Ladeur, 1992: 205s., segundo o qual a "função dos direitos fundamentais" reside na "garantia de flexibilidade e capacidade de automodificação do saber social".

152. Habermas, 1992: esp. pp. 111 ss.; 1996e: 298 ss.

153. Ver *supra* item 2 deste capítulo.

têmica, a cidadania afirma-se enquanto há a inclusão jurídico-política generalizada, sem privilégios ou classificações negativamente discriminantes, nos diversos sistemas sociais. Parte-se aqui das prestações sistêmicas e da determinação constitucional do acesso a elas. De outro ângulo, a cidadania é construída a partir da esfera pública pluralista, tanto como exigência decorrente da semântica social dos direitos humanos, que, em princípio, não está vinculada a qualquer subsistema da sociedade, quanto nas diversas formas de luta pela concretização dos direitos fundamentais. De fato, não se trata mais aqui de inclusão de pessoas e grupos nos sistemas funcionais, mas a "autonomia pública" pode ser conceituada como *inclusão* de pessoas e grupos nos diferentes discursos da esfera pública e, dessa maneira, nos procedimentos constitucionais; a autonomia privada, por sua vez, diz respeito às exigências por integração na sociedade em geral, que emergem da prática cotidiana do mundo da vida. A cidadania flui da esfera pública para os sistemas jurídico e político, e reflui destes para aquela. Assim sendo, de um lado, a pluralidade de direitos que constitui a cidadania relaciona-se com a diferenciação sistêmico-funcional da sociedade; de outro, com a heterogeneidade de expectativas, valores e interesses que circulam por diversas formas discursivas na esfera pública e exigem tratamento equânime nos procedimentos constitucionais.

6. A pluralidade e circularidade de procedimentos do Estado Democrático de Direito

A "separação de poderes" é concebida no seu modelo clássico, que remonta sobretudo a Montesquieu[154], como

---

154. Cf. Montesquieu, 1951 [1748]: 396-407 (Livro XI, Cap. VI). Friedrich (1953: 198 s.) dá prioridade à formulação (para ele, "definitiva") de Locke (1980 [1690]: 75-7, Cap. XII); cf. também Troper, 1994: 272). Mas me parece que Locke, ao considerar o Poder Legislativo como "supremo", referindo-se aos demais como "inferiores" (1980: 69, Cap. X), não tinha uma noção clara da idéia que se desenvolveu a partir de Montesquieu.

um mecanismo de limitação do poder estatal através de sua "divisão" em diversos agentes. Nesse sentido, o poder seria uno, mas se dividiria quanto ao seu exercício. Na teoria corrente, procura-se apontar criticamente para o limite da interpretação que sugere o isolamento dos poderes na obra de Montesquieu, enfatizando a colaboração e o controle recíproco entre os órgãos estatais[155]. Não me proponho aqui a questionar que o princípio da "separação de poderes" importa uma diferenciação e especialização de funções, implicando não só autonomia funcional de esferas de atuação do Estado, mas, ao mesmo tempo, controle e colaboração recíprocos entre órgãos estatais. Também não é meu objetivo insistir mais uma vez que, antes de servir à "limitação do poder", a especialização de funções inerente ao princípio envolve sistemicamente "um prolongamento da cadeia de poder"[156]. Poder-se-ia, de acordo com a teoria do discurso, acrescentar que a "divisão de poderes" assegura uma vinculação do "poder administrativo" ao "poder comunicativo", mas me parece um equívoco sustentar que ela garante a primazia da legislação[157]. Ao contrário, o sentido mais profundo daquilo que tradicionalmente se denomina "divisão" ou "separação de poderes" encontra-se na pluralidade de procedimentos que caracterizam o Estado Democrático de Direito. Este não se legitima a partir de uma única instância procedimental, mas sim com base em uma diversidade complexa de procedimentos. Nessa perspectiva proponho uma releitura do discutível princípio da "separação de poderes" como princípio da pluralidade e circularidade de procedimentos do Estado de Direito.

O Estado Democrático de Direito legitima-se problematicamente através da conexão circular e conflituosa entre procedimentos eleitoral, legislativo-parlamentar, jurisdicional e político-administrativo. Não cabe falar unilinearmente de uma crescente redução de complexidade entre esses di-

---

155. Cf., p. ex., Loewenstein, 1975: 188 ss.; Díaz, 1963: 31.
156. Ver *supra* Cap. III.1.3.
157. Tal como o afirma Habermas, 1992: 230.

versos procedimentos. É verdade que o procedimento eleitoral e o legislativo-parlamentar enfrentam um grau maior de complexidade indeterminada se comparados com o procedimento jurisdicional[158]. Mas este, por sua vez, tem que reabsorver um alto grau de complexidade determinada ou estruturada, tratando de problemas que freqüentemente ressurgem na legislação e no jogo político eleitoral. Além do mais, não se estabelece uma hierarquia entre os diversos procedimentos: embora o jurisdicional e o burocrático estejam vinculados à legislação no Estado Democrático de Direito, é evidente que a interpretação-aplicação jurisdicional e a execução rearticulam o sentido do texto legislativo.

O procedimento eleitoral é aquele que se relaciona mais diretamente com a complexidade desestruturada do ambiente dos sistemas político e jurídico, como também com o dissenso presente na esfera pública. Em face da diversidade contraditória de expectativas "pré-políticas" e "pré-jurídicas" que emergem na sociedade, a eleição constitui mecanismo seletivo de redução de complexidade e de estruturação das expectativas como programas políticos e modelos de normatização jurídica. No Estado Democrático de Direito, não se trata de uma seleção qualquer. Exclui-se a vantagem antecipada de certos indivíduos, grupos ou classes mediante a institucionalização do voto secreto, universal, livre e igual. Sistemicamente, trata-se aqui de imunizar a política em relação aos particularismos que atuam destrutivamente sobre a diferenciação funcional e, portanto, são inadequados à complexidade social[159]. Mas o procedimento eleitoral democrático não tem apenas uma função sistêmico-seletiva. Enquanto está aberto, sem privilegiar nem excluir, às diversas tendências políticas presentes na esfera pública pluralista, ele é veículo de um fluxo permanente de heterolegitimação do Estado. Não se trata de apoio aos resultados eleitorais.

---

158. Luhmann, 1983a: 52 s.
159. Sobre o procedimento eleitoral na teoria sistêmica, cf. *supra* Cap. III.1.3.

Em regra, uma grande parte do eleitorado está insatisfeita com os resultados. Entretanto, o universalismo e a periodicidade das eleições, implicando sempre a relativização da regra da maioria através da proteção das minorias[160], significam que o procedimento eleitoral está "atento" imparcialmente ao dissenso e à dinamicidade inerente à esfera pública. É claro que isso ganhará tanto mais em realidade quanto maior for a força imunizante da regulação jurídica do procedimento eleitoral em relação às interferências das estruturas oligárquicas. Não se pode negar, porém, que a ausência do procedimento eleitoral democrático, enquanto "reprime" a heterogeneidade da esfera pública e "desdenha" a complexidade da sociedade, conduz a problemas insuperáveis da emergência incontrolável de "recalques" destrutivos com relação ao Estado e desestruturantes da sociedade.

Um dos pontos relevantes na consideração do procedimento eleitoral é a sua relação com o procedimento legislativo-parlamentar, na forma de representação política. Ao modelo rousseauniano, que nega a representação (admitido apenas o "mandato imperativo"), contrapôs-se na teoria clássica a concepção do "mandato livre", conforme a formulação de Montesquieu da designação de capacidades[161]. Evidentemente, a concepção de que a eleição serve à designação dos mais competentes ou capazes desempenha um forte papel ideológico, não oferecendo elementos analíticos para uma compreensão do fenômeno representativo. Também a discussão na tradicional Teoria Geral do Estado sobre a representação de vontade ou de interesses partia da equivocada noção de homogeneidade do eleitorado e do parlamento. Em sentido contrário, o modelo formalista de caracterização da relação representativa como ficção jurídica[162]

---

160. Cf. Guggenberger e Offe (orgs.), 1984.
161. Cf. Rousseau, 1964: 428-31 (Livro III, Cap. XV); Montesquieu, 1951: 240 s. (Livro II, Cap. II) e 400 (Livro XI, Cap. VI). A respeito, ver Carré de Malberg, 1922: 204 ss.
162. Kelsen, 1925: 312 ss.; 1946: 289 ss.; 1960: 301 ss.

não fornece elementos para a compreensão do significado *político*-jurídico complexo que envolve a conexão entre eleitorado e "representante".

Criticando o modelo medieval do mandato imperativo e relendo a noção do "mandato livre" que remonta a Montesquieu, a teoria do sistema aponta para a função de flexibilização e de desencargo que a eleição democrática desempenha para o sistema político[163]. Isso significa que os representantes estariam imunizados em face dos particularismos e aptos a atuar na construção de decisões coletivamente vinculantes em condições de supercomplexidade. Essa visão sistêmica, embora rompa com a ilusão da teoria democrática tradicional de que há uma unidade de interesse ou de vontade entre eleitor e representação, observa o fenômeno apenas em sua função de filtragem das influências externas no sistema político, ou seja, do ponto de vista da seleção e autonomia sistêmica. Na perspectiva do presente trabalho, em que a esfera pública pluralista – como campo de interferência entre mundo da vida e subsistemas sociais autônomos, de um lado, e sistema constitucional, de outro – tem um papel relevante na legitimação do Estado Democrático de Direito, essa concepção parece unilateral. A "relação representativa" está associada à abertura do procedimento eleitoral para as diversas tendências políticas presentes na esfera pública e a possibilidade de "reciclagens" posteriores da composição do parlamento e do governo. O eleito não se legitima nas respectivas funções porque expressa a vontade ou o interesse do eleitorado, mas sim na medida em que passou por um procedimento ao qual tiveram acesso as diversas correntes de opinião construídas na esfera pública pluralista. Até mesmo o desrespeito à linha programático-eleitoral não é, em princípio, um fator de afastamento do "representante", uma vez que predomina o mandato livre. Isso só tem sentido nos casos restritos de *"recall"*. É verda-

---

163. Luhmann, 1983a: 165 e 173.

de que nunca se exclui um *quantum* de juridicidade na relação entre eleitorado e "representantes": a Constituição determina os limites do "mandato". Entretanto, o problema da função heterolegitimante do procedimento eleitoral para a respectiva "representação", no Estado Democrático de Direito, diz respeito, em última análise, à capacidade de um fluxo e refluxo permanente de informações entre a heterogeneidade do eleitorado e o pluralismo parlamentar, sem exclusões ou privilégios procedimentais.

Na relação com os demais procedimentos, o eleitoral dá início a uma circulação, tendo em vista que os eleitos vão definir estruturas políticas básicas que orientam também a atividade do Executivo e do Judiciário. Porém, há uma contracirculação dos procedimentos legislativo-parlamentar, jurisdicional e político-administrativo em face da eleição. O parlamento não influi no procedimento eleitoral apenas nos termos dos debates e atitudes simbólicas e instrumentais que podem orientar o eleitor sobre as tendências políticas. Juridicamente, a eleição submete-se a normas legislativas. Há, por sua vez, um controle jurisdicional do processo eleitoral. Condições administrativas para o bom andamento do pleito, como as que se referem à segurança pública, são imprescindíveis. Nesse sentido, apesar da "liberdade" do eleitor, há uma forte delimitação do procedimento eleitoral pelas demais instâncias procedimentais do Estado Democrático de Direito.

O procedimento legislativo-parlamentar já encontra uma complexidade mais determinada do que o eleitoral. A definição dos programas vitoriosos e a formação de maioria, inclusive a caracterização de governo e oposição no parlamentarismo, delimitam mais precisamente o campo dos temas predominantes. Entretanto, o pluralismo da composição do órgão e a emergência persistente de pressões da esfera pública importam tanto uma determinação e redução permanente de complexidade quanto uma assimilação contínua do dissenso e dos conflitos. No debate entre maioria e minoria, como também no interior delas, discutem-se, entre os diversos aspectos programáticos, aqueles que são aptos a transformarem-se em conteúdo de decisões coletivamente vinculantes. Por sua vez, entre as diversas expectativas normativas selecionadas da esfera pública para o interior do parlamento, cabe avaliar quais são as suscetíveis de tornarem-se normas jurídicas vigentes[164]. Em face da multiplicidade de expectativas normativas incongruentes que advêm do processo eleitoral, o legislativo atua não apenas seletivamente, mas também, por força do influxo direto da esfera pública pluralista, reconstrutivamente. No aspecto da contracirculação, ele sofre controle jurisdicional da constitucionalidade, assim como formas específicas de condicionamentos (assessorias técnicas ministeriais e projetos de iniciativa presidencial, por exemplo) e controles do Executivo (o veto, por exemplo).

O procedimento jurisdicional, orientado sobretudo para a resolução de conflitos de interesse, é definido na teoria tradicional do Estado Democrático de Direito como subordinado à lei e, dessa maneira, à legislação como procedimento. É verdade que não se pode negar a vinculação do Judiciário à lei no Estado de Direito. No entanto, a lei, tal como emitida pelo legislador, ainda é apenas um texto que delimita fronteiras variáveis de interpretação normativa. Como veremos no próximo item, o juiz é quem constrói a norma jurídica geral a partir de sentidos extraíveis do texto legislativo. Isso importa uma "hierarquia entrelaçada". O procedimento jurisdicional deve cumprir e aplicar a lei, mas é através dele que o texto legal toma um sentido normativo. Além do mais, cabe observar que o Poder Judiciário exerce um papel relevante no controle da constitucionalidade das leis. Sendo assim, a própria validade daquilo a que se subordina a jurisdição depende da definição jurisdicional. Exclui-se, portanto, uma relação unilateral de metalinguagem legal → lingua-

---

164. Conforme enfatiza Luhmann, o legislador não cria a norma jurídica, mas sim converte seletivamente expectativas normativas em normas jurídicas vigentes (1981f: 123; 1983a: 141, nota 2).

gem-objeto jurisdicional. Ambas constituem simultânea e reciprocamente linguagem-objeto e metalinguagem[165].

A posição tradicional do Poder Executivo na estrutura do Estado Democrático de Direito aponta para uma subordinação estrita à legalidade e ao controle jurisdicional. Exceto os chamados "atos políticos", vinculados diretamente à Constituição, o Executivo, como administração pública, estaria rigorosamente vinculado à legislação[166]. Disso resulta o controle jurisdicional da legalidade dos atos administrativos. De fato, não se pode conceber Estado de Direito sem o princípio da legalidade e o controle jurisdicional. Mas, inegavelmente, há uma significativa contracirculação do procedimento político-administrativo em face do legislativo e jurisdicional. O sentido da lei e a sua relevância ficam condicionados pela prática administrativa. Da atitude do Executivo depende a sua inocuidade ou importância social. Também o funcionamento satisfatório do procedimento jurisdicional vincula-se à eficiência da administração, especialmente no que diz respeito à segurança pública e, sobretudo, à atividade policial. Tanto para o Legislativo quanto para o Judiciário, a alocação eficiente de recursos pelo Executivo é imprescindível ao bom funcionamento dos respectivos procedimentos. Nesse sentido, em vez de subordinação, trata-se também aqui de esferas que se influenciam circularmente sob intensa tensão.

Um aspecto importante que não vem sendo devidamente considerado na caracterização do Estado de Direito refere-se à distinção entre "política" e "administração". Evidentemente, os termos tomam aqui um sentido estrito, pois ambas as dimensões fazem parte do sistema político. Além disso, não se pode negar que essa diferenciação no interior do Executivo encontra maior nitidez no modelo par-

---

165. Cf. Hofstadter, 1979: 21 s., crítico com relação à teoria dos tipos de Russell (1968: 75-80), tendo em vista que essa pretende eliminar "as voltas estranhas" e os paradoxos no interior da linguagem, levando à hierarquização entre metalinguagem e linguagem-objeto.

166. Tal concepção remonta a Weber, 1985: 124 ss.

lamentarista, no qual o gabinete emerge da maioria parlamentar e relaciona-se diretamente com o jogo político no parlamento. Mas é relevante também na distinção entre as metas determinadas pela cúpula governamental legitimada eleitoralmente e a atividade da burocracia administrativa no presidencialismo. No âmbito da teoria do discurso, a política nesse sentido estrito importaria sobretudo o discurso ético-político (assim como o discurso moral universalista), enquanto a administração concentrar-se-ia principalmente no discurso pragmático. Tratar-se-ia então de uma diferenciação entre poder comunicativo e poder administrativo[167]. Nesse particular, a teoria sistêmica parece, de fato, muito mais sensível ao significado da distinção entre política e administração para o Estado Democrático de Direito[168]. Através dela, a administração é imunizada contra interesses concretos e particulares, impondo-se-lhe que atue conforme diretrizes e princípios com pretensão de generalidade. Daí por que sustenta Luhmann que a diferença entre política e administração possibilita "a aplicação prática da norma de igualdade"[169]. Com isso não se exclui que as camadas superiores da sociedade exercem uma influência mais forte nos procedimentos administrativos, mas se afirma que o Estado Democrático de Direito dispõe de mecanismos próprios de filtragem contra os fatores externos que se apóiam em particularismos e interesses privatistas. Nesse sentido, os funcionários administrativos precisam, "não raramente, impor-se contra membros da sociedade pertencentes a categorias superiores e necessitam, por isso, de direitos especialmente legitimados para decidir vinculatoriamente"[170]. Em conexão com essa exigência, decorre "que, em um sistema político que diferencia e especifica funcionalmente os seus subsistemas, não devem ser atribuídas simulta-

---

167. Ver *supra* pp. 118 s.
168. Luhmann (1973b: 8-12) releva o valor dessa diferença em face do princípio da "divisão de poderes"; cf. também 1978: 113 ss.
169. Luhmann, 1986d: 155.
170. Luhmann, 1986d: 147.

neamente funções de legitimação, formação de consenso e controle das desilusões à administração executante, porque isso sobrecarregaria o seu processo decisório com funções secundárias e dificultaria sua racionalização"[171]. Quando se dá o contrário, ocorre a particularização e politização da administração, com todos os seus condicionamentos negativos e implicações destrutivas para o Estado de Direito. Ausentes os princípios constitucionais da impessoalidade e da legalidade administrativa, decorre a "privatização" do Estado em benefício de interesses privilegiados.

Contra a proposta de caracterizar o Estado Democrático de Direito através da pluralidade circular de procedimentos poderia levantar-se a objeção de que todos eles estão previstos na Constituição como ordem básica da comunicação jurídico-política. Assim sendo, haveria uma prevalência do procedimento constituinte originário como instituidor da ordem dos procedimentos constituídos. É inegável que a Constituição, proveniente do procedimento *constituinte*, regula abrangentemente os procedimentos *constituídos*: o político-eleitoral, o legislativo-parlamentar, o jurisdicional e o político-administrativo. Mas não se deve desconhecer que do procedimento constituinte só resulta o *texto constitucional*, não exatamente a Constituição como plexo de sentidos normativos. O texto já define limites flexíveis à concretização constitucional. Mas é na prática dos diversos procedimentos que será revestido de sentidos normativos específicos. Trata-se novamente de "hierarquia entrelaçada". A construção e reconstrução do significado do documento constitucional na práxis legislativa e político-administrativa, assim como no âmbito da concretização jurisdicional, relativizam a posição hierárquica do procedimento constituinte. Principalmente no âmbito da interpretação-aplicação judicial, fica claro que o texto constitucional, apesar de configurar-se como metalinguagem de todas as linguagens procedimentais, torna-se simultaneamente linguagem-objeto da metalinguagem

---

171. Luhmann, 1983a: 211.

jurisdicional. Nesta, determinam-se quais normas podem ser extraídas e produzidas a partir do texto constitucional. A Constituição, portanto, como estrutura normativa básica, não se reduz ao seu texto, o que conduziria a uma concepção estática, mas antes se constrói e reconstrói permanentemente na circularidade dos diversos procedimentos do Estado Democrático de Direito, independente de mutação textual mediante reforma constitucional[172]. Daí por que é relevante a discussão sobre interpretação jurídico-constitucional na análise do Estado Democrático de Direito, como será observado no próximo item.

Essas considerações genéricas sobre a pluralidade de procedimentos pretenderam chamar atenção para duas dimensões do Estado Democrático de Direito. Por um lado, a circulação e a contracirculação dos diversos procedimentos funcionalmente especializados apontam para o processo de redução de complexidade e seleção de expectativas. Um procedimento central e superior seria inadequado para enfrentar a hipercomplexidade da sociedade moderna. Por outro lado, a pluralidade procedimental é uma resposta ao pluralismo da esfera pública. Isso pode levar a uma leitura conforme a teoria do discurso: o Estado Democrático de Direito através dos seus diversos procedimentos deixa fluir – além das negociações reguladas procedimentalmente, dirigidas ao compromisso eqüitativo – uma pluralidade de discursos, o ético-político, o moral, o pragmático e o jurídico (de consistência). Em verdade, porém, esses discursos não se relacionam em termos de uma racionalidade consensual. Antes, eles exprimem o dissenso presente na esfera pública. Assim sendo, os diversos procedimentos, estruturados circularmente, permitem que os valores e interesses presentes na esfera pública, assim como as exigências de esferas autônomas da sociedade, tenham sempre meios de acesso ao Estado

---

172. A experiência americana é rica em exemplos. A reação dos "originalistas" (a respeito, ver Rakove [org.], 1990) antes aponta para uma insatisfação em face da realidade constitucional que se desenvolveu muito além das "intenções originais", sem ruptura ou degradação da Constituição.

de Direito. O controle recíproco entre os procedimentos impede uma decisão definitiva excludente. Seja em outro momento procedimental ou em outro tipo de procedimento (por exemplo, a declaração jurisdicional de inconstitucionalidade proposta por uma minoria parlamentar), os interesses, valores e exigências provisoriamente excluídos podem ressurgir como vitoriosos, exceto nos casos em que se pretende destruir a própria ordem da pluralidade procedimental.

7. A interpretação jurídica no Estado Democrático de Direito

Os modelos de interpretação jurídica variam conforme o tipo de sociedade e a respectiva forma jurídico-política dominante. Não me proponho aqui a uma análise exaustiva dos diversos paradigmas de interpretação do direito. Interessa-me discutir a hermenêutica jurídica nos quadros do Estado Democrático de Direito. Inegavelmente, também no âmbito deste, há variações de modelos hermenêuticos, mas me parece que, de um ponto de vista semiótico, é possível observar uma tendência no sentido de enfatizar cada vez mais a dimensão pragmática, após a ênfase dada às dimensões sintática e semântica[173]. Procurarei, assim, apontar para um processo que caminha de uma primazia da segurança formal, passa pelo predomínio da delimitação ou descoberta do sentido material e chega ao problema da incerteza[174]

---

173. Recorro aqui estrategicamente, tal como em trabalhos anteriores (Neves, 1988: 127 ss.; 1992: 58 ss.; 1994a: 79 ss.), à divisão da semiótica em sintática, semântica e pragmática, formulada por Morris (1938: 6 ss.), uma divisão que remonta ao conceito peirceano de "thirdness" como relação triádica entre signo, objeto e interpretante (cf. Peirce, 1955: 99 s.; 1977: esp. pp. 28, 46, 63 e 74; 1985: 149 ss.) e que foi mais tarde adotada por Carnap (1948: 8-11). Diversas correntes da teoria do direito empregaram-na; cf., p. ex., Schreiber, 1962: 10-4; Viehweg, 1974: 111 ss.; Ross, 1968: 5-7; Kalinowski, 1965: 52 s. e 56-63; Capella, 1968: 22 e 76; Warat, 1972: 44-8; 1984: 39-48; Reale, 1968: 173.

174. A incerteza que marca a modernidade apresenta-se como um problema ou desafio para o Estado Constitucional (Haverkate, 1992: 120 ss.).

ESTADO DEMOCRÁTICO DE DIREITO: O MODELO 197

condicionada pelo pluralismo e o dissenso estrutural da esfera pública.

No século XIX, a teoria do direito, em duas de suas vertentes das mais representativas, a escola da exegese[175] e a jurisprudência dos conceitos[176], construiu um modelo de interpretação do direito que se pode denominar, semioticamente, *"sintático-semântico"*. Com essa adjetivação, pretendo referir-me a uma concepção que enfatiza as conexões sintáticas entre termos, expressões ou enunciados normativo-jurídicos, pressupondo a univocidade (semântica) deles. Na escola da exegese, essa concepção resultava de um "culto ao texto da lei" como a expressão precisa da "intenção do legislador", que era elevada ao primeiro plano[177]. Na jurisprudência dos conceitos, por sua vez, decorre antes de uma compreensão do direito como um sistema caracterizado pelo "nexo lógico entre os conceitos" e a "racionalidade dos fins", uma compreensão do direito que importa uma teoria exegética "objetiva", de acordo com a qual o fim da interpretação jurídica seria "esclarecer o significado da lei como um todo objetivo de sentido"[178]. É verdade que, conforme ambas as correntes, ao intérprete do direito caberia descobrir o único sentido juridicamente possível dos signos legais. Entretanto, tal operação semântica era considerada secundária e pou-

---

175. A respeito, ver Bonnecase, 1924; 1933: 288 ss. e 522 ss.
176. A respeito, Larenz (1979: 20 ss.) oferece um panorama.
177. Bonnecase, 1924: 128 ss.; 1933: 524 ss. Assim rezava a "profissão de fé" de Demolombe, um dos mais importantes representantes da escola da exegese: "*os textos antes de tudo*" (*apud* Bonnecase, 1924: 129 ou 1933: 525). A um outro, Bugnet, atribui-se a seguinte afirmação: "Eu não conheço o direito civil; só ensino o Código de Napoleão" (*apud* Bonnecase, 1924: 128 ou 1933: 524; cf. também 1924: 29 s. ou 1933: 292). E um terceiro, Laurent, escreveu: "Os códigos não deixam nada ao arbítrio do intérprete; este já não tem por missão fazer o direito, o direito está feito. Não há mais incerteza; o direito está escrito nos textos autênticos" (*apud* Bonnecase, 1924: 128 ou 1933: 524). Bonnecase esclarece, porém: "Um texto, de acordo com ela [a Escola da Exegese], *não vale nada por si mesmo, mas somente pela intenção do legislador, a qual ele supostamente traduz*; na realidade, o direito positivo esgota-se nessa intenção; é ela que, além do texto, o jurista deve procurar" (1924: 131 s. ou 1933: 526).
178. Larenz, 1979: 35 s.

co complexa, visto que se partia da precisão denotativa e conotativa da linguagem legal. Os problemas semânticos estariam subordinados aos sintáticos, na medida em que a articulação lógica e sistemática entre signos legais ou conceitos normativos possibilitaria a subsunção do caso à hipótese legal pré-delineada. O ponto crucial do processo interpretativo residiria na concatenação horizontal e vertical entre termos e proposições legais (escola da exegese), ou entre conceitos tecnicamente precisos (jurisprudência dos conceitos), para que se definisse a única solução correta do caso. A essas concepções sintático-semânticas da interpretação jurídica subjazia uma visão realista da linguagem, de tal maneira que a operação sintática apresentava-se como o meio de chegar-se metodologicamente ao sentido essencial dos termos e expressões jurídicas, possibilitando a aplicação correta do direito.

Na primeira metade do século XX, a hermenêutica jurídica dominante, sem negar a relevância da dimensão sintática no processo interpretativo, tende a enfatizar-lhe o aspecto semântico. Cabe falar, então, de um modelo *"semântico-sintático"* de interpretação do direito. Nessa linha, pode-se apontar a Teoria Pura do Direito[179]. Nela, já se reconhece o problema da ambigüidade e vagueza dos termos e expressões jurídicas, cabendo ao intérprete determinar o quadro semântico das aplicações juridicamente corretas. A delimitação desse quadro é, porém, intermediada por operações lógico-sintáticas. Por outro lado, não resultaria de uma operação cognitiva a opção pragmática por uma das diversas aplicações que, de acordo com a interpretação científico-jurídica, seriam objetivamente possíveis, mas sim de um ato subjetivo

---

179. Cf. Kelsen, 1960: 346 ss. É verdade que a Teoria Pura do Direito pode ser considerada como uma reação à "virada pragmática" que se manifestara com o advento da jurisprudência dos interesses e do movimento do direito livre (cf. Larenz, 1979: 47 ss.); porém, no decurso do desenvolvimento posterior da dogmática jurídica e da teoria do direito, essas correntes teóricas não se tornaram dominantes, sobretudo no que concerne ao Estado de Direito e à democracia.

e voluntário, envolvendo uma questão de "política do direito", não "teórico-jurídica"[180]. As operações sintáticas determinariam as conexões lógico-sistemáticas entre termos, expressões e enunciados legais, viabilizando uma complexa operação semântica de determinação do juridicamente possível, ou seja, do conteúdo jurídico de sentido no âmbito do qual diversas aplicações normativas podem ocorrer. Em tal concepção, o aspecto pragmático é de um "sujeito empírico" posto em segundo plano ou entre parênteses, tendo em vista que a ela subjaz uma noção de sujeito cognoscente transcendental, imune aos voluntarismos da escolha entre as variáveis possíveis de aplicação.

Na segunda metade do século XX, a teoria do direito caminhou no sentido de considerar a interpretação do direito sobretudo como um problema de determinação semântica do significado de textos jurídicos, condicionada pragmaticamente. Pode-se falar aqui de um modelo *"semântico-pragmático"*. As operações sintáticas serviriam à delimitação estrutural dos contornos lógico-sistemáticos da interpretação. Porém, a tônica do processo hermenêutico recairia na busca do sentido normativo de textos jurídicos em contextos históricos específicos. Em sua formulação inicial, esse modelo remonta à hermenêutica de Gadamer. Ao intérprete do direito cabe descobrir o sentido latente de textos normativo-jurídicos, adequando-os ao momento histórico de sua aplicação ao caso dado[181]. O elemento semântico está presente, aqui, na consideração da variação do sentido dos textos em face do seu campo de denotação concreta (o caso dado). O aspecto pragmático apresenta-se na noção de pré-compreensão ou pré-conceito do intérprete a respeito da lei e do caso[182]. Contudo, enquanto compreende a interpretação jurídica como um processo em que se conhece e reconhece o sentido válido da lei e, assim, adapta-se esta "às necessidades do pre-

---

180. Cf. Kelsen, 1960: 348 ss. (350).
181. Cf. Gadamer, 1990: 330 ss.; Betti, 1990: 816 ss.
182. Nesse sentido, cf. também Esser, 1970: esp. pp. 133 ss.

sente"[183], a hermenêutica não considera suficientemente a relevância da dimensão pragmática no processo de interpretação do direito, desconhecendo ou, no mínimo, subestimando a função construtiva do intérprete em face dos textos normativos.

A "teoria jurídica estruturante", proposta por Friedrich Müller, embora se mantenha na perspectiva semântico-pragmática, ou seja, continue enfatizando a dimensão semântica da interpretação, vai dar maior relevância ao fator pragmático do processo interpretativo do que a tradição hermenêutica que remonta a Gadamer. A rigor, nessa orientação, não se trata de "interpretação" do direito, mas sim do problema referente à "concretização" da norma jurídica[184], que, nessa perspectiva, não se confunde com o seu texto[185]. Conforme Müller, a norma jurídica compõe-se do programa normativo [*Normprogramm*], que é construído do ponto de vista interpretativo mediante a assimilação de dados primariamente lingüísticos, e do âmbito normativo [*Normbereich*], que é construído pela intermediação lingüístico-jurídica de dados reais, primariamente não lingüísticos[186]. A estrutura da norma [*Normstruktur*] resulta da implicação recíproca desses dois componentes[187]. Portanto, a *concretização* da norma jurídica, sobretudo da norma constitucional, não pode ser reduzida à "interpretação aplicadora" do respectivo texto normativo, o qual oferece diversas possibilidades de compreensão[188]

---

183. Gadamer, 1990: 333, acompanhando Betti, 1990: 817.
184. A respeito, ver sobretudo F. Müller, 1995: 153 ss.; 1994a: *passim*; Christensen, 1989: 87 ss. A interpretação refere-se apenas ao texto (cf., p. ex., F. Müller, 1995: 272 s.).
185. Cf. F. Müller, 1995: 122 ss.; 1994a: esp. pp. 147-67 e 234-40; 1990a: 126 ss.; 1990b: esp. p. 20; Christensen, 1989: 78 ss.; Jeand'Heur, 1989: esp. pp. 22 s. Com posição análoga, embora em outra perspectiva teórica, ver Grau, 1996: 55 ss. Cf. também Neves, 1992: 57 s.; 1994a: 77 s.
186. F. Müller, 1995: esp. pp. 41 ss.; 1994a: 232-4 e *passim*; 1990b: esp. p. 20; 1975: 38 s.
187. F. Müller, 1994a: esp. pp. 17 e 250; cf. também 1990b: 124 ss.; Christensen, 1989: 87.
188. "Os problemas metódicos difíceis residem no espaço que o texto normativo deixa aberto às diversas possibilidades de compreensão" (F. Müller, 1994a: 160).

e constitui apenas um aspecto parcial do programa da norma[189]; ela inclui, além do programa, o âmbito da norma como "o conjunto dos dados reais normativamente relevantes para a concretização individual"[190]. Nesse sentido, Müller define a normatividade em duas dimensões: "'*Normatividade*' significa a propriedade dinâmica da [...] norma jurídica de influenciar a realidade a ela relacionada (*normatividade concreta*) e de ser, ao mesmo tempo, influenciada e estruturada por esse aspecto da realidade (*normatividade materialmente determinada*)."[191] Se o âmbito da norma, que importa uma função seletiva perante os âmbitos da matéria e do caso[192], não se constitui de forma suficiente, a normatividade do respectivo "texto normativo" fica prejudicada[193]. Faltam, então, as condições e os pressupostos para a "produção" da *norma jurídica* – "que rege mediatamente um caso determinado" – e, portanto, da *norma de decisão* – "imediatamente normativa,

---

189. Segundo F. Müller (1994a: 252), o programa da norma "não é apenas a 'soma dos dados lingüísticos normativamente relevantes do texto da norma', mas também o resultado da interpretação de textos não normativos [*Nicht-Normtexten*], como, por exemplo, textos da história do surgimento do dispositivo (elemento genético), textos de precursores normativos [*Normvorläufer*] não mais vigentes (elemento histórico), textos dogmáticos, teóricos, de política do direito e referentes à técnica de solução de casos [*lösungstechnischen Texten*]". Formulando de forma mais radical, afirma o mesmo autor (1990b: 20): "O *texto da norma* não é [...] componente conceitual da norma jurídica, mas sim, ao lado do *caso* a decidir juridicamente, o mais importante dado de entrada do processo individual de concretização." Cf. *ibidem*: 127 e 129; Jeand'Heur, 1989: 22.

190. F. Müller, 1994a: 253; cf. 1990b: 128.

191. F. Müller, 1994a: 258; cf. também Christensen, 1989: 87.

192. O "âmbito do caso" [*Fallbereich*], composto dos fatos que provavelmente serão relevantes para a solução do caso, já constitui um filtro ou mecanismo seletivo em relação ao âmbito da matéria (*Sachbereich*) (o conjunto de dados empíricos que supostamente estão em conexão com a norma ou, em outras palavras, o conjunto de dados reais genérica e imprecisamente relacionados com o processo concretizador), reduzindo-lhe a excessiva complexidade; é do âmbito do caso, por sua vez, que será construído seletivamente o âmbito da norma como o conjunto dos dados reais intermediados lingüisticamente conforme o programa da norma (cf. F. Müller, 1994a: 253-56; 1990b: 128; Christensen, 1989: 88).

193. Cf. F. Müller, 1994a: 171.

reguladora do caso determinado"¹⁹⁴. Nesse contexto não se fala de legislação e de atividade constituinte como procedimentos de produção de norma jurídica (geral), mas sim de emissão de texto legal ou de emissão de texto constitucional¹⁹⁵. A norma jurídica, especialmente a norma constitucional, é produzida no decorrer do processo de concretização¹⁹⁶.

Embora essa abordagem do processo de concretização não reduza a relevância da dimensão pragmática, enfatizando o papel ativo e criador do agente de interpretação-aplicação jurídica em relação à norma jurídica (geral)¹⁹⁷, o seu método é especificamente lastreado na semântica. Daí por que deixa de enfrentar algumas questões eminentemente jurídico-pragmáticas ou oferece-lhes respostas insuficientes. Isso ocorre sobretudo quando se sustenta que a decisão concretizante, embora possa apresentar conteúdos os mais variáveis, tem de ser justificada com argumentos objetivos (*Sachargumenten*) que sejam "*atribuíveis (zurechenbar) aos textos normativos do direito vigente*"¹⁹⁸. Assim sendo, trata-se, na

---

194. Sobre a distinção entre norma jurídica e norma decisória, ver F. Müller, 1994a: 264 ss.; 1990a: esp. p. 48; Christensen, 1989: 88.

195. Cf. F. Müller, 1994a: 264 e 270.

196. "A própria norma jurídica só é produzida no decurso da solução do caso" (F. Müller, 1994a: 273). Cf. Christensen, 1989: 89. Nesse sentido, afirma F. Müller que o juiz não é "legislador de segundo grau", mas sim "o único legislador, mesmo que isso soe estranho" (1990b: 127, nota 16). Na mesma orientação, cf. Grau, 1996: esp. pp. 60 s. Cabe observar aqui que, no âmbito do realismo norte-americano, já se encontrava formulação análoga em Cardozo (1991 [1921]), que se referia ao "juiz como um legislador" (102 ss.), enfatizando: "A lei que é o produto resultante não é encontrada, mas sim feita. O processo, sendo legislativo, requer a sabedoria do legislador" (115). Cardozo acrescentava: "Na verdade, nada há de revolucionário ou mesmo de novo nessa concepção da função judicial" (116).

197. Nesse sentido, apesar da diversidade de perspectiva, F. Müller (1994a: 259, nota 48a) invoca o próprio Derrida, cujo decisionismo desconstrutivista é, do ponto de vista semiótico, *exclusivamente* pragmático, e sustenta que a concepção de Derrida (1994: 50 s.) de que o juiz inventaria a lei em cada caso aproximar-se-ia de sua abordagem normativo-estruturante (ver *infra* nota 213 deste capítulo).

198. F. Müller, 1994b: 134. Sobre o texto normativo como limitação ao espaço de concretização admissível no Estado Democrático de Direito e, correspondentemente, a exigência da compatibilidade da norma jurídica e da norma de decisão com o texto, ver F. Müller, 1995: 183 ss. e 272 s.

interpretação, de determinar os limites textuais das concretizações juridicamente corretas. Mas qual o critério semântico para definir, dentre as concretizações possíveis – mesmo dando-se relevância aos outros elementos lingüísticos do "programa da norma" e aos dados reais do "âmbito da norma" –, aquelas que são compatíveis com o texto? Evidentemente, tal questão, embora tenha parâmetros semânticos, só pode ser discutida satisfatoriamente no plano pragmático. Todos os problemas referentes à determinação das interpretações ou concretizações juridicamente corretas são, antes de tudo e eminentemente, pragmáticos, tendo em vista a relação discursivo-dialógica entre intérpretes, sejam estes agentes ou destinatários da decisão conseqüente, e a multiplicidade de expectativas que se contradizem e conflitam com relação ao texto da norma.

Na teoria constitucional, uma relevante contribuição para a localização do caráter eminentemente pragmático da interpretação foi oferecida por Häberle no seu famoso ensaio "A sociedade aberta dos intérpretes da Constituição"[199]. Aqui, trata-se sobretudo de analisar a "questão dos *participantes*". A respeito, Häberle propõe a seguinte tese: "Nos processos de interpretação *da Constituição, todos* os órgãos estatais, todos os poderes públicos, todos os cidadãos e grupos estão potencialmente envolvidos."[200] Nessa perspectiva, o direito "constitucional material" surge de uma multiplicidade de interesses e funções, o que implica a diversidade prática de interpretação da Constituição[201]. Dessa maneira, não se superestima o texto constitucional, tal como na teoria tradicional da interpretação[202]. No primeiro plano do processo interpretativo, encontra-se a "esfera pública pluralista".

Embora a abordagem de Häberle aponte para a inclusão da esfera pública pluralista no processo de interpretação

---

199. Häberle, 1980b. A sua recepção no Brasil encontra-se pioneiramente em Bonavides, 1985.
200. Häberle, 1980b: 79 s.
201. Häberle, 1980b: 93 s.
202. Häberle, 1980b: 90.

e concretização constitucional que caracteriza o Estado Democrático de Direito, parece não levar às últimas conseqüências a relação complexa entre os intérpretes "em sentido amplo" (incluindo toda a esfera pública pluralista) e os intérpretes "em sentido estrito" (aqueles envolvidos diretamente no processo oficial de interpretação-aplicação jurídica) da Constituição. Daí por que sustenta que "o jurista constitucional é *apenas* um intermediário"[203]. Assim, deixa de considerar o papel seletivo que os participantes, "em sentido estrito", do procedimento de interpretação da Constituição[204] desempenham perante o público. Visto que a esfera pública não constitui uma unidade, mas sim uma pluralidade de valores e interesses conflitantes, surgem expectativas contraditórias em torno do texto constitucional que poderão ser selecionadas ou excluídas no processo de sua interpretação[205]. Em princípio, no Estado Democrático de Direito, o procedimento oficial de interpretação constitucional está aberto a todas as interpretações que emergem na esfera pública, mas o seu resultado importa sempre uma seletividade que rejeita expectativas relevantes. Daí por que se torna complexa a questão da legitimidade da interpretação constitucional.

Inegavelmente, a linguagem jurídica, enquanto um tipo de linguagem ordinária ou natural especializada e não uma linguagem artificial[206], é ambígua e vaga, o que dá ensejo a interpretações divergentes. Tal assertiva, que se tornou um lugar-comum, sendo adotada pelas mais diversas tendências da teoria do direito[207], não deve ser assumida sem uma ava-

---

203. *Ibidem* (grifo meu).
204. A respeito desses, cf. Häberle, 1980b: 82 s.
205. Em Häberle, ao contrário, a compreensão da esfera pública e dos direitos fundamentais aproxima-se do pensamento jurídico republicano dos comunitaristas norte-americanos (nesse sentido, cf. Habermas, 1992: 340, nota 70), do que resulta que o jurista constitucional seja concebido como um mero "intermediário" (*Zwischenträger*) no processo de interpretação.
206. Cf. Visser't Hooft, 1974; Carrió, 1973: 37-44; Greimas e Landowski, 1976: 83 s.; Olivecrona, 1962: 151.
207. Do incontestável retiram-se conseqüências as mais contraditórias entre os diferentes modelos teóricos e metodológicos. Cf., p. ex., Kelsen,

liação específica das particularidades da sociedade moderna. Em sociedades pré-modernas, fundamentadas em uma forte unidade acerca de valores e, correspondentemente, em concepções morais válidas para todas as esferas do agir e do vivenciar, uma interpretação divergente da determinada pelo "soberano" é, em regra, considerada um desvio condenável. Mesmo quando, excepcionalmente, surgem alternativas de interpretação, a unidade de valores, representações morais e interesses corporificada no detentor supremo de poder serve como critério que ignora ou reprime o dissenso eventual. É verdade que o surgimento da escrita, afastando as pressões da relação concreta entre presentes, já se apresenta como fator relevante de possibilitação de interpretações desviantes[208]. Mas o fato é que a questão das divergências interpretativas a respeito de textos jurídicos, relacionada à percepção e à abordagem de sua plurivocidade, só se torna problemática com a complexidade da sociedade moderna. Nesta, a multiplicidade de valores e interesses possibilita uma variedade estrutural de expectativas sobre os textos jurídicos. Em relação à Constituição, que é mais abrangente na dimensão material, pessoal e temporal, essa situação acentua-se. Considerando que no Estado de Direito predomina o princípio da interpretação conforme a Constituição[209], as questões jurídicas, ao ganharem direta ou indiretamente um significado constitucional, carregam um forte potencial de conflito interpretativo. Mas é nas questões diretamente constitucionais que se observam mais claramente os chamados "casos

---

1960: 348 s.; Smend, 1968: 236; Ehrlich, 1967: 295; Ross, 1968: 116 s. Especificamente sobre a ambigüidade e vagueza da linguagem jurídica, ver Carrió, 1973: 26-33; Koch, 1977: 41 ss.; Warat, 1984: 76-9; 1979: 96-100. Em conexão com a função simbólica do direito, ver também Edelman, 1967: 139 ss. Em contratendência, Dworkin (1991a: 133 ss.), baseado na distinção entre "conceito" e "concepção", propõe uma releitura da noção de "cláusulas constitucionais vagas".

208. Ver *supra* pp. 9 e 22.

209. A respeito desse lugar-comum, ver, entre muitos outros, F. Müller, 1995: 86-9; Hesse, 1995: 30-3.

difíceis"[210]. Nelas, a ambigüidade intensifica-se e a vagueza amplia-se de tal maneira que se pode observar uma maior sensibilidade da esfera pública em relação a elas. Em outras palavras, pode-se afirmar que os "casos constitucionais difíceis", por pressuporem maior multivocidade e implicarem divergências mais acentuadas na interpretação do texto constitucional, relacionam-se intimamente com a maior variedade de expectativas presentes na esfera pública sobre o significado da Constituição. Essa variedade de expectativas, por sua vez, é indissociável do dissenso estrutural sobre valores e interesses que caracteriza a esfera pública pluralista.

No entanto, embora seja inegável que da complexidade da sociedade moderna resulta uma enorme plurivocidade e vagueza do texto constitucional, condicionada pragmaticamente pelos valores, interesses e expectativas presentes na esfera pública pluralista, não se pode afirmar que a linguagem jurídica, especialmente a constitucional, seja arbitrária[211]. É verdade que os sentidos objetivos são construídos em cada contexto específico de uso[212], mas os sentidos construídos socialmente passam a ter uma força que ultrapassa a vontade ou a disposição subjetiva do eventual intérprete ou uten-

---

210. Com enfoques diversos, ver Dworkin, 1991a: 81-130; Aarnio, 1987: 1 ss., distinguindo-os dos "casos de rotina". Carrió (1973: 44-51) distingue analogamente entre "casos típicos" e "casos marginais".

211. A rigor, conforme observa Wimmer (1989: 16), a "linguagem nunca é arbitrária". Cf. também Gadamer, 1990: 333, apontando para o caráter não arbitrário da reinterpretação jurídica da lei.

212. É nesse sentido a célebre afirmativa de Wittgenstein (1960: 311, § 43): "A significação de uma palavra é seu uso na linguagem." Cf., a respeito, F. Müller, 1975: 32-4, aplicando-a no domínio da teoria do direito. Gadamer (1990: 332 s.), por sua vez, acentua que o jurista intérprete tem de reconhecer a mudança das relações e "daí determinar novamente a função normativa da lei", adaptando-a às necessidades do presente, a fim de "solucionar um problema prático". Nessa linha, observa Wimmer (1989: 14): "A mudança radical permanente é uma característica essencial de todas as linguagens naturais. Sem essa mudança, as linguagens perderiam sua função cognitiva e sua potência para a aquisição e assimilação da realidade." Cf. também Larenz, 1979: 311 ss.; Pontes de Miranda, 1972: 99; Vilanova, 1977: 245; Alchourrón e Bulygin, 1974: 140-4; Biscaretti di Ruffia, 1974: 525-40.

te. Portanto, na interpretação jurídica, não se trata de extrair arbitrariamente de uma infinidade de sentidos dos textos normativos a decisão concretizadora, nos termos de um contextualismo decisionista[213], mas também é insustentável a concepção ilusória de que só há uma solução correta para cada caso, conforme os critérios de um juiz hipotético racionalmente justo[214]. A possibilidade de mais de uma decisão justificável à luz de princípios e regras constitucionais parece-me evidente. O problema está exatamente em delimitar as fronteiras entre as interpretações justificáveis e as que não são "atribuíveis" aos textos constitucionais e legais no Estado Democrático de Direito. Como veremos, não se trata de limites estáticos, uma vez que metamorfoses normativas sem alteração textual podem conduzir à mudança das fronteiras entre os campos das interpretações legítimas e ilegítimas.

No modelo sistêmico de Luhmann, a questão é abordada em termos de redução de complexidade. Em face das diversas expectativas conflitantes a respeito do texto constitucional, o procedimento de interpretação-aplicação normativa selecionará a juridicamente válida para o caso. Não se trata evidentemente de uma seleção qualquer. Em primeiro

---

213. Embora Derrida (1994: 50 s.) possa ser classificado nessa corrente teórica, ele refere-se, por fim, a uma ambivalência, a um paradoxo de vínculo e liberdade do juiz perante a lei: "Para ser justa, a decisão de um juiz, por exemplo, deve não somente seguir uma regra de direito ou uma lei geral, mas deve assumi-la, aprová-la, confirmar-lhe o valor, por um ato reinstaurador, como se, no limite, a lei não existisse dantes, como se o próprio juiz a inventasse a cada caso [...]. Em suma, para que uma decisão seja justa e responsável, é preciso que no seu momento próprio – se é que há um – ela seja ao mesmo tempo regrada e sem regra, conservadora da lei e suficientemente destrutiva ou suspensiva da lei, de tal maneira que deva a cada caso reinventá-la, rejustificá-la, reinventá-la ao menos na reafirmação e na confirmação nova e livre de seu princípio."

214. A respeito de "uma única resposta correta para questões complexas de direito e moralidade pública", ver Dworkin, 1991a: esp. pp. 279 ss.; sobre "Hércules" como juiz hipotético, 105 ss.; 1991b: 239 ss. Habermas (1992: 272 ss.), recorrendo especificamente a Michelman (1986: 76), critica o caráter monológico da concepção dworkiniana do processo de decisão judicial a partir do modelo "Hércules". Especialmente quanto à teoria de "uma única resposta correta", ver criticamente Aarnio, 1987: 161 ss.

lugar, deve haver uma congruência com outras soluções no interior do sistema (consistência). Ou seja, impõe-se que a continuidade do sistema seja assegurada através de redundância construída com base em argumentos[215]. Mas é sobretudo relevante e imprescindível que o procedimento esteja estruturado de tal maneira que viabilize uma reorientação das expectativas[216]. Não se trata de um modelo decisionista, visto que o sistema é uma conexão complexa de comunicações que delimita as possibilidades de decisão do órgão competente. Nesse sentido, a validade sistêmica da solução interpretativa não se confunde com a mera vigência técnico-jurídica de uma decisão judicial irrecorrível e insuscetível de revisão. Porém, a validade, tal como posta pela teoria dos sistemas, parte do interior do sistema jurídico, seja em sua auto-referência ou heterorreferência. Não se considera o problema da validação de interpretações possíveis a partir da esfera pública.

Esse problema da heterovalidação de procedimentos interpretativos poderia encontrar um caminho viável na teoria do discurso. Em perspectiva eminentemente pragmática, Habermas enfatiza que um procedimento eqüitativo não garante qualquer "segurança de resultado", mas tão-somente uma "segurança jurídica dependente do procedimento"[217]. Não obstante, a estrutura do processo argumentativo jurisdicional (do Estado Democrático de Direito) preencheria as condições formal-pragmáticas para a "correção" (*Richtigkeit*) como "aceitabilidade racional" do julgamento[218]. Vinculado a essa visão do consenso como veículo racional da "validade" de um julgamento, Habermas adota a idéia dworkiniana de "uma única decisão correta", evidentemente no

---

215. Cf. Luhmann, 1986c: 34 ss. Para uma abordagem mais abrangente da argumentação/interpretação na teoria sistêmica, ver 1993a: 338 ss. Crítico da ênfase na redundância por parte da teoria da argumentação de Luhmann, cf. Habermas, 1992: esp. pp. 71 s., nota 12.
216. Ver *supra* pp. 147 s.
217. Habermas, 1992: 270.
218. Cf. Habermas, 1992: 277.

sentido de um "ideal regulativo"[219]. Dessa maneira, parece-me que se mantém preso a um racionalismo e idealismo que não avalia adequadamente a complexidade da sociedade moderna e o alto grau de incerteza do direito positivo contemporâneo.

Aarnio, fazendo uma releitura da distinção de Perelman entre "auditório particular" (→ persuasão) e "auditório universal" (→ convencimento)[220], propõe o que poderia ser definido como uma noção intermediária, a saber, a "audiência ideal particular": "Esta audiência difere da audiência concreta em um aspecto importante. Supõe-se que seus membros cumprem a condição de racionalidade." Acrescenta Aarnio que "os membros dessa audiência adotaram valores comuns. A audiência está ligada a uma determinada forma de vida, para usar uma frase wittgensteiniana"[221]. Portanto, a aceitabilidade racional de um enunciado interpretativo estaria relacionada com os critérios valorativos da audiência ideal particular[222].

Embora sedutor, o modelo de Aarnio afigura-se-me incompatível com a heterogeneidade de valores da esfera pública pluralista no Estado Democrático de Direito. Em vez de tratar de forma de vida como plexo de valores comuns, antes caberia aqui uma reflexão não ortodoxa sobre a seguinte assertiva de Wittgenstein: "'Assim, pois, você diz que o acordo entre os homens decide o que é correto e o que é falso?' – Correto e falso é o que os homens *dizem*; e na *linguagem* os homens estão de acordo. Não é um acordo sobre opiniões,

---

219. Cf. Habermas, 1992: 256, 277-9 e 283 s.
220. Perelman e Olbrechts-Tyteca, 1988: 34 ss.; cf. também Perelman, 1979: 107 s. e 122 ss. Conforme observa Alexy (1983: 206), o "auditório universal" em Perelman corresponde à "situação ideal de discurso" em Habermas. Alexy acrescenta (*ibidem*): "O que em Perelman é o consentimento do auditório universal é, em Habermas, o consenso alcançado sob condições ideais."
221. Aarnio, 1987: 225. A respeito, ver Habermas, 1992: 281, nota 56.
222. Sobre o modelo de aceitabilidade racional proposto por Aarnio, ver 1987: 185 ss.; especialmente sobre aceitabilidade racional como princípio regulativo da dogmática jurídica, 225 ss.

mas sobre o modo de vida."[223] Transportando essa proposição para o nosso contexto normativo, pode-se afirmar que uma forma de vida não se constitui de uma unidade de valores. Ela diz respeito a regras do jogo lingüisticamente estruturadas. Por conseguinte, o "acordo" passível de ser exigido refere-se ao sentido da linguagem em que se estruturam as regras do jogo. A respeito, poder-se-ia acrescentar a seguinte proposição: "O emprego incompreendido de uma palavra é interpretado como expressão de um *processo* estranho."[224] E esclarecer: "a frase parece estranha apenas quando se representa, em relação a ela, um jogo de linguagem diferente daquele no qual nós a empregamos efetivamente"[225]. A noção de "estranheza" do sentido da linguagem, o qual, dessa maneira, não corresponde às regras do jogo, é suscetível de ser relida no que se refere a determinar as fronteiras entre as interpretações textuais juridicamente corretas e incorretas. Definida a interpretação "como a substituição de uma expressão da regra por outra"[226], pode-se afirmar que, do ponto de vista da heterovalidação na esfera pública pluralista, uma interpretação é incorreta quando a sua "estranheza" impede que se possa compreendê-la como expressão de uma regra do jogo extraível do respectivo texto constitucional ou legal. Com mais precisão e rigor, cabe falar de produção de sentido "estranho ao texto"[227]. A "estranheza" importa que ela não tem capacidade de generalizar-se consistentemente como critério para o tratamento de outros casos em que se recorre aos mesmos dispositivos. Enquanto ela for compreensível como expressão de uma regra extraída do respectivo texto normativo ou produzida a partir

---

223. Wittgenstein, 1960: 389, § 241.
224. Wittgenstein, 1960: 380, § 196.
225. Wittgenstein, 1960: 380, § 195.
226. Wittgenstein, 1960: 382, § 201.
227. Compreendida a interpretação no sentido luhmanniano "como produção de novo texto com base em texto antigo" (Luhmann, 1993a: 340), a interpretação incorreta poderia ser concebida como a ausência de nexo de sentido entre texto interpretado e texto interpretante, a saber, "estranheza" entre eles.

dele, constitui uma interpretação correta. Nesse caso, ela tem de ser capaz de apresentar-se como critério de solução de outros casos em que se recorre aos mesmos dispositivos. A predominância técnico-jurídica de uma solução interpretativamente "estranha" e incorreta apresenta-se antes como introdução arbitrária de uma nova regra do jogo, rompendo com a constitucionalidade e a legalidade como princípios do Estado Democrático de Direito.

Deve-se, porém, ter em conta algumas advertências quando se analisa pragmaticamente as fronteiras entre interpretações incorretas e corretas com base na noção de expressões e proposições "estranhas". Em primeiro lugar, não se trata aqui de negar a flexibilidade, incerteza e improbabilidade da interpretação jurídica em uma sociedade supercomplexa, caracterizada por uma esfera pública heterogênea. A linguagem constitucional é ambígua e vaga, dando ensejo a interpretações inovadoras. Quando falo de "estranheza", refiro-me, em uma leitura não ortodoxa de Wittgenstein, às situações em que determinado enunciado interpretante não pode ser compreendido ou admitido como expressão de uma regra do jogo construível a partir do texto constitucional. Enunciado interpretativo "estranho" significa aqui interpretação absurda, inteiramente implausível, isto é, totalmente insuscetível de ser atribuída ao respectivo texto na esfera pública. Inegavelmente, porém, a plurivocidade da linguagem constitucional possibilita que várias interpretações inovadoras e improváveis sejam admissíveis como corretas. A "estranheza" ou "absurdidade" importa que não há condições para que a proposição pretensamente interpretativa seja partilhada como expressão de segundo grau de uma regra do jogo já revestida lingüisticamente em primeiro grau pelo texto constitucional. Isso vai depender do contexto de sentidos construídos, ou melhor, dos usos do texto na esfera pública. Esses usos, porém, são intermediados seletivamente pelos usos dos participantes em sentido estrito do procedimento interpretativo (os intérpretes oficiais ou paraoficiais).

Pode-se objetar que recupero a noção wittgensteiniana de "acordo" e, dessa maneira, estaria em contradição com o dissensualismo conteudístico sustentado no presente trabalho. Mas o "acordo" sobre as regras do jogo é apenas procedimental. Não se trata de entendimento sobre valores ou convergência de interesses. Também não significa satisfação generalizada com os resultados, sejam estes potenciais ou reais. Refere-se à partilha de sentido da linguagem concernente às regras do jogo que devem ser respeitadas no Estado Democrático de Direito. Além do mais, não se configura como partilha de um sentido único, mas sim como congruência de expectativas em relação à pluralidade de sentidos plausíveis. O fato de essa "partilha" dos usos compreensíveis e dos sentidos imputáveis ao texto referir-se não apenas às normas processuais, mas sobretudo às normas de direito material, não invalida a argumentação. As normas constitucionais e legais substantivas do ponto de vista jurídico-dogmático configuram, para o intérprete oficial, as partes e a esfera pública, regras procedimentais do jogo jurisdicional. A congruência de expectativas em relação aos sentidos plausíveis do respectivo texto não significa consenso sobre o seu conteúdo. Pode haver divergências e conflitos profundos sobre o conteúdo da norma legal ou constitucional aplicável, o que tanto pode remontar a uma crítica à própria legislação ordinária ou constitucional, assim como à construção judicial do sentido concreto entre outros possíveis, mas não se observar a "estranheza" ou "absurdidade" do enunciado interpretativo. O relevante é saber se o enunciado interpretativo é capaz de generalização congruente como expressão de segundo grau de uma regra extraída produtivamente do texto constitucional ou legal. Isso envolve a partilha do sentido expresso na proposição interpretativa como correspondente a uma regra do jogo a ser observada. Em outras palavras, implica um consenso sobre as regras procedimentais do jogo da concretização jurídica. O dissenso quanto ao conteúdo, entretanto, permanece na esfera pública, apontando às vezes para a própria mutação das regras procedimentais do jogo jurisdicional, seja com vistas à reconstrução judicial do sentido normativo ou à reforma legislativa e constitucional de textos.

As duas perspectivas a respeito da validade de enunciados interpretativos, a sistêmica ou interna, que aponta para a autovalidação com base na consistência (auto-referência) e na reorientação das expectativas (heterorreferência), e a externa, que se refere à heterovalidação através do fluxo de sentidos que advém da esfera pública, antes de se excluírem, complementam-se no que se refere à compreensão dos procedimentos vinculantes de interpretação-aplicação jurídica no Estado Democrático de Direito. Uma enfatiza a redução de complexidade e seletividade imprescindíveis à continuidade do sistema jurídico e à sua adequação ao ambiente. A outra aponta para a relevância da esfera pública pluralista na construção dos sentidos dos textos constitucionais. Tensões entre autovalidação e heterovalidação de enunciados interpretativos da Constituição são sempre possíveis e, inclusive, freqüentes na situação de pluralismo do Estado Democrático de Direito. Paralelamente, tensões entre os sentidos partilhados prevalentemente pelos intérpretes na acepção ampla (a própria esfera pública pluralista) e os sentidos predominantes no meio dos intérpretes na acepção estrita (órgãos oficiais competentes para a interpretação-aplicação jurídica) emergem habitualmente. Essas constituem um dos principais fatores de mutação e reconstrução de sentidos do texto constitucional e, havendo resistências dos intérpretes na acepção estrita às metamorfoses interpretativas, podem conduzir à própria reforma (do texto) da Constituição ou, no caso-limite, à ruptura constitucional.

Capítulo V
Estado Democrático de Direito: as condições

1. O Leviatã impotente: sob pressão dos fundamentalismos ou particularismos étnicos e das exigências da sociedade mundial

O Estado Democrático de Direito, enquanto exigência funcional e pretensão normativa da modernidade, é condicionado por fatores os mais diversos. O modelo não se reproduz perfeitamente na realidade. Quanto aos condicionamentos, há relevantes variações conforme o tipo de estrutura social. Mas há alguns problemas que constituem fatores comuns da insuficiente realização do Estado Democrático de Direito.

Na sociedade contemporânea, o Estado de Direito encontra-se sob dois flancos de pressão que limitam as suas possibilidades de realização: por um lado, a prevalência cada vez maior de uma ordem mundial reproduzida primacialmente com base na economia e na técnica; por outro lado, a fortificação das etnias locais e dos fundamentalismos. Utilizando uma metáfora, pode-se afirmar que o Leviatã parece impotente, o que dificulta a sua relação com Têmis.

Não é recente o problema de uma sociedade mundial (moderna) predominando sobre o Estado como organização jurídico-política territorialmente delimitada[1]. Não se con-

---
1. Sobre a sociedade moderna como "sociedade mundial", ver Luhmann, 1975c; 1987b: 333 ss.; 1993a: 571 ss.; 1997: 145-71; Luhmann e De Giorgi, 1992:

funde com a questão clássica de um "império mundial" nem com o problema de uma "ordem internacional"[2]. Também não deve ser reduzido ao conceito controverso de "globalização". Com freqüência, este aponta prescritivamente – no âmbito de uma discussão ideologicamente carregada – para a adoção de uma política de desregulação pelos Estados, no sentido de aumentar a competitividade das respectivas economias e apoiar, em nome da eficiência econômica, o desmonte dos mecanismos do *welfare state*[3]. Mas também quando o conceito de globalização tem uma pretensão descritiva, refere-se antes a um sistema de relações entre diversas sociedades regionais e parte de um conceito de sociedade centrado no Estado nacional[4]. O conceito de sociedade mundial tem predominantemente um caráter "descritivo". Mediante ele, faz-se referência a um processo que se desenvolve gradualmente em todo o globo terrestre a partir do início da era moderna[5]. O que se verifica mais recentemente no âmbito da chamada "globalização" é a intensificação crescente das relações sociais e comunicações supra-regionais mundializadas, com reflexos profundos na reprodução dos sistemas político-jurídicos territorialmente segmentados

---

45-54; Heintz, 1982. Analogamente, mas com outros pressupostos, referiam-se Hopkins e Wallerstein (1979) ao capitalismo como "sistema mundial"; cf. também Wallerstein, 1979. Luhmann faz objeções a esse conceito: "Immanuel Wallerstein fala, de fato, de *world-system*, mas se refere com isso a um sistema de interação de diversas sociedades regionais, também em relação à modernidade" (1997: 158 s.). Acrescenta a respeito: "O específico do sistema mundial é, então, apenas a possibilidade ilimitada de acumulação de capital" (1997: 159, nota 215). Cf. também Teubner, 1996c: 259.

2. Cf. Luhmann, 1975c: 57 s.; 1987b: 337; 1997: 159 s.; 1998: 375 s.; 2000a: 221-3. Em outro contexto, Wallerstein (1979: 47 ss., esp. pp. 50 s.) distingue entre "império mundial" e capitalismo como "economia mundial".

3. Nesse sentido, observa Touraine (1996): "Falamos de mundialização ou globalização como se ambos os termos tivessem o mesmo sentido; ora, eles são tão diferentes quanto o são uma descrição e uma ideologia."

4. Cf. Luhmann, 1997: 159; 1998: 374 s.; 2000a: 220 s.; 1995f: 117, nota 30; Teubner, 1996c: 258, nota 1, que se refere ao caráter equívoco do conceito "globalização".

5. Luhmann (1997: 148) refere-se precisamente ao século XVI; cf. também Luhmann e De Giorgi, 1992: 47.

em forma de Estado[6]. O debate sobre globalização, portanto, esbarra no seguinte fato: as "resistências contra o conceito de sociedade mundial perdem em força de convencimento à medida que, cada vez mais, características típicas da modernidade têm de ser incorporadas ao conceito de 'tendências globalizantes'"[7].

A sociedade mundial significa, em princípio, que o horizonte das comunicações ultrapassa as fronteiras territoriais do Estado. Formulando com maior abrangência, tornam-se cada vez mais regulares e intensas as relações sociais além de identidades nacionais ou culturais e fronteiras políticojurídicas. Nesse sentido, a sociedade deixa de ser vinculada diretamente ao ente estatal. Isso, porém, não constituiria um problema para a realização do Estado Democrático de

---

6. "Pode-se definir globalização no sentido de uma intensificação de relações sociais mundiais", sustenta Giddens (1991: 64), partindo, porém, de um conceito de sociedade moderna centrado no Estado Nacional (1991: esp. p. 13). Segundo a sua concepção abrangente, a globalização envolveria quatro dimensões: "a economia capitalista mundial", "o sistema dos Estados Nacionais", "a ordem militar mundial" e "a divisão internacional do trabalho" (70-8). Sobre a relação entre democracia e globalização ou "ordem global", ver Brunkhorst e Kettner (orgs.), 2000; Held (1995), que se refere à "intensificação de regionalização e globalização" como fator simultâneo de ampliação da responsabilidade funcional do Estado e de erosão de sua capacidade de tratar das demandas que se lhe apresentam (121). Münch (1998), por sua vez, aponta para a relação difícil entre dinâmica global e mundos da vida local; fala, nesse contexto, de "força abatida do Estado nacional" (9 ss.), mas atribui a este o "papel de mediação" entre unidades globais e locais (7). Tendo em vista o entrelaçamento de problemas locais e globais, Robertson (1998), por seu turno, lançou na discussão o conceito de "glocalização" (conforme o Oxford Dictionary of New Words – que ele mesmo cita – uma "das mais importantes palavras da moda do marketing"); a respeito, ver Beck, 1997: 88 ss. Quadros panorâmicos do debate sobre globalização e sociedade mundial encontram-se, respectivamente, em Beck (org.), 1998a, 1998b, no quais se pode verificar a tendência de que esses dois conceitos cada vez mais se entrelaçam; cf. também Beck, 1997.

7. Luhmann, 1998: 374 ou 2000a: 221; cf. 1994: 4. Em conformidade com essa assertiva, Brunkhorst (1999a: 374) admite, por um lado, que se possa conceituar "a sociedade moderna, desde o início, como *sociedade mundial*", salientando, por outro lado: "Somente no fim do nosso século a *globalização* [...] tornou-se tão evidente que a sociedade pode, na sua descrição, reconhecer a si mesma como sociedade mundial [...]."

Direito, caso correspondentemente pudessem surgir e impor-se eficientes mecanismos interestatais ou supra-estatais de regulação jurídica das relações emergentes. O problema da sociedade mundial como condicionamento negativo do Estado Democrático de Direito reside no fato de que se trata de uma sociedade que se reproduz primariamente com base no código econômico[8]. O código "ter/não-ter" configura-se como o mais forte e, por reproduzir-se regularmente além de fronteiras, torna o sistema econômico relativamente "intocável" pelos Estados enquanto sistemas jurídico-políticos diferenciados segmentariamente em territórios[9]. Mas esse problema só se agravou no fluxo das tendências mais recentes de economicização no plano da sociedade mundial, ou seja, por força de uma expansão hipertrófica do código econômico ("globalização econômica") em detrimento da autonomia dos sistemas político e jurídico. A dificuldade de impor decisões políticas e aplicar normas jurídicas às relações e organizações econômicas transnacionais resulta em limites à realização do Estado Democrático de Direito. O có-

---

8. Sobre o caráter primariamente econômico (e correspondentemente técnico-científico) da sociedade moderna (mundial), cf. Luhmann, 1975c: esp. pp. 55 e 58; 1981f: 149 ss.; 1981b: 32; 1973b: 5. Ele afasta-se posteriormente dessa posição para enfatizar a horizontalidade dos sistemas autopoiéticos, propondo, assim, uma radicalização da tese da autopoiese (cf., p. ex., 1988c: esp. p. 27; 1997: esp. pp. 747 s. e 762 s.; crítico a respeito dessa mudança na teoria dos sistemas, ver Nahamowitz, 1985: 41; a respeito, cf. Neves, 1992: 33 e 75, nota 23). Mas me parece que a posição anterior de Luhmann pode ser mantida do ponto de vista sistêmico, não no sentido de um primado ôntico-essencial (cf. Luhmann, 1975c: 63 s.) ou de uma necessária ausência de autopoiese nos outros sistemas sociais, mas sim no sentido de que a economia, no ambiente dos diversos sistemas funcionais da sociedade mundial (moderna), constitui o fator mais relevante, a ser observado primariamente. Em outras palavras, o sistema econômico é equipado com o código socialmente mais forte de preferência entre um "sim" e um "não". Isso não exclui que, em casos de forte hierarquização dentro do sistema econômico, o primado deste degenere em indiferenciação social economicamente determinada.

9. Sistemicamente, a diferenciação segmentária em "sociedades regionais" construídas a partir de sistemas políticos e jurídicos territorialmente delimitados (Estados) possui uma "posição subordinada" em relação à diferenciação funcional (cf. Luhmann, 1975c: 60 s.).

digo binário "lícito/ilícito" e também o código "poder/não-poder" apresentam-se frágeis para enfrentar a ação restritiva ou destrutiva dos interesses econômicos sobre os sistemas jurídicos delimitados territorialmente em Estados. Não se trata simplesmente de autopoiese da economia em face da política e do direito, antes de hipertrofia do código econômico em prejuízo dos códigos jurídico e político. Essa situação varia, conforme o grau de solidez do Estado Democrático de Direito respectivo, mas é sempre um fator que tem efeitos asfixiantes sobre a esfera pública pluralista, dificultando assim a realização da "soberania do povo" e da "soberania do Estado", do princípio da igualdade, da cidadania e da pluralidade procedimental. A concepção do dissenso conteudístico combinado com o consenso procedimental, nessas condições de uma economia cada vez mais "globalizada", merece inegavelmente restrições empíricas, mas não perde o seu significado quanto à caracterização do Estado Democrático de Direito como exigência funcional e pretensão normativa da modernidade.

Considerando também a "sociedade *política* mundial" como composta de "Estados nacionais"[10], pode acrescentar-se que a ordem internacional dispõe de mecanismos de regulamentação das relações econômicas que se desenvolvem além das fronteiras estatais. Porém, é inegável que à fragilidade da ordem político-jurídica internacional contrapõe-se a força do mercado mundial, principalmente do mercado financeiro. Além do mais, aquela está tão intimamente vinculada aos interesses das grandes "potências" que seria uma ilusão acreditar na sua função construtiva ou garantidora do Estado Democrático de Direito. Quanto às organizações regionais, tais como União Européia, Nafta, Mercosul – apesar de uma certa eficiência (evidentemente, em graus muito diversos) –, trata-se antes de instrumentos do mercado mundial do que de instituições políticas internacionais destinadas a assegurar ou promover a cidadania, o

---

10. Habermas, 1996f: 128.

princípio da igualdade e a "soberania do povo" nos respectivos "Estados-Membros". Na linguagem habermasiana, suas normas jurídicas supra-estatais consistiriam, sobretudo, no direito a serviço do meio "dinheiro", não do direito como "instituição". Mas também a proposta de uma "política interna mundial" [*Weltinnenpolitik*] que, com base em "uma solidariedade cosmopolita", exploraria novas instituições e procedimentos capazes de impor condições limitadoras à reprodução mundial da economia[11], é suscetível de amplas restrições no contexto político intensamente conflituoso da sociedade mundial hodierna e, antes de contribuir para a construção de mecanismos de resolução de conflitos e solução de problemas, desempenha um papel "ideológico".

Não se deve confundir o problema da relação difícil entre sociedade mundial reproduzida primariamente com base no código econômico – especialmente nos termos da "globalização econômica" – e Estado Democrático de Direito com a questão do relacionamento entre direitos humanos como expectativas normativas congruentemente generalizadas no plano mundial[12] e a soberania dos Estados[13]. Aqui não se trata de um conflito com o Estado Democrático de Direito[14]. Ao contrário, os Estados que recorrem ao princípio clássico da soberania para negar a possibilidade de controles internacionais sobre o desrespeito interno dos di-

---

11. Habermas, 1998a, que se refere aqui à "consciência de solidariedade cosmopolita compulsória" (77) e à "construção de interesses comuns no 'propósito de uma cidadania mundial'" (80) como fundamentos para a "produção de um 'regime mundial de bem-estar'" (80). Cf. também 1998b: esp. pp. 156 ss. Retornarei a esse tema *infra*, em "Perspectiva".

12. Cf. Luhmann, 1993a: 574 ss., propondo que a discussão sobre direitos humanos na perspectiva de um sistema jurídico mundial concentre-se no problema das ofensas flagrantes e escandalosas à "dignidade humana", no âmbito de uma semântica restritiva do conceito (esp. pp. 578 ss.). Mas ele levanta "a suspeita de que também os direitos humanos servem de pretexto para intervir em relações políticas que só podem ser resolvidas responsavelmente – seja democraticamente ou não – no plano nacional" (Luhmann, 1999b: 253).

13. A respeito, cf., p. ex., Lafer, 1995; Denninger, 1994.

14. Em uma outra perspectiva, partindo do conceito de soberania do povo, Brunkhorst (1999b) chega à mesma conclusão.

reitos humanos, em regra, afastam-se radicalmente do modelo do Estado de Direito[15]. De fato, onde houver Estado Democrático de Direito, apesar das diversidades culturais, não surgirão problemas relevantes entre direitos humanos com pretensão de validade mundial e soberania do Estado. Ao contrário, tenderá a haver um crescente reconhecimento das declarações internacionais de direitos, assim como a positivação legal (inclusive constitucional) e a concretização dos respectivos conteúdos.

A prevalência do código "ter/não-ter" na sociedade mundial, além de envolver a produção de mecanismos jurídicos e políticos como instrumentos da economia, tem efeitos colaterais de difícil controle pelo poder e direito estatais. Assim surgem problemas ecológicos e de criminalidade econômica internacional que se tornam incontroláveis ou incontornáveis pelos Estados. Os problemas ecológicos que ultrapassam fronteiras estão intimamente associados ao predomínio do código econômico em detrimento de qualquer outra preferência jurídico-política, sobretudo em relação aos direitos referentes a interesses coletivos e difusos. Sendo a regulamentação internacional ainda muito precária, os Estados de Direito mostram-se impotentes em face da emergência crescente desses problemas em prejuízo da cidadania. Da mesma maneira, a criminalidade internacional, relacionada sobretudo à mundialização da economia, atua restritivamente em relação aos direitos de cidadania. Também aqui

---

15. Cf. Luhmann, 1993a: 579. A postura dos Estados Unidos da América contrária a controles externos sobre o respeito ou a violação dos direitos humanos pelas suas instituições – o que se manifesta bem claramente na rejeição de subordinar-se à Corte Interamericana de Direitos Humanos (*ibidem*: 580) –, antes de apontar para um conflito entre soberania e direitos humanos, implica limites à realização do Estado Democrático de Direito em um mundo onde a noção assimétrica de "superpotência" ainda ocupa um lugar de destaque. Na verdade, reconstruindo em outro vetor a concepção política kantiana da possibilidade de paz entre as "Repúblicas" mediante "um federalismo de Estados livres" (Kant, 1993 [1795]; cf. Luhmann, 1993a: 579; Habermas, 1996h; J. P. Müller, 1996b), o Estado Democrático de Direito só pode realizar-se plenamente em condições de paz solidificada e permanente entre os Estados, incompatível com a idéia de "superpotência".

à precariedade das regulamentações interestatais corresponde a incapacidade do Estado de controlar eficientemente as novas formas internacionais de criminalidade ou de impedir a sua propagação.

Em face dessas pressões restritivas advindas do "sistema mundial", o Estado é apresentado como um "herói local" ("*local hero*") na formulação de Willke, residindo aí "sua limitação e sua força"[16]. Mas também do ponto de vista interno o Estado de Direito encontra pressões que dificultam ou obstaculizam a sua realização. Destaca-se a fortificação de etnias locais que se excluem reciprocamente, impedindo tanto a construção de uma esfera pública pluralista, na qual sejam respeitadas as diferenças de valores, interesses, expectativas e discursos, quanto a reprodução autônoma dos subsistemas da sociedade. Freqüentemente, esse fenômeno dos conflitos étnico-culturais insuscetíveis de resolução com os mecanismos do Estado de Direito estão associados a fundamentalismos religiosos[17] que tornam impossível qualquer forma de convívio simétrico com o diferente e com a autonomia de esferas de comunicação. Ambos, os conflitos étnico-culturais e os fundamentalismos religiosos, importam intolerância e, portanto, inadmissibilidade do dissenso estrutural que caracteriza a esfera pública pluralista[18]. O Estado Democrático de Direito pressupõe a tolerância: respeito recíproco e simétrico às diferenças. Isso importa hoje "multiculturalismo" na esfera pública pluralista[19]. A generaliza-

---

16. Willke, 1992: 362 ss.
17. "Fundamentalismo e radicalização política constituem tendências" (Luhmann, 1998: 373 ou 2000a: 219; cf. 1994: 6).
18. Em relação ao fundamentalismo como um dos desafios do Estado de Direito no presente, afirma Fleiner (1990: 96), com razão: "Devemos, de uma vez, deixar-nos claro que as tendências fundamentalistas ameaçam o Estado de Direito em seu alicerce. Sem um conceito secularizado de Estado seria impensável um Estado neutro e tolerante em relação às diversas religiões." A respeito, cf. também Häberle, 1996.
19. Cabe, porém, observar que um multiculturalismo extremo é incompatível com o universalismo da cidadania e, portanto, com o Estado Democrático de Direito. Nesse sentido, afirma Touraine: "Não há sociedade multicultural

ESTADO DEMOCRÁTICO DE DIREITO: AS CONDIÇÕES

ção e a fortificação de formas de intolerância étnico-culturais e religiosas no seu âmbito de vigência político-jurídica são fatores de corrosão do Estado Democrático de Direito, constituindo-lhe uma ameaça de destruição[20]. Diferentemente dos conflitos de interesse, que podem ser considerados "conflitos triviais" na medida em que são passíveis de mediação[21], seguem daí formas destrutivas, não triviais de conflito, como destaca Luhmann: "Pode ser que em um futuro previsível estejamos perante conflitos de natureza inteiramente diversa: conflitos étnicos, conflitos religiosos, conflitos de identidade, conflitos sobre valores, normas e convicções não passíveis de negociação. Inumeráveis movimentos fundamentalistas, tais como vêm renascendo inesperadamente nas últimas décadas, comprovam que, assim como antes, ainda existem esses conflitos não triviais e que foi uma ilusão poder reduzir todos os conflitos, politicamente, a conflitos de interesses."[22] De maneira alguma pode-se reduzir essa

---

possível sem o recurso a um princípio universalista que permita a comunicação entre os indivíduos e os grupos social e culturalmente diferentes" (1997: 206). E salienta em conformidade com isso: "É preciso rejeitar com a mesma força uma concepção jacobina da cidadania e um multiculturalismo extremo que rejeita todas as formas de cidadania" (1994: 99). Em perspectivas semelhantes, Rosenfeld defende um "pluralismo compreensivo" (1998: 199 ss., esp. pp. 212 ss.) e Benhabib (1999: 112) propõe "a formação de uma cultura da criatividade civil" nos seguintes termos: "Essa criatividade é que exige dos indivíduos e grupos desenvolver na esfera pública argumentos justificáveis e confrontar-se com outros pontos de vista que não sejam os seus próprios." Cf. também Mastronardi (1998: 350 ss.), que se refere a um vínculo entre fundamentalismo e visões do mundo "multiculturais" e fechadas em si, reduzindo o problema, entretanto – nos termos da teoria do discurso, isto é, de um modelo orientado para o entendimento recíproco (consenso) – a reações do mundo da vida à sua repressão sistêmica.

20. A respeito da desintegração étnica de certos Estados, adverte Luhmann "quão fortemente os problemas relacionam-se com o fato de não serem combináveis (1) efetividade estatal, (2) autodeterminação étnica e (3) democracia" (1998: 352 ou 2000a: 196).

21. Nas palavras de Luhmann (1998: 372 ou 2000a: 218): "seja por compromissos, seja por pagamentos compensatórios, seja finalmente por ameaças ou emprego da força, que levem a uma mudança da situação de interesses, ou pela recodificação dos interesses no esquema 'lícito/ilícito'."

22. Luhmann, 1998: 372 ou 2000a: 218 s. Ele acrescenta: "Caso isso esteja certo, deveria conduzir a estratégias políticas inteiramente diversas, como,

questão à colisão de valores ideais, mas também não se pode transformá-la na colisão elegante, pós-moderna, de jogos de linguagem[23], pois se trata de conflitos reais referentes a valores e a identidades, que atuam destrutivamente em relação aos diferentes discursos e jogos de linguagem. Eles prejudicam a própria lógica dos discursos colidentes não apenas de fora, mas também de dentro. Para o Estado Democrático de Direito, isso significa que as respectivas racionalidades colidentes, a do direito e a da política, são minadas através da negação dos procedimentos constitucionais por movimentos fundamentalistas ou pela intolerância étnico-cultural e religiosa.

Além das intolerâncias étnico-culturais e religiosas, o Estado Democrático de Direito confronta-se internamente com o problema de uma crescente indiferença da população não apenas em relação aos conteúdos das decisões políti-

---

por exemplo, a opções e sanções claras por parte do Estado ou das organizações internacionais que o apóiam." E prognostica: "Vão aumentar então os conflitos que só serão solucionados na forma de disputas semelhantes à guerra civil – e isso em formas que não levam em consideração as conseqüências econômicas nem o sofrimento da população" (1998: 372 ou 2000a: 219).

23. Em uma perspectiva pós-moderna, Teubner sustenta "que a problemática do conflito à qual o direito está exposto não é a colisão de valores ideais, mas sim a colisão de discursos reais com diferentes lógicas próprias, que contêm um enorme potencial de autodanificação" (1996b: 203). Ele continua: "De colisão de valores só fala ainda hoje o Tribunal Constitucional Federal. O direito não tem que decidir sobre as oposições inconciliáveis entre o sagrado, o bem, o verdadeiro, o justo e o belo, mas sim os conflitos entre discursos realmente conduzidos na sociedade, entre cadeias autoprodutivas de 'énoncés', condicionadas por uma gramática interna, por códigos binários e programas que realizam sua lógica própria com fechamento hermético" (*ibidem*). E acrescenta: "Para responder à problemática da colisão, deveria ser indispensável deslocar-se do pluralismo de interesses para o pluralismo de discursos, o pluralismo de jogos de linguagem" (1996b: 217). Mas essa posição não esclarece o fato de que dentro dos diferentes discursos, especialmente no âmbito da política e do direito, surgem conflitos de interesses e de "valores reais" que, freqüentemente, são mais importantes do que colisões entre esferas discursivas. Ou se pretende insistir na unidade de valores e interesses no interior dos respectivos jogos de linguagem e, dessa maneira, desconsiderar problemas políticos e jurídicos decisivos da sociedade mundial hodierna? (ver *supra* nota 16 do Cap. IV).

cas e normas jurídicas, mas também com respeito ao significado de seus procedimentos básicos. Não se desconhece aqui que um grau de indiferença é imprescindível ao funcionamento de um sistema político complexo[24], mas quando a indiferença amplia-se excessivamente, atingindo sobretudo o significado dos procedimentos, pode-se falar de uma apatia pública que obstaculiza a capacidade de aprendizado e o desenvolvimento do Estado de Direito. A esfera pública (e também o público como dimensão interna do sistema político) torna-se "anestesiada" de tal maneira que se viabiliza a prevalência de interesses particularistas em detrimento do pluralismo. É sobretudo relevante para a experiência da democracia européia o fato de que a apatia da população é complementada pela sensibilidade crescente dos extremismos contrários ao Estado Democrático de Direito. Esses extremismos, relacionados a uma atitude xenófoba em face do aumento tendencial da imigração, tornam-se cada vez mais ativos, sem que haja proporcionalmente um discurso crítico entre os "nacionais" do respectivo Estado. Indiferentes os "nacionais" para o problema, o Estado não recebe fluxo legitimador suficiente para combatê-lo. Em outras palavras, "anestesiada" a esfera pública, os extremismos de tendência totalitária ativam-se, ameaçando o Estado Democrático de Direito.

Também parece que o papel do Estado de Direito "de formar um foco reconhecível e vinculante de solidariedade social"[25] sofre profundas limitações pelos particularismos que se desenvolvem nos âmbitos locais. A presença de um "foco de solidariedade social", discutível em sociedades complexas, pressupõe uma esfera pública pluralista vigilante em relação ao Estado. A persistência de particularismos aponta exatamente no sentido oposto: a pretensão do predomínio excludente e privilegiado de certos valores e interesses[26]. Por-

---

24. Cf. Luhmann, 1983a: 191 s. e 251, nota 5, utilizando os termos "apatia", "ignorância" e "desinteresse".
25. Willke, 1992: 366.
26. Em outro contexto argumentativo, Bobbio (1992a: 26 s.) refere-se à persistência das oligarquias.

tanto, atua localmente como fator negativo da realização do Estado de Direito. Pressionado, de um lado, pelo "sistema mundial", que se reproduz primariamente a partir do código de preferência econômico, e, de outro, pelos conflitos étnico-culturais, os fundamentalismos religiosos, a apatia pública, os extremismos políticos e os particularismos em geral, o Estado Democrático de Direito não é nem um "herói global" nem um "herói local". Para confrontar-se adequadamente com essa duplicidade de pressões negativas, não se trata simplesmente de fortificar em vão o "Leviatã". Este ganha sua força em uma sociedade supercomplexa enquanto se relaciona construtiva e simetricamente com "Têmis", fortificando-a. Disso resulta capacidade funcional dos sistemas político e jurídico e solidez de uma esfera pública pluralista. E é exatamente dessa maneira que se reduzem o significado e o impacto dos diversos condicionamentos negativos do Estado Democrático de Direito.

2. O problema do Estado Democrático de Direito na modernidade central: limites à heterorreferência

Embora a sociedade mundial importe em condicionamentos comuns para a realização do Estado Democrático de Direito em todas as regiões do globo terrestre, a bifurcação no desenvolvimento da sociedade moderna conduziu a uma divisão entre centro e periferia, implicando problemas diferentes para as respectivas organizações político-jurídicas. Não utilizo o modelo "centro/periferia" da forma simplificadora e "ideologicamente" carregada das teorias da exploração dos anos 60 e 70[27]. Parte-se aqui da constatação de que o advento da sociedade moderna está estreitamente vinculado a uma profunda desigualdade econômica no desenvolvi-

---

27. Sobre esse debate, recomenda-se, dentro da vasta literatura, o panorama oferecido por Senghaas (org.), 1972; 1974a; 1979.

mento inter-regional[28], trazendo conseqüências significativas na reprodução de todos os sistemas sociais, principalmente no político e no jurídico, estatalmente organizados. Claro que se trata aproximativamente de conceitos típico-ideais no sentido weberiano, os quais, enquanto "utopias" gnosiológicas, nunca são encontrados em forma pura na realidade social, servindo antes como esquemas de sua interpretação com ênfase unilateral em determinados elementos mais relevantes à abordagem[29]. Não cabe desconhecer, pois, que a sociedade mundial de hoje é multifacetada e possibilita a aplicação do esquema "centro e periferia" em vários níveis[30]. Tampouco se deve desconhecer que os recentes desenvolvimentos da sociedade mundial apontam no sentido de uma mobilidade nas posições de centro e de periferia[31], podendo-se observar também tendências a uma paradoxal periferização do centro[32]. Parece-me, porém, que a distinção entre modernidade central e periférica é analiticamente frutífera, na medida em que, definindo-se a complexidade social e o desapare-

---

28. A respeito, ver Hopkins e Wallerstein, 1979. Esse problema está intimamente associado à divisão regional do trabalho, que, segundo Durkheim (1986: 164), "desenvolve-se a partir do século XIV". Nesse sentido, Giddens (1991: 71 e 75 s.) inclui a divisão internacional do trabalho como uma das dimensões da "globalização".

29. Weber, 1973: 190 s. Na concepção weberiana de tipo ideal, "os elementos considerados não essenciais ou casuais para a constituição da hipótese" não são tomados em conta (Weber, 1973: 201 s.; 1968a: 163 s.). Mas enquanto em Weber (1973: 208) o conceito de tipo ideal baseia-se na "noção fundamental da teoria do conhecimento moderna que remonta a Kant, de que os conceitos são e apenas podem ser meios mentais para o controle espiritual do empiricamente dado", ou seja, remonta à noção do sujeito transcendental, concebo o tipo ideal como estrutura cognitiva de seleção das ciências sociais em relação à realidade, que, diante delas, apresenta-se autônoma e mais complexa. Cf. Neves, 1992: 110 s.; 1994a: 148; 1994c: 66; em uma perspectiva estritamente sistêmica, Luhmann, 1987a: 51.

30. Cf., p. ex., Galtung, 1972: 35 ss.; Wallerstein, 1979; Hopkins e Wallerstein, 1979; Senghaas, 1974b: 21.

31. "Visto a longo prazo haverá [...] nas divisões entre centros e periferias mais mobilidade do que faz supor a distinção momentânea de acordo com a situação atual de desenvolvimento" (Luhmann, 1998: 377 ou 2000a: 224).

32. Neves, 1998: 153 ss.

cimento de uma moral imediatamente válida para todas as esferas da sociedade como características da modernidade, constata-se que, em determinadas regiões estatalmente delimitadas (países periféricos), não houve de maneira alguma a realização adequada da autonomia sistêmica de acordo com o princípio da diferenciação funcional nem a constituição de uma esfera pública fundada na generalização institucional da cidadania, características (ao menos aparentes) de outras regiões estatalmente organizadas (países centrais)[33].

O fato de haver graus diversos quanto à diferenciação funcional exigida pela complexidade social e quanto à construção da cidadania como exigência do desaparecimento da moral hierárquico-material pré-moderna não invalida o potencial analítico dos conceitos de modernidade central e modernidade periférica, antes aponta para sua função de estrutura de seleção cognitiva das ciências sociais. Deve-se observar também que, embora a distinção típico-ideal entre "centro" e "periferia" da sociedade moderna (mundial) tenha fundamentos econômicos, ela pressupõe a segmentação territorial do sistema político-jurídico em Estados[34].

Pode-se afirmar que o problema do Estado Democrático de Direito na modernidade central é, antes de tudo, de heterorreferência do Estado enquanto organização jurídico-política territorialmente determinada. Externamente, isso significa dificuldades de resposta adequada às exigências dos demais sistemas funcionais e do "mundo da vida"; internamente, dificuldades de uma relação reciprocamente adequada entre política e direito. Conforme metáfora sugerida neste trabalho, por um lado, a relação entre Têmis e Leviatã é rígida e pouco sensível perante a sociedade envolvente; por

---

33. Neves, 1992: esp. pp. 75 ss.; 1994a: 147 ss.; 1994c: 66 s.

34. "É por fundamentos políticos que se persiste na segmentação regional do sistema político da sociedade mundial em Estados, apesar de permanente perigo de guerra; e são fundamentos econômicos que forçam a diferenciação da sociedade em centro e periferia, em regiões superdesenvolvidas e regiões carentes de desenvolvimento" (Luhmann, 1986a: 168). Nesse sentido é possível designar-se a sociedade mundial como sistema internacional estratificado de desenvolvimento; cf. Heintz, 1982: 17 s. e 33 ss.

outro, Têmis e Leviatã relacionam-se problematicamente, com dificuldades de "compreensão" recíproca.

No que diz respeito à relação do Estado com a sociedade envolvente (ambiente estruturado sistêmico-funcionalmente e "mundo da vida"), não se trata de retomar o debate sobre a crise de legitimação dos anos 70. Naquele contexto, Habermas estabeleceu a distinção entre crise de *input* (de motivação e de legitimação) e crise de *output* (econômica e de racionalidade), relacionando a primeira à integração social e a segunda à integração sistêmica[35]. Mas esse debate estava vinculado (direta ou indiretamente) a uma discussão mais abrangente de crítica ao Estado Democrático de Direito como ideologia. Apontava mais no sentido de uma superação do que de abordagem dos limites estruturais. Além do mais, a classificação dos tipos de crise, tal como formulada por Habermas, não observava então que crises sistêmicas também podem apresentar-se como crises de *input*.

O que interessa reconsiderar nesta oportunidade é o debate sobre juridificação *versus* desjuridificação. Trata-se, inicialmente, de um debate sobre a heterorreferência do sistema jurídico. Discute-se sobre a expansão e especialização crescente do direito[36]. Mas, como no sentido amplo a juridificação envolve a legalização, a burocratização e a justicialização[37], ela refere-se mais abrangentemente à ampliação quantitativa e qualitativa do Estado no que concerne aos seus três poderes e procedimentos básicos (legislativo, executivo e judiciário). A questão que se estabelece é, em última análise, a dos limites da própria atividade estatal[38].

---

35. Cf. Habermas, 1973: 66 ss.
36. Cf. Voigt, 1980: 16; 1993: 77 e 130; Görlitz e Voigt, 1985: 119 s.; Habermas; 1982a II: 524; Werle, 1982: 4. A respeito das dimensões da juridificação como problema do Estado de Direito, ver também Bock, 1988: 11 s.
37. Cf. Voigt, 1980: 18-23; 1993: 80 ss. e 130; Görlitz e Voigt, 1985: 134 ss.
38. Evidentemente, a questão da juridificação vai além do direito estatal, tendo em vista que problemas de juridificação no plano global ou internacional ganham cada vez maior significado e passam a ocupar o centro das atenções (cf., entre outros, Wolf [org.], 1993; Zangl e Zürn [orgs.], 2004). Mas aqui não é o espaço para entrar na discussão desses problemas.

Habermas abordou o problema ao discutir a "colonização do mundo da vida". Nesse contexto teórico, discutia-se em que medida os meios sistêmicos "poder" e "dinheiro" atuavam destrutivamente em relação ao mundo da vida: "A tese da colonização interior afirma que os subsistemas economia e Estado, em face do crescimento capitalista, tornam-se mais complexos e invadem cada vez mais profundamente a reprodução simbólica do mundo da vida."[39] O direito teria duas dimensões, apresentando-se, ao mesmo tempo, como instituição reguladora da esfera do agir comunicativo e como instrumento dos meios "poder" e "dinheiro". As fases juridificantes referentes ao desenvolvimento no sentido da construção do Estado Democrático de Direito corresponderiam sobretudo ao direito como instituição. O debate sobre juridificação como forma de colonização do mundo da vida referia-se especialmente ao Estado Social[40]. Este, apesar de desempenhar um papel "garantidor de liberdade", serviria também à "privação de liberdade" quando invadisse destrutivamente o "mundo da vida". Só nesse caso a juridificação põe-se como um problema na teoria do agir comunicativo: o direito-meio, expressão sistêmica do agir racional-com-respeito-a-fins (instrumental e estratégico), a serviço da economia e do poder, invadiria a esfera do agir comunicativo, fundada no entendimento e, dessa forma, prejudicaria a construção de uma razão intersubjetiva.

A análise habermasiana da juridificação como forma de colonização do mundo da vida é limitada sob dois aspectos: de um lado, reduz a questão à atuação destrutiva do direito em relação ao mundo da vida, sem considerar a juridificação como um problema de expansão em face de outros sistemas funcionais; de outro, restringe o debate dos efeitos "colonizadores" da juridificação ao Estado Social[41]. Em verdade, o

---

39. Habermas, 1982a II: 539. Cf. no mesmo sentido Mastronardi, 1998: 347 ss., tendo em vista especificamente a dominância do sistema econômico na experiência prática da Suíça (348).
40. Ver *supra* pp. 109 e 180 s.
41. No mesmo sentido manifestou-se também Teubner, 1984: 295 e 302 s. Mais tarde, afastou-se dessa posição, ao definir a juridificação abrangentemente como um "acontecimento ultracíclico" (1998b).

tema deve ser abordado de uma maneira mais abrangente: hipertrofia sistêmica do direito em todos os casos nos quais prejudica a reprodução de outros sistemas funcionais, do mundo da vida e da esfera pública que emerge desses. Além do mais, desde que o fenômeno inclui a legalização, a burocratização e a justicialização, cabe falar compreensivamente de estatalização como expansão problemática dos sistemas jurídico e político em detrimento da sociedade envolvente (ambiente estruturado sistêmico-funcionalmente e "mundo da vida").

Do ponto de vista sistêmico, o problema diz respeito à observação e à descrição dos efeitos da reprodução conjunta dos códigos "poder/não-poder" e "lícito/ilícito" no âmbito da organização estatal e em face dos demais subsistemas sociais. Aqui se trata da análise da autopoiese da política e do direito em face da autopoiese dos demais subsistemas sociais. O debate dirige-se, em princípio, à expansão da política e do direito em prejuízo da reprodução dos outros sistemas sociais. Mas, como cada sistema funcional apresenta-se como ambiente para os demais, não se lhes subordinando, a pretensão expansiva do Estado pode antes mostrar a incapacidade dos sistemas político e jurídico de observar adequadamente a autonomia do contexto[42]. O Estado é sobrecarregado por exigências seletivas advindas de um ambiente supercomplexo, composto paradoxalmente também de sistemas que se reproduzem de forma operacionalmente fechada (embora cognitivamente aberta). Nesse sentido, a juridificação ou "estatalização" implica não só efeitos desintegradores das atividades estatais sobre a sociedade, mas também reações desintegradoras desta sobre o Estado, uma vez que põe este em face dos limites de sua própria capacidade funcional[43].

---

42. Teubner e Willke, 1984; Teubner, 1984: 334 ss.; 1988a; 1989: 81 ss.

43. Teubner, 1984: 322 ss. Mais tarde, sustenta-se o seguinte: "Juridificação da sociedade, portanto, sempre significa, simultaneamente, societarização do direito. Isso não é de entender-se apenas como uma 'relação recíproca' entre direito e subsistema social, mas sim como um processo cumulativo, no qual se constrói uma *'chain of misreading'* que impulsiona ambos os sistemas em

Extremamente conjugados, Leviatã e Têmis não percebem os limites de sua inserção social. Daí resultam desilusões. Mas a estatalização tem um significado especialmente relevante para o Estado Democrático de Direito quando se trata da expansão de política e direito com efeitos destrutivos em relação ao mundo da vida como esfera(s) social(is) não estruturada(s) sistemicamente. De fato, se o Estado delimita excessivamente o espaço das "relações intersubjetivas" (interações cotidianas) de uma sociedade supercomplexa, que não se ampara em um modelo de moral totalizante, mas antes na pluralidade ou fragmentação ética, impede a própria continuidade da reprodução social fundada na diferença. Nesse sentido, a atividade político-jurídica, nas formas de legalização, burocratização e justicialização, torna-se asfixiante do mundo da vida. O recurso permanente ao Estado importa o recalque da emergência de formas autônomas e plurais de discursividades ou racionalidades sociais. Disso resultam graves conseqüências para a esfera pública pluralista enquanto campo de tensão entre sistemas político e jurídico, de um lado, e os demais subsistemas sociais e o mundo da vida, de outro – um campo de tensão que, por sua vez, exige mediação de conflito ou dissenso através dos procedimentos constitucionais (políticos e jurídicos). A regulação excessiva obstaculiza o surgimento de alternativas criativas a partir da esfera pública. Anestesiada esta, o Estado isola-se (paradoxalmente, porque se expande) sem suficiente amparo heterolegitimador. Torna-se difícil, dessa maneira, reconhecer e processar o dissenso estrutural resultante da pluralidade de valores e de interesses. A burocracia, o legislador e o Judiciário, que passam a ser invocados com cada vez mais freqüência, propõem-se a responder abrangentemente aos diversos problemas que, implicando demandas perante o Estado, emergem de "relações intersubjetivas" (interações cotidianas) cada vez mais desgastadas. Assim sen-

---

uma dinâmica singular de mal-entendidos" (Teubner, 1998b: 206, com apoio em Sousa Santos, 1987).

do, a estatalização, ao mesmo tempo em que importa uma invasão do mundo da vida pelos sistemas político e jurídico e, conseqüentemente, a fragilização da esfera pública, é realimentada pelo desgaste do mundo da vida (ou seja, das "relações intersubjetivas" – interações cotidianas – construídas por meio da linguagem natural não especializada sistemicamente) e pela apatia da esfera pública.

Contra a tendência à "juridificação" crescente, surgiu a estratégia de "desjuridificação"[44]. Também aqui o termo refere-se abrangentemente à deslegalização, à desburocratização e à desjusticialização. Portanto, pode-se falar correspondentemente de tendência à desestatização. Essa contratendência apresenta-se como solução para o problema decorrente das conseqüências disfuncionais da "juridificação" sobre os outros subsistemas sociais, especialmente o econômico. A respeito, observa Teubner que, "não obstante as fórmulas políticas de 'de-regulation' e 'de-legalization', a desjuridificação não se apresenta seriamente como uma estratégia alternativa para o debate"[45]. De fato, constitui uma ilusão a tentativa de resolver ou controlar o problema dos efeitos disfuncionais da juridificação com decisões políticas sobre a existência de um maior ou menor "volume" de direito, interrompendo um processo complexo de desenvolvimento para o Estado Social. "A 'inundação de leis'" – acrescenta Teubner – "não pode ser sustida por diques e barreiras, quando muito pode ser canalizada."[46] Às propostas de "desjuridificação" subjaz uma concepção instrumentalista do direito e voluntarista da política, que desconsidera a complexidade desses sistemas sociais na sociedade moderna. Além de tudo, deve-se observar, em relação às propostas desjuridificantes, "o fenômeno paradoxal" de que "os movimentos contrários, por seu turno, têm de recorrer aos meios estruturais dos sistemas funcionais", vindo, assim, a sobrecarregar o Estado com novas atividades[47].

---

44. Voigt (org.), 1983a; Görlitz e Voigt, 1985: 171-96.
45. Teubner, 1984: 303.
46. *Ibidem*.
47. Luhmann, 1993a: 294.

O problema decorrente da expansão do direito e da política é inerente à complexidade estrutural do Estado e da sociedade moderna, não podendo ser tratado nem nos termos do esquema simplista da "desjuridificação" ou "desestatalização", nem, ao contrário, conforme o modelo instrumental da implementação[48]. Não é um problema passível de solução ou superação, mas sim de um tratamento adequado, para que não leve a uma hipertrofia disfuncional e paralisante do Estado, com implicações destrutivas da esfera pública pluralista. É verdade que ele pode ser enfrentado mediante acoplamentos estruturais, remetendo-se para "métodos indiretos de regulação contextual descentralizada"[49]. Entretanto, há um impasse inerente ao Estado Democrático de Direito na sociedade hodierna: por um lado, a complexidade social exige o aumento dos encargos do Estado, o que significa burocratização, legalização e justicialização; por outro, a mesma complexidade de uma sociedade diferenciada funcionalmente em sistemas autônomos importa a redução da capacidade regulatória do direito[50]. Não se trata de superar esse impasse, mas sim de conviver construtivamente com ele, fortificando a capacidade de aprendizado (abertura cognitiva) dos sistemas político e jurídico não apenas em relação aos demais sistemas sociais, mas também em relação aos influxos de informação que emergem criativamente da esfera pública pluralista e promovem a reciclagem do respectivo sistema.

A questão da heterorreferência não se restringe à relação do Estado Democrático de Direito com a sociedade envolvente. Também diz respeito ao vínculo complexo problemático entre Têmis e Leviatã: expansão inadequada deste em detrimento do funcionamento daquela ou vice-versa. Fala-se,

---

48. Teubner, 1984: 326 ss. Quanto à teoria da implementação, ver Mayntz, 1983, 1988.

49. Teubner, 1984: 336. Cf. Teubner e Willke, 1984.

50. Grimm (org.), 1990; cf. também Grimm (org.), 1996. Relaciona-se com esse impasse o debate conduzido sob o sugestivo título "O Leviatã desorientado" (Kreuder [org.], 1992).

então, de "justicialização" da política e de "politização da justiça". Como se pode deduzir dos termos, ambos os temas vêm tendo um tratamento mais restrito, referindo-se especificamente à relação da atividade política do parlamento e do Executivo com o Judiciário. Em uma perspectiva, aponta-se para o excesso de atividade jurisdicional de controle do Legislativo e do governo, acentuando-se que, dessa maneira, reduz-se o espaço da discussão política e fica prejudicada a legitimação democrática. Esse problema da "judicialização da política" tem ganhado especial relevância por força da atividade cada vez mais crescente e (coletivamente) vinculante dos tribunais constitucionais na Europa, principalmente na Alemanha[51]. O mesmo fato, porém, pode ser interpretado como "politização da justiça", desde que as cortes constitucionais estejam decidindo, fundamentalmente, de acordo com critérios políticos[52].

O problema, seja numa ou noutra vertente de consideração, deve ser analisado em vista das competências constitucionalmente atribuídas à corte constitucional e à sua sobrecarga com questões estritamente políticas. Trata-se de estabelecer as situações abusivas de interveniência destrutiva do Judiciário na formação democrática da vontade estatal, assim como de caracterizar o excesso de invocação do Judiciário nos conflitos estritamente políticos em torno de decisões da maioria. Mas o problema não pode ser solucionado com a simples proposta de redução da competência da corte e dos remédios ou recursos constitucionais. O desrespeito à Constituição pela força política majoritária, atingindo direitos da minoria, envolve o perigo totalitário das concepções hiperdemocráticas do Estado. O controle judicial da constitucionalidade dos atos legislativos e governamentais é imprescindível ao Estado de Direito. Claro que o recurso abusivo à atividade controladora do Judiciário no âmbito da am-

---

51. A respeito, cf. Loewenstein, 1975: 261-5; Maus, 1994: 298-307; Habermas, 1992: 292 ss.
52. Cf. Maunz, 1959: 220 ss.; Loewenstein, 1975: 261.

pliação excessiva de sua competência em questões políticas é fator decisivo para uma crise de funcionamento e de legitimação do Estado Democrático de Direito. Nessa hipótese, a sobrecarga política do Judiciário e o confinamento judicial do jogo político conduzem a efeitos paralisantes dos respectivos sistemas funcionais e, simultaneamente, ao fechamento do Estado para o fluxo de informação legitimadora que advém da esfera pública. Não se deve desconsiderar, porém, que, funcionando a Constituição como acoplamento estrutural entre política e direito, os tribunais constitucionais estarão sempre envolvidos com conflitos entre esses dois sistemas no Estado Democrático de Direito.

Não se pode negar que o Estado Democrático de Direito também tenha problemas de auto-referência na modernidade central, mas os bloqueios à autonomia operacional dos sistemas jurídico e político são localizados, não apresentando tendências à generalização. Há uma forte legalidade e uma esfera pública consolidada. Os procedimentos político-jurídicos funcionam regularmente de acordo com a Constituição. Daí por que tratei os limites da heterorreferência como problema que se encontra em primeiro plano.

3. O problema do Estado Democrático de Direito na modernidade periférica: obstáculos à auto-referência

Os fatores negativos da realização do Estado Democrático de Direito na modernidade periférica, ao contrário, relacionam-se antes de tudo com os limites à auto-referência dos sistemas político e jurídico, conforme enfatizei em trabalhos anteriores[53]. A situação torna-se grave, visto que emergem relevantes problemas de heterorreferência do Estado em uma sociedade mundial supercomplexa e, simultaneamente, persistem destrutivamente os bloqueios generalizados à re-

---

53. Neves, 1992; 1994a; 1994b; 1994c; 1995a; 1995b; 2000.

produção autônoma dos sistemas jurídico e político, minando a Constituição como acoplamento estrutural entre ambos e como intermediação sistêmico-procedimental da esfera pública pluralista.

A abordagem desse problema requer uma breve consideração em torno das características estruturais da reprodução da sociedade na modernidade periférica. De acordo com o modelo sistêmico luhmanniano, a sociedade moderna caracteriza-se pela hipercomplexidade, indissociavelmente vinculada à diferenciação funcional, que se realiza plenamente com a emergência de subsistemas autopoiéticos[54]. Conforme o modelo habermasiano, a modernidade estaria mais diretamente relacionada à superação da moral convencional pré-moderna e ao advento de uma consciência universalista ("pós-convencional"), que importaria a construção de uma esfera pública autônoma[55]. Essas duas concepções, que encontram plausibilidade no que concerne aos "países centrais", compreendem apenas parcialmente a modernidade. A elevada complexidade social e o desaparecimento de uma moral conteudístico-hierárquica diretamente válida em todas as esferas do agir e do vivenciar (ou, na terminologia habermasiana, a superação da "moral convencional") podem ser definidos como traços característicos da sociedade moderna. Entretanto, não se deve desconsiderar que, em determinadas regiões estatalmente delimitadas ("países periféricos"), não houve de maneira alguma a efetivação suficiente da autonomia sistêmica de acordo com o princípio da diferenciação funcional, tampouco a construção de uma esfera pública pluralista fundada na generalização institucional da cidadania, que constituem supostamente características sociais de outras regiões estatalmente organizadas ("países centrais"). Nesse sentido, defino a modernidade periférica como modernidade negativa.

---

54. Ver *supra* Cap. I.1.2. e Cap. II.1.
55. Ver *supra* Cap. I.2.2.

Tendo como referencial o modelo da teoria dos sistemas, é possível uma releitura no sentido de afirmar que, na modernidade periférica, à hipercomplexidade social e à superação do "moralismo" fundamentador da diferenciação hierárquica, não se seguiu a construção de sistemas sociais que, embora interpenetráveis e mesmo interferentes, construam-se autonomamente no seu *topos* específico. Isso nos põe diante de uma complexidade desestruturada e desestruturante. Daí resultam problemas sociais bem mais complicados do que aqueles que caracterizam os países da modernidade central. As relações entre as esferas de comunicação assumem formas autodestrutivas e heterodestrutivas, com conseqüências desastrosas para a integração sistêmica e a inclusão social. Nesse sentido, a modernidade não se constrói positivamente, como superação da tradição por força do surgimento de sistemas funcionais autônomos, mas antes negativamente, como hipercomplexidade desagregadora do moralismo hierárquico tradicional.

Por sua vez, a concepção habermasiana da moral pós-convencional tem uma pretensão "normativa", que, embora encontre indícios na modernidade central, não parece ter o mínimo de fundamento nas relações sociais da modernidade periférica. Aqui, a modernidade constrói-se negativamente como desagregação da consciência moral convencional (e inclusive da pré-convencional), sem que daí resulte uma suficiente estruturação da "consciência moral" universalista ou "pós-convencional" e, muito menos, a "autonomia" de uma esfera pública. Cabe advertir que Habermas fundamenta a sua concepção na suposição do consenso racional, cujas condições formal-pragmáticas de possibilidade estariam inseridas em procedimentos discursivamente autônomos. Quando considero a "consciência universalista", refiro-me à inclusão generalizada na sociedade e, assim, ao acesso dos diversos valores, interesses e discursos aos procedimentos do Estado Democrático de Direito. Isso implica o respeito recíproco e simétrico às diferenças e às exigências conflitantes das diversas esferas autônomas de comunicação, reclamando uma "moral do dissenso". O consenso sobre os procedimentos impõe-se enquanto viabiliza e promove o convívio dos diferentes e intermedeia o dissenso estrutural da esfera pública[56]. Exatamente porque predomina a "exclusão" de grandes parcelas da população e, portanto, não se constrói uma esfera pública pluralista fundada na generalização institucional da cidadania, também nesse sentido pode-se afirmar que há uma carência de representações universalistas na modernidade periférica, embora já se tenha desagregado o moralismo tradicional (a "consciência moral convencional").

Essas observações gerais sobre a modernidade periférica como "modernidade negativa" tornam-se sobretudo relevantes quando se considera especialmente o problema dos obstáculos à realização do Estado Democrático de Direito. A partir da sociedade envolvente, os sistemas jurídico e político são bloqueados generalizadamente na sua autoprodução consistente por injunções heterônomas de outros códigos e critérios sistêmicos, assim como pelos particularismos difusos que persistem na ausência de uma esfera pública pluralista. No interior do Estado, por sua vez, verificam-se intrusões destrutivas do poder na esfera do direito.

Em face da sociedade como contexto do Estado, pode-se falar de alopoiese social do direito por força da prevalência de outros códigos de preferência sobre o código "lícito/ilícito"[57]. Isso significa que não estão definidas claramente as fronteiras de uma esfera de juridicidade[58]. Não só a preferência "ter/não-ter" atua no sentido de impedir a reprodução sistemicamente autoconsistente do direito. De fato, em decorrência dos grandes abismos de rendimento entre as camadas sociais, o código econômico reproduz-se hipertroficamente, implicando privilégios e "exclusões" ilegais. Porém, relacionado com essa hipertrofia (e, ao mesmo tempo, ineficiência social) da economia, mecanismos relacionais, fa-

---

56. Ver *supra* Cap. IV.1. e 2.
57. Cf. Neves, 1995a.
58. Cf. Neves, 1995b.

miliares, referentes à amizade e ao poder privatizado sobrepõem-se difusamente ao direito, heteronomizando-lhe a reprodução operativa e corrompendo-lhe a autonomia sistêmica. Assim sendo, a legalidade como generalização igualitária de conteúdos jurídicos é deturpada no processo de concretização do direito. Como será visto com referência ao caso brasileiro, prevalecem formas unilaterais de legalismo e de impunidade em uma relação paradoxal de complementaridade.

Nessas circunstâncias, os procedimentos predominantemente jurídicos do Estado Democrático de Direito, tais como o jurisdicional e o administrativo de estrita execução da lei, sobretudo o policial, são invadidos por critérios extrajurídicos que de forma incontrolável corrompem o processamento de casos jurídicos de acordo com critérios generalizados de constitucionalidade e legalidade, concretizados jurisdicional e administrativamente. É ingênua a interpretação de que se trata aqui de uma ampla abertura cognitiva do direito aos interesses sociais. Do ponto de vista sistêmico, abertura cognitiva pressupõe fechamento operacional ou normativo[59]. Portanto, antes se trata de quebra do fechamento operacional, por força da qual se diluem as fronteiras entre o "campo jurídico" e outras esferas de comunicação. Disso resulta que o direito encontra-se permanentemente em crises de identidade, muito mais graves do que as crises de adaptação por que passa o sistema jurídico no Estado Democrático de Direito da modernidade central. Além do mais, cabe advertir que não se trata simplesmente de fenômenos localizados de "corrupção sistêmica" em detrimento dos acoplamentos estruturais no âmbito das organizações, tal como se observa em experiências do Estado Democrático de Direito na Europa Ocidental e na América do Norte[60], nem de "valores de rejeição" no sentido de Gotthard Günther[61], pois am-

---

59. Ver *supra* Cap. III.1.1.
60. Cf. Luhmann, 1993a: 445 e *passim*; 2000c: 295-7.
61. G. Günther, 1976: 286 ss. Acompanhando-o, cf. Luhmann, 1986b: 181 ss.; 1993a: 81, 181, 187 e 545 s.; 1997: 751 s.

bos os conceitos pressupõem a autopoiese dos respectivos sistemas. A chamada "corrupção sistêmica" tem tendência à generalização em experiências jurídicas típicas da modernidade periférica, atingindo o próprio princípio da diferenciação funcional e resultando na alopoiese do direito[62].

Ao contrário do sentido que tomou o debate sobre juridificação *versus* desjuridificação na modernidade central, não se trata na modernidade periférica de colonização sistêmica do mundo da vida pelo direito, mas sim primacialmente de colonização do direito pela sociedade. No âmbito do debate euro-norte-americano sobre o tema, Blankenburg propôs a diferença entre juridificação no plano das expectativas (produção de "mais normas" jurídicas "em lugar de regulações informais") e no plano da ação (maior eficácia do direito)[63]. Relendo essa distinção com outros pressupostos teóricos e tendo em vista o problema ora analisado, caberia antes uma distinção entre texto normativo e sua concretização jurídica. De fato, a emissão de textos constitucionais e legais no sentido da construção do Estado Democrático de Direito não resulta, na experiência dos países periféricos, em uma concretização normativa generalizada e relevante dentro dos parâmetros textuais. A concretização jurídica é violada por códigos de preferências os mais diversos. Sendo assim, os textos constitucionais e legais são degradados semanticamente por injunções particularistas e bloqueios de outros critérios sistêmicos, não se desenvolvendo no decorrer do processo concretizador suficiente força normativa nos termos textuais. Nesse sentido, é possível falar-se de uma tendência à desjuridicização fáctica. Portanto, o problema central não reside na produção de mais ou menos textos normativos, mas sim na superação das condições desjuridicizantes que determinam a colonização do direito pela sociedade.

---

62. Luhmann (1993a: 82) reconhece que, "em caso extremo" de "corrupção sistêmica", "não se pode mais falar de fechamento autopoiético [...]", mas não retira daí as devidas conseqüências empíricas para a sua construção teórica, tendo em vista que insiste fortemente na tese do primado da diferenciação funcional na sociedade mundial do presente (1993a: 572; 1997: 743 ss.).

63. Blankenburg, 1980: 84.

Mas o problema não se restringe à "violação" de Têmis pela sociedade desestruturada em virtude da insuficiente diferenciação funcional e da carência de uma esfera pública fundada na universalização da cidadania, mas abrange também mecanismos sociais destrutivos da autonomia operacional da política. São relevantes aqui as invasões dos procedimentos eleitorais e legislativos pelo código econômico e por particularismos relacionais. Repetindo o que afirmei em relação ao direito, não se trata aqui de abertura cognitiva do sistema político para as exigências da economia e para os valores, as expectativas e os interesses presentes na esfera pública, mas antes de quebra do fechamento operacional da política, pressuposto sistêmico para a sua abertura em face de um ambiente social supercomplexo. Sobretudo nos casos graves e generalizados de corrupção e fraude eleitoral, o fenômeno manifesta-se mais claramente. Muitas vezes, o procedimento é de tal maneira deturpado que se transforma em um mero ritual: não há incerteza quanto aos resultados[64]. A eleição afasta-se assim radicalmente do seu modelo constitucional e legal. O código "lícito/ilícito" não funciona eficientemente como segundo código da política. Isso implica deficiente legitimação pelo procedimento. O que se impõe nesse contexto são "apoios" particularistas como mecanismos supridores da falta de legitimação política (generalizada) do Estado como organização[65]. Bloqueados os procedimentos políticos do Estado Democrático de Direito, o Leviatã se vê perdido diante da complexidade social, recorrendo difusamente a formas *ad hoc* de sustentação política.

Além dos obstáculos à realização do Estado Democrático de Direito por fatores da sociedade envolvente, evidencia-se na modernidade periférica uma relação destrutiva interna entre Têmis e Leviatã. Embora essa situação envolva bloqueios recíprocos entre política e direito, apresenta-se basicamente como sobreposição destrutiva do código do po-

---

64. Cf. Luhmann, 1983a: 38.
65. Cf. Luhmann, 1995e: 255.

der sobre o código "lícito/ilícito". Este se caracteriza, então, como um código frágil[66], uma vez que não é complementado por critérios e programas suficientemente institucionalizados para enfrentar a força do código político. Daí por que a diferença entre lícito e ilícito não desempenha satisfatoriamente a função de segundo código do poder, estando ausente assim uma característica sistêmica básica do Estado Democrático de Direito[67]. A constitucionalidade e a legalidade são postas freqüentemente de lado conforme a respectiva relação concreta de poder. Nesse contexto, a Constituição como acoplamento estrutural entre sistemas político e jurídico é bloqueada. Não há, então, uma filtragem simétrica das influências recíprocas entre política e direito. A concretização constitucional é deturpada sistematicamente pela pressão de conformações particulares de poder. A postura subjugante de Leviatã em relação a Têmis não importa, porém, autonomia e forte identidade do sistema político. Ao contrário, exatamente enquanto se afasta de qualquer vínculo (fixado constitutionalmente) ao código "lícito/ilícito", a política fica exposta diretamente a particularismos relacionais e exigências econômicas concretas, não podendo, assim, reproduzir-se autonomamente. Essa fragilidade de Leviatã em relação à sociedade envolvente relaciona-se intimamente com a sua tendência expansiva e absorvente em face de Têmis.

Essas considerações sobre os obstáculos à realização do Estado Democrático de Direito na modernidade periférica devem afastar a idéia equivocada de uma legalidade rígida em face dos problemas sociais, assim como o mito de um Estado forte diante de uma sociedade frágil. Nos dois casos, parte-se da concepção de que o problema reside primariamente na inadequada heterorreferência. Na verdade, trata-se antes de fragilidade do Estado perante as pressões de uma "sociedade" desestruturada pela insuficiente dife-

---

66. Sobre a distinção semiótica análoga entre códigos fortes e fracos, cf. Eco, 1984: 37-40; e, para uma aplicação jurídica em outro contexto, Ferraz Jr., 1988: 257 s.

67. Ver *supra* Cap. III.1.2.

renciação funcional e a ausência de uma esfera pública pluralista, fundada na universalidade da cidadania. Nesse sentido, devem-se também evitar os *slogans* pluralistas, que pressupõem implícita ou explicitamente a identidade/autonomia de uma esfera de juridicidade em face da identidade/autonomia de outras esferas jurídicas. Ao contrário, nas condições de reprodução do direito e da sociedade na modernidade periférica, trata-se de miscelânea social de códigos e critérios, que torna indefinidas e confusas as fronteiras do campo jurídico e da esfera estatal perante outros âmbitos do agir e vivenciar, assim como as fronteiras entre o direito e a política[68].

4. Uma breve referência ao caso brasileiro

A experiência brasileira enquadra-se como um caso típico de modernidade periférica, desde que a crescente complexidade e o desaparecimento do moralismo tradicional não têm sido acompanhados de maneira satisfatória pela diferenciação funcional e pelo surgimento de uma esfera pública fundada institucionalmente na universalização da cidadania. Isso implica obstáculos graves à realização do Estado Democrático de Direito. Não me refiro aqui às experiências autoritárias de 1937-45 e 1964-84. Nesses casos, trata-se de uma negação direta e expressa do Estado de Direito, estando a subordinação de Têmis a Leviatã prescrita claramente nas próprias leis constitucionais. No presente trabalho, interessam especialmente as situações em que o modelo textual de Constituição do Estado Democrático de Direito

---

68. Não se deve identificar essa miscelânea destrutiva de códigos e critérios com a noção de "entrelaçamentos" [*Verflechtungen*] proposta por Welsch, que – em combinação com a heterogeneidade ou pluralidade dos âmbitos de racionalidade – podem servir construtivamente de "pontes de transição" à "razão transversal", caracterizada esta, por sua vez, como "genuína faculdade de transições" (1996: 48, 434 s. e 754 ss.). Ao contrário, a supramencionada miscelânea atua destrutivamente sobre a heterogeneidade e diferenciação dos âmbitos de racionalidade.

é adotado, mas carece amplamente de concretização. Pode-se afirmar que, conforme o modelo textual das Constituições de 1824, 1891, 1934, 1946 e 1988, teria havido um inquestionável desenvolvimento do Estado de Direito no Brasil, que não se distinguiria basicamente dos seus congêneres na Europa Ocidental e na América do Norte. No entanto, no plano da concretização, não se observou um correspondente desenvolvimento: o Estado permanece sendo amplamente bloqueado pela sociedade envolvente, e Têmis, freqüente e impunemente "violada" por Leviatã.

Em trabalhos anteriores já enfatizei o problema da alopoiese do direito na experiência brasileira[69]. Apontei para o fato de que, no Brasil, o problema não reside primacialmente na falta de suficiente adequação e abertura (cognitiva) do sistema jurídico ao seu ambiente social (heterorreferência). Contrariamente a essa tradição jurídico-sociológica, tenho destacado que se trata de insuficiente fechamento (normativo) por força das injunções de fatores sociais diversos. Além da sobreposição destrutiva do código hipertrófico "ter/nãoter" e de particularismos relacionais difusos, a autonomia operacional do direito é atingida generalizadamente por intrusões do código político. Mas cabe aqui acrescentar que, por sua vez, a política, enquanto não está vinculada à diferença "lícito/ilícito" como seu segundo código, também sofre graves limitações no concernente à autopoiese: é sistematicamente bloqueada por pressões imediatas advindas do ambiente social do Estado, distanciando-se do modelo procedimental previsto no texto da Constituição. Nessa oportunidade, pretendemos considerar alguns aspectos particulares que se relacionam com a questão da alopoiese de política e direito na experiência brasileira, mas que exigem um tratamento além do paradigma sistêmico, pois envolvem o problema da insuficiente construção de uma esfera pública pluralista.

Cabe aqui uma breve reflexão sobre a concepção habermasiana da conexão entre imparcialidade do Estado de Di-

---

69. Cf. Neves, 1992; 1994a: 124 ss.; 1995a; 1995b.

reito ou indisponibilidade do direito, por um lado, e a sua instrumentalidade sistêmica, por outro[70]. De fato, no caso brasileiro, a instrumentalização sistêmica do direito pelos meios "dinheiro" e "poder" não tem sido contrapesada por sua indisponibilidade e pela imparcialidade do Estado de Direito, que se fundamentariam na presença de uma "consciência moral universalista" e numa racionalidade procedimental orientada *dissensualmente*. Rejeitada aqui a pretensão habermasiana de consenso racional, é possível sustentar-se que a imparcialidade do Estado Democrático de Direito é assegurada pela pluralidade de procedimentos abertos a uma esfera pública heterogênea e universalista. Somente sobre essa base pode-se falar de indisponibilidade do direito para o eventual agente de poder ou para a respectiva constelação concreta de dominação. Todas as intervenções no direito, inclusive aquelas que resultam de sua instrumentalidade sistêmica, devem estar legitimadas juridicamente por procedimentos que, sem parcialidade, "exclusões" e privilégios, permaneçam abertos à esfera pública como conexão comunicacional de cidadãos juridicamente iguais. Além do mais, os fundamentos constitucionais da pluralidade procedimental e da institucionalização da cidadania tornam-se indisponíveis para o poder. Evidentemente, a experiência brasileira marca-se por formas de instrumentalização política, econômica e relacional de mecanismos jurídicos, apontando no sentido inverso à indisponibilidade do direito. Há uma forte tendência a desrespeitar o modelo procedimental previsto no texto da Constituição, de acordo com conformações concretas de poder, conjunturas econômicas específicas e códigos relacionais. Isso está associado à persistência de privilégios e "exclusões" que obstaculizam a construção de uma esfera pública universalista como espaço de comunicação de cidadãos iguais.

Nesse contexto de instrumentalização do direito sem o contrapeso da sua indisponibilidade, há restrições com-

---

70. Ver *supra* pp. 109 ss.

plexas à "autonomia privada" e à "autonomia pública" no sentido habermasiano, ou seja, não se desenvolvem, respectivamente, os direitos humanos e a soberania do povo. A primeira implica a liberdade igual dos cidadãos. A segunda, procedimentos de formação da vontade estatal abertos imparcialmente à esfera pública pluralista. No Brasil, a "autonomia privada" é profundamente prejudicada pelas relações de dependência que se estabelecem entre privilegiados e "excluídos". Na medida em que os direitos humanos constitucionalmente estabelecidos como fundamentais não se concretizam, fortifica-se o significado dos favores e do clientelismo[71]. Com esse problema relaciona-se a fragilidade dos procedimentos constitucionais de legitimação das decisões políticas e da produção normativo-jurídica. No lugar da legitimação por procedimentos democráticos, em torno dos quais se estruturaria uma esfera pública pluralista, verifica-se uma tendência à "privatização" do Estado. Em ampla medida, ele torna-se palco em que interesses particularistas conflitantes procuram impor-se à margem dos procedimentos constitucionais[72]. Portanto, as relações de dependência e a "privatização" do Estado contrapõem-se restritivamente à concretização constitucional dos "direitos humanos" e da "soberania do povo como procedimento"[73]. Não se trata aqui de um problema estritamente antropológico-cultural do Brasil[74]. Ele é

---

71. Nesse contexto, fala-se de uma "cultura política da dádiva" em contradição com a cidadania (assim, Sales, 1994a: esp. pp. 32 ss.; cf. também os comentários a respeito de Lopes, 1994; F. Oliveira, 1994; Telles, 1994; Sales, 1994b).

72. O'Donnell (1996a: esp. pp. 19 ss.) enfatiza o papel dos particularismos no jogo político latino-americano, mas ainda parte (apesar de reconhecer as "ilusões sobre consolidação" – 1996b) do debate em torno dos conceitos imprecisos de "transição democrática" e "consolidação democrática". A respeito desse debate, que lembra a discussão sobre modernização no contexto da onda de descolonização do fim dos anos 50 e início dos anos 60, ver Puhle, 1999.

73. Nesse contexto, evidentemente não se trata de "Constituição informal" (Görlitz e Burth [orgs.], 1998) como mecanismo de "complementação e concretização do Estado Democrático de Direito" (Schulze-Fielitz, 1998: 30 ss.).

74. Nessa perspectiva, ver as abordagens clássicas de Freyre, 1984 [1933], e Buarque de Holanda, 1988 [1936], assim como a contribuição recente de DaMatta, 1991. Como abordagem político-sociológica clássica, ver Faoro, 1984-1985. Cf. também Duarte, 1939.

indissociável do próprio tipo de relações sociais em que se encontra envolvido o Estado na modernidade periférica em geral, ultrapassando os limites de "antropologias nacionais" e correspondentes singularidades culturais. Nessa perspectiva, cabe considerar as relações de subintegração e sobreintegração no sistema jurídico.

Um dos obstáculos que mais dificultam a realização do Estado Democrático de Direito na modernidade periférica, destacadamente no Brasil, é a generalização de relações de subintegração e sobreintegração. Definida a inclusão como *acesso* e *dependência* aos sistemas sociais[75], falta nesse caso uma das duas dimensões do conceito. Não se trata, a rigor, de relações alopátricas de exclusão entre grupos humanos no espaço social, antes de formas subordinadas ou sobreordenadas de integração social. Aqui interessa sobretudo o problema da falta generalizada de inclusão no sistema jurídico, no sentido da ausência de direitos e deveres partilhados reciprocamente. Isso significa inexistência de cidadania como mecanismo de integração jurídico-política igualitária da população na sociedade[76].

Do lado dos subintegrados, generalizam-se situações em que não têm acesso aos benefícios do ordenamento jurídico estatal, mas dependem de suas prescrições impositivas. Portanto, os "subcidadãos" não estão inteiramente excluídos. Embora lhes faltem as condições reais de exercer os direitos fundamentais constitucionalmente declarados, não estão liberados dos deveres e responsabilidades impostas pelo aparelho coercitivo estatal, submetendo-se radicalmente às suas estruturas punitivas. Para os subintegrados, os dispositivos constitucionais têm relevância quase exclusivamente em seus efeitos restritivos de liberdade. Os direitos fundamentais não desempenham nenhum papel significativo no seu horizonte de agir e vivenciar, inclusive no con-

---

75. Luhmann, 1981i: 25 s.
76. Cf. Neves, 1994b; 1992: 94 ss. e 155 ss. Seguindo essa abordagem, ver F. Müller, 1997: 47 ss.

cernente à identificação de sentido das respectivas normas constitucionais. Sendo a Constituição a estrutura normativa mais abrangente nas dimensões temporal, social e material do direito, isso vale para todo o sistema jurídico: aqueles que pertencem às camadas sociais "marginalizadas" são integrados ao sistema jurídico, em regra, como devedores, indiciados, denunciados, réus, condenados etc., não como detentores de direitos, credores ou autores[77]. Porém, é no campo constitucional que o problema da subintegração ganha um significado especial, na medida em que, com relação aos membros das camadas socialmente subalternas, as ofensas

---

77. Evidentemente, a situação inverte-se no âmbito da justiça trabalhista (Gessner [1976: 164] constatou o mesmo no México). Mas para o "subcidadão" trata-se, nesse caso, de uma luta por bagatelas. A respeito, cabe observar que o salário da maioria dos trabalhadores no Brasil permanece no nível baixíssimo do salário mínimo fixado oficialmente (em maio de 1999 este correspondia aproximadamente ao valor de US$ 82,50 por mês) ou abaixo desse nível (conforme a estatística oficial [IBGE: 1997: 2-77], normalmente mais favorável do que as não-governamentais, de um total de 68.040.206 pessoas ocupadas de 10 anos ou mais de idade em 1996, 3.184.348 ganhavam até meio salário mínimo, 10.062.219 percebiam entre meio e um salário mínimo, 13.320.152 recebiam de um a dois salários mínimos e 9.325.453 não tinham nenhum rendimento ou ganhavam apenas benefícios sociais; cf. também Neves, 1992: 159, nota 60). De fato, na massa dos "informalmente" subempregados, podem verificar-se eventualmente rendimentos mais elevados, mas nessa hipótese tem-se, em regra, de renunciar à seguridade social. Além disso, vale salientar que, de acordo com dados do Banco Mundial, 28,7% da população brasileira vivia, no período de 1981-1995, abaixo da linha da pobreza, isto é, com menos de US$ 1 por dia (*World Bank*, 1997: 215). Essa situação não deve, portanto, ser romantizada e, assim, tomada como modelo para a Europa, tal como sugere Beck (1999: esp. pp. 7 ss. e 94 ss.), quando, à procura de alternativas para a crise do Estado de bem-estar na Europa Ocidental, refere-se à "brasilianização do Ocidente". Sobre a grave situação social do Brasil, sobretudo com relação à limitação da cidadania, ver, entre outros, Demo, 1992; 1995: esp. pp. 69 ss.; Covre (org.), 1986; Carvalho, 1995, a respeito da inefetividade do Estatuto da Criança e do Adolescente, com ênfase na "exploração da mão-de-obra juvenil" (130 ss.; de acordo com a estatística oficial [IBGE, 1997: 2-81], 4.066.924 crianças entre 10 e 14 anos de idade trabalhavam em 1996 no Brasil). Nessas circunstâncias não parece adequado falar, nos termos da concepção "republicana" do constitucionalismo norte-americano, de "constante avanço na inclusão do outro, do excluído até agora" (Michelman, 1988: 1529; cf. Habermas,1992: 334), tampouco tem qualquer base contextual a noção normativa de "inclusão sensível à diferença" (Habermas, 1996c: 172 ss.).

aos direitos fundamentais são praticadas principalmente nos quadros da atividade repressiva do "aparelho estatal", ou seja, das ações violentas ilegais da polícia[78]. A subintegração é inseparável da sobreintegração. Esta se refere à prática de grupos privilegiados que, principalmente com o apoio da burocracia estatal, desenvolvem suas ações bloqueantes da reprodução do direito. Os sobreintegrados, em princípio, são titulares de direitos, competências, poderes e prerrogativas, mas não se subordinam regularmente à atividade punitiva do Estado no que se refere aos deveres e responsabilidades. Sua postura em relação à ordem jurídica é eminentemente instrumental: usam, desusam ou abusam-na conforme as constelações concretas e particularistas dos seus interesses. Nesse contexto, o direito não se apresenta como horizonte do agir e vivenciar político-jurídico do sobrecidadão, mas antes como um meio de consecução de seus objetivos econômicos, políticos e relacionais. Portanto, caso se pretenda insistir no termo "exclusão", não apenas o subintegrado estaria "excluído", mas também o sobreintegrado: este estaria "acima" do direito, aquele, "abaixo".

No âmbito da sociedade mundial supercomplexa do presente, ninguém é absolutamente subintegrado ou sobreintegrado, pois as posições correspondentes não se baseiam em princípios ou normas firmes como nas sociedades pré-modernas, mas dependem de condições fácticas da reprodução das comunicações. Mas há indivíduos ou partes

---

78. A respeito, ver, entre outros, *Human Rights Watch/Americas*, 1997; L. Oliveira, 1994, 1997; Capeller, 1995: esp. pp. 166 ss.; Pinheiro: 1991; Chevigny, 1991: esp. pp. 207-12; 1999. Cf. também as referências em Neves, 1992: 153 ss. Certamente, a violência ilegal no contexto da ausência de direitos efetivos de cidadania vai muito além das ofensas aos direitos fundamentais de membros das camadas sociais subalternas pela polícia (cf. Ratton Jr., 1996; Peralva, 1997); em contradição com a idéia de direitos generalizados de cidadania, desenvolve-se uma "cultura da violência", que também impregna as relações sociais dentro das classes inferiores (cf., p. ex., Velho e Alvito [orgs.], 1996). Nessa "cultura da violência", destacam-se os escandalosos massacres de crianças (cf. Martins [org.], 1993) e o linchamento (cf. Martins, 1991; Benevides e Ferreira, 1991).

da população que se apresentam regularmente em um dos pólos das relações de subintegração e sobreintegração. Eventualmente, o subcidadão pode ser um sobreintegrado, ofendendo, com expectativas seguras de impunidade, os direitos de outros. E, vice-versa, o sobrecidadão pode encontrar-se excepcionalmente como subintegrado, especialmente quando sofre a ofensa impune de agentes estatais. Além do mais, não se pode excluir uma esfera pública *restrita* de cidadãos, que se encontram regularmente em situações de integração simétrica na ordem jurídica. No entanto, a generalização de relações de subintegração e sobreintegração fazem implodir a Constituição como ordem básica da comunicação jurídica e também como acoplamento estrutural entre política e direito. Isso tem efeitos alopoiéticos, especialmente com relação à esfera jurídica. De fato, a diferenciação funcional e a auto-referência sistêmica implicam a inclusão generalizada da população nos diversos subsistemas da sociedade.

Essa interpretação do problema implica uma restrição crítica à formulação anterior de Luhmann no sentido de que a sociedade moderna (mundial) caracterizar-se-ia pelo princípio da diferenciação funcional, o qual, por sua vez, pressuporia inclusão de toda a população nos diversos sistemas funcionais[79]. Em resposta a essa postura crítica, Luhmann reviu seu posicionamento com respeito à di-

---

79. Cf. Luhmann, 1981k: 39; 1981i: esp. pp. 26 s., 35 e 118; 1980: 31 s. e 168. Conforme Luhmann, a questão da inclusão de *pessoas* (enquanto "endereços de processos de comunicação") nos sistemas funcionais (semântica da personalidade) não deve ser confundida com a questão da exclusão do *indivíduo* dos sistemas sociais ou da sociedade no âmbito do primado da diferenciação funcional (semântica da individualidade) (cf. Luhmann, 1989a: 158, 347 e 367, nota 11), nem reduzida à assertiva genericamente válida (isto é, independente do tipo de sociedade) de que "nenhum sistema social pode surgir sem inclusão" (*ibidem*: 162) e de que "não há exclusão de pessoas em relação à sociedade", pois, "enquanto alguém participa da comunicação [...], participa da sociedade" (*ibidem*: 367). Trata-se antes de uma *forma* de distinção (inclusão/exclusão) que se refere ao modo como os sistemas sociais relacionam-se a pessoas e na qual – conforme o respectivo contexto social, tipo de sociedade e setor da população – predomina a preferência pelo lado interno (inclusão) ou pelo lado externo (exclusão).

ferença "inclusão/exclusão"[80], afirmando que ela funciona como uma metadiferença ou metacódigo, que mediatiza os códigos de todos os sistemas funcionais[81]. Mas, se assim é, parece-me difícil que se possa continuar a sustentar que a sociedade moderna caracteriza-se pelo primado da diferenciação funcional e que a diferença "sistema/ ambiente" é intra-societariamente a principal. Para ser conseqüente com a proposição de que "inclusão/exclusão" serve como *metacódigo* que mediatiza todos os outros códigos, impõe-se admitir – radicalizando a tese – que a sociedade mundial é diferenciada primariamente de acordo com essa *metadiferença*[82]; no caso de "inclusão/exclusão" *versus* a diferença (orientada funcionalmente) "sistema/ambiente", porém, trata-se de diferenças em concorrência na sociedade mundial contemporânea.

Também em perspectiva diversa do modelo de subintegração e sobreintegração, partindo primariamente da dependência (deveres, responsabilidades etc.) e não do acesso (direitos, ações etc.) como dois aspectos do conceito de inclusão, Luhmann distingue, em sua obra tardia, entre "setor de inclusão" (no qual "os homens contam como pessoas") e "setor de exclusão" (no qual "os homens não são mais percebidos como pessoas, mas sim como corpos"), sustentando que o primeiro seria menos integrado e o segundo superintegrado[83]; nos termos dessa formulação, a integração é compreendida "como redução dos graus de liberdade de sub-

---

80. Luhmann, 1997: 169 s. e 618-34; 1995e; 1995f: 146 ss.; 1993a: 582 ss.; 2000a: 427 s.; 2000b: 233 ss., 242 s. e 301 ss.
81. Luhmann, 1997: 632; 1993a: 583.
82. Stichweh (1997) sustenta que essa conclusão estaria presente na própria obra de Luhmann: "Em Niklas Luhmann, encontra-se a tese de que a diferenciação de inclusão e exclusão impõe-se como diferenciação primária do sistema da sociedade, prevalecendo sobre a diferenciação funcional" (132). Ele refere-se a Luhmann, 1995e. Este mesmo insistia – apesar de caracterizar a diferença "inclusão/exclusão" como metadiferença – no primado da diferenciação funcional na sociedade mundial do presente (cf. Luhmann, 1997: 743 ss.; 1994: 4 s.; 1993a: 572).
83. Luhmann, 1993a: 584 s.; 1997: 631 ss.; 1995e: 259 ss. (262).

sistemas" ou "como limitação dos graus de liberdade para seleções"[84] e, portanto, negativamente como dependência, não como acesso[85]. Entretanto, tal como tenho formulado, subintegração e sobreintegração implicam a insuficiente inclusão, seja, respectivamente, por falta de acesso (de integração positiva) ou de dependência (de integração negativa)[86], constituindo posições hierárquicas facticamente condicionadas (não classificações baseadas em princípio), a saber, o fato de ser integrado nos sistemas funcionais "por baixo" ou "por cima". Em ambas as direções (para "baixo" ou para "cima") trata-se de limitação e unilateralidade na capacidade de imputação dos sistemas sociais em suas referências a pessoas. No âmbito do direito, isso significa que os sobreintegrados têm acesso aos direitos (e, portanto, às vias e garantias jurídicas), sem se vincularem efetivamente aos deveres e às responsabilidades impostas pelo sistema jurídico; os subintegrados, ao contrário, não dispõem de acesso aos direitos, às vias e garantias jurídicas, embora permaneçam rigorosamente subordinados aos deveres, às responsabilidades e às penas restritivas de liberdade. Daí por que tanto os subcidadãos quanto os sobrecidadãos são carentes de ci-

---

84. Luhmann, 1997: 603 e 631.

85. Luhmann (1997: 618 ss.) distingue, com efeito, a integração (sistêmica) da inclusão (lado interno da diferença "inclusão/exclusão") como "chance da consideração social de pessoas" (620), pretendendo com isso "substituir" o tema da integração social, concernente à relação entre pessoas e sistemas sociais, "pela distinção inclusão/exclusão" (619). Ele fala, porém, de "apenas integração negativa" no setor de exclusão e de "integração de indivíduo e sociedade" no setor de inclusão (1995f: 148), assim como de "pessoas e grupos não integráveis" em referência à exclusão (1997: 621). De qualquer maneira, na obra tardia de Luhmann a expressão "integração" é empregada com relação ao problema da "inclusão/exclusão", sem que haja univocidade a esse respeito.

86. Caso, com base em Peters (1993: 92), pretenda-se conceituar integração social como "uma relação bem-sucedida de liberdade e vínculo", pode-se definir, no sentido aqui proposto, subintegração como "vínculo" sem "liberdade" (ou melhor, "vínculo" rígido e "liberdade" restrita) e sobreintegração como "liberdade" sem "vínculo" (ou melhor, "vínculo" flexível e "liberdade" ampla) das pessoas em face dos sistemas sociais.

dadania, que, como mecanismo político-jurídico de inclusão social, pressupõe igualdade não apenas em relação aos direitos, mas também a respeito dos deveres[87], envolvendo uma relação sinalagmática de direitos e deveres fundamentais generalizados.

Esse problema relaciona-se com a conexão paradoxalmente complementar entre "legalismo" e impunidade. De um lado, a relação entre direito e seu contexto social tem sido marcada no Brasil por um fetichismo legal socialmente irresponsável. O legalismo não significa, nesse caso, autonomia operacional do sistema jurídico como condição de sua abertura para a diversidade de expectativas e interesses presentes na sociedade. Ele implica antes um "autismo jurídico". Portanto, não se constrói interpretação-aplicação jurídica que, sem negar a diferenciação funcional do direito, oriente-se nas conseqüências sociais das decisões jurídicas, ou seja, não se desenvolve um *"responsive law"*[88]. Não se deve confundir essa forma "autista" de legalismo com a afirmação rigorosa do princípio da legalidade. Este exige a generalização da lei, importando o acesso de todos os cidadãos ao direito. O fetichismo da lei no Brasil é unilateralista, funciona como mecanismo de discriminação social. Dirige-se, normalmente, aos subintegrados. A interpretação legalista é normalmente aplicada àqueles que não se encontram em condições de exercer os seus direitos, mesmo que estes sejam "garantidos" legal e constitucionalmente. Trata-se de falta de acesso ao direito e, por conseguinte, de "exclusão" social. Em regra, as respectivas pessoas e os grupos sociais correspondentes só são considerados pelo legalismo unilateral quando entram em contato com o sistema a seu desfavor, ou seja, como culpados, réus, condenados, presos etc., não como detentores de direitos. A respeito, pois, tem sentido realmente falar de subintegração no sistema jurídico. Os indivíduos estão subordinados rigorosamente às prescrições

---

87. Cf. Marshall, 1976: 112 s.
88. Nonet e Selznick, 1978.

coativas, mas não têm acesso aos direitos. A rigidez legalista, parcial e discriminatória, contraria a própria legalidade, que implica a generalização de conteúdos e procedimentos da ordem jurídica em termos isonômicos.

De outro lado, a relação entre direito e realidade social no Brasil tem sido marcada pela impunidade. Com freqüência, observa-se que ilícitos os mais diversos, principalmente na área criminal, não são seguidos das sanções preestabelecidas juridicamente. Seria possível afirmar-se que a impunidade sistemática estaria em contradição com o legalismo. Em uma análise mais cuidadosa, porém, verifica-se que essa contradição é apenas aparente. Enquanto a inflexibilidade legalista dirige-se primariamente aos subintegrados, a impunidade está vinculada ao mundo de privilégios dos sobreintegrados juridicamente[89]. Estes podem orientar suas expectativas e conduzir suas ações contando com a grande probabilidade de que não serão punidos em caso de transgressões à ordem jurídica. A conexão entre legalismo e impunidade obstaculiza a estruturação de uma esfera pública de legalidade e, portanto, a realização do Estado Democrático de Direito.

Essa situação não deve ser interpretada no sentido do pluralismo alternativo[90]. Não se trata no caso brasileiro de conflitos entre esferas jurídicas, cada uma delas em luta por sua identidade/autonomia. Tampouco, de alternativas a um sistema jurídico baseado rigorosamente no princípio da legalidade. O pluralismo alternativo aponta para problemas tradicionais da experiência euro-norte-americana, reagindo a dificuldades de heterorreferência do direito. Diante da forte identidade do direito positivo estatal, pretendem-se construir modelos alternativos de solução de conflitos de interesse. Sua aplicação no contexto brasileiro revela mais um

---

89. Em concordância com isso, ver O'Donnell, 1999: esp. p. 312.
90. A respeito, ver sobretudo Sousa Santos, 1977, 1988; para um panorama da recepção no Brasil nos fins dos anos 80 e início dos anos 90, Lima de Arruda Jr. (org.), 1991-1992.

caso de transporte acrítico de categorias teóricas construídas na modernidade central e referentes à respectiva realidade social, política e jurídica. No Brasil, não se trata primariamente do problema de esferas jurídicas alternativas em relação à legalidade estatal, mas sim da ausência ou fragilidade desta. As próprias fronteiras do campo jurídico são indefinidas. A questão diz respeito à falta de identidade/autonomia da(s) esfera(s) de juridicidade. O que se observa é uma miscelânea social de códigos e critérios de comportamento, com efeitos autodestrutivos e heterodestrutivos em todas as esferas de ação, especialmente no que concerne ao direito. A situação é bem mais grave do que se pode inferir de conceitos como "direito alternativo", "uso alternativo do direito" (que implica uma visão instrumental do direito) e "pluralismo jurídico", os quais, no contexto da relação entre direito, Estado e sociedade no Brasil, transformam-se freqüentemente em meros *slogans*. Nessas circunstâncias, a cultura dominante é a da ilegalidade. Por conseguinte, em vez de alternativa à legalidade, cabe antes falar da legalidade como uma alternativa.

Os obstáculos à realização do Estado de Direito no Brasil manifestam-se abertamente no plano constitucional. Definida a Constituição como acoplamento estrutural entre política e direito ou como estrutura normativa mais abrangente do sistema jurídico, verificam-se bloqueios sociais destrutivos da sua concretização. Com maior rigor, pode-se falar de insuficiente concretização normativo-jurídica do texto constitucional. Em outras palavras, há uma desconstitucionalização fáctica no processo concretizador do direito ou uma concretização jurídica desconstitucionalizante[91]. Não se trata apenas do problema de eficácia das normas constitucionais. A situação é mais grave. Ao texto constitucional, em ampla medida, não correspondem expectativas normativas congruentemente generalizadas, faltando-lhe assim relevância jurídica: ele é carente de força normativa. Isso não exclui que, em detrimento de sua função jurídico-instrumental, tenha

---

91. Cf. Neves, 1996.

efeitos hipertroficamente político-simbólicos, especialmente na forma de constitucionalização-álibi[92]. Dessa maneira, não se constrói Constituição como ordem básica da comunicação jurídica ou como acoplamento estrutural entre política e direito. Nessas circunstâncias, Leviatã não apenas subjuga Têmis; através do texto constitucional hipertroficamente simbólico, ele também a usa como meio lúdico ou como fachada que esconde a sua impotência.

Os bloqueios à concretização normativa da Constituição atingem os procedimentos típicos do Estado Democrático de Direito: o eleitoral, mobilizador das mais diversas forças políticas em luta pelo poder; o legislativo-parlamentar, construído pela discussão livre entre oposição e situação; o jurisdicional, baseado no *due process of law*; o político-administrativo, orientado por critérios de constitucionalidade e legalidade. Assim sendo, não se pode falar de uma esfera pública pluralista construída com base na intermediação de dissenso conteudístico e consenso procedimental. O Estado Democrático de Direito não se realiza pela simples declaração constitucional dos procedimentos legitimadores. A concretização constitucional deles é imprescindível, mas depende de um conjunto de variáveis complexas, sobretudo

---

92. Diferentemente da legislação simbólica (Newig, 2003; Hassemer, 2001; Baratta, 1993: 411 ss.; Kindermann, 1988, 1989; Bryde, 1993: 12 ss.; Voß, 1989; Noll, 1981; Hegenbarth, 1981), que atinge apenas aspectos setoriais do sistema jurídico, a constitucionalização simbólica (Neves, 1994a ou 1988) põe em questão a funcionalidade e autonomia do direito positivo estatal como um todo. Para a distinção, por sua vez, dos conceitos abrangentes de "política simbólica" (Edelman, 1967, 1977) e de "direito como simbolismo" (Arnold, 1935: 33 ss.), cf. Neves, 1994a: 26 ss. ou 1998: 29 ss. Grimm (2004: 454, nota 13) salienta com razão: "A Constituição simbólica nesse sentido não deve ser confundida, porém, com os efeitos simbólicos da Constituição normativa." Brodocz (2003: 24) ignora essa distinção ao afirmar em relação ao meu conceito de constitucionalização simbólica: "Com isso, ofusca-se sistematicamente a questão de se, para a sociedade moderna em geral e as democracias em particular, não se pode retirar do simbólico também um lado positivo e, até mesmo, constitutivo." Para essa questão, porém, chamei atenção em obra sobre o tema, precisamente com o propósito de distinguir com nitidez entre a função simbólica das "constituições normativas" na Europa Ocidental e na América do Norte e a "constitucionalização simbólica" (Neves, 1994a: esp. pp. 87 s. ou 1998: 82 s.).

de fatores socioeconômicos e culturais que possam viabilizar a desprivatização do Estado e a superação de relações de subintegração e sobreintegração. Impõe-se assim enfrentar conseqüentemente a conexão paradoxal de legalismo e impunidade, no sentido da construção de um espaço público de legalidade e constitucionalidade, como também na perspectiva da generalização da cidadania. De fato, o problema vai muito além das variáveis político-jurídicas; assenta-se em pressupostos sociais os mais abrangentes e, por fim, é dependente de condições determinadas pela sociedade mundial. Em todo caso, sua solução não redunda na procura de alternativas à legalidade, pois esta – entendida como modelo geral e efetivo de estruturação das ações e comunicações jurídicas e políticas – ainda não é dominante no Brasil (por falta de generalidade da lei em relação à prática dos agentes estatais, indivíduos e organizações). Mas poderia, ao contrário, afirmar-se que a legalidade (efetiva, a saber, dependente da concretização de uma ordem constitucional democrática) constitui uma alternativa para a cultura dominante da ilegalidade; com efeito, uma alternativa cuja consecução no contexto brasileiro exigiria e implicaria uma transformação social no plano estrutural.

Perspectiva: do Estado Democrático de Direito ao direito mundial heterárquico ou à política interna mundial?

Em relação ao fato inequívoco de que o Estado Democrático de Direito encontra-se sob pressão da dinâmica da sociedade mundial e dos conflitos étnicos e fundamentalismos religiosos, enfraquecendo-se com isso em sua capacidade funcional e força integrativa, tende-se inevitavelmente à busca de novos mecanismos, procedimentos e instituições jurídicos e políticos que possam servir de alternativa à sua incapacidade regulatória e deficiência funcional. Tendo em vista os recentes desenvolvimentos da sociedade mundial, duas tendências são especialmente marcantes: uma recorre às ordens jurídicas globais, plurais e heterárquicas; a outra pleiteia uma política interna mundial, unidade hierarquicamente estruturada acima do "Estado Soberano". Na primeira corrente, a alternativa para a rigidez do Estado Democrático de Direito é formulada por Gunther Teubner em um modelo finamente elaborado[1]; na segunda vertente, a saída para os limites de regulação e legitimação do Estado Democrático de Direito é explorada por Habermas em um ambi-

---

1. Cf. sobretudo Teubner, 1996c; 1996d; 2000; 2003. Paralelamente, ele vem acentuando a privatização através das ordens jurídicas globais (1998a), os "regimes de governança privada" (1998c) e o policorporativismo (1999). Com um modelo semelhante ao de Teubner, porém mais radical e conseqüente quanto à posição pós-moderna, ver também Ladeur, 1997 e 2004, dando ênfase ao conceito de "redes policêntricas".

cioso projeto[2]. Em nenhuma das duas propostas trata-se da tradicional utopia da superação do Estado Democrático de Direito com a morte de Leviatã, nem da antiutopia de sua abolição com a morte de Têmis. Para permanecer na metáfora que serve de fio condutor ao presente trabalho, pode-se afirmar que conforme Teubner, contra a relação "monogâmica" entre Têmis e Leviatã no Estado Democrático de Direito, recomendam-se relacionamentos "poligâmicos" para Têmis por meio de diversos acoplamentos estruturais com os subsistemas da sociedade mundial heterárquica, embora a metáfora de Teubner "Os vários corpos do rei" antes sugere relações "poligínicas" de Leviatã na forma de uma multiplicidade de centros de poder produtores de direito[3]; e que, de acordo com Habermas, o caminho para a solução terminaria em um tipo "paternal" ou "tutelar" de instituição substitutiva ou instância fiscalizadora da relação entre Têmis e Leviatã no Estado Nacional.

Teubner argumenta no sentido de uma "autodesconstrução da hierarquia do direito", que não se reduz ao plano semântico, como no desconstrutivismo. Ele exige que a estrutura social também seja levada em consideração no âmbito de uma teoria do direito pós-desconstrutivista: "Desde que a teoria do direito desconstrutivista supere sua cegueira sociológica habitual, ela poderá ver afinidades eletivas entre semântica jurídica e estrutura social, que tornam possível produzir saber responsável sobre uma realidade jurídica pós-desconstrutivista, 'policontextural'."[4] A esse propó-

---

2. Cf. especialmente Habermas, 2005b; 2004b; 1998a; 1998b; 1999a; 2000; 1996f; 1996h.

3. Teubner (1996d: 251) não ignora esse problema e faz a seguinte observação sobre sua metáfora: "Ela é frutífera na medida em que revela a pluralidade das ficções, que substituiu a grande ficção do soberano produtor de direito. Mas sugere falsamente que a dupla fragmentação da sociedade mundial não significa nada mais do que uma simples descentralização de poder político, com o resultado de que a legislação provém, de agora em diante, de uma multiplicidade de centros sociais identificáveis de poder."

4. Teubner, 1996d: 233; a respeito, cf. *ibidem*: 246 ss.

sito, Teubner recorre ao arcabouço conceitual da teoria dos sistemas, particularmente ao conceito de "observação de segunda ordem": "'*Second order observation*' é o paralelo sistêmico-teórico da decomposição desconstrutivista do direito, da sua dissolução em uma pluralidade em si contraditória de significações."[5] Daí resulta uma certa apropriação pós-moderna de conceitos amplamente empregados na teoria dos sistemas de Luhmann, como policontexturalidade, paradoxo, desparadoxização, acoplamento estrutural, circularidade e operações transjuncionais. Também os conceitos de fragmentação, identidades múltiplas e sobretudo heterarquia ocupam uma posição central. Mas à procura dos fatores socioestruturais de desenvolvimento, que levam à "desconstrução da hierarquia do direito" no Estado Democrático de Direito, Teubner põe o conceito de globalização – por ele mesmo considerado equívoco – em primeiro plano: "O *great deconstructor* não se chama Jacques Derrida nem Niklas Luhmann, chama-se 'globalização'."[6] A teoria do direito é desafiada, então, a incluir em sua semântica e trazer para o centro de suas discussões a questão das ordens jurídicas globais e plurais, estruturalmente acopladas aos respectivos subsistemas da sociedade mundial.

Teubner proporciona o quadro de uma sociedade mundial que, sob o impulso da chamada globalização, conduz ao desenvolvimento de *rule of law* e *due process of law* em diversas esferas sociais diferenciadas. Isso significa dizer que os procedimentos do Estado de Direito deixam de pertencer especificamente ao Estado Nacional e recebem novos estímulos no âmbito das "*global villages*" enquanto sistemas

---

5. Teubner, 1996d: 230. Sobre a utilização mais abrangente do conceito de "observação de segunda ordem" na teoria sistêmica da sociedade e do direito, cf. Luhmann, respectivamente, 1997, 1993a. Especialmente a respeito da distinção entre observação de primeira ordem e observação de segunda ordem, ver Luhmann, 1996d: 92 ss.

6. Teubner, 1996d: 235. Nesse sentido, a "globalização parece oferecer a chave para a compreensão de estruturas sociais que toleram uma semântica jurídica desparadoxizante" (248).

autônomos[7]. Nesse processo, diminui o significado da Constituição como acoplamento estrutural entre política e direito. Nesse particular, Teubner invoca[8] a assertiva luhmanniana de "que o acoplamento estrutural do sistema político e do sistema jurídico através da Constituição não tem correspondência no plano da sociedade mundial"[9], para desenvolver uma argumentação em outro sentido: "Na via da globalização, a política foi claramente ultrapassada pelos outros sistemas socais [...], não apenas perdeu o seu papel de liderança, mas regrediu nitidamente em comparação com outros âmbitos parciais da sociedade."[10] Por um lado, esse enfraquecimento da política e do direito acoplados estruturalmente por via da Constituição é atribuído ao forte vínculo de ambos os sistemas ao Estado nacional: "Apesar de toda a internacionalidade da política e de todo o direito internacional público, o ponto principal da política e do direito reside ainda hoje no Estado nacional."[11] Por outro lado, porém, sustenta-se que no âmbito do processo de globalização o direito desvincula-se da política democrática: "A globalização corta os vínculos íntimos do direito ao discurso político democraticamente legitimado do Estado nacional."[12] Essa libertação do direito em relação ao Estado nacional ocorre, segundo Teubner, com a emergência de ordens jurídicas plurais que se desenvolvem por via dos acoplamentos estruturais com os respectivos sistemas mundiais autônomos. Nesse contexto surge uma fragmentação de *"law's global villages"*[13],

---

7. "Não só a economia é hoje em dia um sistema autônomo no plano global – também a ciência, a cultura, a técnica, o sistema de saúde, a previdência social, o transporte, o sistema militar, a mídia e o turismo auto-reproduzem-se atualmente como 'sistemas mundiais' no sentido de Wallerstein e fazem, dessa maneira, concorrência à política internacional dos Estados nacionais, com sucesso" (Teubner, 1996c: 259).
8. Cf. Teubner, 1996c: 260; 1996d: 248.
9. Luhmann, 1993a: 582.
10. Teubner, 1996c: 259.
11. *Ibidem*.
12. Teubner, 1996d: 248.
13. Teubner, 1996c: 261.

que, em desacordo com a noção de hierarquia e unidade do direito no Estado Democrático de Direito, exige que a teoria do direito e a dogmática jurídica dêem destaque à "pluralidade heterárquica de ordens jurídicas"[14]. Em vez de enfatizar-se a bivalência do código binário "lícito/ilícito", põe-se então o acento na polivalência decorrente do vínculo do código jurídico com os códigos binários de outros sistemas fechados, nos termos de operações transjuncionais[15].

Os limites da visão otimista de Teubner a respeito dos novos desenvolvimentos das ordens jurídicas globais, inteiramente desvinculadas do Estado Democrático de Direito, podem-se retirar imanentemente de suas próprias formulações. Decerto, ele vai além de uma desconstrução restrita ao plano da semântica jurídica e encontra na estrutura social da globalização a chave para a desconstrução da hierarquia do direito no (moderno) Estado Democrático de Direito, mas parte de uma fórmula semântica posta em destaque por Ernst Kantorowicz em seu famoso estudo sobre a teologia política medieval, fórmula essa que era peculiar à política pré-moderna: *The King's Two Bodies*[16]. Para ser mais exato: Teubner invoca uma semântica anterior ao Estado de Direito e pré-democrática – conforme a qual o soberano como centro de produção jurídica não estava subordinado ao direito e ocupava a posição suprema do sistema político – para proceder à sua desconstrução do Estado Democrático de Direito e expressar o seu entusiasmo com as ordens jurídicas globais e plurais. Propõe-se como critério para a desconstrução do Estado Democrático de Direito precisamente aquilo que este por meio da Constituição "aboliu", a saber, não apenas a hierarquia de legislação e jurisdição, mas também, ao mesmo tempo, a subordinação do direito à política – uma conquista que, no entanto, permaneceu invisível para a tradicional teoria do direito e dogmática jurídica. Des-

---

14. Teubner, 1996d: 245.
15. Teubner, 1996d: 249. Sobre o conceito de operação transjuncional, ver G. Günther, 1976.
16. Kantorowicz, 1957.

sa maneira, continua-se nos limites da semântica jurídica. Uma análise cuidadosa e profunda das estruturas e operações reais do Estado Democrático de Direito, como se procurou fazer no presente trabalho, revela claramente que, nesse tipo de Estado, relações circulares ou *tangled hierarchies* existem não apenas entre política e direito e entre legislação e jurisdição, mas também entre os diversos procedimentos político-jurídicos e entre as diferentes normas jurídicas, inclusive as normas constitucionais. Essas formas internas de circularidade são constantemente interrompidas por irritações e estímulos, que, provindo tanto de outros subsistemas autônomos da sociedade mundial quanto da esfera pública, confluem nos procedimentos constitucionais. Isso possibilita, por seu turno, que se desenvolvam, em operações transjuncionais, novas formas de circularidade do código jurídico e do código político com os códigos binários de outros sistemas fechados e também com códigos binários que se reproduzem difusamente.

Aqui se depara o problema da unidade do sistema jurídico. Em vez de negar em geral a unidade do direito, tal como propõe Teubner, parece-me que caberia levar em consideração o fato de que no Estado Democrático de Direito o direito positivo, constituindo sistema jurídico diferenciado tanto funcional quanto territorial-segmentariamente, não é uma "máquina trivial", suscetível de ser caracterizada como uma unidade simples, invariante e instrumental na perspectiva de um observador externo. Configura, ao contrário, uma "máquina não trivial", cuja unidade é não invariante, altamente complexa e múltipla[17], pois depende não apenas de uma pluralidade de observadores externos nos diferentes ambientes ou contextos do direito, mas também de uma multiplicidade de auto-observações e autodescrições. Exatamente por isso não cabe falar de uma identidade simples do sistema jurídico do Estado Democrático de Direito, mas sim,

---

17. Sobre a distinção entre máquinas triviais e não triviais, cf. Foerster, 1981b: 201 s.

utilizando a linguagem de Teubner, investigar as "identidades múltiplas"[18] desse sistema. O seu código binário "lícito/ilícito", no qual se assenta a unidade sistêmica, manifesta-se em uma multiplicidade de programas, contextos sociais e problemas intra-sistêmicos, envolvendo-se em operações transjuncionais com outros códigos binários. Deve-se observar que a polivalência das operações transjuncionais pressupõe a bivalência dos códigos dos respectivos sistemas. Mediante essas operações é possível "passar de uma contextura (uma distinção 'positivo/negativo') para uma outra e marcar, a cada vez, quais as diferenças que se aceitam ou se rejeitam para determinadas operações"[19]. A policontexturalidade implica não somente que haja operações transjuncionais entre o código "lícito/ilícito" do sistema jurídico do Estado Democrático de Direito e outros tipos de códigos sociais binários ("ter/não-ter", "poder/não-poder", "verdadeiro/falso", "transcendente/imanente", "amor/desamor", "belo/feio", "consideração/desprezo" etc.), mas também que ocorram operações polivalentes entre o código "lícito/ilícito" sob o qual o referido sistema opera e outras manifestações do código binário do direito. Essas, por seu turno, não se reduzem nem àqueles códigos jurídicos que se afirmam, respectivamente, em outros sistemas jurídicos estatais segmentariamente diferenciados, nem ao código binário que se apresenta no direito internacional público, mas incluem igualmente os códigos binários específicos das ordens jurídicas globais plurais. Quer dizer: a referência à unidade não trivial, complexa e múltipla do sistema jurídico do Estado Democrático de Direito não exclui uma pluralidade de outras ordens jurídicas que estejam em relações permanentes de concorrência com esse sistema; portanto, não é, em princípio, incompatível com o pluralismo jurídico da sociedade mundial. Deve-se, porém, enfrentar a seguinte questão: as ordens jurídicas globais plurais constituem sistemas jurídicos autônomos em face dos respectivos sistemas mundiais com os quais estão aco-

---

18. Teubner, 1996d: 233 e 237.
19. Luhmann, 1996b: 44.

pladas, tal como o sistema jurídico do Estado Democrático de Direito em face da política acoplada com ele por via da Constituição?

Pode-se certamente, a partir de uma releitura, retirar dos próprios textos de Teubner elementos que sugerem uma resposta negativa a essa questão. As ordens jurídicas globais construídas com base em *"private governments"* encontram-se antes em uma relação de subordinação para com os respectivos sistemas mundiais. Teubner concentra sua abordagem no direito econômico mundial, especificamente na *lex mercatoria*, destacando-a entre outras *law's global villages*[20]. No tratamento dessa forma de direito mundial, aponta para sua falta de autonomia em face dos processos econômicos globais[21] e chama a atenção para as perspectivas negativas "de uma evolução jurídica independente da *lex mercatoria*", porque "a variação e a seleção autônomas da *lex mercatoria* são tão subdesenvolvidas que a formação desse direito ficará atrelada à evolução externa do sistema econômico, sem, contudo, engendrar uma evolução autônoma"[22]. Com o exemplo do direito econômico mundial, portanto, pode-se constatar claramente que as ordens jurídicas globais permanecem dependentes dos respectivos sistemas mundiais dinâmicos, afastados da esfera pública, sendo instrumentalizadas por esses. Isso resulta, então, em formas concretas de trivialização do direito a cada vez que as correspondentes esferas funcionais da sociedade mundial recorram ao código jurídico. A rigor, não cabe falar aqui, sem distinções mais precisas, de acoplamentos estruturais entre ordens jurídicas globais e sistemas sociais mundiais[23]. O conceito de acoplamento es-

---

20. Cf. Teubner, 1996c: 264 ss.
21. Teubner, 1996c: 279.
22. Teubner, 1996c: 280.
23. Teubner, ao contrário, emprega inflacionariamente o conceito "acoplamento estrutural" (cf., p. ex., 1996c: 279; 1996d: 245) e, correspondentemente, o conceito de Constituição como toda forma de acoplamento estrutural entre o direito e qualquer outro subsistema da sociedade mundial (2000, 2003; cf. também Fischer-Lescano, 2005).

trutural pressupõe a autopoiese, isto é, o fechamento operativo dos sistemas acoplados[24]. Importa horizontalidade e relações recíprocas de dependência e, simultaneamente, de independência. No caso das relações das ordens jurídicas globais com os sistemas mundiais, especialmente no exemplo do direito econômico global, não há "acoplamentos estruturais", mas sim dependências unilaterais e subordinações estruturais e difusas do direito a "dominadores" invisíveis[25]. De acordo com a metáfora-título, poder-se-ia dizer: Têmis é "violada" por diversos Leviatãs irresponsáveis. Teubner não desconsidera o problema da corrupção estrutural[26], irresponsabilidade e oligarquia nos *private governments*: "Regimes parapolíticos são construídos oligarquicamente, mas podem ser democratizados. *Quangos* são formas de irresponsabilidade organizada, mas podem tornar-se responsáveis mediante a introdução de *procedimentos democráticos correspondentes aos do Estado de Direito.*"[27] Além dessa declaração de desejo, Teubner – tendo em vista que a *lex mercatoria* é extremamente vulnerável tanto às pressões políticas quanto aos ataques dos atores econômicos e, nesse sentido, continuará sendo "também no futuro [...] um direito corrupto"[28] – recorre, por fim, à concepção predominantemente normativa da repolitização desse tipo de direito econômico mundial, por via da qual os mecanismos dessa ordem jurídica entrariam mais nitidamente "no campo de visão do debate e controle *públicos*"[29]. Pode-se verificar nisso uma forma de ambivalência problemática, em que se propõe sejam introduzidos procedimentos democráticos funcionalmente equivalentes aos do Estado de Direito e o respectivo controle público em

---

24. Cf. Luhmann, 1997: 92 ss.; 1993a: 440 ss.
25. Cf. Teubner, 1996d: 251 s. Criticando Teubner a esse respeito, sustenta Brunkhorst (1999a: 383): "A heterarquia do direito é uma dominação *sem* dominador, mas não é uma dominação da lei."
26. Cf. Teubner, 1998a: 20 ss.
27. Teubner, 1996d: 251 (grifo meu).
28. Teubner, 1996c: 279.
29. Teubner, 1996c: 283 (grifo meu).

uma ordem jurídica que deve servir, enquanto instrumento da economia mundial, à eficiência desse sistema e na qual, portanto, o direito funciona como *medium* do dinheiro. Nessa perspectiva, o problema empírico da expansão hipertrófica do código da economia sob o impulso da globalização econômica não é enfrentado conseqüentemente. Há indícios evidentes de que o desenvolvimento rápido e disseminado de diversos mecanismos jurídicos dos "governos privados" no plano da economia mundial relacionam-se com o expansionismo do código "ter/não-ter", um expansionismo que tem efeitos destrutivos na reprodução autônoma do direito e de outros subsistemas da sociedade mundial. A introdução de procedimentos democráticos baseados na *rule of law* e de controles públicos contrariaria exatamente a razão do surgimento e a utilidade específica do direito econômico mundial dos "governos privados", que pretendem, em nome da "flexibilidade" e eficiência, escapar da "imobilidade" de tais procedimentos e controles. Dessa maneira, a "razão de existência" das respectivas ordens jurídicas seria antes negada. Essas constituem direito trivializado pela economia mundial: se não derem aos estímulos dos atores ou das organizações da economia global as respostas eficientes que eles esperam, ou seja, se não corresponderem às suas expectativas de eficiência, serão deixadas de lado. De maneira nenhuma, constituem formas jurídicas que estejam em condições de realizar o princípio da igualdade e o *due process of law* e de submeter-se ao debate e controle público, tal como o direito autônomo, constitucionalmente amparado, do Estado Democrático de Direito. Esse direito apresenta-se como um sistema social que freqüentemente – associado à política do Estado Democrático de Direito – é bem-sucedido quando concorre com a economia mundial, em nome da igualdade, generalidade da cidadania e mesmo da (re)distribuição. A rigor, o Estado Democrático de Direito constitui até o presente, apesar de toda a pressão da globalização econômica, a única instância institucional que, em certa medida, afirmou-se contra a expansão hipertrófica do sistema econômico mundial, que se reproduz com base no código binário "ter/não-ter"[30].

Em uma perspectiva inteiramente diversa, Habermas procura na unidade de uma política mundial transnacional a saída para os limites da capacidade reguladora e da força integrativa ou legitimadora do Estado Democrático de Direito na sociedade mundial hodierna. A concepção habermasiana lembra a idéia kantiana da possibilidade de paz entre as "Repúblicas" mediante "um federalismo de Estados livres"[31], não recorrendo, porém, às instituições tradicionais da política internacional ou do direito internacional público. Diversamente, enfrenta a questão referente à busca de uma *política interna mundial* que estaria em condições de "explorar instituições e procedimentos" que seriam "necessários para a construção de interesses comuns 'no sentido de uma cidadania mundial' e para a produção de um 'regime global de bem-estar'"[32]. Ao contrário da política internacional e do direito internacional público de feitio clássico, "os *primeiros* destinatários de tal 'projeto' não são os governos, mas sim movimentos sociais e organizações não-governamentais, ou seja, os membros ativos de uma sociedade civil que ultrapassa as fronteiras nacionais"[33].

---

30. Para "a dinâmica autônoma da acumulação capitalista, que prossegue hoje sob a liderança do sistema financeiro global" – enfatiza Brunkhorst (1999a: 380), com outras palavras e a partir de outros pressupostos teóricos –, "apenas o Estado Democrático de Direito encontrou, até o presente, uma solução produtiva e, em certa medida, igualitária."

31. Kant, 1993 [1795]: 208.

32. Habermas, 1998a: 79 s.; cf. também 2004b: 133 ss. Analogamente a Habermas, Held (1991; 1995: 219 ss.) defende o projeto de uma "democracia cosmopolita". Diferentemente da concepção habermasiana de uma "política interna mundial sem governo mundial", Höffe (2002a: 225 ss.; 2002b) advoga "uma república federal e subsidiária mundial". Diferindo um pouco de Höffe, Lutz-Bachmann (2002) sustenta a idéia de uma soberania graduada, que se dividiria em três níveis: Estado nacional, Estado continental e Estado mundial.

33. Habermas, 1998a: 79; 1998b: 90. Em outra passagem, Habermas refere-se simplesmente aos "cidadãos e movimentos civis" como os "primeiros destinatários" desse projeto (1998b: 168).

Conforme o projeto habermasiano, a construção de instituições e procedimentos de política interna mundial depende do surgimento de "uma consciência da solidariedade cosmopolita compulsória"[34], do desenvolvimento de "uma solidariedade cosmopolita até o momento inexistente"[35], que não se enraíza eticamente, como "a solidariedade civil" nos Estados nacionais, "em uma identidade coletiva particular respectiva", mas sim "deve apoiar-se apenas no universalismo moral expresso nos direitos humanos"[36]. Portanto, o pressuposto da institucionalização dos procedimentos da política interna mundial, mediante os quais se viabilizaria a formação de vontade transnacional, é a construção de uma cidadania mundial, que, porém, ainda não existe[37]. As condições empíricas que conduzem à exigência de uma política interna mundial democrática, por seu turno, são em primeiro lugar os efeitos dos processos de globalização sobre o Estado Democrático e Social de Direito. A questão central que se encontra em discussão é, nessas circunstâncias, a seguinte: "Como a globalização afeta (a) a segurança e a efetividade do Estado administrativo, (b) a soberania do Estado territorial, (c) a identidade coletiva e (d) a legitimidade democrática do Estado nacional."[38] Habermas parte, por um lado, do solapamento do Estado Democrático de Direito – circunscrito a um território fixamente delimitado – pela globalização; por outro, não propõe a "abolição" de sua pretensão normativa[39], mas sim a transferência des-

---

34. Habermas, 1998a: 77; 1998b: 88 e 168.
35. Habermas, 1998b: 89; cf. também 1998a: 78.
36. Habermas, 1998b: 162 s.
37. O "fim de um direito cosmopolita institucionalizado eficazmente" – salienta o próprio Habermas (1999a: 392 ou 1998b: 178) – "encontra-se muito longe". Além disso, Habermas admite certas ponderações comunitaristas e sustenta que uma "comunidade cosmopolita de cidadãos do mundo [...] não oferece nenhuma base suficiente para uma política interna mundial" (1998b: 163). Mas, nesse trecho, ele pretende antes distinguir claramente sua concepção de uma política interna mundial da idéia de um Estado ou República mundial.
38. Habermas, 1998b: 105 ss.
39. Cf. Habermas, 1996f: 153.

sa pretensão para uma formação de vontade política transnacional, a saber, a reanimação ou reconquista dessa pretensão no plano de uma "política interna mundial sem um governo mundial"[40]. Em oposição à concepção – atribuída ao pós-modernismo e ao neoliberalismo – de um "fim da política" no âmbito das "redes globais", Habermas busca formas de auto-regulação democrática (política) da sociedade mundial[41]. Com base na distinção entre "redes" e "mundos da vida", relacionada a um "balanço entre abertura e fechamento de formas socialmente integradas de vida", ele procura "um novo fechamento político da sociedade mundial economicamente sem barreiras"[42]. Além disso, as violações chocantes dos direitos humanos são postas no primeiro plano como desafio para uma política interna mundial[43]. Para Habermas, uma política interna mundial confronta-se com dois problemas básicos, dos quais decorrem dois questionamentos e duas respostas diversos: 1) o abalo das instituições *welfaristas* do Estado Democrático e Social de Direito, ao que Habermas responde com a idéia acima mencionada de um "regime mundial de bem-estar"; 2) as violações dos direitos humanos, cometidas por atividades repressivas estatais ou não combatidas responsável e efetivamente no âmbito dos respectivos Estados nacionais.

Em face do primeiro problema, a saber, o fato de que a economia globalizada impõe exigências excessivas ao Estado nacional, Habermas volta-se em primeiro lugar à "transferência para instâncias supranacionais de funções que, até o momento, os Estados sociais realizaram no âmbi-

---

40. Habermas, 1998b: 156 e 165.
41. Habermas, 1998b: 133 s.
42. Habermas, 1998b: 96, 122 ss., 125 e 167.
43. Cf. Habermas, 1998b: 163; ver 170 ss. ou 1999a; e seu posicionamento a respeito da intervenção bélica da Otan na Sérvia (2000). A partir de outros pressupostos e com outras conseqüências, Luhmann (1993a: 574 ss.) também considera um "dos mais importantes indicadores de um sistema jurídico da sociedade mundial" a atenção que se vem dando às violações *escandalosas* e chocantes dos direitos humanos.

to nacional"[44]. Esse projeto normativo, cuja força de atração não é de se negar, parece-me discutível, tendo em vista o desenvolvimento recente da sociedade mundial. Em primeiro lugar, não se retiram as devidas conseqüências do fato incontroverso de que o Estado social só pôde desenvolver-se "em algumas regiões privilegiadas e nas condições propícias do pós-guerra"[45] e que a "interdependência assimétrica entre os países desenvolvidos, os recentemente industrializados e os subdesenvolvidos"[46] permanece intocável e, antes, agravou-se. A orientação includente do Estado de bem-estar no Ocidente desenvolvido não surgiu isolada da ampla exclusão em outras regiões do globo terrestre. O problema que se apresenta atualmente é exatamente a propagação de ondas de exclusão sobre os países centrais no contexto da "globalização econômica", portanto, a expansão destrutiva do código econômico também em relação ao sistemas jurídico e político do Estado democrático da Europa Ocidental e da América do Norte, o que está intimamente associado à perda de normatividade (força normativa) das constituições socialdemocráticas lastreadas no modelo de Estado de Direito. Trata-se fundamentalmente do solapamento ou da desmontagem do Estado de bem-estar nas regiões privilegiadas em que ele teve as condições para desenvolver-se. Podem ser verificadas nesse contexto tendências à "periferização do centro"[47] ou, mais especificamente, à "brasilianização da Europa" ou "brasilianização do Ocidente"[48]. Como reação, os esforços político-econômicos das potências ocidentais dirigem-se cada vez mais no sentido de tomar medidas contra a disseminação, dentro de suas fronteiras, de graves problemas sociais, especialmente referentes à exclusão, que são condicionados pela crescente instabilidade da economia mundial; portanto, orientam-se para a

---

44. Habermas, 1998a: 75; 1998b: 85 s.
45. Habermas, 1998a: 73; 1998b: 84.
46. Habermas, 1998a: 76; 1998b: 87.
47. Neves, 1998: 153 ss.
48. Beck, 1997: 266 ss.; 1999: esp. pp. 7 ss. e 94 ss.

busca de uma nova estabilidade do mercado mundial, sobretudo do mercado financeiro global, apta a favorecer a formação de um novo regime de bem-estar nos respectivos países. A rigor, não se trata de esforços por uma política *interna mundial*, que poderia assumir a tarefa de produzir "um regime *global* de bem-estar", tal como deseja e propõe Habermas, mas sim principalmente da procura de uma política *interna do Ocidente*, capaz de conduzir à estabilidade da economia mundial e, dessa maneira, a um regime renovado e revigorado de bem-estar *do Ocidente*. E no âmbito dessa política interna do Ocidente não está excluída uma opção pelo "fechamento das comportas"[49], especialmente na forma de medidas político-jurídicas restritivas da imigração, contrárias às ondas de "fugitivos da exclusão", originários de outras regiões do planeta.

Por outro ângulo, cabe observar que o caráter controverso de uma solução político-global para os impactos destrutivos da chamada "globalização econômica" sobre o Estado Democrático e Social de Direito não reside apenas no fato de que, perante a força do código econômico no plano da sociedade mundial, a política internacional e o direito internacional público constituem mecanismos frágeis de regulação; além disso, a política, como subsistema social dirigido a decisões coletivamente vinculantes e orientado por elas, ainda permanece fundamentalmente segmentada em Estados como unidades delimitadas territorialmente[50]. Ademais, a sociedade mundial, apesar da ampla diferenciação, pluralidade e fragmentação, ainda é orientada primariamente pela economia (e, correspondentemente, pela técnica e pela ciência)[51]. De acordo com isso, pode-se afirmar ser a dimensão econômica a mais importante da atual globalização[52]. A respeito da relação entre sistemas jurídico e polí-

---

49. Habermas, 1998b: 123.
50. Cf. Luhmann, 1998 ou 2000a: 189-227.
51. Ver *supra* nota 8 do Cap. V.
52. Assim enfatiza Habermas em relação às novas redes da sociedade mundial: "A dimensão mais importante constitui uma globalização econômica [...]" (1998b: 102).

tico, de um lado, e sistema econômico, de outro, a nova "globalização econômica" é a tendência a uma expansão hipertrófica do código econômico, em detrimento da autonomia constitucionalmente fundada do direito e da política, também nos países ocidentais desenvolvidos. A transferência de funções usuais do Estado social do Ocidente para uma política interna mundial parece controvertida não só por causa do fato indiscutível de que o abismo de bem-estar social "ainda se aprofunda entre o Norte rico e as regiões pobres do Sul, assoladas pelo caos e pela autodestruição"[53], mas também, enfim, por força da premissa incontestável, partilhada pelo próprio Habermas na seguinte formulação: "O poder regulador de decisões coletivamente vinculantes opera conforme uma lógica diferente do mecanismo regulador do mercado. Por exemplo, apenas o poder deixa-se democratizar, o dinheiro não."[54] Mas Habermas, parece-me, não retira daí as conseqüências corretas e abrangentes para a compreensão da relação entre política e economia, antes se limita a uma crítica à substituição do meio sistêmico "poder" pelo meio sistêmico "dinheiro" na práxis de atores da economia mundial, a saber, corporações multinacionais, como poderosos concorrentes do Estado[55]. Além do mais, não infere de sua assertiva que a política e a economia, como dois sistemas sociais autônomos, encontram-se em uma permanente relação de concorrência recíproca e que, em uma sociedade complexa, nenhum dos dois sistemas pode ser controlado com sucesso pelo *medium* do outro. Sendo assim, é muito problemático o projeto de uma simples transferência de funções político-sociais do Estado para uma política interna mundial transnacional, com o fim de criar um regime global de bem-estar renovado. De acordo com esse projeto, o meio sistêmico da política romperia ou superaria suas fron-

---

53. Habermas, 1998b: 93.
54. Habermas, 1998b: 119 s.
55. Habermas, 1998b: 119. "Por isso, são suprimidas *per se* as possibilidades de autogoverno democrático na medida em que a regulação de esferas da sociedade passa de um meio sistêmico para outro" (120).

teiras de operação e, libertado de sua vinculação territorial ao Estado, procederia a uma "regulação" mundial da economia na direção de um regime de bem-estar. Destarte, não se observa que os limites da política e do direito como sistemas sociais independem da extensão do âmbito espacial de validade das respectivas instituições, não havendo nenhum indício, também no contexto da sociedade mundial do presente, de que as instituições jurídico-políticas globais possam ter mais êxito do que as locais ou regionais. Por fim, não se dá a devida consideração ao fato de que os Estados de bem-estar afetados pela economia globalizada somente puderam surgir nas circunstâncias economicamente favoráveis de algumas regiões privilegiadas e com base em uma prática político-jurídica que soube aproveitar essas circunstâncias.

As violações sistemáticas e chocantes aos direitos humanos em amplas áreas do planeta constituem, segundo Habermas, o outro problema fundamental que na sociedade global hodierna exige uma política interna mundial. A tentativa de imposição globalmente abrangente dos direitos humanos estava associada de maneira íntima, inicialmente, com a questão da garantia da paz ou prevenção da guerra no âmbito concepcional da Declaração de Direitos Humanos da ONU, promulgada no pós-guerra; mas, posteriormente, foi associada também aos problemas de segurança ambiental. Nesse contexto, Habermas aponta – diferentemente do que faz no concernente ao projeto ambicioso de um regime mundial de bem-estar – para uma "limitação a funções ordenadoras elementares", a saber: "por um lado, a domesticação da guerra, da guerra civil e da criminalidade estatal; por outro, a evitação de catástrofes humanitárias e riscos mundiais"[56]. Habermas argumenta, com razão, que o problema dos direitos humanos não pode mais ser compreendido apenas como um assunto particular, "provincial", do Ocidente[57], e defende "uma interpretação dos direitos hu-

---
56. Habermas, 1998b: 160.
57. Cf. Habermas, 1998b: 170 ss. ou 1999a.

manos que seja ajustada ao mundo moderno *também do ponto de vista de outras culturas*"[58]. Mas, a esse respeito, parece-me haver uma ambivalência nos argumentos habermasianos. Por um lado, em primeiro lugar, com base na já acima mencionada concepção da co-originalidade de direitos humanos e soberania do povo, "o modelo da práxis constituinte é compreendido de tal modo que os direitos humanos não são *encontrados* como dados morais. Antes, eles são *construtos* nos quais, por assim dizer, está escrito na testa que não podem ter um *status* politicamente facultativo como os direitos morais. Como direitos subjetivos, eles têm, desde sua origem, natureza jurídica e são, de acordo com o seu conceito, dependentes de uma positivação por entidades legislativas"[59]. Em segundo lugar, ao enfrentar-se o discurso de outras culturas, não ocidentais, sustenta-se, sobretudo contra a crítica ao individualismo dos direitos humanos, a tese de que "o individualismo compreendido corretamente é incompleto sem [uma] carga de 'comunitarismo'"[60]. Por outro lado, Habermas – como já assinalado acima – argumenta que, enquanto a "solidariedade civil" fundamenta-se em uma identidade ético-coletiva, "a solidariedade cosmopolita deve apoiar-se apenas no universalismo moral expresso nos direitos humanos"; aponta, assim, com apoio em Kant, para o caráter moral de uma comunidade cosmopolita "que existe sem possibilidade de exclusão": "Por isso, não é de modo algum casual que na comunidade cosmopolita a moldura normativa constitua-se apenas de 'direitos humanos', ou seja, de normas jurídicas com conteúdo exclusivamente moral."[61] Mas Habermas não retira daí as mesmas conseqüências kantianas propostas por Ingeborg Maus, que, tendo em vista a falta de procedimento democrático no plano da política mundial, nega radicalmente a fundamentação jurídica das recentes

---

58. Habermas, 1998b: 181 s. ou 1999a: 395.
59. Habermas, 1998b: 183 ou 1999a: 396.
60. Habermas, 1998b: 188 ou 1999a: 400.
61. Habermas, 1998b: 162 s.

intervenções militares pretensamente destinadas à imposição dos direitos humanos, deixando-as para o domínio da política internacional[62]. Ao contrário, com base na distinção entre "conteúdo moral" e estrutura jurídico-positiva dos direitos humanos, ele manifesta-se favorável às chamadas "intervenções humanitárias", desde que estas sejam institucionalizadas por procedimentos jurídicos no âmbito "de uma organização mundial apta para agir e democraticamente legitimada"[63]. Nesse sentido, propõe-se uma reforma da ONU conforme o modelo de Estado Democrático de Direito[64]. Habermas não desconhece que tal reforma "ainda não está próxima"[65], mas ele não dá as devidas conseqüências ao fato inquestionável da estrutura oligárquica da ONU, especialmente do Conselho de Segurança, que, como instrumento da política das grandes potências, "realiza um intervencionismo arbitrário em relação aos direitos humanos"[66], ao qual são inerentes as "intenções paternalistas" das propostas interventivas[67] e a classificação "seletiva" das violações ensejadoras da intervenção[68]. Apesar de advertir para uma possível desdiferenciação entre moral e direito no contexto da política intervencionista e para a pretensa "moralização" desta, Habermas não faz qualquer crítica séria às "intervenções humanitárias" consu-

---

62. Cf. Maus, 1997, 1999.
63. Habermas, 1996h: 225 s.; 2000. "Pois o estabelecimento de uma situação cosmopolita significa que as violações dos direitos humanos não podem ser julgadas e combatidas *imediatamente* sob os pontos de vista morais, mas sim perseguidas *como* ações criminosas no âmbito de uma ordem jurídica estatal, segundo procedimentos jurídicos institucionalizados" (1996h: 226; cf. também a formulação semelhante em 2000: 60, em que, porém, na primeira frase, emprega-se uma construção gramatical ideal: "Pois o aspirado estabelecimento de uma situação cosmopolita significaria que...").
64. "Mas pelo menos é necessário um Conselho de Segurança que funcione, a jurisdição cogente de um tribunal penal internacional e a complementação da Assembléia Geral de representantes governamentais por um 'segundo nível' de representação dos cidadãos mundiais" (Habermas, 2000: 60).
65. Habermas, 2000: 60.
66. Brunkhorst, 1999a: 382.
67. Maus, 1997: 168.
68. Cf. Maus, 1997: 190.

madas sem mandato do Conselho de Segurança da ONU, desde que fundamentadas moralmente; limita-se, como a respeito da guerra de intervenção da Otan na Sérvia por ocasião da crise de Kosovo, a fazer uma leve ressalva contra a generalização dessas práticas: "A auto-autorização da Otan não pode tornar-se o caso-regra."[69] De acordo com esse entendimento do caráter "moral" da "intervenção humanitária" posta em prática, unilateralmente, pelas grandes potências ocidentais, a proposta de Habermas não redunda, a rigor, em uma "política *interna mundial*" para a imposição dos direitos humanos, mas sim em uma política *externa do Ocidente* para a vigilância das políticas de direitos humanos dos países mais frágeis nas relações internacionais de poder[70]. Dessa maneira, as decisões e execuções seletivas e arbitrárias da intervenção não são passíveis de controle mediante procedimentos em conformidade com o modelo de *rule of law* democraticamente sustentado.

Mesmo se no plano da ONU ou de outras organizações mundiais fossem criados procedimentos democráticos à luz do modelo de *rule of law* para a fundamentação e o controle das "intervenções humanitárias" militares – de fato, uma possibilidade que em razão da enorme assimetria de poder

---

69. Habermas, 2000: 65. Em contrapartida, salienta Luhmann (1993a: 580) que se tornará praticamente inaceitável que os Estados Unidos da América, ou qualquer outro Estado, "apresentem-se como juiz e poder sancionatório (embora eles mesmos tenham rejeitado a subordinação à Corte Interamericana de Direitos Humanos)". Sob um outro ponto de vista, Teubner (1996c: 255 e 258) compara criticamente a "*pax americana*" posta em prática pelo governo de Clinton com a tradição, que remonta a Kant, de uma política mundial.

70. Mais tarde, com relação à invasão do Iraque pelas tropas norte-americanas, Habermas (2004c) toma uma atitude diferente, ao criticar a pretensão de "unilateralismo hegemônico" dos Estados Unidos da América, considerando que estes contrariam o "núcleo universalista da democracia e dos direitos humanos". Entretanto, não rejeita a sua posição concernente ao conflito de Kosovo, antes a reitera, continuando a justificar um certo "intervencionismo racional", "moralmente fundado", mesmo sem a aprovação pelos procedimentos jurídicos do Direito Internacional Público (cf. também Habermas, 2004d, que aqui se manifesta também com reserva em relação à intervenção no Afeganistão).

na política mundial não está em perspectiva –, ainda assim seria muito discutível se mediante esses procedimentos sucederia a imposição de uma política estável de direitos humanos nos respectivos países. Há fortes indícios de que esse tipo de intervencionismo militar só é posto em prática em situações patológicas e tende a agravar a patologia dos conflitos, com conseqüências destrutivas e riscos incontroláveis para a própria sociedade mundial e sem nenhuma consideração ao sofrimento da população[71]. Além disso, cabe observar que nesses casos os problemas sérios só surgem onde falta um mínimo de democracia e de Estado de Direito. Embora seja indiscutível que "seria insuportável abandonar o sistema jurídico ao arbítrio de processos políticos regionais"[72], o êxito e a estabilidade da política de direitos humanos no âmbito mundial dependem antes de uma disseminação o mais ampla possível da democracia e do Estado de Direito nas diversas regiões do globo terrestre, ou melhor, nos diversos países, do que de "intervenções humanitárias" militares. A esse respeito, deve-se não apenas ponderar a difícil adaptação das instituições democráticas e referentes ao Estado de Direito a distintos contextos (multi)culturais, mas há também de levar-se em consideração os obstáculos à criação das condições sociais que viriam a permitir a formação e realização dessas instituições; e, associado a isso, cabe advertir para os limites da política internacional de desenvolvimento[73], que, entretanto, apesar de ter fracassado amplamente e de alimentar a ilusão ideológica de constituir uma ajuda unilateral e benevolente do "Ocidente", tem demonstrado ser me-

---

71. Cf. Luhmann, 1998: 372 ou 2000a: 219. Ver também *supra* nota 22 do Cap. V.

72. Luhmann, 1993a: 577.

73. Luhmann sustenta que, em relação ao problema dos direitos humanos na sociedade mundial hodierna, talvez se deva também dar-lhe "maior atenção no contexto de trabalhos assistenciais da política de desenvolvimento" (1993a: 580), mas ele sugere, no âmbito da análise da diferença entre inclusão e exclusão, que as perspectivas a esse respeito são desfavoráveis (582 ss.).

nos inefetiva para a implementação e a proteção dos direitos humanos do que as intervenções humanitárias[74].

Não me parece, por fim, que o caráter controverso do projeto habermasiano de uma política interna mundial destinada à "geração de um regime global de bem-estar" e à imposição dos direitos humanos decorra do fato de que a aspirada "cidadania mundial" não estaria fundada em uma identidade ética ou coletiva como a cidadania civil, mas sim em "obstáculos de tipo estrutural"[75], a saber: os desníveis no desenvolvimento socioeconômico entre as regiões do planeta, os arranjos divergentes das expectativas geopolíticas, os diferentes interesses políticos nos respectivos âmbitos regionais e, não menos relevante, a singularidade dos diversos contextos (multi)culturais[76]. Contra a distinção habermasiana entre cidadania civil fundada eticamente e "cidadania mundial" fundamentada moralmente, pode-se fazer a objeção de que o Estado Democrático de Direito da atualidade não se baseia em nenhuma identidade coletiva ou ético-política, mas sim na sua respectiva esfera pública multicultural, tendo, portanto, de confrontar-se com uma heterogeneidade de valores, interesses, expectativas e discursos divergentes. Ao contrário, um Estado assentado em identidade coletiva, fundamentado eticamente, tende na sociedade complexa de hoje a assumir formas totalitárias e, dessa maneira, a violar os direitos humanos[77]. Além disso, cabe observar que o Estado

---

74. Sem utilizar o jargão da política de desenvolvimento, Maus (1997: 191) recorre – a partir, evidentemente, de pressupostos teóricos diversos (kantianos) dos que orientam o presente trabalho – a concepções atuais no campo da pesquisa sobre a paz, que, com restrições a intervenções militares, "recomendam formas de interferências indiretas na política externa, as quais, entre outras coisas, fortifiquem mediante fomento econômico a respectiva base social em outros Estados, para assim promover a democratização e a pacificação e, dessa maneira, impedir antecipadamente a eclosão de conflitos".

75. Cf., em sentido contrário, Habermas, 1998b: 162 s.

76. A esse respeito, afirma Luhmann: "Particularmente no plano mundial revela-se agora o quanto é razoável diferenciar o sistema político segmentariamente em Estados delimitados regionalmente, para que ele possa corresponder melhor aos dados locais [...]" (1993a: 577).

77. Cf. Luhmann, 1998: 373 ou 2000a: 219 s.

Democrático de Direito só pode dar uma resposta bem-sucedida ao desafio do fundamentalismo na medida em que não se funde em uma identidade coletiva de caráter ético-político, mas sim, ao contrário, desde que se apóie no pluralismo de valores, interesses, expectativas e discursos, assim como na complexidade sistêmica[78]. Enfim, há de considerar que o Estado Democrático de Direito não deve ser reduzido à forma usual do "Estado nacional", pois não se pode excluir que, sob o impulso dos novos desenvolvimentos da sociedade mundial, formas de Estados Democráticos de Direito "supranacionais" surjam em determinadas regiões do globo terrestre – por exemplo, uma eventual transformação da União Européia em um Estado Federal "supranacional" –, desde que se forme uma esfera pública pluralista que se mobilize e articule em torno dos respectivos procedimentos constitucionais e possa-lhes influenciar de maneira relevante[79].

Sob pressão da "globalização econômica" e dos fundamentalismos e conflitos étnicos, o Estado Democrático de Di-

---

78. A partir de outros pressupostos teóricos, Brunkhorst (1999a: 379) enfatiza com razão: "Onde não há Estado Democrático de Direito com uma clara separação entre direito e moral, e também não há equivalente pós-nacional ou pós-estatal algum, parece que a combinação de individualismo social e pluralismo cultural termina quase forçosamente em fundamentalismo."

79. Cf., em relação à Europa, Häberle, 1998: 1026, que afirma: "No processo de Constitucionalização da Europa, é imprescindível a esfera pública". À compreensão de esfera pública na formulação de Häberle subjaz, entretanto, um pensamento jurídico republicano (ver *supra* nota 205 do Cap. IV). Com outros argumentos, ver também Habermas, 2001b: esp. pp. 119 ss.; Bourdieu, 1998: esp. pp. 46 s.; Gerstenberg, 1997; antes cético, apontando para a falta de uma esfera pública e uma identidade coletiva como condições para uma Constituição européia, Grimm, 2001 [1995]: 240 ss. e 249; 2004. Em sentido oposto, a saber, em uma perspectiva pós-moderna, Ladeur (1997) manifesta-se contra a transformação da União Européia em um Estado "supranacional" concebido conforme o modelo do tradicional Estado nacional, opinando por um "*a-centric European political system*" (54). Cf. também Joerges, 2004. Por sua vez, Luhmann (1994) propõe que a integração européia seja analisada conceitualmente a partir da sociedade mundial, a saber, não como uma "união de nações", mas sim como "uma formação delimitada territorialmente em uma sociedade mundial" (6), com ênfase na relação entre os sistemas funcionais ou entre sociedade e organização (7).

reito – como já salientado acima – nem é um "*global hero*" nem um "*local hero*". Torna-se cada vez mais claro que seus instrumentos e instituições não podem ser empregados como panacéia para os graves problemas da sociedade mundial supercomplexa, policontextual. Não há mais como contestar os limites da política e do direito como meios de regulação[80]. Mas o Estado Democrático de Direito, no âmbito do qual se engendra com base na Constituição uma autonomia recíproca e relação circular entre direito e política – uma circularidade que, por sua vez, é interrompida e renovada permanentemente pelas provocações dos outros sistemas socais e da esfera pública –, continua sendo um importante foco da reprodução construtiva da sociedade mundial heterárquica no plano regional[81]. Em relação ao expansionismo do código da economia sob o impulso da "economia globalizada", ele faz – em nome do princípio da igualdade e da generalização dos direitos de cidadania – uma concorrência mais eficaz e bem-sucedida à economia mundial do que as ordens jurídicas globais plurais da "governança privada". Com vistas à construção de um regime de bem-estar renovado, o Estado Democrático de Direito pode gerar novas condições político-jurídicas estruturais favoráveis a uma preferência por inclusão, com as quais não cabe contar nos contornos vagos de uma política mundial. No domínio dos direitos humanos, ele pode forjar ordem estável que lhes viabilize a implementação e proteção, o que não é possível mediante o intervencionismo da política mundial. Apesar de tudo isso, não se deve ignorar, por um lado, que a manutenção e o desenvolvimento da democracia e do Estado de Direito dependem

---

80. Nesses termos, pode-se concordar com a afirmação de Willke: "A tese de um desencantamento do Estado não precisa mais ser defendida, ela tornou-se, amplamente, uma idéia comum na teoria e na práxis" (Willke, 1997: 7; sobre essa tese, ver, com profundidade, 1983).

81. Cf. nessa orientação, embora a partir de outros pressupostos, Saladin, 1995: esp. pp. 212 ss. Willke fala inclusive de supervisão como tarefa do Estado, "decerto não no sentido de controle e fiscalização [...], mas sim como super-visão no sentido de um fortalecimento da capacidade de observação" do Estado (1997: 11).

de políticas conseqüentes das organizações mundiais nos setores de segurança, direitos humanos, meio ambiente e desenvolvimento; por outro lado, que o Estado Democrático de Direito, para renovar-se e adequar-se às novas redes heterárquicas da sociedade mundial, precisa abrir-se às provocações e irritações das ordens jurídicas globais plurais. Além disso, cabe não desconsiderar que, especialmente por força da "exclusão" social de amplas parcelas da população, são sombrias as perspectivas de extensão do Estado Democrático de Direito a outras regiões do globo terrestre. Por fim, não se pode excluir a hipótese de que esse tipo de Estado, em decorrência da expansão hipertrófica do código da economia no contexto da globalização econômica, seja vencido pela economia mundial também no Ocidente desenvolvido, de tal maneira que se consolidem tendências à propagação da "exclusão" sobre as regiões privilegiadas da Europa e da América do Norte ("periferização do centro"), com efeitos destrutivos sobre o Estado de Direito, a democracia e o regime de bem-estar. As perspectivas e tendências negativas não devem, porém, levar a uma "despedida". Esforços pela renovação e disseminação do Estado Democrático de Direito são justificáveis na medida em que ele, na sociedade mundial do presente, ainda se apresenta como a forma político-jurídica mais adequada e bem-sucedida para a promoção da inclusão social, o combate ao expansionismo destrutivo e excludente do código econômico, a proteção dos direitos humanos e a confrontação com os fundamentalismos. Em suma: a questão que se põe no primeiro plano, neste início de século, não é a da transição "do Estado Democrático de Direito para um direito mundial heterárquico ou uma política interna mundial supra-ordenada", mas sim a referente aos novos papéis, tarefas e possibilidades do Estado Democrático de Direito em uma sociedade mundial heterárquica, que se torna cada vez mais dinâmica e flexível.

BIBLIOGRAFIA

AARNIO, Aulis (1987). *The Rational as Reasonable: A Treatise on Legal Justification*. Dordrecht: D. Reidel Publishing Company.
ALCHOURRÓN, Carlos E.; BULYGIN, Eugenio (1974). *Introducción a la metodología de las ciencias jurídicas e sociales*. Buenos Aires: Astrea.
ALEXY, Robert (1983). *Theorie der juristischen Argumentation: Die Theorie des rationalen Diskurses als Theorie der juristischen Begründung*. Frankfurt sobre o Meno: Suhrkamp.
____ (1992). *Begriff und Geltung des Rechts*. Fribourg (Breisgau)/Munique: Alber.
____ (1995). *Recht, Vernunft, Diskurs: Studien zur Rechtsphilosophie*. Frankfurt sobre o Meno: Suhrkamp.
____ (1997). "Theorie der Grundfreiheiten". *In*: Philosophische Gesellschaft Bad Homburg/Wilfried Hinsch (orgs.). 1997, pp. 263-303.
ANZILOTTI, Dionisio (1964). *Corso di diritto internazionale*. Pádua: Cedam, vol. 1.
APEL, Karl-Otto (1987). Entrevista a Florian Rötzer. *In*: Florian Rötzer (org.). *Denken, das an der Zeit ist*. Frankfurt sobre o Meno: Suhrkamp, pp. 52-75.
____ (1988). "Das Apriori der Kommunikationsgemeinschaft und die Grundlagen der Ethik". *In*: Karl-Otto Apel. *Transformation der Philosophie*. 4ª ed. Frankfurt sobre o Meno: Suhrkamp, vol. 2, pp. 358-435.
____ (1989). "Normative Begründung der 'Kritischen Theorie' durch Rekurs auf lebensweltliche Sittlichkeit? Ein transzendentalpragmatisch orientierter Versuch, mit Habermas gegen Habermas zu denken". *In*: Axel Honneth *et al.* (orgs.). *Zwischenbetrachtungen: Im Prozeß der Aufklärung – Jürgen Habermas zum 60. Geburtstag*. Frankfurt sobre o Meno: Suhrkamp, pp. 15-65.

_____ (1992). "Diskursethik vor der Problematik von Recht und Politik: Können die Rationalitätsdifferenzen zwischen Moralität, Recht und Politik selbst noch durch die Diskursethik normativ-rational gerechtfertigt werden?". *In*: Karl-Otto Apel e Matthias Kettner (orgs.). *Zur Anwendung der Diskursethik in Politik, Recht und Wissenschaft*. Frankfurt sobre o Meno: Suhrkamp, pp. 29-61.
ARENDT, Hannah (1960). *Vita activa oder Vom tätigen Leben*. Stuttgart: Kohlhammer.
_____ (1996). *Macht und Gewalt*. Trad. al. Gisela Uellenberg, Munique/Zurique: Piper (original: *On Violence*. Nova York/Londres, 1970).
ARISTÓTELES (1941). "Ethica Nicomachea" (Nicomachean Ethics). Trad. ingl. W. D. Ross. *In*: Richard McKeon (org.). *The Basic Works of Aristotle*. Nova York: Random House, pp. 927-1112.
_____ (1968). *Politik*. Trad. al., org. Nelly Tsouyopoulos e Ernesto Grassi. Reinbek bei Hamburg: Rowohlt.
ARNOLD, Thurman W. (1935). *The Symbols of Government*. New Haven: Yale University Press (5.ª impressão, 1948).
BAECKER, Dirk et al. (orgs.) (1987). *Theorie als Passion: Niklas Luhmann zum 60. Geburtstag*. Frankfurt sobre o Meno: Suhrkamp.
BANDEIRA DE MELLO, Celso Antônio (1993). *Conteúdo jurídico do princípio da igualdade*. 3.ª ed. São Paulo: Malheiros.
BARATTA, Alessandro (1993). "Jenseits der Strafe – Rechtsgüterschutz in der Risikogesellschaft: Zur Neubewertung der Funktionen des Strafrechts". *In*: *Strafgerechtigkeit: Festschrift für Arthur Kaufmann zum 70. Geburtstag*. Heidelberg: Müller, pp. 393-416.
BARBALET, J. M. (1988). *Citizenship: Rights, Struggle and Class Inequality*. Milton Keynes: Open University Press.
BARBER, Benjamin R. (1977). "Die Rechtfertigung der Gerechtigkeit: Probleme der Psychologie, der Politik und der Messung bei Rawls". *In*: Höffe (org.). 1977a, pp. 224-58.
BECK, Ulrich (1997). *Was ist Globalisierung?*. Frankfurt sobre o Meno: Suhrkamp.
_____ (org.) (1998a). *Politik der Globalisierung*. Frankfurt sobre o Meno: Suhrkamp.
_____ (org.) (1998b). *Perspektiven der Weltgesellschaft*. Frankfurt sobre o Meno: Suhrkamp.
_____ (1999). *Schöne neue Arbeitswelt – Vision: Weltbürgergesellschaft*. Frankfurt sobre o Meno/Nova York: Campus.
BENDIX, Reinhard (1969). *Nation-Building and Citizenship. Studies of our Changing Social Order*. Garden City, Nova York: Anchor (1.ª ed. 1964).

BENEVIDES, Maria-Victoria; FERREIRA, Rosa-Maria Fischer (1991). "Popular Responses and Urban Violence: Lynching in Brazil". *In*: Martha K. Huggins (org.). *Vigilantism and the State in Modern Latin America: Essays on Extralegal Violence*. Nova York: Praeger Publishers, pp. 33-45.

BENHABIB, Seyla (1999). *Kulturelle Vielfalt und demokratische Gleichheit: Politische Partizipation im Zeitalter der Globalisierung*. Frankfurt sobre o Meno: Fischer.

BENJAMIN, Walter (1965). "Zur Kritik der Gewalt". *In*: Walter Benjamin. *Zur Kritik der Gewalt und andere Aufsätze*. Frankfurt sobre o Meno: Suhrkamp, pp. 29-65.

BERGER, Peter L.; LUCKMANN, Thomas (1967). *The Social Construction of Reality*. Londres: Penguin Press.

BERLIN, Isaiah (1975). "Two Concepts of Liberty" (1958). *In*: Isaiah Berlin. *Four Essays on Liberty*. Londres/Oxford/Nova York: Oxford University Press, pp. 118-72 (reimpressão da 1.ª edição de 1969).

BERMAN, Harold (1992). "The Rule of Law and the Law-Based State (*Rechtsstaat*) – With Special Reference to the Soviet Union". *In*: Donald D. Barry (org.). *Toward the "Rule of Law" in Russia?: Political and Legal Reform in the Transition Period*. Armonk-NY/Londres: M. E. Sharpe, pp. 43-60.

BERTALANFFY, Ludwig von (1957). "Allgemeine Systemtheorie: Wege zu einer neuen mathesis universalis". *In*: *Deutsche Universitätszeitung*, n.º 5/6. Bonn: Deutsche Universitätszeitung, pp. 8-12.

BETTI, Emilio (1990). *Teoria generale della interpretazione*. Edição rev. e ampl. Org. Giulliano Crifò. Milão: Giuffrè, vol. II.

BISCARETTI DI RUFFIA, Paolo (1974). *Introduzione al diritto costituzionale comparato*. 3.ª ed. Milão: Giuffrè.

BLANKENBURG, Erhard (1980). "Recht als gradualisiertes Konzept – Begriffsdimensionen der Diskussion um Verrechtlichung und Entrechtlichung". *In*: E. Blankenburg; E. Klausa; H. Rottleuthner (orgs.). *Alternative Rechtsformen und Alternativen zum Recht (Jahrbuch für Rechtssoziologie und Rechtstheorie*, vol. 6). Opladen: Westdeutscher Verlag, pp. 83-98.

BLUM, Norbert Sebastian (1967). *Willenslehre und Soziallehre bei Ferdinand Tönnies: Ein Beitrag zum Verständnis von "Gemeinschaft und Gesellschaft"*. Bonn (tese de doutorado).

BOBBIO, Norberto (1960). *Teoria dell'ordinamento giuridico*. Turim: Giappichelli.

____ (1979). *Il positivismo giuridico: lezioni di filosofia del diritto*. Org. Nello Morra. Turim: Giappichelli.

_____ (1992a). *O futuro da democracia: uma defesa das regras do jogo*. Trad. bras. Marco Aurélio Nogueira. 5.ª ed. Rio de Janeiro: Paz e Terra.

_____ (1992b). *A era dos direitos*. Trad. bras. Carlos Nelson Coutinho. Rio de Janeiro: Campus.

BOCK, Michael (1988). *Recht ohne Mass: Die Bedeutung der Verrechtlichung für Person und Gemeinschaft*. Berlim: Reimer.

BOCKENFORDE, Ernst-Wolfgang (1983). "Geschichtliche Entwicklung und Bedeutungswandel der Verfassung". *In*: *Festschrift für Rudolf Gmür*. Bielefeld: Gieseking, pp. 7-19.

BODIN, Jean (1961). *Les six Livres de la République*. Aalen: Scientia Verlag (reimpressão da edição de Paris, 1583).

BONAVIDES, Paulo (1972). *Do Estado liberal ao Estado social*. 3.ª ed. Rio de Janeiro: FGV.

_____ (1985). "O método concretista da 'Constituição aberta'". *In*: Paulo Bonavides. *Política e Constituição: os caminhos da democracia*. Rio de Janeiro: Forense, pp. 148-60.

BONNECASE, Julien (1924). *L'école de l'exégèse en droit civil: les traits distinctifs de sa doctrine et de ses méthodes d'après la profession de foi de ses plus illustres représentants*. 2.ª ed. Paris: E. de Boccard.

_____ (1933). *La pensée juridique française de 1804 a l'heure présent: ses variations et ses traits essentiels*. Bordeaux: Delmas, vol. I.

BORA, Alfons (2002). "'Wer gehört dazu?' Überlegungen zur Theorie der Inklusion". *In*: Kai-Uwe Hellmann e Rainer Schmalz-Bruns (orgs.). *Theorie der Politik: Niklas Luhmanns politische Soziologie*. Frankfurt sobre o Meno: Suhrkamp, pp. 60-84.

BOURDIEU, Pierre (1998). "Le mythe de la 'mondialisation' et l'État social européen". *In*: Pierre Bourdieu. *Contre-feux: propos pour servir à la résistance contre l'invasion néo-libérale*. Paris: Liber-Raisons d'Agir, pp. 34-50.

BRETHERTON, Charlotte (1998). "Allgemeine Menschenrechte: Der 'menschliche Faktor' in der Weltpolitik?". *In*: Beck (org.). 1998b, pp. 256-92.

BRODOCZ, André (2003). *Die symbolische Dimension der Verfassung: Ein Beitrag zur Institutionentheorie*. Opladen: Westdeutscher Verlag.

BRUNKHORST, Hauke (1999a). "Heterarchie und Demokratie". *In*: Brunkhorst e Niesen (orgs.). 1999, pp. 373-85.

_____ (1999b). "Menschenrechte und Souveränität – ein Dilemma?". *In*: Brunkhorst, Köhler e Lutz-Bachmann (orgs.). 1999, pp. 157-75.

_____ (2001). "Globale Solidarität: Inklusionsprobleme der modernen Gesellschaft". *In*: Wingert e Günther (orgs.). 2001, pp. 605-26.

____; KETTNER, Matthias (orgs.) (2000). *Globalisierung und Demokratie: Wirtschaft, Recht, Medien*. Frankfurt sobre o Meno: Suhrkamp.

____; KOHLER, Wolfgang R.; LUTZ-BACHMANN, Matthias (orgs.) (1999). *Recht auf Menschenrechte: Menschenrechte, Demokratie und internationale Politik*. Frankfurt sobre o Meno: Suhrkamp.

____; NIESEN, Peter (orgs.) (1999). *Das Recht der Republik*. Frankfurt sobre o Meno: Suhrkamp.

BRYDE, Brun-Otto (1993). "Effektivität von Recht als Rechtsproblem: Vortrag gehalten vor der Juristischen Gesellschaft zu Berlin am 17. März 1993". *Schriftenreihe der Juristischen Gesellschaft zu Berlin*, n.º 135. Berlim/Nova York: Walter de Gruyter.

BUARQUE DE HOLANDA, Sérgio (1988). *Raízes do Brasil*. 20.ª ed. Rio de Janeiro: José Olympio (1.ª ed. 1936).

BUHL, Walter L. (1989). "Grenzen der Autopoiesis". *In*: *Kölner Zeitschrift für Soziologie und Sozialpsychologie* 39. Opladen: Westdeutscher Verlag, pp. 225-53.

BURDEAU, Georges (1949). *Traité de science politique*. 2.ª ed. Paris: Librairie Générale de Droit et de Jurisprudence, vol. I.

CANOTILHO, J. J. Gomes (1991). *Direito constitucional*. 5.ª ed. Coimbra: Almedina.

CAPELLA, Juan-Ramón (1968). *El derecho como lenguaje: un análisis lógico*. Barcelona: Ariel.

CAPELLER, Wanda de Lemos (1995). *L'engrenage de la répression: stratégies sécuritaires et politiques criminelles*. Paris: LGDJ.

CAPPELLETTI, Mauro (1978). "Formaciones sociales e intereses de grupo frente a la justicia civil". *In*: *Boletin Mexicano de Derecho Comparado* (nova série), ano XI, n.ºˢ 31-2. México: Unam, pp. 1-40.

____; GARTH, Bryant (1981). "Access to Justice and the Welfare State: An Introduction". *In*: M. Cappelletti (org.), com a colaboração de J. Weisner e M. Seccombe. *Access to Justice and the Welfare State*. Alphen aan den Rijn: Sijthoff/Bruxelas: Bruylant/Stuttgart: Klett-Cotta/Florença: Le Monnier, pp. 1-24.

CARDOZO, Benjamin N. (1991). *The Nature of the Judicial Process*. New Haven/Londres: Yale University Press (1.ª ed. 1921) [trad. bras.: *A natureza do processo judicial*. São Paulo: Martins Fontes, 2005].

CARNAP, Rudolf (1948). *Introduction to Semantics*. Cambridge, Massachusetts: Harvard University Press.

CARRE DE MALBERG, R. (1922). *Contribution à la théorie générale de l'État*. Paris: Sirey, vol. II.

CARRIO, Genaro R. (1973). *Notas sobre derecho y lenguaje*. 1.ª ed., 5.ª reimpr. Buenos Aires: Abeledo-Perrot.

CARVALHO, Inaiá Maria Moreira de (1995). "Direitos legais e direitos efetivos: Crianças, adolescentes e cidadania no Brasil". In: Revista Brasileira de Ciências Sociais 29. São Paulo: ANPOCS, out. 1995, pp. 127-42.
CHEVIGNY, Paul G. (1991). "Police Deadly Force as Social Control: Jamaica, Brazil, and Argentina". In: Martha K. Huggins (org.). Vigilantism and the State in Modern Latin America: Essays on Extralegal Violence. Nova York: Praeger Publishers, pp. 189-217.
____ (1999). "Defining the Role of the Police in Latin America". In: Juan E. Méndez, Gillermo O'Donnell e Paulo Sérgio Pinheiro (orgs.). The Un(Rule) of Law and the Underprivileged in Latin America. Notre Dame, Indiana: University of Notre Dame Press, pp. 49-70.
CHRISTENSEN, Ralph (1989). "Der Richter als Mund des sprechenden Textes. Zur Kritik des gesetzespositivistischen Textmodells". In: Müller (org.). 1989, pp. 47-91.
COMPARATO, Fábio Konder (1993). "Igualdade, desigualdades". In: Revista Trimestral de Direito Público, 1/1993. São Paulo: Malheiros, pp. 69-78.
COVRE, Maria de Lourdes Manzini (org.) (1986). A cidadania que não temos. São Paulo: Brasiliense.
CURTIS, Dennis E.; RESNIK, Judith (1987). "Images of Justice". In: The Yale Law Journal 96, pp. 1727-72.
DAMATTA, Roberto (1991). A casa & a rua: espaço, cidadania, mulher e morte no Brasil. 4ª ed. Rio de Janeiro: Guanabara Koogan.
DEFLEM, Mathieu (org.) (1996). Habermas, Modernity and Law. Londres/Thousands Oaks/Nova Délhi: Sage Publications.
DEMO, Pedro (1992). Cidadania menor: algumas indicações quantitativas de nossa pobreza política. Petrópolis: Vozes.
____ (1995). Cidadania tutelada e cidadania assistida. Campinas: Autores Associados.
DENNINGER, Erhard (1990). Der gebändigte Leviathan. Baden-Baden: Nomos.
____ (1993). Grenzen und Gefährdungen des Rechtsstaats. In: Rechtstheorie 24. Berlim: Duncker & Humblot, pp. 7-15.
____ (1994). "Menschenrchte zwischen Universalitätsanspruch und staatlicher Souveränität". In: Erhard Denninger. Menschenrechte und Grundgesetz: Zwei Essays. Winheim: Beltz Athenäum, pp. 73-102.
DERRIDA, Jacques (1967). De la grammatologie. Paris: Minuit.
____ (1994). Force de loi – Le "Fondement mystique de l'autorité". Paris: Galilée.

DETTLING, Warnfried (org.) (1980). *Die Zähmung des Leviathan: neue Wege der Ordnungspolitik*. Baden-Baden: Nomos.

DÍAZ, Elías (1963). "Teoría general del estado de derecho". In: *Revista de Estudios Políticos* 131. Madri: Instituto de Estudios Políticos, pp. 21-48.

DOUZINAS, Costas; WARRINGTON, Ronnie (1991). *Postmodern Jurisprudence: The Law of Text in the Texts of Law*, com a colaboração de Shaun McVeigh. Londres/Nova York: Routledge.

DREIER, Horst (1986). *Rechtslehre, Staatsoziologie und Demokratietheorie bei Kelsen*. Baden-Baden: Nomos.

DREIER, Ralf (1981). "Zu Luhmanns systemtheoretischer Neuformulierung des Gerechtigkeitsproblems". In: Ralf Dreier. *Recht – Moral – Ideologie: Studien zur Rechtstheorie*. Frankfurt sobre o Meno: Suhrkamp, pp. 270-85.

DUARTE, Nestor (1939). *A ordem privada e a organização nacional (contribuição à sociologia política brasileira)*. São Paulo/Rio de Janeiro/Recife/Porto Alegre: Editora Nacional.

DURKHEIM, Emile (1986). *De la division du travail social*. Paris: Presses Universitaires de France (1.ª ed. Paris, 1893).

DUVERGER, Maurice (org.) (1966). *Constitutions et documents politiques*. Paris: Presses Universitaires de France.

DWORKIN, Ronald (1991a). *Taking Rights Seriously*. 6.ª ed. Londres: Duckworth (1.ª ed. 1977) [trad. bras.: *Levando os direitos a sério*. São Paulo: Martins Fontes, 2002].

____ (1991b). *Law's Empire*. Londres: Fontana Press (1.ª ed. 1986) [trad. bras.: *O império do direito*. São Paulo: Martins Fontes, 1.ª ed., 2.ª tiragem, 2003].

ECO, Umberto (1984). *Semiotica e filosofia del linguaggio*. Turim: Einaudi [trad. bras.: *Semiótica e filosofia da linguagem*. São Paulo: Ática, 1991].

EDELMAN, Murray (1967). *The Symbolic Uses of Politics*. Urbana/Chicago/Londres: University of Illinois Press.

____ (1977). *Political Language: Words That Succeed and Policies That Fail*. Nova York/São Francisco/Londres: Academic Press.

EDER, Klaus (1980). *Die Entstehung staatlich organisierter Gesellschaften: Ein Beitrag zu einer Theorie sozialer Evolution*. Frankfurt sobre o Meno: Suhrkamp.

____ (1986). "Prozedurale Rationalität: Moderne Rechtsentwicklung jenseits von formaler Rationalisierung". In: *Zeitschrift für Rechtssoziologie* 7. Opladen: Westdeutscher Verlag, pp. 1-30.

EHRLICH, Eugen (1967). *Grundlegung der Soziologie des Rechts*. 3.ª ed. Berlim: Duncker & Humblot (reimpressão inalterada da 1.ª edição, de 1913).

ELSTER, Jon (1992). "The Market and the Forum: Three Varieties of Political Theory". *In*: Jon Elster e Aanund Hylland (orgs.). *Foundation of Social Choice Theory*. Cambridge: Cambridge University Press/Oslo: Universitetsforlaget, pp. 103-32.

ENGELS, Friedrich (1988). "Die Lage Englands. II. Die englische Konstitution". *In*: Karl Marx e Friedrich Engels. *Werke*. 15.ª ed. Berlim: Dietz Verlag, vol. I, pp. 569-92 (originalmente *in*: *Vorwärts!*, n.º 75, de 18/9/1844).

ESPOSITO, Elena (1993). "Ein zweiwertiger nicht-selbständiger Kalkül". *In*: Dirk Baecker (org.). *Kalkül der Form*. Frankfurt sobre o Meno: Suhrkamp, pp. 96-111.

ESSER, Josef (1970). *Vorverständnis und Methodenwahl in der Rechtsfindung: Rationalitätsgarantien der richterlichen Entscheidungspraxis*. Frankfurt sobre o Meno: Athenäum.

FAORO, Raymundo (1984-1985). *Os donos do poder: formação do patronato político brasileiro*. 6.ª ed. Porto Alegre: Globo, vol. 1: 1984, vol. 2: 1985 (1.ª ed. 1958).

FERRAZ JR., Tércio Sampaio (1980). *Função social da dogmática jurídica*. São Paulo: Revista dos Tribunais.

____ (1988). *Introdução ao estudo do direito – técnica, decisão, dominação*. São Paulo: Atlas.

FERRY, Luc; RENAUT, Alain (1992). *Philosophie politique 3 – Des droits de l'homme à l'idée républicaine*. 3.ª ed. Paris: Presses Universitaires de France (1.ª ed. 1985).

FISCHER-LESCANO, Andreas (2005). *Globalverfassung: Die Geltungsbegründung der Menschenrechte*. Weilerswist: Velbrück.

FLEINER, Thomas (1980). *Grundzüge des allgemeinen und schweizerischen Verwaltungsrechts*. 2.ª ed. Zurique: Schultess.

____ (1990). "Die Zukunft des schweizerischen Rechtsstaates". *In*: *Festgabe Alfred Rötheli zum fünfundsechzigsten Geburtstag*. Solothurn: Staatskanzlei des Kantons Solothurn, pp. 89-103.

____ (1995). *Allgemeine Staatslehre*, com a colaboração de Peter Hänni. 2.ª ed. Berlim/Heidelberg/Nova York/Tóquio: Springer.

____ (1996). *Was sind Menschenrechte*. Zurique: Pendo.

____; BASTA, Lidija R. (orgs.) (1996). *Federalism and Multiethnic States: The Case of Switzerland*. Fribourg: Institut du Fédéralisme.

FOERSTER, Heinz von (1981a). "On Self-Organizing Systems and their Environments". *In*: Heinz von Foerster. *Observing Systems*. Seaside, Cal.: Intersystems Publications, pp. 1-22.

____ (1981b). "Perception of the Future and the Future of Perception". *In*: Heinz von Foerster. *Observing Systems*. Seaside, Cal.: Intersystems Publications, 192-204.

____ (1993). "Die Gesetze der Form". *In*: Dirk Baecker (org.). *Kalkül der Form*. Frankfurt sobre o Meno: Suhrkamp, pp. 9-11.

FORST, Rainer (1996). *Kontexte der Gerechtigkeit: politische Philosophie jenseits von Liberalismus und Kommunitarismus*. Frankfurt sobre o Meno: Suhrkamp.

____ (1999). "Die Rechtfertigung der Gerechtigkeit. Rawls' Politischer Liberalismus und Habermas' Diskurstheorie in der Diskussion". *In*: Brunkhorst e Niesen (orgs.). 1999, pp. 105-68.

FRANKENBERG, Günter (1996a). *Die Verfassung der Republik: Autorität und Solidarität in der Zivilgesellschaft*. Baden-Baden: Nomos.

____ (1996b). "Why Care? – The Trouble with Social Rights". *In*: Habermas *et al.* 1996, parte II, pp. 1365-90.

FREYRE, Gilberto (1984). *Casa grande & senzala: formação da família brasileira sob o regime da economia patriarcal*. 23.ª ed. Rio de Janeiro: José Olympio (1.ª ed. 1933).

FRIEDRICH, Carl Joachim (1953). *Der Verfassungsstaat der Neuzeit*. Berlim/Göttingen/Heidelberg: Springer-Verlag.

GADAMER, Hans-Georg (1990). *Wahrheit und Methode: Grundzüge einer philosophischen Hermeneutik*. 6.ª ed. Tübingen: Mohr (1.ª ed. 1960).

GALTUNG, Johan (1972). "Eine strukturelle Theorie des Imperialismus". *In*: Senghaas (org.). 1972, pp. 29-104.

GERSTENBERG, Oliver (1997). "Law's Polyarchy: A Comment on Cohen and Sabel". *In*: *European Law Journal*, vol. 3, n.º 4. Oxford: Blackwell, pp. 343-58.

GESSNER, Volkmar (1976). *Recht und Konflikt: Eine soziologische Untersuchung privatrechtlicher Konflikte in Mexico*. Tübingen: Mohr.

GIDDENS, Anthony (1982). "Class Division, Class Conflict and Citizenship Rights". *In*: Anthony Giddens. *Profiles and Critiques in Social Theory*. Londres: Macmillan, pp. 164-80.

____ (1991). *The Consequences of Modernity*. Cambridge: Polity Press.

GORLITZ, Axel; BURTH, Hans-Peter (orgs.) (1998). *Informale Verfassung*. Baden-Baden: Nomos.

____; VOIGT, Rüdiger (1985). *Rechtspolitologie: Eine Einführung*. Opladen: Westdeutscher Verlag.

GRAU, Eros (1996). *La doppia destrutturazione del diritto: una teoria brasiliana sull'interpretazione*. Trad. ital. E. Albesano. Milão: Unicopli.

GREIMAS, Algirdas Julien; LANDOWSKI, Éric (1976). "Analyse sémiotique d'un discours juridique: la loi commerciale sur les sociétés et les groupes de sociétés". *In*: A. J. Greimas. *Sémiotique et sciences sociales*. Paris: Éditions du Seuil, pp. 79-128.
GRIMM, Dieter (1987a). "Die sozialgeschichtliche und verfassungsrechtliche Entwicklung zum Sozialstaat". *In*: Dieter Grimm. *Recht und Staat der Bürgerlichen Gesellschaft*. Frankfurt sobre o Meno: Suhrkamp, pp. 138-61.
____ (1987b). "Entstehungs- und Wirkungsbedingungen des modernen Konstitutionalismus" *In*: Dieter Simon (org.). *Akten des 26. Deutschen Rechtshistorikertages, Frankfurt am Main, 22. bis 26. September 1986*. Frankfurt sobre o Meno: Klostermann, pp. 45-76.
____ (1989). "Verfassung". *In*: Görres-Gesellschaft (org.). *Staatslexikon: Recht • Wirtschaft • Gesellschaft*. 7.ª ed. Fribourg/Basiléia/Viena: Herde, vol. V, colunas 633-43.
____ (org.) (1990). *Wachsende Staatsaufgaben – sinkende Steuerungsfähigkeit des Rechts*, com a colaboração de Evelyn Hagenah. Baden-Baden: Nomos.
____ (1995). "Konstitution, Grundgesetz(e) von der Aufklärung bis zur Gegenwart". *In*: Mohnhaupt e Grimm. 1995, pp. 100-41.
____ (org.) (1996). *Staatsaufgaben*. Frankfurt sobre o Meno: Suhrkamp.
____ (2001). "Braucht Europa eine Verfassung?" [1995]. *In*: Dieter Grimm. *Die Verfassung und die Politik: Einsprüche in Störfälle*. Munique: Beck, pp. 215-54.
____ (2004). "Integration durch Verfassung: Absichten und Aussichten im europäischen Konstitutionalisierungsprozess". *In*: *Leviathan: Zeitschrift für Sozialwissenschaft* 32/4. Wiesbaden: Verlag für Sozialwissenschaften, pp. 448-63.
GRIMMER, Klaus (1976). "Zur Dialektik von Staatsverfassung und Gesellschaftsordnung". *In*: *Archiv für Rechts- und Sozialphilosophie* 62. Wiesbaden: Steiner, pp. 1-26.
GROTIUS, Hugo (1950). *Drei Bücher vom Recht des Krieges und des Frieden*. Edição alemã organizada por Walter Schätzel. Tübingen: Mohr (original: *De jure belli ac pacis – libri tres*. Paris, 1625) [trad. bras.: *O direito da guerra e da paz*. Ijuí: Ed. Unijuí, 2004].
GUGGENBERGER, Bernd; OFFE, Claus (orgs.) (1984). *An den Grenzen der Mehrheitsdemokratie: Politik und Soziologie der Mehrheitsregel*. Opladen: Westdeutscher Verlag.
GUNTHER, Gotthard (1976). "Cybernetic Ontology and Transjunctional Operations". *In*: Gotthard Günther. *Beiträge zur Grundlegung einer operationsfähigen Dialektik*. Hamburgo: Meiner, pp. 249-328, vol. I.

GUNTHER, Klaus (1988). *Der Sinn für Angemessenheit: Anwendungsdiskurse in Moral und Recht*. Frankfurt sobre o Meno: Suhrkamp.

HABERLE, Peter (1980a). *Die Verfassung des Pluralismus: Studien zur Verfassungstheorie der offenen Gesellschaft*. Königstein/Ts.: Athenäum.

____ (1980b). "Die offene Gesellschaft der Verfassungsinterpreten: Ein Beitrag zur pluralistischen und 'prozessualen' Verfassungsinterpretation". *In*: Häberle. 1980a, pp. 79-105 (originalmente *in*: *Juristische Zeitung*, 1975, pp. 297-305).

____ (1996). "Der Fundamentalismus als Herausforderung des Verfassungsstaates: rechts- bzw. kulturwissenschaftlich betrachtet". *In*: Peter Häberle. *Das Grundgesetz zwischen Verfassungsrecht und Verfassungspolitik: Ausgewählte Studien zur vergleichenden Verfassungslehre in Europa*. Baden-Baden: Nomos, pp. 581-609.

____ (1998). Gibt es eine europäische Öffentlichkeit?. *In*: Bernhard Ehrenzeller *et al.* (orgs.). *Der Verfassungsstaat vor neuen Herausforderungen: Festschrift für Yvo Hangartner*. St. Gallen/Lachen: Dike Verlag, pp. 1007-26.

HABERMAS, Jürgen (1969). *Technik und Wissenschaft als "Ideologie"*, Frankfurt sobre o Meno: Suhrkamp [trad. bras. parcial em: Walter Benjamin, Max Horkheimer, Theodor W. Adorno e Jürgen Habermas. *Textos escolhidos*. São Paulo: Abril Cultural, 1980, pp. 301-43, col. "Os Pensadores"].

____ (1971). "Theorie der Gesellschaft oder Sozialtechnologie? Eine Auseinandersetzung mit Niklas Luhmann". *In*: J. Habermas e N. Luhmann. *Theorie der Gesellschaft oder Sozialtechnologie – Was leistet die Systemforschung?* Frankfurt sobre o Meno: Suhrkamp, pp. 142-290.

____ (1973). *Legitimationsprobleme im Spätkapitalismus*. Frankfurt sobre o Meno: Suhrkamp.

____ (1978). "Naturrecht und Revolution". *In*: Jürgen Habermas. *Theorie und Praxis*. Frankfurt sobre o Meno: Suhrkamp, pp. 89-127.

____ (1982a).*Theorie des kommunikativen Handelns*. 2.ª ed. Frankfurt sobre o Meno: Suhrkamp, 2 vols. [trad. esp.: *Teoría de la acción comunicativa*. Madri: Taurus, 1978, 2 vols.].

____ (1982b). *Zur Rekonstruktion des Historischen Materialismus*. 3.ª ed. Frankfurt sobre o Meno: Suhrkamp.

____ (1982c). "Überlegungen zum evolutionären Stellenwert des modernen Rechts". *In*: Habermas. 1982b, pp. 260-7.

____ (1982d). "Einleitung: Historischer Materialismus und die Entwicklung normativer Strukturen". *In*: Habermas. 1982b, pp. 9-48.

____ (1982e). "Moralentwicklung und Ich-Identität". *In*: Habermas. 1982b, pp. 63-91.

____ (1982f). "Zum Theorienvergleich in der Soziologie: am Beispiel der Evolutionstheorie". *In*: Habermas. 1982b, pp. 129-43.

____ (1982g). "Zur Rekonstruktion des Historischen Materialismus". *In*: Habermas. 1982b, pp. 144-99.

____ (1982h). "Geschichte und Evolution". *In*: Habermas. 1982b, pp. 200-59.

____ (1982i). "Können komplexe Gesellschaften eine vernünftige Identität ausbilden?". *In*: Habermas. 1982b, 92-126.

____ (1983). *Moralbewußtsein und kommunikatives Handeln*. Frankfurt sobre o Meno: Suhrkamp [trad. bras.: *Consciência moral e agir comunicativo*. Rio de Janeiro: Tempo Brasileiro, 1989].

____ (1985). "Ein Fragment (1977): Objektivismus in den Sozialwissenschaften". *In*: Jürgen Habermas. *Zur Logik der Sozialwissenschaften*. Frankfurt sobre o Meno: Suhrkamp, pp. 541-607.

____ (1986a). *Vorstudien und Ergänzungen zur Theorie des kommunikativen Handelns*. Frankfurt sobre o Meno: Suhrkamp [trad. esp.: *Teoría de la acción comunicativa: complementos y estudios previos*. 2ª ed. Madri: Cátedra, 1994].

____ (1986b). "Erläuterungen zum Begriff des kommunikativen Handelns" (1982). *In*: Habermas. 1986a, pp. 571-606.

____ (1986c). "Replik auf Einwände (1980)". *In*: Habermas. 1986a, pp. 475-570.

____ (1986d). "Wahrheitstheorien (1972)". *In*: Habermas. 1986a, pp. 127-83.

____ (1986e). "Was heißt Universalpragmatik? (1976)". *In*: Habermas. 1986a, pp. 353-440.

____ (1986f). "Aspekte der Handlungsrationalität (1977)". *In*: Habermas. 1986a, pp. 441-72.

____ (1987). "Wie ist Legitimität durch Legalität möglich?". *In*: *Kritische Justiz* 20. Baden-Baden: Nomos, pp. 1-16.

____ (1988a). *Der philosophische Diskurs der Moderne*. Frankfurt sobre o Meno: Suhrkamp [trad. port.: *O discurso filosófico da modernidade*. Lisboa: Dom Quixote, 1990].

____ (1988b). *Nachmetaphysisches Denken: Philosophische Aufsätze*. Frankfurt sobre o Meno: Suhrkamp [trad. bras.: *Pensamento pós-metafísico: estudos filosóficos*. Rio de Janeiro: Tempo Brasileiro, 1990].

____ (1990a). *Strukturwandel der Öffentlichkeit: Untersuchungen zu einer Kategorie der bürgerlichen Gesellschaft*. Frankfurt sobre o Meno: Suhrkamp (1.ª ed. Neuwied: Luchterhand, 1962).

____ (1990b). *Die nachholende Revolution: Kleine Politische Schriften VII*. Frankfurt sobre o Meno: Suhrkamp.

_____ (1991a). *Erläuterung zur Diskursethik*. Frankfurt sobre o Meno: Suhrkamp.

_____ (1991b). "Gerechtigkeit und Solidarität. Zur Diskussion über 'Stufe 6'". *In*: Habermas. 1991a, pp. 49-76.

_____ (1991c). "Lawrence Kohlberg und der Neoaristotelismus". *In*: Habermas. 1991a, pp. 77-99.

_____ (1991d). "Erläuterungen zur Diskursethik". *In*: Habermas. 1991a, pp. 119-226.

_____ (1991e). "Edmund Husserl über Lebenswelt, Philosophie und Wissenschaft". *In*: Jürgen Habermas. *Texte und Kontexte*. Frankfurt sobre o Meno: Suhrkamp, pp. 34-48.

_____ (1991f). "Vom pragmatischen, ethischen und moralischen Gebrauch der praktischen Vernunft". *In*: Habermas. 1991a, pp. 100-18.

_____ (1992). *Faktizität und Geltung: Beiträge zur Diskurstheorie des Rechts und des demokratischen Rechtsstaats*. Frankfurt sobre o Meno: Suhrkamp [trad. bras.: *Direito e democracia: entre facticidade e validade*. Rio de Janeiro: Tempo Brasileiro, 1997, 2 vols.; trad. esp.: *Facticidad y validez: sobre el derecho y el estado democrático de derecho en términos de teoría del discurso*. Madri: Trotta, 1998; trad. ital.: *Fatti e norme: contributi a una teoria discorsiva del diritto e della democrazia*. Milão: Guerini, 1996; trad. ingl.: *Between Facts and Norms: Contributions to a Discourse Theory of Law and Democracy*. Cambridge: Polity Press, 1997].

_____ (1996a). *Die Einbeziehung des Anderen: Studien zur politischen Theorie*. Frankfurt sobre o Meno: Suhrkamp [trad. bras.: *A inclusão do outro: estudos de teoria política*. 2.ª ed. São Paulo: Loyola, 2004].

_____ (1996b). "Anhang zu 'Faktizität und Geltung': Replik auf Beiträge zu einem Symposium der Cardozo Law School". *In*: Habermas. 1996a, pp. 309-98.

_____ (1996c). "Inklusion – Einbeziehen oder Einschließen? Zum Verhältnis von Nation, Rechtsstaat und Demokratie". *In*: Habermas. 1996a, pp. 154-84.

_____ (1996d). "Versöhnung durch öffentlichen Vernunftgebrauch". *In*: Habermas. 1996a, pp. 65-94.

_____ (1996e). "Über den internen Zusammenhang von Rechtsstaat und Demokratie". *In*: Habermas. 1996a, pp. 293-305.

_____ (1996f). "Der europäische Nationalstaat – Zu Vergangenheit und Zukunft von Souveränität und Staatsbürgerschaft". *In*: Habermas. 1996a, pp. 128-53.

_____ (1996g). "'Vernünftig' versus 'wahr' oder die Moral der Weltbilder". *In*: Habermas. 1996a, pp. 95-127.

_____ (1996h). "Kants Idee des ewigen Friedens – aus dem historischen Abstand von 200 Jahren". *In*: Habermas. 1996a, pp. 192-236.

_____ (1997). *Vom sinnlichen Eindruck zum symbolischen Ausdruck: Philosophische Essays*. Frankfurt sobre o Meno: Suhrkamp.

_____ (1998a). "Jenseits des Nationalstaats? Bemerkungen zu Folgeproblemen der wirtschaftlichen Globalisierung". *In*: Beck (org.). 1998a, pp. 67-84.

_____ (1998b). *Die postnationale Konstellation: Politische Essays*. Frankfurt sobre o Meno: Suhrkamp [trad. bras.: *A constelação pós-nacional: ensaios políticos*. São Paulo: Littera Mundi, 2001].

_____ (1999a). "Zur Legitimation durch Menschenrechte". *In*: Brunkhorst e Niesen (orgs.). 1999, pp. 386-403.

_____ (1999b). *Wahrheit und Rechtfertigung: Philosophische Aufsätze*. Frankfurt sobre o Meno: Suhrkamp [trad. bras.: *Verdade e justificação: ensaios filosóficos*. São Paulo: Loyola, 2004].

_____ (2000). "Bestialität und Humanität: Ein Krieg an der Grenze zwischen Recht und Moral". *In*: Reinhard Merkel (org.). *Der Kosovo-Krieg und das Völkerrecht*. Frankfurt sobre o Meno: Suhrkamp, pp. 51-65 (originalmente *in*: *Die Zeit*, 29 abr. 1999, pp. 1, 6 e 7).

_____ (2001a). *Die Zukunft der menschlichen Natur. Auf dem Weg zu einer liberalen Eugenik*. Frankfurt sobre o Meno: Suhrkamp.

_____ (2001b). "Braucht Europa eine Verfassung?". *In*: Jürgen Habermas. *Zeit der Übergänge: Kleine Politische Schriften IX*. Frankfurt sobre o Meno: Suhrkamp, pp. 104-29.

_____ (2004a). *Der gespaltene Westen: Kleine Politische Schriften X*. Frankfurt sobre o Meno: Suhrkamp.

_____ (2004b). "Hat die Konstitutionalisierung des Völkerrechts noch eine Chance?". *In*: Habermas. 2004a, pp. 113-93.

_____ (2004c). "Was bedeutet der Denkmalsturz?". *In*: Habermas. 2004a, pp. 32-40 (originalmente *in*: *Frankfurter Allgemeine Zeitung*, n.º 91, 17/5/2003, p. 33).

_____ (2004d). "Wege aus der Weltunordnung: Ein Interview mit Jürgen Habermas". *In*: *Blätter für deutsche und internationale Politik* 1/2004. Bonn: Blätter Verlagsgesellschaft, pp. 27-45.

_____ (2005a). "Zur Architektonik der Diskursdifferenzierung. Kleine Replik auf eine große Auseinandersetzung". *In*: Jürgen Habermas. *Zwischen Naturismus und Religion: Philosophische Aufsätze*. Frankfurt sobre o Meno: Suhrkamp, pp. 82-105.

_____ (2005b). "Eine politische Verfassung für die pluralistische Weltgesellschaft?". *In*: Jürgen Habermas. *Zwischen Naturismus und Religion: Philosophische Aufsätze*. Frankfurt sobre o Meno: Suhrkamp, pp. 324-65.

____ et al. (1996). *Habermas on Law and Democracy: Critical Exchanges*. *Cardozo Law Review*, vol. 17, n? 4-5. Nova York: Benjamin N. Cardozo School of Law – Yeshiva University, mar. 1996.

HAFERKAMP, Hans; SCHMID, Michael (orgs.) (1987). *Sinn, Kommunikation und soziale Differenzierung: Beiträge zu Luhmanns Theorie sozialer Systeme*. Frankfurt sobre o Meno: Suhrkamp.

HART, H. L. A. (1961). *The Concept of Law*. Oxford: Oxford University Press (reimpressão Oxford: Clarendon Press, 1972).

____ (1977). "Freiheit und ihre Priorität bei Rawls". *In*: Höffe (org.). 1977a, pp. 131-61.

HASSEMER, Winfried (2001). "Das Symbolische am symbolischen Strafrecht". *In*: *Festschrift für Claus Roxin zum 70. Geburtstag am 15. Mai 2001*. Org. Bernd Schünemann. Berlim: de Gruyter, pp. 1001-19.

HAVERKATE, Görg (1992). *Verfassungslehre: Verfassung als Gegenseitigkeitsordnung*. Munique: Beck.

HAYEK, F. A. (1960). *The Constitution of Liberty*. Londres: Routledge & Kegan Paul [trad. bras.: *Os fundamentos da liberdade*. Brasília: UnB/São Paulo: Visão].

HEGEL, G. W. F. (1986). *Grundlinien der Philosophie des Rechts oder Naturrecht und Staatswissenschaft im Grundrisse: Mit Hegels eigenhändigen Notizen und den mündlichen Zusätzen* (*Werke* 7). Frankfurt sobre o Meno: Suhrkamp (1.ª ed. Berlim, 1821).

HEGENBARTH, Rainer (1981). "Symbolische und instrumentelle Funktionen moderner Gesetze". *In*: *Zeitschrift für Rechtspolitik* 14. Munique/Frankfurt sobre o Meno: Beck, pp. 202-4.

HEINTZ, Peter (1982). *Die Weltgesellschaft im Spiegel von Ereignissen*. Diessenhofen: Rüegger.

HELD, David (1989). "Citizenship and Autonomy". *In*: David Held. *Political Theory and the Modern State*. Cambridge: Polity Press, pp. 214-42.

____ (1991). "Democracy, the Nation-State and the Global System". *In*: David Held (org.). *Political Theory Today*. Cambridge: Polity Press, 1991, pp. 197-235.

____ (1995). *Democracy and the Global Order: From the Modern State to Cosmopolitan Governance*. Cambridge: Polity Press.

HELLER, Hermann (1934). *Staatslehre*. Org. Gerhart Niemeyer. Leiden: Sijthoff [trad. bras.: *Teoria do Estado*. São Paulo: Mestre Jou, 1968].

____ (1971). "Politische Demokratie und soziale Homogenität" [1928], *Gesammelte Schriften*. Tübingen: Mohr, vol. II, pp. 421-33 [35-47].

HESSE, Konrad (1984). "Die normative Kraft der Verfassung". *In*: Konrad Hesse. *Ausgewählte Schriften*. Org. P. Häberle e A. Hollerbach. Heidelberg: Müller, pp. 3-18 [trad. bras.: *A força normativa da Constituição*. Porto Alegre: Fabris, 1991].

____ (1995). *Grundzüge des Verfassungsrechts der Bundesrepublik Deutschland*. 20.ª ed. Heidelberg/Karlsruhe: Müller.

HIRZEL, Rudolf (1907). *Themis, Dike und Verwandtes: Ein Beitrag zur Geschichte der Rechtsidee bei den Griechen*. Leipzig: Verlag von S. Hirzel.

HOBBES, Thomas (1992). *Leviathan*. Org. Richard Tuck. Cambridge: Cambridge University Press (1.ª ed. Londres, 1651) [trad. bras.: *Leviatã*. São Paulo: Abril Cultural, 1979, col. "Os Pensadores"].

HOFFE, Otfried (org.) (1977a). *Über John Rawls' Theorie der Gerechtigkeit*. Frankfurt sobre o Meno: Suhrkamp.

____ (1977b). "Kritische Einführung in Rawls' Theorie der Gerechtigkeit". *In*: Otfried Höffe (org.). 1977a, esp. pp. 11-40.

____ (1996). *Vernunft und Recht: Bausteine zu einem interkulturellen Rechtsdiskurs*. Frankfurt sobre o Meno: Suhrkamp.

____ (2002a). *Demokratie im Zeitalter der Globalisierung*. Munique: Beck.

____ (2002b). "Globalität statt Globalismus. Über eine subsidiäre und föderale Weltrepublik". *In*: Lutz-Bachmann e Bohman (orgs.). 2002, pp. 8-31.

HOFSTADTER, Douglas R. (1979). *Gödel, Escher, Bach: an Eternal Golden Braid*. Hassocks: The Harvester Press [trad. bras.: *Gödel, Escher, Bach: um entrelaçamento de gênios brilhantes*. Brasília: UnB/São Paulo: Imprensa Oficial, 2001].

HOLZ, Klaus (2000). "Citizenship. Mitgliedschaft in der Gesellschaft oder differenzierungstheoretisches Konzept?". *In*: Klaus Holz (org.). *Staatsbürgerschaft: Soziale Differenzierung und politische Inklusion*. Opladen: Westdeutscher Verlag, pp. 187-208.

HONNETH, Axel; JOAS, Hans (orgs.) (2002). *Beiträge zu Jürgen Habermas' "Theorie des kommunikativen Handelns"*. 2.ª ed. Frankfurt sobre o Meno: Suhrkamp, 2002.

HOPKINS, Terence; WALLERSTEIN, Immanuel (1979). "Grundzüge der Entwicklung des modernen Weltsystems". *In*: Senghaas (org.). 1979, pp. 151-200.

HORKHEIMER, Max; ADORNO, Theodor W. (1969). *Dialektik der Aufklärung: Philosophische Fragmente* (1947). Frankfurt sobre o Meno: Fischer [trad. bras.: *Dialética do esclarecimento: fragmentos filosóficos*. Rio de Janeiro: Jorge Zahar, 1985].

HUMAN RIGHTS WATCH; AMERICAS (1997). *Police Brutality in Urban Brazil*. Nova York: Human Rights Watch.

HUSSERL, Edmund (1982). *Die Krisis der europäischen Wissenschaften und die transzendentale Phänomenologie*. Org. Elisabeth Ströker. 2.ª ed. Hamburgo: Meiner.

IBGE – INSTITUTO BRASILEIRO DE GEOGRAFIA E ESTATÍSTICA (1997). *Anuário Estatístico do Brasil*. Rio de Janeiro: IBGE, vol. 57.

JACOBY, E. Georg (1971). *Die moderne Gesellschaft im sozialwissenschaftlichen Denken von Ferdinand Tönnies: Eine biographische Einführung*. Stuttgart: Enke.

JEAND'HEUR, Bernd (1989). "Gemeinsame Probleme der Sprach- und Rechtswissenschaft aus der Sicht der Strukturierenden Rechtslehre". *In*: Müller (org.). 1989, pp. 17-26.

_____ (1995). "Formales und materiales Konsensprinzip? Die Frage nach der Legitimation des Staates vor dem Hintergrund der neueren Sozialkontraktstheorien". *In*: *Archiv für Rechts- und Sozialphilosophie* 81. Stuttgart: Steiner, pp. 453-64.

JELLINEK, Georg (1966). *Allgemeine Staatslehre*, reimpressão da 3.ª edição, Bad Homburg v.d. Höhe/Berlim/Zurique: Verlag Dr. Max Gehlen [trad. esp.: *Teoría general del Estado*. Buenos Aires: Editorial Albatros, 1973].

JOERGES, Christian (2004). "What is Left of the European Economic Constitution?", *EUI Working Paper LAW*, n.º 2004/13 (http://www.iue.it/PUB/law04-13.pdf).

JOUVENEL, Bertrand de (1976). *Les débuts de l'État Moderne: une histoire des idées politiques au XIXe siècle*. Paris: Fayard [trad. bras.: *As origens do Estado moderno: uma história das idéias políticas no século XIX*. Rio de Janeiro: Zahar, 1978].

KALINOWSKI, Georges (1965). *Introduction a la logique juridique: éléments de sémiotique juridique, logique des normes et logique juridique*. Paris: Librairie Générale de Droit et de Jurisprudence.

KANT, Immanuel (1986). *Metaphysische Anfangsgründe der Rechtslehre*. Org. Bernd Ludwig. Hamburgo: Meiner (1.ª ed. Königsberg, 1797).

_____ (1993). "Zum ewigen Frieden: Ein Philosophischen Entwurf". *In*: Immanuel Kant. *Werkausgabe*, vol. XI: *Schriften zur Anthropologie, Geschichtsphilosophie, Politik und Pädagogik 1*. Org. Wilhelm Weischedel. 10.ª ed. Frankfurt sobre o Meno: Suhrkamp, pp. 191-251 (1.ª ed. Königsberg, 1795).

KANTOROWICZ, Ernst H. (1957). *The King's Two Bodies: A Study in Mediaeval Political Theology*. Princeton, New Jersey: Princeton University Press.

KASPRZIK, Brigitta (1985). "Ist die Rechtspositivismusdebatte beendbar? Zur Rechtstheorie Niklas Luhmanns". *In*: *Rechtstheorie* 16. Berlim: Duncker & Humblot, pp. 367-81.

KELSEN, Hans (1925). *Allgemeine Staatslehre.* Berlim: Verlag von Julius Springer [trad. esp.: *Teoría general del Estado.* México: Editora Nacional, 1979].

____ (1929). *Vom Wesen und Wert der Demokratie.* 2ª ed. Tübingen: Mohr.

____ (1946). *General Theory of Law and State.* Trad. ingl. Anders Wedberg. Cambridge-Massachusetts: Harvard University Press [trad. bras.: *Teoria geral do direito e do Estado.* 3ª ed. 2ª tiragem. São Paulo: Martins Fontes, 2000].

____ (1960). *Reine Rechtslehre.* 2ª ed. Viena: Franz Deuticke (reimpressão inalterada: 1983) [trad. bras.: *Teoria pura do direito.* 6ª ed. 5ª tiragem. São Paulo: Martins Fontes, 2003].

____ (1979). *Allgemeine Theorie der Normen.* Org. Kurt Ringhofer e Robert Walter. Viena: Manz [trad. bras.: *Teoria geral das normas,* Porto Alegre: Fabris, 1986].

KINDERMANN, Harald (1988). "Symbolische Gesetzgebung". *In*: Dieter Grimm e Werner Maihofer (orgs.). *Gesetzgebungstheorie und Rechtspolitik (Jahrbuch für Rechtssoziologie und Rechtstheorie* 13). Opladen: Westdeutscher Verlag, pp. 222-45.

____ (1989). "Alibigesetzgebung als symbolische Gesetzgebung". *In*: Rüdiger Voigt (org.). *Symbole der Politik, Politik der Symbole.* Opladen: Leske u. Budrich, pp. 257-73.

KOCH, Hans-Joachim (1977). "Einleitung: Über juristisch-dogmatisches Argumentieren im Staatsrecht". *In*: Hans-Joachim Koch (org.). *Seminar "Die juristische Methode im Staatsrecht": Über Grenzen von Verfassungs- und Gesetzesbindung.* Frankfurt sobre o Meno: Suhrkamp, pp. 13-157.

KOHLBERG, Lawrence (1976). "Moral Stages and Moralization: The Cognitive-Developmental Approach". *In*: Thomas Lickona (org.). *Moral Development and Behavior: Theory, Research, and Social Issues.* Nova York: Holt, Rinehart and Winston, pp. 31-53.

____ (1981). "Appendix. The Six Stages of Moral Judgment". *In*: Lawrence Kohlberg. *The Philosophy of Moral Development: Moral Stages and the Idea of Justice (Essays on Moral Development,* vol. I). Nova York: Harper & Row, pp. 409-12.

KRAWIETZ, Werner; PREYER, Gerhard (orgs.) (1996). *System der Rechte, demokratischer Rechtsstaat und Diskurstheorie des Rechts nach Jürgen Habermas: Habermas-Sonderheft (Rechtstheorie* 27/3). Berlim: Duncker & Humblot.

____; WELKER, Michael (orgs.) (1992). *Kritik der Theorie sozialer Systeme: Auseinandersetzungen mit Luhmanns Hauptwerk.* 2ª ed. Frankfurt sobre o Meno: Suhrkamp.

KREUDER, Thomas (org.) (1992). *Der orientierungslose Leviathan: Verfassungsdebatte, Funktion und Leistungsfähigkeit von Recht und Verfassung*. Marburg: Schueren.

LADEUR, Karl-Heinz (1983). "'Abwägung' – ein neues Rechtsparadigma? Von der Einheit der Rechtsordnung zur Pluralität der Rechtsdiskurse". *In: Archiv für Rechts- und Sozialphilosophie* 69. Wiesbaden: Steiner, pp. 463-83.

____ (1984). *"Abwägung" – ein neues Paradigma des Verwaltungsrechts: von der Einheit der Rechtsordnung zum Rechtspluralismus*. Frankfurt sobre o Meno/Nova York: Campus.

____ (1985). "Perspektiven einer post-modernen Rechtstheorie: Zur Auseinandersetzung mit N. Luhmanns Konzept der 'Einheit des Rechtssystems'". *In: Rechtstheorie* 16. Berlim: Duncker & Humblot, pp. 383-427.

____ (1986). "'Prozedurale Rationalität' – Steigerung der Legitimationsfähigkeit oder der Leistungsfähigkeit des Rechtssystems?". *In: Zeitschrift für Rechtssoziologie*, pp. 265-74.

____ (1990). "Selbstorganisation sozialer Systeme und Prozeduralisierung des Rechts: Von der Schrankenziehung zur Steuerung von Beziehungsnetzen". *In*: Grimm (org.). 1990, pp. 187-216.

____ (1991). "Gesetzinterpretation, 'Richterrecht' und Konventionsbildung in Kognitivistischer Perspektive – Handeln unter Ungewißheitsbedingungen und richterliches Entscheiden". *In: Archiv für Rechts- und Sozialphilosophie* 77. Stuttgart: Steiner, pp. 176-94.

____ (1992). *Postmoderne Rechtstheorie*. Berlim: Duncker & Humblot.

____ (1996). "Rechtliche Ordnungsbildung unter Ungewissheitsbedingungen und intersubjektive Rationalität". *In*: Werner Krawietz e Gerhard Preyer (orgs.). 1996, pp. 385-414.

____ (1997). "Towards a Legal Theory of Supranationality – The Viability of the Network Concept". *In: European Law Journal*, n.º 1. Oxford: Blackwell, pp. 33-54, vol. 3.

____ (2000). *Negative Freiheitsrechte und gesellschaftliche Selbstorganisation: Die Erzeugung von Sozialkapital durch Institutionen*. Tübingen: Mohr Siebeck.

____ (2004). "Globalization and Conversion of Democracy to Polycentric Networks – Can Democracy Survive the End of Nation State?". *In*: Karl-Heinz Ladeur (org.). *Public Governance in the Age of Globalization*. Aldershot: Ashgate, pp. 89-118.

LAFER, Celso (1988). *A reconstrução dos direitos humanos: um diálogo com o pensamento de Hannah Arendt*. São Paulo: Companhia das Letras.

_____ (1995). "A soberania e os direitos humanos". *In*: *Lua Nova: Revista de Cultura e Política* 35. São Paulo: Cedec, pp. 137-48.

LARENZ, Karl (1979). *Methodenlehre der Rechtswissenschaft*. 4.ª ed. Berlim/Heidelberg/Nova York: Springer-Verlag [trad. port.: *Metodologia da ciência do direito*. Lisboa: Calouste Gulbenkian, 1978].

LASSALLE, Fedinand (1987). "Über Verfassungswesen". *In*: *Reden und Schriften*. Org. Hans Jürgen Friederici. Colônia: Röderberg, pp. 120-47 [trad. bras.: *Que é uma Constituição?* Porto Alegre: Editorial Villa Martha, 1980].

LEFORT, Claude (1981). "Droit de l'homme et politique". *In*: Claude Lefort. *L'invention démocratique: les limites de la domination totalitaire*. Paris: Fayard, pp. 45-83 [trad. bras.: "Direitos do homem e política". *In*: *A invenção democrática: os limites do totalitarismo*. 2.ª ed. São Paulo: Brasiliense, 1987, pp. 37-69].

LIMA DE ARRUDA JR., Edmundo (org.) (1991-1992). *Lições de direito alternativo*. São Paulo: Acadêmica, vol. 1: 1991, vol. 2: 1992.

LOCKE, John (1980). *Second Treatise of Government*. Org. C. B. Macpherson. Indianápolis/Cambridge: Hackett Publishing Company (1.ª ed. 1690) [trad. bras.: *Segundo tratado sobre o governo civil*. São Paulo: Abril Cultural, 1978, col. "Os Pensadores"].

LOCKWOOD, David (1964). "Social Integration and System Integration". *In*: George K. Zollschan e Walter Hirsch (orgs.). *Explorations in Social Change*. Boston: Houghton Mifflin Company, pp. 244-57.

LOEWENSTEIN, Karl (1975). *Verfassungslehre*. 3.ª ed. Tübingen: Mohr [trad. esp.: *Teoría de la Constitución*. 2.ª ed. Barcelona: Ariel].

LOPES, Juarez Brandão (1994). "A cultura política do mando: subserviência e nossas populações pobres". *In*: *Revista Brasileira de Ciências Sociais* 25. São Paulo: ANPOCS, jun. 1994, pp. 38-41.

LUCKMANN, Thomas (1980). *Lebenswelt und Gesellschaft: Grundstrukturen und geschichtliche Wandlungen*. Paderborn/Munique/Viena/Zurique: Schöningh.

LUHMANN, Niklas (1971). "Systemtheoretische Argumentationen: Eine Entgegnung auf Jürgen Habermas". *In*: J. Habermas e N. Luhmann. *Theorie der Gesellschaft oder Sozialtechnologie – Was leistet die Systemforschung?* Frankfurt sobre o Meno: Suhrkamp, pp. 291-405.

_____ (1973a). *Zweckbegriff und Systemrationalität: Über die Funktion von Zwecken in sozialen Systemen*. Frankfurt sobre o Meno: Suhrkamp.

_____ (1973b). "Politische Verfassungen im Kontext des Gesellschaftssystems". *In*: *Der Staat* 12. Berlim: Duncker & Humblot, pp. 1-22 e 165-82.

____ (1974). *Rechtssystem und Rechtsdogmatik*. Stuttgart: Kohlhammer [trad. esp.: *Sistema jurídico y dogmática jurídica*. Madri: Centro de Estudios Constitucionales, 1983].

____ (1975a). "Komplexität". *In*: Niklas Luhmann. *Soziologische Aufklärung 2: Aufsätze zur Theorie der Gesellschaft*. Opladen: Westdeutscher Verlag, pp. 204-20.

____ (1975b). "Einführende Bemerkungen zu einer Theorie symbolisch generalisierter Kommunikationsmedien". *In*: Niklas Luhmann. *Soziologische Aufklärung 2: Aufsätze zur Theorie der Gesellschaft*. Opladen: Westdeutscher Verlag, pp. 170-92.

____ (1975c). "Die Weltgesellschaft". *In*: Niklas Luhmann. *Soziologische Aufklärung 2: Aufsätze zur Theorie der Gesellschaft*. Opladen: Westdeutscher Verlag, pp. 51-71 (originalmente *in*: *Archiv für Rechts- und Sozialphilosophie* 57 [1971], pp. 1-35).

____ (1977). "Arbeitsteilung und Moral: Durkheims Theorie". *In*: Emile Durkheim. *Über die Teilung der sozialen Arbeit*. Frankfurt sobre o Meno: Suhrkamp, pp. 17-35.

____ (1978). "Gesellschaftliche und politische Bedingungen des Rechtsstaats". *In*: Mehdi Tohidipur (org.). *Der bürgerliche Rechtsstaat*. Frankfurt sobre o Meno: Suhrkamp, pp. 101-17, vol. 1.

____ (1980). *Gesellschaftsstruktur und Semantik: Studien zur Wissenssoziologie der modernen Gesellschaft*. Frankfurt sobre o Meno: Suhrkamp, vol. 1.

____ (1981a). *Ausdifferenzierung des Rechts: Beiträge zur Rechtssoziologie und Rechtstheorie*. Frankfurt sobre o Meno: Suhrkamp [trad. ital.: *La differenziazione del diritto: contributi alla sociologia e alla teoria del diritto*. Bolonha: il Mulino, 1990].

____ (1981b). "Evolution des Rechts". *In*: Luhmann. 1981a, pp. 11-34 (originalmente *in*: *Rechtstheorie* 1 [1970], pp. 3-22).

____ (1981c). "Machtkreislauf und Recht in Demokratien". *In*: *Zeitschrift für Rechtssoziologie* 2. Opladen: Westdeutscher Verlag, pp. 158-67.

____ (1981d). "Die Funktion des Rechts: Erwartungssicherung oder Verhaltenssteuerung". *In*: Luhmann. 1981a, pp. 73-91 (originalmente *in*: *Archiv für Rechts- und Sozialphilosophie*, número suplementar [*Beiheft*] 8, Wiesbaden, 1974, pp. 31-45).

____ (1981e). "Konflikt und Recht". *In*: Luhmann. 1981a, pp. 92-112.

____ (1981f). "Positivität des Rechts als Voraussetzung einer modernen Gesellschaft". *In*: Luhmann. 1981a, pp. 113-53 (originalmente *in*: *Jahrbuch für Rechtssoziologie und Rechtstheorie* I [1970], pp. 175-202).

_____ (1981g)."Selbstreflexion des Rechtssystems: Rechtstheorie in gesellschaftstheoretischer Perspektive". *In*: Luhmann. 1981a, pp. 419-50 (originalmente *in*: *Rechtstheorie* 10 [1979], pp. 159-85).

_____ (1981h): "Gerechtigkeit in den Rechtssystemen der modernen Gesellschaft". *In*: Luhmann. 1981a, pp. 374-418 (originalmente *in*: *Rechtstheorie* 4 [1973], pp. 131-67).

_____ (1981i): *Politische Theorie im Wohlfahrtsstaat*. Munique: Olzog [trad. esp.: *Teoría política en el Estado de bienestar*. Madri: Alianza, 1994].

_____ (1981j). "Systemtheoretische Beiträge zur Rechtstheorie". *In*: Luhmann. 1981a, pp. 241-72 (originalmente *in*: *Jahrbuch für Rechtssoziologie und Rechtstheorie* 2 [1972], pp. 255-76).

_____ (1981k). *Gesellschaftsstruktur und Semantik: Studien zur Wissenssoziologie der modernen Gesellschaft*. Frankfurt sobre o Meno: Suhrkamp, vol. 2.

_____ (1982). *Funktion der Religion*. Frankfurt sobre o Meno: Suhrkamp.

_____ (1983a). *Legitimation durch Verfahren*. Frankfurt sobre o Meno: Suhrkamp.

_____ (1983b). "Die Einheit des Rechtssystems". *In*: *Rechtstheorie* 14. Berlim: Duncker & Humblot, pp. 129-54.

_____ (1984a). "Reflexive Mechanismen". *In*: Niklas Luhmann. *Soziologische Aufklärung 1: Aufsätze zur Theorie sozialer Systeme*. 5.ª ed. Opladen: Westdeutscher Verlag, pp. 92-112 (originalmente *in*: *Soziale Welt* 17 [1966], pp. 1-23).

_____ (1984b). "The Self-Reproduction of the Law and its Limits". *In*: Felippe Augusto de Miranda Rosa (org.). *Direito e mudança social*. Rio de Janeiro: OAB-RJ, pp. 107-28.

_____ (1985). "Einige Probleme mit 'reflexivem Recht'". *In*: *Zeitschrift für Rechtssoziologie* 6. Opladen: Westdeutscher Verlag, pp. 1-18.

_____ (1986a). *Ökologische Kommunikation: Kann die moderne Gesellschaft sich auf ökologische Gefährdungen einstellen?* Opladen: Westdeutscher Verlag.

_____ (1986b). "Die Codierung des Rechtssystems". *In*: *Rechtstheorie* 17. Berlim: Duncker & Humblot, pp. 171-203.

_____ (1986c). *Die soziologische Beobachtung des Rechts*. Frankfurt sobre o Meno: Metzner.

_____ (1986d). *Grundrechte als Institution: Ein Beitrag zur politischen Soziologie*. 3.ª ed. Berlim: Duncker & Humblot [trad. ital.: *I diritti fondamentali come istituzione*. Bari: Dedalo, 2002].

_____ (1987a). *Soziale Systeme: Grundriß einer allgemeinen Theorie*. Frankfurt sobre o Meno: Suhrkamp [trad. esp.: *Sistemas sociales: linea-*

mientos para una teoría general. 2.ª ed. Barcelona: Anthropos/México: Universidad Iberoamericana/Santafé de Bogotá: Ceja, 1998; trad. ital.: *Sistemi sociali: fondamenti di una teoria generale*. Bolonha: il Mulino, 1990; trad. ingl.: *Social system*. Stanford: Stanford University Press, 1995].

____ (1987b). *Rechtssoziologie*. 3.ª ed. Opladen: Westdeutscher Verlag.

____ (1987c). "Autopoiesis als soziologischer Begriff". *In*: Haferkamp e Schmid (orgs.). 1987, pp. 307-24.

____ (1988a). "Positivität als Selbstbestimmtheit des Rechts". *In*: *Rechtstheorie* 19. Berlim: Duncker & Humblot, pp. 11-27.

____ (1988b). *Macht*. 2.ª ed. Stuttgart: Enke [trad. bras.: *Poder*. 2.ª ed. Brasília: UnB, 1992].

____ (1988c). *Die Wirtschaft der Gesellschaft*. Frankfurt sobre o Meno: Suhrkamp.

____ (1989a). *Gesellschaftsstruktur und Semantik: Studien zur Wissenssoziologie der modernen Gesellschaft*. Frankfurt sobre o Meno: Suhrkamp, vol. 3.

____ (1989b). "Am Anfang war kein Unrecht". *In*: Luhmann. 1989a, pp. 11-64.

____ (1989c). *Vertrauen: Ein Mechanismus der Reduktion sozialer Komplexität*. 3.ª ed. Stuttgart: Enke.

____ (1990a). "Interesse und Interessenjurisprudenz im Spannungsfeld von Gesetzgebung und Rechtsprechung". *In*: *Zeitschrift für Neuere Rechtsgeschichte* 12. Viena: Manz, pp. 1-13.

____ (1990b). *Die Wissenschaft der Gesellschaft*. Frankfurt sobre o Meno: Suhrkamp [trad. esp.: *La ciencia de la sociedad*. México: Universidad Iberoamericana/Guadalajara: Iteso/Barcelona: Anthropos, 1996].

____ (1990c). "Verfassung als evolutionäre Errungenschaft". *In*: *Rechtshistorisches Journal* 9. Frankfurt sobre o Meno: Löwenklau, pp. 176-220 [trad. ital.: "La costituzione come acquisizione evolutiva". *In*: Gustavo Zagrebelsky, Pier Paolo Portinaro e Jörg Luther (orgs.). *Il futuro della costituzione*. Torino: Einaudi, pp. 83-128].

____ (1990d). *Paradigma lost: Über die ethische Reflexion der Moral – Rede anläßlich der Verleihung des Hegel-Preises 1989*, incluída a "*Laudatio*" de Robert Spaemann. Frankfurt sobre o Meno: Suhrkamp.

____ (1991a). "Der Gleichheitssatz als Form und als Norm". *In*: *Archiv für Rechts- und Sozialphilosophie* 77. Stuttgart: Steiner, pp. 435-45.

____ (1991b). "Selbstorganisation und Information im politischen System". *In*: *Selbstorganisation: Jahrbuch für Komplexität in den Natur-, Sozial- und Geisteswissenschaften* 2. Berlim: Duncker & Humblot, pp. 11-26.

____ (1991c). *Soziologie des Risikos*. Berlim/Nova York: Walter de Gruyter (reimpressão inalterada: 2003).

____ (1992). *Beobachtungen der Moderne*. Opladen: Westdeutscher Verlag.

____ (1993a). *Das Recht der Gesellschaft*. Frankfurt sobre o Meno: Suhrkamp.

____ (1993b). "The Code of the Moral". *In*: *Cardozo Law Review*, vol. 14, n.ºˢ 3-4. Nova York: Cardozo Law School, jan. 1993, pp. 995-1009.

____ (1994). "Europa als Problem der Weltgesellschaft". *In*: *Berliner Debatte INITIAL: Zeitschrift für sozialwissenschaftlichen Diskurs* 2/1994. Berlim: GSFP, pp. 3-7.

____ (1995a). *Soziologische Aufklärung 6: Die Soziologie und der Mensch*. Opladen: Westdeutscher Verlag.

____ (1995b). "Probleme mit operativer Schließung". *In*: Luhmann. 1995a, pp. 12-24.

____ (1995c). "Die operative Geschlossenheit psychischer und sozialer Systeme". *In*: Luhmann. 1995a, pp. 25-36.

____ (1995d). "Intersubjektivität oder Kommunikation: Unterschiedliche Ausgangspunkte soziologischer Theoriebildung". *In*: Luhmann. 1995a, pp. 169-88.

____ (1995e). "Inklusion und Exklusion". *In*: Luhmann. 1995a, pp. 237-64 [trad. esp.: "Inclusión y exclusión". *In*: Niklas Luhmann, *Complejidad y modernidad: De la unidad a la diferencia*. Madri: Trotta, 1998, pp. 167-95].

____ (1995f). *Gesellschaftsstruktur und Semantik: Studien zur Wissenssoziologie der modernen Gesellschaft*. Frankfurt sobre o Meno: Suhrkamp, vol. 4.

____ (1996a). "Quod Omnes Tangit: Remarks on Jürgen Habermas's Legal Theory". *In*: Habermas *et al.* 1996, pp. 883-99.

____ (1996b). *Die neuzeitlichen Wissenschaften und die Phänomenologie*. Viena: Picus Verlag.

____ (1996c). *Protest: Systemtheorie und soziale Bewegungen*. Org. Kai-Uwe Hellmann. Frankfurt sobre o Meno: Suhrkamp.

____ (1996d): *Die Kunst der Gesellschaft*. 2.ª ed. Frankfurt sobre o Meno: Suhrkamp.

____ (1997). *Die Gesellschaft der Gesellschaft*. Frankfurt sobre o Meno: Suhrkamp, 2 tomos.

____ (1998). "Der Staat des politischen Systems: Geschichte und Stellung in der Weltgesellschaft". *In*: Beck (org.). 1998b, pp. 345-80.

_____ (1999a). "Öffentliche Meinung und Demokratie". *In*: Rudolf Maresch e Niels Werber (orgs.). *Kommunikation, Medien, Macht*. Frankfurt sobre o Meno: Suhrkamp.

_____ (1999b). "Ethik in internationalen Beziehungen". *In*: *Soziale Welt* 50. Baden-Baden: Nomos, pp. 247-54.

_____ (2000a). *Die Politik der Gesellschaft*. Frankfurt sobre o Meno: Suhrkamp.

_____ (2000b). *Die Religion der Gesellschaft*. Frankfurt sobre o Meno: Suhrkamp.

_____ (2000c). *Organisation und Entscheidung*. Frankfurt sobre o Meno: Suhrkamp.

_____ (2002a). *Das Erziehungssystem der Gesellschaft*. Frankfurt sobre o Meno: Suhrkamp.

_____ (2002b). *Einführung in die Systemtheorie*. Org. Dirk Baecker. Heidelberg: Carl-Auer-Systeme [trad. esp.: *Introducción a la teoría de sistemas*. México: Universidad Iberoamericana/Guadalajara: Iteso/Barcelona: Anthropos, 1996].

_____; DE GIORGI, Raffaele (1992). *Teoria della società*. Milão: Franco Angeli.

_____; SCHORR, Karl-Eberhard (1988). *Reflexionsprobleme im Erziehungssystem*. Frankfurt sobre o Meno: Suhrkamp.

LUKASHEVA, Elena Andreievna (1992): "The Constitutional State ('Rechtsstaat') and the Safeguarding of Human Rights". *In*: Franz Matscher e Wolfram Karl (orgs.). *Austrian-Soviet Round-Table on the Protection of Human Rights* (Salzburgo, 8.–10. Mai 1990) – *Schriften des Österreichischen Instituts für Menschenrechte*. Kehl am Rhein/Estrasburgo/Arlington: Engel, vol. 4, pp. 121-30.

LUTZ-BACHMANN, Matthias (2002): "Weltweiter Frieden durch eine Weltrepublik? Probleme internationaler Friedenssicherung". *In*: Lutz-Bachmann e Bohman (orgs.). 2002, pp. 32-45.

_____; BOHMAN, James (orgs.) (2002). *Weltstaat oder Staatenwelt? Für und wider die Idee einer Weltrepublik*. Frankfurt sobre o Meno: Suhrkamp.

LYOTARD, Jean-François (1979). *La condition postmoderne*. Paris: Minuit.

_____ (1983). *Le différend*. Paris: Minuit.

MACPHERSON, C. B. (1990). "Berlin's Divisions of Liberty". *In*: C. B. Macpherson. *Democratic Theory: Essays in Retrieval*. 6.ª ed. Oxford: Oxford University Press/Clarendon Press, pp. 95-119.

MARCUSE, Herbert (1967). *Der eindimensionale Mensch: Studien zur Ideologie der fortgeschrittenen Industriegesellschaft*. Trad. al. Alfred

Schmidt. Neuwied/Berlim: Luchterhand (original: *One-Dimensional Man*. Boston, 1964).

MARSHALL, T. H. (1976). *Class, Citizenship, and Social Development*. Westport, Connecticut: Greenwood Press (reimpressão da edição de Nova York, 1964).

MARTINS, José de Souza (1991). "Lynchings – Life by a Thread: Street Justice in Brazil, 1979-1988". *In*: Martha K. Huggins (org.). *Vigilantism and the State in Modern Latin America: Essays on Extralegal Violence*. Nova York: Praeger Publishers, pp. 21-32.

____ (org.) (1993). *Massacre dos inocentes. A criança sem infância no Brasil*. 2.ª ed. São Paulo: Hucitec.

MARX, Karl (1975). *Zur Kritik der politischen Ökonomie. Vorwort*. *In*: Karl Marx e Friedrich Engels. *Werke*. Berlim: Dietz Verlag, vol. 13, pp. 7-11 (1.ª ed. Berlim, 1859).

____ (1983). "Einleitung zu den 'Grundrissen der Kritik der politischen Ökonomie'". *In*: Karl Marx e Friedrich Engels. *Werke*, vol. 42. Berlim: Dietz Verlag, pp. 15-45 (originalmente *in*: *Die Neue Zeit* 21, 1902-1903).

____ (1987). *Das Kapital: Kritik der politischen Ökonomie* (*MEW* 25, 28.ª ed.). Berlim: Dietz Verlag, vol. 3 (1.ª ed. Hamburgo, 1894).

____ (1988). "Zur Judenfrage". *In*: Karl Marx e Friedrich Engels. *Werke*. 15.ª ed. Berlim: Dietz Verlag, vol. 1, pp. 347-77 (originalmente *in*: *Deutsch-Französische Jahrbücher*. Paris, 1844).

MASTRONARDI, Philippe (1998). "Der Zweck der Eidgenossenschaft als Demokratie: Essay zu einer Schweizerischen Demokratietheorie". *In*: *Zeitschrift für Schweizerisches Recht* (nova série) 17. Basiléia: Helbing & Lichtenhahn, pp. 317-413.

MATURANA, Humberto R. (1982). *Erkennen: Die Organisation und Verkörperung von Wirklichkeit. Ausgewählte Arbeiten zur biologischen Epistemologie*. Trad. al. Wolfgang K. Köck. Braunschweig/Wiesbaden: Vieweg.

____; VARELA, Francisco J. (1980). *Autopoiesis and Cognition: The Realization of the Living*. Dordrecht: D. Reidel Publishing Company.

____ (1987). *Der Baum der Erkenntnis: Die biologischen Wurzeln des menschlichen Erkennens*. Trad. al. Kurt Ludewig. 3.ª ed. Berna/Munique/Viena: Scherz [trad. bras.: *A árvore do conhecimento: as bases biológicas da compreensão humana*. São Paulo: Palas Athena, 2001].

MAUNZ, Theodor (1959). *Deutsches Staatsrecht*. 9.ª ed. Munique/Berlim: Beck.

MAUS, Ingeborg (1978). "Entwicklung und Funktionswandel der Theorie des bürgerlichen Rechtsstaates". *In*: Mehdi Tohidipur (org.).

Der bürgerliche Rechtsstaat. Frankfurt sobre o Meno: Suhrkamp, vol. 1, pp. 13-81.

____ (1994). *Zur Aufklärung der Demokratietheorie: Rechts- und demokratietheoretische Überlegungen im Anschluß an Kant.* Frankfurt sobre o Meno: Suhrkamp.

____ (1995). "Freiheitsrechte und Volkssouveränität: Zu Jürgen Habermas' Rekonstruktion des Systems der Rechte". *In: Rechtstheorie* 26. Berlim: Duncker & Humblot, pp. 507-62.

____ (1997). "Staatssouveränität als Volkssouveränität. Überlegungen zum Friedensprojekt Immanuel Kants". *In:* Wilfried Loth (org.). *Jahrbuch 1996 des Kulturwissenschaftlichen Instituts im Wissensschaftszentrum NRW.* Essen: Altes Rathaus, pp. 167-94.

____ (1999). "Menschenrechte als Ermächtigungsnormen internationaler Politik oder: der zerstörte Zusammenhang von Menschenrechten und Demokratie". *In:* Brunkhorst, Köhler e Lutz-Bachmann (orgs.). 1999, pp. 276-92.

MAYNTZ, Renate (1983). "Zur Einleitung: Probleme der Theoriebildung in der Implementationsforschung". *In:* Renate Mayntz (org.). *Implementation politischer Programme II: Ansätze zur Theoriebildung.* Opladen: Westdeutscher Verlag, pp. 7-24.

____ (1988). "Berücksichtigung von Implementationsproblemen bei der Gesetzesentwicklung. Zum Beitrag der Implementationsforschung zur Gesetzgebungstheorie". *In:* D. Grimm e W. Maihofer (orgs.). *Gesetzgebungstheorie und Rechtspolitik (Jahrbuch für Rechtssoziologie und Rechtstheorie* 13). Opladen: Westdeutscher Verlag, pp. 130-50.

MCILWAIN, Charles Howard (1940). *Constitutionalism Ancient and Modern.* Ithaca, Nova York: Cornell University Press.

MELO FRANCO, Afonso Arinos de (1960). *Curso de direito constitucional brasileiro.* Rio de Janeiro: Forense, vol. 2.

MICHELMAN, Frank I. (1986). "The Supreme Court, 1985 Term – Foreword: Traces of Self-Government". *In: Harvard Law Review* 100, pp. 4-77.

____ (1988). "Law's Republic". *In: Yale Law Journal* 97, pp. 1493-537.

MIRANDA, Jorge (org.) (1980). *Textos históricos do direito constitucional.* Lisboa: Imprensa Nacional/Casa da Moeda.

MOHNHAUPT, Heinz (1995). "Konstitution, Status, Leges fundamentales von der Antike bis zur Aufklärung". *In:* Mohnhaupe e Grimm. 1995, pp. 1-99.

____; GRIMM, Dieter (1995). *Verfassung: Zur Geschichte des Begriffs von der Antike bis zur Gegenwart; zwei Studien.* Berlim: Duncker & Humblot.

MONTESQUIEU (1951). "De l'Esprit des Lois". In: Montesquieu, Œuvres complètes. Paris: Gallimard, vol. II, pp. 225-995 (1ª ed. 1748) [trad. bras.: O espírito das leis. Brasília: UnB, 1982].
MORIN, Edgar (1990). Introduction à la pensée complexe. Paris: ESF.
MORIN, Jacques-Yvan (1992). "The Rule of Law and the Rechtsstaat Concept: A Comparison". In: Edward McWhinney et al. Federalism-in-the-Making: Contemporary Canadian and German Constitutionalism, National and Transnational. Dordrecht/Boston/Londres: Kluver Academic Publishers, pp. 60-86.
MORRIS, Ch. W. (1938). "Foundations of the Theory of Signs". In: International Encyclopedia of Unified Science, vol. I, n.º 2. Chicago: Chicago University Press (12ª impressão, 1966).
MULLER, Friedrich (1975). Recht – Sprache – Gewalt: Elemente einer Verfassungstheorie I. Berlim: Duncker & Humblot.
____ (org.) (1989). Untersuchungen zur Rechtslinguistik: Interdisziplinäre Studien zu praktischer Semantik und strukturierender Rechtslehre in Grundfragen der juristischen Methodik. Berlim: Duncker & Humblot.
____ (1990a). Die Positivität der Grundrechte: Fragen einer praktischen Grundrechtsdogmatik. 2ª ed. Berlim: Duncker & Humblot.
____ (1990b). Essais zur Theorie von Recht und Verfassung. Org. Ralph Christensen. Berlim: Duncker & Humblot.
____ (1994a). Strukturierende Rechtslehre. 2ª ed. Berlim: Duncker & Humblot.
____ (1994b). "Juristische Methodik – Ein Gespräch im Umkreis der Rechtstheorie", entrevista a Jan Möller. In: Verwaltungsrundschau 4/1994. Stuttgart: Kohlhammer, pp. 133-6.
____ (1995). Juristische Methodik. 6ª ed. Berlim: Duncker & Humblot.
____ (1997). Wer ist das Volk? Die Grundfrage der Demokratie – Elemente einer Verfassungstheorie VI. Berlim: Duncker & Humblot.
MULLER, Jörg Paul (1989). "Versuch einer diskursethischen Begründung der Demokratie". In: Walter Haller et al. (orgs.). Im Dienst an der Gemeinschaft: Festschrift für Dietrich Schindler zum 65. Geburtstag. Basiléia/Frankfurt sobre o Meno: Helbing & Lichtenhahn, pp. 617-38.
____ (1993). Demokratische Gerechtigkeit: Eine Studie zur Legitimität rechtlicher und politischer Ordnung. Munique: Deutscher Taschenbuch Verlag.
____ (1996a). "Die Aufgabe der Staatslehre im Zeichen der absterbenden und aufstrebenden Nationalismen". In: Karl Weber e Irmgard Rath-Kathrein (orgs.). Neue Wege der Allgemeinen Staatslehre: Symposium zum 60. Geburtstag von Peter Pernthaler. Viena: Braumüller, pp. 1-9.

____ (1996b). "Kants Entwurf globaler Gerechtigkeit und das Problem der republikanischen Repräsentation im Staats- und Völkerrecht: Eine Interpretation der Friedensschrift von 1795". *In*: Piermarco Zen-Ruffinen e Andreas Auer (orgs.). *De la constitution: études en l'honneur de Jean-François Aubert*. Basiléia/Frankfurt sobre o Meno: Helbing & Lichtenhahn, pp. 133-53.

____ (1999). *Der politische Mensch – menschliche Politik: Demokratie und Menschenrechte im staatlichen und globalen Kontext*. Basiléia/Genebra/Munique: Helbing & Lichtenhahn/C. H. Beck.

____ (2000). "Rule of Law – Rechtsstaat". *In*: Peter Häberle e Jörg Paul Müller (orgs.). *Menschenrechte und Bürgerrechte in einer vielgestaltigen Welt: Wissenschaftliche Begegnung einiger Freunde von Thomas Fleiner zu Ehren seines 60. Geburtstages*. Fribourg/Basiléia/Genebra/Munique: Institut du Fédéralisme/Helbing & Lichtenhahn, pp. 37-47.

MULLER-DOOHM, Stefan (org.) (2000). *Das Interesse der Vernunft: Rückblicke auf das Werk von Jürgen Habermas seit "Erkenntnis und Interesse"*. Frankfurt sobre o Meno: Suhrkamp.

MUNCH, Richard (1982). *Theorie des Handelns: Zur Rekonstruktion der Beiträge von Talcott Parsons, Emile Durkheim und Max Weber*. Frankfurt sobre o Meno: Suhrkamp.

____ (1998). *Globale Dynamik, lokale Lebenswelten: Der schwierige Weg in die Weltgesellschaft*. Frankfurt sobre o Meno: Suhrkamp.

MURPHY, John Michael; GILLIGAN, Carol (1980). "Moral Development in Late Adolescence and Adulthood: a Critique and Reconstruction of Kohlberg's Theory". *In: Human Development* 23. Basiléia: S. Karger, pp. 77-104.

NAHAMOWITZ, Peter (1985). "'Reflexives Recht': Das unmögliche Ideal eines post-interventionistischen Steuerungskonzepts". *In: Zeitschrift für Rechtssoziologie* 6. Opladen: Westdeutscher Verlag, pp. 29-44.

NARR, Wolf-Dieter; OFFE, Claus (orgs.) (1975). *Wohlfahrtsstaat und Massenloyalität*. Colônia: Kippenheuer & Witsch.

NEVES, Marcelo (1988). *Teoria da inconstitucionalidade das leis*. São Paulo: Saraiva.

____ (1992). *Verfassung und Positivität des Rechts in der peripheren Moderne: Eine theoretische Betrachtung und eine Interpretation des Falls Brasilien*. Berlim: Duncker & Humblot.

____ (1994a). *A constitucionalização simbólica*. São Paulo: Editora Acadêmica.

____ (1994b). "Entre subintegração e sobreintegração: a cidadania inexistente". *In: DADOS – Revista de Ciências Sociais*, vol. 37, n.º 2. Rio de Janeiro: IUPERJ, pp. 253-76.

_____ (1994c). "A crise do Estado: da modernidade central à modernidade periférica – Anotações a partir do pensamento filosófico e sociológico alemão". In: *Revista de Direito Alternativo* 3. São Paulo: Acadêmica, pp. 64-78.

_____ (1995a). "Da autopoiese à alopoiese do direito". In: *Revista Brasileira de Filosofia*, vol. XLII. São Paulo: Instituto Brasileiro de Filosofia, pp. 117-41.

_____ (1995b). "Do pluralismo jurídico à miscelânea social: o problema da falta de identidade da(s) esfera(s) de juridicidade na modernidade periférica e suas implicações na América Latina". In: *Direito em Debate*, ano V, n.º 5. Ijuí: Universidade de Ijuí, pp. 7-37.

_____ (1996). "Symbolische Konstitutionalisierung und faktische Entkonstitutionalisierung: Wechsel von bzw. Änderungen in Verfassungstexten und Fortbestand der realen Machtverhältnisse". In: *Verfassung und Rechts in Übersee* 29. Baden-Baden: Nomos, pp. 309-23.

_____ (1998). *Symbolische Konstitutionalisierung*. Berlim: Duncker & Humblot.

_____ (2000). *Grenzen der demokratischen Rechtsstaatlichkeit und des Föderalismus in Brasilien*. Fribourg: Institut für Federalismus/Basiléia: Helbing & Lichtenhahn.

_____ (2002). "Gerechtigkeit und Differenz in einer komplexen Weltgesellschaft". In: *Archiv für Rechts- und Sozialphilosophie* 88. Stuttgart: Franz Steiner, pp. 323-48.

NEWIG, Jens (2003). *Symbolische Umweltgesetzgebung: Rechtssoziologische Untersuchungen am Beispiel des Ozongesetzes, des Kreislaufwirtschafts- und Abfallgesetzes sowie der Großfeuerungsanlagenverordnung*. Berlim: Duncker & Humblot.

NOLL, Peter (1981). "Symbolische Gesetzgebung". In: *Zeitschrift für Schweizerisches Recht* (nova série) 100. Basiléia: Helbing & Lichtenhahn, pp. 347-64.

NONET, Philippe; SELZNICK, Philip (1978). *Law and Society in Transition: Toward Responsive Law*. Nova York: Harper & Row.

NOZICK, Robert (1990). *Anarchy, State, and Utopia* (1974). Oxford: Blackwell.

O'DONNELL, Gillermo (1996a). "Uma outra institucionalização: América Latina e alhures". In: *Lua Nova* 37. São Paulo: Cedec, pp. 5-31.

_____ (1996b). "Illusions about Consolidation". In: *Journal of Democracy* 7, n.º 2, pp. 34-51.

_____ (1999). "Polyarchies and the (Un)Rule of Law in Latin America: A Partial Conclusion". In: Juan E. Méndez, Gillermo O'Donnell e

Paulo Sérgio Pinheiro (orgs.). *The Un(Rule) of Law and the Underprivileged in Latin America*. Notre Dame, Indiana: University of Notre Dame Press, pp. 303-37.

OFFE, Claus (1986). "Die Utopie der Null-Option. Modernität und Modernisierung als politische Gütekriterien". *In*: Johannes Berger (org.). *Die Moderne – Kontinuitäten und Zäsuren* (*Soziale Welt*, número especial [*Sonderheft*] 4). Göttingen: Otto Schwartz, pp. 97-117.

OLIVECRONA, Karl (1962). "Legal Language and Reality". *In*: Ralph A. Newman (org.). *Essays in Jurisprudence in Honor of Roscoe Pound*. Indianápolis: Bobbs-Merrill, pp. 151-91.

OLIVEIRA, Francisco (1994). "Da dádiva aos direitos: a dialética da cidadania". *In*: *Revista Brasileira de Ciências Sociais* 25. São Paulo: ANPOCS, jun. 1994, pp. 42-4.

OLIVEIRA, Luciano (1994). *Do nunca mais ao eterno retorno: uma reflexão sobre a tortura*. São Paulo: Brasiliense.

____ (1997). "Culture démocratique et répression pénale. Quelques notes sur le Brésil et la France". *In*: *Cahiers du Brésil Contemporain* 31. Paris: Centre de Recherches sur le Brésil Contemporain, pp. 49-67.

OST, François (1986). "Entre ordre et désordre: le jeu du droit. Discussion du paradigme autopoïétique appliqué au droit". *In*: *Archives de Philosophie du Droit* 31. Paris: Sirey, pp. 133-62.

____; KERCHOVE, Michel van de (1987). *Jalons pour une théorie critique du droit*. Bruxelas: Facultés Universitaires Saint-Louis.

____ (1992). *Le droit ou les paradoxes du jeu*. Paris: Presses Universitaires de France.

PARSONS, Talcott (1964a). *The Social System*. Londres: Free Press (1.ª ed. Nova York, 1951).

____ (1964b). *Social Structure and Personality*. Londres: Free Press.

____ (1966). *Societies: Evolutionary and Comparative Perspectives*. Englewood Cliffs, New Jersey: Prentice-Hall.

____ (1972). *Das System moderner Gesellschaften*, trad. al. Hans-Werner Franz. Munique: Juventa Verlag [trad. bras.: *O sistema das sociedades modernas*. São Paulo: Pioneira, 1974].

____ (1994). "Full Citizenship for the Negro American: A Sociological Problem". *In*: Turner e Hamilton (orgs.). 1994, vol. II, pp. 141-75.

PASSERIN D'ENTREVES, Alessandro (1962). *La dottrina dello stato: elementi di analisi e di interpretazione*. Turim: Giappichelli.

PATTERSON, Dennis (1996). *Law and Truth*. Nova York/Oxford: Oxford University Press.

PAWLIK, Michael (1994). "Die Lehre von der Grundnorm als eine Theorie der Beobachtung zweiter Ordnung". *In*: *Rechtstheorie* 25. Berlim: Duncker & Humblot, pp. 451-7.

PEDROSA, Bernardette (1978). "Estado de direito e segurança nacional". In: *Anais da VII Conferência Nacional da Ordem dos Advogados do Brasil*. Curitiba-PR, 7-12 de maio de 1978, pp. 185-201.

PEIRCE, Charles S. (1955). *Philosophical Writings*. Org. J. Buchler, Nova York: Dover.

____ (1977). *Semiótica*. Trad. bras. J. T. Coelho Netto. São Paulo: Perspectiva.

____ (1985). "Über Zeichen". In: Charles S. Peirce. *Die Festigung der Überzeugung und andere Schriften*. Trad. al. Elisabeth Walther. Frankfurt sobre o Meno/Berlim/Viena: Ullstein, pp. 143-67.

PERALVA, Angelina (1997). "Democracia e violência: A modernização por baixo". In: *Lua Nova* 40/41. São Paulo: Cedec, pp. 217-40.

PERELMAN, Chaïm (1979). *Logique juridique: nouvelle rhétorique*. 2ª ed. Paris: Dalloz.

____; OLBRECHTS-TYTECA, Lucie (1988). *Traité de l'argumentation*. Bruxelas: Editions de l'Université de Bruxelles.

PETERS, Bernhard (1991). *Rationalität, Recht und Gesellschaft*. Frankfurt sobre o Meno: Suhrkamp.

____ (1993). *Die Integration moderner Gesellschaften*. Frankfurt sobre o Meno: Suhrkamp.

PHILOSOPHISCHE GESELLSCHAFT BAD HOMBURG; HINSCH, Wilfried (orgs.) (1997). *Zur Idee des politischen Liberalismus: John Rawls in der Diskussion*. Frankfurt sobre o Meno: Suhrkamp.

PIAGET, Jean (1965). "Les relations entre la morale et le droit". In: Jean Piaget. *Études sociologiques*. Genebra: Droz, pp. 172-202.

____ (1995). *Le jugement moral chez l'enfant*. 8ª ed. Paris: Presses Universitaires de France (1ª ed. 1932).

PINHEIRO, Paulo Sérgio (1991). "Police and Political Crisis: The Case of the Military Police". In: Martha K. Huggins (org.). *Vigilantism and the State in Modern Latin America: Essays on Extralegal Violence*. Nova York: Praeger Publishers, pp. 167-88.

PONTES DE MIRANDA, [F. C.] (1932). *Os fundamentos actuaes do direito constitucional*. Rio de Janeiro: Empresa de Publicações Technicas.

____ (1972). *Sistema de ciência positiva do direito*, vol. I: Introdução à ciência do direito. 2ª ed. Rio de Janeiro: Borsoi.

PREUß, Ulrich K. (1989). "Perspektiven von Rechtsstaat und Demokratie". In: *Kritische Justiz* 22. Baden-Baden: Nomos, pp. 1-12.

PUHLE, Hans-Jürgen (1999). "Demokratisierungsprobleme in Europa und Amerika". In: Brunkhorst e Niesen (orgs.). 1999, pp. 317-45.

QUARITSCH, Helmut (1986). *Souveränität: Entstehung und Entwicklung des Begriffs in Frankreich und Deutschland vom 13. Jh. bis 1806*. Berlim: Duncker & Humblot.
RAKOVE, Jack N. (org.) (1990). *Interpreting the Constitution: The Debate over Original Intent*. Boston: Northeastern University Press.
RATTON JR., José Luiz de Amorim (1996).*Violência e crime no Brasil contemporâneo (Homicídios e políticas de segurança pública nas décadas de 80 e 90)*. Brasília: Cidade Gráfica e Editora.
RAWLS, John (1990). *A Theory of Justice*. Oxford: Oxford University Press (1.ª ed. 1972) [trad. bras.: *Uma teoria da justiça*. 2.ª ed. São Paulo: Martins Fontes, 2002].
____ (1992). *Die Idee des politischen Liberalismus: Aufsätze 1978-1989*. Org. Wilfried Hinsch. Frankfurt sobre o Meno: Suhrkamp.
____ (1993). *Political Liberalism*. Nova York: Columbia University Press [trad. bras.: *O liberalismo político*. 2.ª ed. São Paulo: Ática, 2000].
____ (1997). "Erwiderung auf Habermas". *In*: Philosophische Gesellschaft Bad Homburg e Hinsch (orgs.). 1997, pp. 196-262.
REALE, Miguel (1968). *O direito como experiência (Introdução à epistemologia jurídica)*. São Paulo: Saraiva.
____ (1979). *Teoria tridimensional do direito*. 2.ª ed. São Paulo: Saraiva.
REISINGER, Leo (1982). "Der Staatsbegriff Kelsens und Luhmanns Theorie sozialer Systeme". *In: Rechtstheorie*, número suplementar [*Beiheft*] 4. Berlim: Duncker & Humblot, pp. 483-90.
ROBERTSON, Robert (1998). "Glokalisierung: Homogenität und Heterogenität in Raum und Zeit". *In*: Beck (org.). 1998b, pp. 192-220.
ROMANO, Santi (1975). *Die Rechtsordnung*. Trad. al. Werner Daum. Org. Roman Schnur. Berlim: Duncker & Humblot.
RORTY, Richard (1991). "The Priority of Democracy to Philosophy". *In*: Richard Rorty. *Objectivity, Relativism, and Truth: Philosophical Papers I*. Cambridge: Cambridge University Press, pp. 175-96.
ROSENFELD, Michel (1998). *Just Interpretations: Law between Ethics and Politics*. Berkeley/Los Angeles: University of California Press.
____ (2000). "Rule of Law versus Rechtsstaat". *In*: Peter Häberle e Jörg Paul Müller (orgs.). *Menschenrechte und Bürgerrechte in einer vielgestaltigen Welt: Wissenschaftliche Begegnung einiger Freunde von Thomas Fleiner zu Ehren seines 60. Geburtstages*. Fribourg/Basiléia/Genebra/Munique: Institut du Fédéralisme/Helbing & Lichtenhahn, pp. 49-71.
ROSS, Alf (1968). *Directives and Norms*. Londres: Routledge & Kegan Paul/Nova York: Humanities Press.

RÖSSLER, Beate (org.) (1993). *Quotierung und Gerechtigkeit: Eine moralphilosophische Kontroverse.* Frankfurt sobre o Meno: Campus.
ROUSSEAU, Jean-Jacques (1964). "Du contrat social; ou Principes du droit politique" (1762). *In*: Jean-Jacques Rousseau. *Œuvres complètes.* Paris: Gallimard, vol. III, pp. 347-470 [trad. bras.: "Do contrato social ou Princípios do direito político". *In: Do contrato social... (e outros escritos).* 2.ª ed. São Paulo: Abril Cultural, pp. 1-145, col. "Os Pensadores"].
RUBINSTEIN, David (1988). "The Concept of Justice in Sociology". *In: Theory and Society* 17. [Dordrecht:] Kluver Academic Publishers, pp. 527-50.
RUSSELL, Bertrand (1968). *Logic and Knowledge – Essays, 1901-1950.* Londres/Nova York: Allen & Unwin/Macmillan (1.ª ed. 1956).
SALADIN, Peter (1995). *Wozu noch Staaten? Zu den Funktionen eines modernen demokratischen Rechtsstaats in einer zunehmend überstaatlichen Welt.* Berna: Stämpfli/Munique: Beck/Viena: Manz.
SALES, Teresa (1994a). "Raízes da desigualdade social na cultura política brasileira". *In: Revista Brasileira de Ciências Sociais* 25. São Paulo: ANPOCS, jun. 1994, pp. 26-37.
_____ (1994b). "Caminhos da cidadania: comentários adicionais". *In: Revista Brasileira de Ciências Sociais* 25. São Paulo: ANPOCS, jun. 1994, pp. 48-51.
SARTORI, Giovani (1987). *The Theory of Democracy Revisited.* Chatham, New Jersey: Chatham House Publishers [trad. bras.: *A teoria da democracia revisitada,* vol. I: O debate contemporâneo. São Paulo: Ática, 1994].
SCHLUCHTER, Wolfgang (1979). *Die Entwicklung des Okzidentalen Rationalismus.* Tübingen: Mohr.
SCHMITT, Carl (1970). *Verfassungslehre.* 5.ª ed. Berlim: Duncker & Humblot (reimpressão inalterada da 1.ª edição, de 1928) [trad. esp.: *Teoría de la Constitución.* México: Editora Nacional, 1970].
SCHREIBER, Rupert (1962). *Logik des Rechts.* Berlim/Göttingen/Heidelberg: Springer-Verlag.
SCHULZE-FIELITZ, Helmuth (1998). "Das Verhältnis von formaler und informaler Verfassung". *In*: Görlitz e Burth (orgs.). 1998, pp. 25-53.
SCHUMPETER, Joseph A. (1943). *Capitalism, Socialism, and Democracy.* Londres: Allen & Unwin [trad. bras.: *Capitalismo, socialismo e democracia.* Rio de Janeiro: Zahar, 1984].
SCHUTZ, Alfred; LUCKMANN, Thomas (1975). *Strukturen der Lebenswelt.* Neuwied/Darmstadt: Luchterhand.

SENGHAAS, Dieter (org.) (1972). *Imperialismus und strukturelle Gewalt: Analysen über abhängige Reproduktion*. Frankfurt sobre o Meno: Suhrkamp.

____ (org.) (1974a). *Peripherer Kapitalismus: Analysen über Abhängigkeit und Unterentwicklung*. Frankfurt sobre o Meno: Suhrkamp.

____ (1974b). "Elemente einer Theorie des peripheren Kapitalismus (Vorwort)". *In*: Dieter Senghaas (org.). 1974a, pp. 7-36.

____ (org.) (1979). *Kapitalistische Weltökonomie: Kontroverse über ihren Ursprung und ihre Entwicklungsdynamik*. Frankfurt sobre o Meno: Suhrkamp.

SKINNER, Quentin (1989). "Language and Political Change". *In*: T. Ball, J. Farr e R. L. Hanson (orgs.). *Political Innovation and Conceptual Change*. Cambridge: Cambridge University Press, pp. 6-23.

SMEND, Rudolf (1968). "Verfassung und Verfassungsrecht (1928)". *In*: Rudolf Smend. *Staatsrechtliche Abhandlungen und andere Aufsätze*. 2.ª ed. Berlim: Duncker & Humblot, pp. 119-276.

SMITH, Graham (1995). "Mapping the Federal Condition: Ideology, Political Practice and Social Justice". *In*: Graham Smith (org.). *Federalism: The Multiethnic Challenge*. Londres/Nova York: Longman, pp. 1-28.

SOUSA SANTOS, Boaventura de (1977). "The Law of the Oppressed: The Construction and Reproduction of Legality in Pasargada". *In*: *Law & Society Review* 12. Denver, Colorado: Law and Society Association, pp. 5-126.

____ (1987). "Law: A Map of Misreading. Toward a Postmodern Conception of Law". *In*: *Journal of Law and Society* 14. Oxford: Robertson, pp. 279-302.

____ (1988). *O discurso e o poder; ensaio sobre a sociologia da retórica jurídica*. Porto Alegre: Fabris (originalmente *in*: *Boletim da Faculdade de Direito de Coimbra*, 1980).

SOUTO, Cláudio (1978). *Teoria sociológica do direito e prática forense*. Porto Alegre: Fabris.

____ (1984). *Allgemeinste wissenschaftliche Grundlagen des Sozialen*. Wiesbaden: Steiner.

____ (1992). *Ciência e ética no direito: uma alternativa de modernidade*. Porto Alegre: Fabris.

____; SOUTO, Solange (1981). *Sociologia do direito*. Rio de Janeiro/São Paulo: Livros Técnicos e Científicos Editora/Editora da Universidade de São Paulo.

SPENCER, Herbert (1904). *First Principles*. Nova York: J. A. Hill and Company.

SPENCER BROWN, G. (1971). *Laws of Form*. Londres: George Allen and Unwin (reimpressão da 1.ª edição, de 1969).
STAHELI, Urs (1996). "Der Code als leerer Signifikant? Diskurstheoretische Beobachtungen". *In*: *Soziale Systeme: Zeitschrift für soziologische Theorie* 2. Opladen: Leske + Budrich, pp. 257-81.
STICHWEH, Rudolf (1997). "Inklusion/Exklusion, funktionale Differenzierung und die Theorie der Weltgesellschaft". *In*: *Soziale Systeme: Zeitschrift für soziologische Theorie* 3. Opladen: Leske + Budrich, pp. 123-36.
STOURZH, Gerald (1975 ou 1989). "Vom aristotelischen zum liberalen Verfassungsbegriff. Zur Entwicklung in Nordamerika im 17 und 18. Jahrhundert". *In*: F. Engel-Janosi, G. Klingenstein e H. Lutz (orgs.). *Fürst, Bürger, Mensch: Untersuchungen zu politischen und soziokulturellen Wandlungsprozessen im vorrevolutionären Europa*. Munique: R. Oldenbourg, 1975, pp. 97-122. Posteriormente, com algumas alterações: "Vom aristotelischen zum liberalen Verfassungsbegriff. Staatsformenlehre und Fundamentalgesetze in England und Nordamerika im 17 und 18. Jahrhundert". *In*: Gerald Stourzh. *Wege zur Grundrechtsdemokratie: Studien zur Begriffs- und Institutionengeschichte des liberalen Verfassungsstaates*. Viena/Colônia: Böhlau, 1989, pp. 1-35.
TAYLOR, Charles (1988). "Der Irrtum der negativen Freiheit". *In*: Charles Taylor. *Negative Freiheit? Zur Kritik des neuzeitlichen Individualismus*. Trad. al. H. Kocyba. Frankfurt sobre o Meno: Suhrkamp, pp. 118-44.
TELLES, Vera (1994). "Cultura da dádiva, avesso da cidadania". *In*: *Revista Brasileira de Ciências Sociais* 25. São Paulo: ANPOCS, jun. 1994, pp. 45-7.
TEUBNER, Gunther (1982). "Reflexives Recht: Entwicklungsmodelle des Rechts in vergleichender Perspektive". *In*: *Archiv für Rechts- und Sozialphilosophie* 68. Wiesbaden: Steiner, pp. 13-59.
____ (1984). "Verrechtlichung – Begriffe Merkmale, Grenzen, Auswege". *In*: Friedrich Kübler (org.). *Verrechtlichung von Wirtschaft, Arbeit und sozialer Solidarität: Vergleichende Analysen*. Baden-Baden: Nomos, pp. 289-344.
____ (1987a). "Hyperzyklus in Recht und Organisation. Zum Verhältnis von Selbstbeobachtung, Selbstkonstitution und Autopoiese". *In*: Haferkamp e Schmid (orgs.). 1987, pp. 89-128.
____ (1987b). "Episodenverknüpfung. Zur Steigerung von Selbstreferenz im Recht". *In*: Baecker *et al.* (orgs.). 1987, pp. 423-46.

____ (1988a). "Gesellschaftsordnung durch Gesetzgebungslärm? Autopoietische Geschlossenheit als Problem für die Rechtsetzung". *In*: D. Grimm e W. Maihofer (orgs.). *Gesetzgebungstheorie und Rechtspolitik (Jahrbuch für Rechtssoziologie und Rechtstheorie* 13). Opladen: Westdeutscher Verlag, pp. 45-64.

____ (org.) (1988b). *Autopoietic Law: A New Approach to Law and Society*. Berlim: de Gruyter.

____ (1989). *Recht als autopoietisches System*. Frankfurt sobre o Meno: Suhrkamp [trad. port.: *O direito como sistema autopoiético*. Lisboa: Fundação Calouste Gulbenkian, 1993].

____ (1996a). "De Collisione Discursuum: Communicative Rationalities in Law, Morality, and Politics". *In*: Habermas *et al.* 1996, pp. 901-18.

____ (1996b). "Altera Pars Audiatur: Das Recht in der Kollision anderer Universalitätsansprüche". *In*: *Archiv für Rechts- und Sozialphilosophie*, número suplementar [*Beiheft*] 65. Wiesbaden: Steiner, pp. 199-220 [trad. bras.: *"Altera pars adiatur*: o direito na colisão de discursos". *In*: Gunther Teubner *et al. Direito e cidadania na pós-modernidade*. Piracicaba: Unimep, 2002, pp. 91-129].

____ (1996c). "Globale Bukowina: Zur Emergenz eines transnationalen Rechtspluralismus". *In*: *Rechtshistorisches Journal* 15. Frankfurt sobre o Meno: Löwenklau, pp. 255-90 [trad. bras.: "A Bukovina global: sobre a emergência de um pluralismo jurídico transnacional". *In*: *Impulso: Revista de Ciências Sociais e Humanas*, vol. 14, n.º 33. Piracicaba: Unimep, jan./abr. 2003, pp. 9-31].

____ (1996d). "Des Königs viele Leiber: Die Selbstdekonstruktion der Hierarchie des Rechts". *In*: *Soziale Systeme: Zeitschrift für soziologische Theorie* 2. Opladen: Leske + Budrich, pp. 229-55.

____ (1998a). "Nach der Privatisierung? Diskurskonflikte im Privatrecht". *In*: *Zeitschrift für Rechtssoziologie* 19. Wiesbaden: Westdeutscher Verlag, pp. 8-36 [trad. bras.: "Após a privatização: conflitos de discursos no direito privado". *In*: Gunther Teubner. *Direito, sistema e policontexturalidade*. Piracicaba: Unimep, 2005, pp. 233-68].

____ (1998b). "Verrechtlichung – ein ultrazyklisches Geschehen: Ökologische Rekursivität im Verhältnis Recht und Gesellschaft". *In*: Voigt (org.). 1998, pp. 193-213.

____ (1998c). "Vertragswelten: Das Recht in der Fragmentierung von *Private Governance Regimes*". *In*: *Rechtshistorisches Journal* 17. Frankfurt sobre o Meno: Löwenklau, pp. 234-65 [trad. bras.: "Mundos contratuais: o direito na fragmentação de regimes de *private governance*". *In*: Gunther Teubner. *Direito, sistema e policontexturalidade*. Piracicaba: Unimep, 2005, pp. 269-97].

_____ (1999). "Polykorporatismus: Der Staat als 'Netzwerk' öffentlicher und privater Kollektivakteure". *In*: Brunkhorst e Niesen (orgs.). 1999, pp. 346-72.

_____ (2000). "Privatregimes: Neo-Spontanes Recht und duale Sozialverfassungen in der Weltgesellschaft". *In*: Dieter Simon e Manfred Weiss (orgs.). *Zur Autonomie des Individuums. Liber Amicorum Spiro Simitis*. Baden-Baden: Nomos, pp. 437-53 [trad. bras.: "Regimes privados: direito neo-espontâneo e constituições dualistas na sociedade mundial". *In*: Gunther Teubner. *Direito, sistema e policontexturalidade*. Piracicaba: Unimep, 2005, pp. 105-27].

_____ (2003). "Globale Zivilverfassungen: Alternativen zur staatszentrierten Verfassungstheorie". *In*: *Zeitschrift für ausländisches öffentliches Recht und Völkerrecht* 63/1. Heidelberg: Max Planck Institut für ausländisches öffentliches Recht und Völkerrecht, pp. 1-28.

_____; FEBBRAJO, Alberto (orgs.) (1992). *State, Law, and Economy as Autopoietic Systems: Regulation and Autonomy in a New Perspective* (*EYSL – European Yearbook in the Sociology of Law*, 91/92). Milão: Giuffrè.

_____; WILLKE, Helmut (1984). "Kontext und Autonomie: Gesellschaftliche Selbststeuerung durch reflexives Recht". *In*: *Zeitschrift für Rechtssoziologie* 6. Opladen: Westdeutscher Verlag, pp. 4-35.

THOMAS VON AQUIN (1977). *Summa Theologica*. Edição bilíngüe latino-alemã. Org. Philosophisch-Theologische Hochschule Walberberg bei Köln, 13º vol.: *Das Gesetz* (I-II, 90-105). Heidelberg/Graz/Viena/Colônia: F. H. Kerle/Verlag Styria.

TIMASHEFF (TIMACHEFF), N. S. (1936). "Le droit, l'éthique, le pouvoir: essai d'une théorie sociologique du droit". *In*: *Archives de philosophie du droit et de sociologie juridique*, n.ᵒˢ 1-2. Paris: Sirey, pp. 131-65.

_____ (1937/1938). "What is 'Sociology of Law'?". *In*: *The American Journal of Sociology* 43, jul. 1937-maio 1938. Chicago, Illinois: The University of Chicago Press, pp. 225-35.

TOCQUEVILLE, Alexis de (1986). *De la démocratie en Amérique*. Paris: Gallimard, vol. 1 [trad. bras.: *A democracia na América*. 2.ª ed. Belo Horizonte: Itatiaia/São Paulo: Edusp, 1977].

TONNIES, Ferdinand (1979). *Gemeinschaft und Gesellschaft: Grundbegriffe der reinen Soziologie*. Darmstadt: Wissenschaftliche Buchgesellschaft (reimpressão da 8.ª edição, de 1935).

TOURAINE, Alain (1994). *Qu'est-ce que la démocratie?* Paris: Fayard.

_____ (1996). "O canto de sereia da globalização". *In*: *Folha de S. Paulo*, 14/7/1996, Caderno "Mais", p. 6.

_____ (1997). *Pourrons-nous vivre ensemble? Égaux et différents*. Paris: Fayard.
TRIEPEL, [Karl] Heinrich (1899). *Völkerrecht und Landesrecht*. Leipzig: Verlag von C. L. Hirschfeld, reimpressão inalterada: Aalen, 1958.
TROPER, Michel (1993). "Le concept d'État de droit". *In*: *L'État de droit (Cahiers de Philosophie Politique et Juridique de l'Université de Caen* 24). Caen: Presses Universitaires de Caen, pp. 23-40.
_____ (1994). *Pour une théorie juridique de l'État*. Paris: Presses Universitaires de France.
TURNER, Bryan S.; HAMILTON, Peter (orgs.) (1994). *Citizenship: Critical Concepts*. Londres/Nova York: Routledge, 2 vols.
VAIHINGER, Hans (1922). *Die Philosophie des Als-Ob: System der theoretischen, praktischen und religiösen Fiktionen der Menschheit auf Grund eines idealistischen Positivismus*. 7.ª ed. Leipzig: Meiner.
VARELA, Fransciso (1983). "L'auto-organisation: de l'apparence au mécanisme". *In*: Paul Dumouchel e Jean-Pierre Dupuy. *L'auto-organisation: De la physique au politique*. Paris: Seuil, pp. 147-62.
VELHO, Gilberto; ALVITO, Marcos (orgs.) (1996). *Cidadania e violência*. Rio de Janeiro: UFRJ/FGV.
VERDROSS, Alfred (1955). *Völkerrecht*. 3.ª ed. Viena: Springer Verlag.
VIEHWEG, Theodor (1974). *Topik und Jurisprudenz*. 5.ª ed. Munique: Beck.
VILANOVA, Lourival (1976). "Teoria da norma fundamental: comentários à margem de Kelsen". Separata do *Anuário do Mestrado em Direito*. Recife: Faculdade de Direito do Recife – UFPE, n.º 7, jan.-dez. 1976.
_____ (1977). *As estruturas lógicas e o sistema do direito positivo*. São Paulo: Revista dos Tribunais/Educ.
VISSER'T HOOFT, H. Ph. (1974). "La philosophie du langage ordinaire et le droit". *In*: *Archives de Philosophie du Droit* 19. Paris: Sirey, pp. 19-23.
VOIGT, Rüdiger (1980). "Verrechtlichung in Staat und Gesellschaft". *In*: Rüdiger Voigt (org.). *Verrechtlichung: Analysen zu Funktion und Wirkung von Parlamentalisierung, Bürokratisierung und Justizialisierung sozialer, politischer und ökonomischer Prozesse*. Königstein: Athenäum, pp. 15-37.
_____ (org.) (1983a). *Gegentendenzen zur Verrechtlichung (Jahrbuch für Rechtssoziologie und Rechtstheorie* 9). Opladen: Westdeutscher Verlag.
_____ (1983b). "Gegentendenzen zur Verrechtlichung: Verrechtlichung und Entrechtlichung im Kontext der Diskussion um den Wohlfahrtsstaat". *In*: Voigt (org.). 1983a, pp. 17-41.

____ (1993). *Politik und Recht: Beiträge zur Rechtspolitologie*. 3ª ed. Bochum: Universitätsverlag Brockmeyer.

____ (org.) (1998). *Evolution des Rechts*. Baden-Baden: Nomos.

____ (org.) (2000). *Der Leviathan*. Baden-Baden: Nomos.

____ (2000). "Der Leviathan: Zur Aktualität einer Staatskonzeption". *In*: Voigt (org.). 2000, pp. 13-23.

VOß, Monika (1989). *Symbolische Gesetzgebung: Fragen zur Rationalität von Strafgesetzgebungsakten*. Ebelsbach sobre o Meno: Verlag Rolf Gremer.

WALLERSTEIN, Immanuel (1979). *Aufstieg und künftiger Niedergang des kapitalistischen Weltsystems*. *In*: Senghaas (org.). 1979, pp. 31-67.

WALTER, Robert (1992). "Entstehung und Entwicklung des Gedankens der Grundnorm". *In*: Robert Walter (org.). *Schwerpunkte der Reinen Rechtslehre*. Viena: Manz, pp. 47-59.

WALZER, Michael (1983). *Spheres of Justice: A Defense of Pluralism and Equality*. Nova York: Basic Books [trad. bras.: *Esferas de justiça: uma defesa do pluralismo e da igualdade*. São Paulo: Martins Fontes, 2003].

WARAT, Luis Alberto (1972). *Semiótica y derecho*. Buenos Aires: Eikón.

____ (1979). *Mitos e teorias na interpretação da lei*. Porto Alegre: Síntese.

____ (1984). *O direito e sua linguagem*, com a colaboração de L. S. Rocha e G. G. Cittadino. Porto Alegre: Fabris.

WEBER, Max (1968a). "Idealtypus, Handlungsstruktur und Verhaltensinterpretation (Auszüge)". *In*: Max Weber. *Methodologische Schriften*. Org. Johannes Winckelmann. Frankfurt sobre o Meno: Fischer, pp. 65-167.

____ (1968b). "Die drei reinen Typen der legitimen Herrschaft". *In*: Max Weber. *Methodologische Schriften*. Org. Johannes Winckelmann. Frankfurt sobre o Meno: Fischer, pp. 215-28 (originalmente *in*: *Preußische Jahrbücher*, vol. 187, 1922).

____ (1973). "Die 'Objektivität' sozialwissenschaftlicher und sozialpolitischer Erkenntnis". *In*: Max Weber. *Gesammelte Aufsätze zur Wissenschaftslehre*. 4ª ed. Org. Johannes Winckelmann. Tübingen: Mohr, pp. 146-214 (originalmente *in*: *Archiv für Sozialwissenschaft und Sozialpolitik*, vol. 19, 1904).

____ (1985). *Wirtschaft und Gesellschaft: Grundriß der verstehenden Soziologie*. 5ª ed. Org. Johannes Winckelmann. Tübingen: Mohr [trad. bras.: *Economia e sociedade: fundamentos da sociologia compreensiva*. Brasília: UnB/São Paulo: Imprensa Oficial, 2004, 2 vols.].

WELSCH, Wolfgang (1991). "Gesellschaft ohne Meta-Erzählung?". *In*: Wolfgang Zapf (org.). *Die Modernisierung moderner Gesell-*

schaften: Verhandlungen des 25. Deutschen Soziologentages in Frankfurt am Main 1990. Frankfurt sobre o Meno/Nova York: Campus, pp. 174-84.

____ (1996). *Vernunft: Die zeitgenössische Vernunftkritik und das Konzept der transversalen Vernunft*. 2ª ed. Frankfurt sobre o Meno: Suhrkamp.

WERLE, Raymund (1982). "Aspekte der Verrechtlichung". *In: Zeitschrift für Rechtssoziologie* 3. Opladen: Westdeutscher Verlag, pp. 2-13.

WHITE, Stephen K. (org.) (1995). *The Cambridge Companion to Habermas*. Cambridge: Cambridge University Press.

WIEACKER, Franz (1967). *Privatrechtsgeschichte der Neuzeit unter besonderer Berücksichtigung der deutschen Entwicklung*. 2ª ed. Göttingen: Vandenhoeck & Ruprecht.

WILLKE, Helmut (1983). *Entzauberung des Staates. Überlegungen zu einer gesellschaftlichen Steuerungstheorie*. Königstein/Ts.: Athenäum.

____ (1992). *Ironie des Staates: Grundlinien einer Staatstheorie polyzentrischer Gesellschaft*. Frankfurt sobre o Meno: Suhrkamp.

____ (1997). *Supervision des Staates*. Frankfurt sobre o Meno: Suhrkamp.

____ (1999). "Soziologische Aufklärung der Demokratietheorie". *In*: Hauke Brunkhorst (org.). *Demokratischer Experimentalismus: Politik in der komplexen Gesellschaft*. Frankfurt sobre o Meno: Suhrkamp, pp. 13-32.

WIMMER, Rainer (1989). "Bemerkungen zum Exposé von Christensen/Jeand'Heur". *In*: Friedrich Müller (org.). 1989, pp. 13-6.

WINGERT, Lutz; GUNTHER, Klaus (orgs.) (2001). *Die Öffentlichkeit der Vernunft und die Vernunft der Öffentlichkeit: Festschrift für Jürgen Habermas*. Frankfurt sobre o Meno: Suhrkamp.

WITTGENSTEIN, Ludwig (1960). "Philosophische Untersuchungen". *In*: Ludwig Wittgenstein. *Schriften* 1. Frankfurt sobre o Meno: Suhrkamp, pp. 279-544 [trad. bras.: *Investigações filosóficas*. 2ª ed. São Paulo: Abril Cultural, 1979, col. "Os Pensadores"].

WOLF, Klaus Dieter (org.) (1993). *Internationale Verrechtlichung (Jahresschrift für Rechtspolitologie*, vol. 7). Pfaffenweiler: Centaurus-Verlagsgesellschaft.

WORLD BANK, The (1997). *World Development Report 1997: The State in a Changing World*. Nova York: Oxford University Press.

ZANGL, Bernhard; ZURN, Michael (orgs.) (2004). *Verrechtlichung – Baustein für Global Governance? (Eine Welt – Texte der Stiftung Entwicklung und Frieden*, vol. 18). Bonn: Dietz.

ZAPF, Wolfgang (1975). "Die soziologische Theorie der Modernisierung". *In: Soziale Welt* 26. Göttingen: Otto Schwartz, pp. 212-26.

ZOLO, Danilo (1986). "Autopoiesis: un paradigma conservatore". *In*: *Micro Mega* 1/86. Roma: Periodici Culturale, pp. 129-73.

____ (1992). *Il principato democratico: Per ùna teoria realistica della democrazia*. Milão: Feltrinelli.

____ (1993). "Democratic Citizenship in a Post-communist Era". *In*: David Held (org.). *Prospect for Democracy: North, South, East, West*. Cambridge: Polity Press, pp. 254-68.

ÍNDICE ONOMÁSTICO

Aarnio, A. 206-7, 209
Adorno, Th. W. 45, 47
Alchourrón, C. E. 206
Alexy, R. 47, 84, 120, 141, 158, 209
Alvito, M. 250
Anzilotti, D. 158
Apel, K.-O. 76, 108, 131
Arendt, H. 118, 132
Aristóteles 95-6, 168
Arnold, T. W. 257

Baecker, D. 61
Banco Mundial 249
Bandeira de Mello, C. A. 173
Baratta, A. 257
Barbalet, J. M. 178-9
Barber, B. R. 142
Basta (Basta-Fleiner), L. XIV, 151
Beck, U. 217, 249, 272
Bendix, R. 176, 181
Benevides, M-V. 250
Benhabib, S. 223
Benjamin, W. 55
Berger, P. L. 69
Berlin, I. 181
Berman, H. XIX
Bertalanffy, L. von 6, 62

Betti, E. 199, 200
Biscaretti di Ruffia, P. 206
Blankenburg, E. 241
Blüm, N. S. 12
Bobbio, N. 23, 137-8, 154, 158, 177
Bock, M. 229
Böckenförde, E.-W. 96
Bodin, J. 156
Bonavides, P. 181, 203
Bonnecase, J. 197
Bora, A. 184
Bourdieu, P. 281
Bretherton, C. 177
Brodocz, André 257
Bruhin, A. XIV
Brunkhorst, H. 168, 217, 220, 267, 269, 277, 281
Bryde, B.-O. 257
Buarque de Holanda, S. 247
Bühl, W. L. 61
Bulygin, E. 206
Burdeau, G. 55, 157
Burth, H.-P. 247

Canotilho, J. J. G. 95
Capella, J.-R. 196

Capeller, W. L. 250
Cappelletti, M. 177
Cardozo, B. N. 202
Carnap, R. 196
Carré de Malberg, R. 188
Carrió, G. R. 204-6
Carvalho, I. M. M. d. 249
Carvalho, P. d. B. XIV
Ceppa, L. 10-1
Chevigny, P. G. 250
Christensen, R. 200-2
Clinton, B. 278
Comparato, F. K. 166
Corte Interamericana de
    Direitos Humanos 221, 278
Covre, M. d. L. M. 249
Curtis, D. XVIII

DaMatta, R. 247
De Giorgi, R. 1, 2, 4-10, 15, 59,
    91, 97, 215-6
Deflem, M. 108
Demo, P. 249
Denninger, E. XIX, 136, 220
Derrida, J. 51, 202, 207, 261
Dettling, W. XIX
Díaz, E. 186
Douzinas, C. 149
Dreier, H. 158
Dreier, R. 83
Duarte, N. 247
Dudena, R. A. XI
Durkheim, E. 12-3, 69, 227
Duverger, M. 96
Dworkin, R. 170-2, 174, 205-8

Eco, U. 243
Edelman, M. 205, 257
Eder, K. 14, 39, 53
Ehrlich, E. 205
Elster, J. 139

Engels, F. 95
Esposito, E. 60
Esser, J. 199

Faoro, R. XIV, 247
Febbrajo, A. 61
Ferraz Jr., T. S. XIV, 79, 243
Ferreira, R.-M. F. 250
Ferry, L. 177
Fleiner, Th. XIV, XIX, 95, 106,
    151, 222
Foerster, H. von 59, 92, 150, 264
Forst, R. 142, 172, 183
Frankenberg, G. XIII, 132, 179, 181
Freyre, G. 247
Friedrich, C. J. 185
Fundação Alexander von
    Humboldt XIII-XV

Gadamer, H.-G. 199-200, 206
Galtung, J. 227
Garth, B. 177
Gauch, P. XIV
Gerstenberg, O. 281
Gessner, V. 249
Giddens, A. 178, 217, 227
Gilligan, C. 37-8
Görlitz, A. 179, 229, 233, 247
Grau, E. XIV, 200, 202
Greimas, A. J. 204
Grimm, D. 96, 181, 234, 257, 281
Grimmer, K. 181
Grotius, H. 156
Guggenberger, B. 188
Günther, G. 150, 240, 263
Günther, K. 29, 31-3, 37, 38, 78,
    84, 114

Häberle, P. 182, 203-4, 222, 281
Habermas, J. IX-XI, XVII-XVIII,
    38-58, 61, 68-79, 83-4, 106-21,

ÍNDICE ONOMÁSTICO

124-32, 134, 138, 140-5, 150,
152, 163, 178-81, 184, 186,
204, 207-9, 219-21, 229-30,
235, 237-8, 245-7, 249, 259-60,
269-78, 280-1
Haferkamp, H. 61
Hamilton, P. 175
Hart, H. L. A. 21-2, 84, 141
Hassemer, W. 257
Haverkate, G. 147, 196
Hayek, F. A. 96
Hegel, G. W. F. 5
Hegenbarth, R. 257
Heintz, P. 216, 228
Held, D. 178, 217, 269
Heller, H. 95, 168
Hesse, K. 182, 205
Hinsch, W. 141
Hirzel, R. XVIII
Hobbes, Th. XVIII, 156
Höffding, H. 12
Höffe, O. 108, 141-2, 269
Hofstadter, D. R. 100, 153, 192
Holz, K. 184
Honneth, A. 78
Hopkins, T. 216, 227
Horkheimer, M. 45, 47
Human Rights Watch/Americas 250
Hurtado-Pozo, J. XIV
Husserl, E. 69

IBGE 249
Instituto de Federalismo da Universidade de Friburgo (Suíça) XIII-XIV

Jacoby, E. G. 12
Jeand'Heur, B. 146, 200-1
Jellinek, G. 157, 159
Jiménez Redondo, M. XI
Joas, H. 78
Joerges, Ch. 281
Jouvenel, B. 166

Kalinowski, G. 196
Kant, I. XIX, 111-2, 115-7, 119, 142, 152, 221, 227, 269, 276, 278
Kantorowicz, E. H. 263
Kasprzik, B. 84
Kelsen, H. 55, 84, 95, 136-7, 139, 157-8, 169-70, 188, 198-9, 204
Kerchove, M. v. d. 147, 149
Kindermann, H. 257
Koch, H.-J. 205
Kohlberg, L. 26, 28-33, 37-8
Krawietz, W. 61, 108
Kreuder, Th. 234

Ladeur, K.-H. XIII, 51, 61, 127, 149-50, 164, 180, 184, 259, 281
Lafer, C. 177, 220
Landowski, E. 204
Larenz, K. 197-8, 206
Lassalle, F. 95
Lefort, C. 103
Lima de Arruda Jr., E. 255
Locke, J. 156, 185
Lockwood, D. 49
Loewenstein, K. 186, 235
London School of Economics and Political Science XIII
Loparič, A. M. C. IX
Loparič, Ž. IX
Lopes, J. B. 247
Luckmann, Th. 69
Luhmann, N. IX-X, XIII, XVII-XVIII, 1-13, 15-25, 38, 45, 50-1, 55-67, 69, 79-92, 94, 96-102,

104-7, 110, 124, 128-9, 134,
142-3, 147-8, 150, 159-60,
162, 167-9, 171-3, 181, 183-4,
187, 189, 191, 193-4, 207-8,
210, 215-8, 220-3, 225, 227-8,
233, 237, 240-2, 248, 251-3,
261-2, 265, 267, 271, 273,
278-81
Lukasheva, E. A. XX
Lutz-Bachmann, M. 269
Lyotard, J.-F. 18, 51-2

Macpherson, C. B. 180
Marcuse, H. 45, 47
Marshall, T. H. 176, 178, 183-4, 254
Martins, J. d. S. 250
Marx, K. 5, 13, 45-6, 103, 176
Mastronardi, Ph. 223, 230
Maturana, H. 3-4, 60-1, 63, 97
Maunz, Th. 235
Maus, I. XIII-XV, 115, 152-4, 163, 235, 276-7, 280
Mayntz, R. 234
McIlwain, Ch. H. 96
Mead, G. H. 69
Melo Franco, A. A. d. 96
Mercosul 219
Michelman, F. I. 207, 249
Miranda, J. 96
Mohnhaupt, H. 96
Montesquieu 185-6, 188-9
Morin, E. 15
Morin, J.-Y. XIX
Morris, Ch. W. 196
Müller, F. XIII, 200-2, 205-6, 248
Müller, J. P. XIV, XIX, 38, 76, 128, 131, 141-2, 147, 221
Müller-Doohm, S. 78
Münch, R. 46, 217
Murphy, J. M. 37-8

Nafta 219
Narr, W.-D. 181
Neves, M. 11, 23-4, 60, 80-1, 85, 94, 99, 101-2, 105, 134, 143, 149, 175, 179, 196, 200, 218, 227-8, 236, 239, 245, 248-50, 256-7, 272
Newig, J. 257
Noll, P. 257
Nonet, Ph. 254
Nozick, R. 46

O'Donnell, G. 247, 255
Offe, C. 18, 47, 181, 188
Olbrechts-Tyteca, L. 209
Olivecrona, K. 204
Oliveira, F. 247
Oliveira, L. 250
ONU 275, 277-8
Otan 271, 278
Ost, F. 84, 147, 149

Parsons, T. 15, 17, 48-50, 70, 104, 113, 130, 176, 184
Passerin D'Entrèves, A. 180
Patterson, D. 82, 149
Pawlik, M. 84, 158
Pedrosa, B. XIV, 180
Peirce, Ch. S. 196
Peralva, A. 250
Perelman, Ch. 209
Peters, B. 145, 253
Philosophische Gesellschaft Bad Homburg 141
Piaget, J. 26, 28-9, 33, 129
Pinheiro, P. S. 250
Pontes de Miranda, F. C. 96, 206
Preuß, U. K. 181
Preyer, G. 108
Puhle, H-J. 247

Quaritsch, H. 156

Rakove, J. N. 195
Ratton Jr., J. L. d. A. 250
Rawls, J. 33, 97, 113, 116, 140-2, 180
Reale, M. 110, 196
Reisinger, L. 84
Resnik, J. XVIII
Robertson, R. 217
Romano, S. 158
Rorty, R. 142
Rosenfeld, M. XIX, 223
Ross, A. 196, 205
Rössler, B. 172
Rousseau, J.-J. 115-6, 163, 188
Rubinstein, D. 104
Russell, B. 192

Saladin, P. 282
Sales, T. 247
Sartori, G. 164
Schluchter, W. 14, 21, 24, 53-4, 56-7
Schmid, M. 61
Schmitt, C. 96-7
Schorr, K.-E. 159
Schreiber, R. 196
Schulze-Fielitz, H. 247
Schumpeter, J. A. 138-40
Schütz, A. 69
Selznick, Ph. 254
Senghaas, D. 226-7
Skinner, Q. 96
Smend, R. 95, 205
Smith, G. 151
Sousa Santos, B. d. 149, 232, 255
Souto, C. XIV, 12, 82
Souto, S. 82
Spencer, H. 4

Spencer Brown, G. 59, 91
Stäheli, U. 67
Stichweh, R. 252
Stoffel, W. XIV
Stourzh, G. 96

Taylor, Ch. 180
Telles, V. 247
Teubner, G. 2-5, 11, 13-4, 18-9, 21, 23-4, 26, 51-2, 60-1, 63, 66, 82, 92-3, 100, 107, 126, 129, 134, 149-50, 173, 179, 216, 224, 230-4, 259-67, 278
Timasheff, N. S. 108
Tocqueville, A. d. 166
Tomás de Aquino 23
Tönnies, F. 11-3
Touraine, A. 184, 216, 222
Triepel, H. 158
Troper, M. XIX, 185
Turner, B. S. 175

União Européia 219, 281
Universidade de Friburgo IX, XIII-XIV
Universidade Johann Wolfgang Goethe XIII, XV

Vaihinger, H. 158
Varela, F. J. 3-4, 60-3, 97
Velho, G. 250
Verdross, A. 158
Viehweg, Th. 196
Vilanova, L. 158, 206
Visser't Hooft, H. Ph. 206
Voigt, R. XVIII, 179, 229, 233
Voß, M. 257

Wallerstein, I. 216, 227, 262
Walter, R. 158
Walzer, M. 184

Warat, L. A. 196, 205
Warrington, R. 149
Weber, F. X. v. XIV
Weber, M. 13-15, 24, 45-6,
　53-4, 56-7, 75, 95, 107, 113,
　119, 157, 192, 227
Welker, M. 61
Welsch, W. 51, 147, 244
Werle, R. 179, 229
White, S. K. 108
Wieacker, F. 23

Willke, H. 14, 149, 167, 222,
　225, 231, 234, 282
Wimmer, R. 206
Wingert, L. 78
Wittgenstein, L. 206, 209-12
Wolf, K. D. 229

Zangl, B. 229
Zapf, W. 46
Zolo, D. 61, 167, 177-8
Zürn, M. 229

ÍNDICE REMISSIVO

Abertura para o futuro 12, 16-7
    v. também *futuro aberto*
Ação (ou agir) XI, 3, 11, 14-5,
    29, 33-5, 41-3, 48-55, 68, 70,
    72-7, 85, 105, 111-3, 117, 119,
    126-7, 130, 131, 139-40, 163,
    180-1, 241, 256, 258
    – afetiva(o) 14, 75
    – comunicativa(o) 25-6, 33-4,
        39, 42-50, 53, 67-76, 78,
        125, 127, 230
    – estratégica(o) 33-4, 46, 53,
        74-6, 124, 230
    – instrumental 46, 53, 69, 75,
        124, 230
    – racional-com-respeito-a-
        fins IX, 11, 14, 44, 46, 53,
        68, 74-6, 124, 230
    – racional-com-respeito-a-
        valores 14, 75
    – ritual 40
    – tradicional 14, 75
Ação afirmativa 172-3, 177
    v. também *discriminação inversa*
Acaso 5, 15
Aceitabilidade (racional) /
    aceitação 112, 114-5, 119-21,
    208-9
Acoplamento estrutural 20, 97,
    101, 261, 266-7
    – / acoplamento operativo 97
    – Constituição como 97-9,
        101-2, 105, 131-2, 161,
        165-6, 236-7, 243, 251,
        256-7, 262, 266
Administração 87-8, 105, 113,
    139, 192-4
Agir / vivenciar 123, 134, 144,
    182, 205, 237, 244, 248, 250
Alopoiese
    – da política 245
    – do direito 101, 239, 241,
        245, 251
Ambiente / sistema 3-5, 11,
    16-7, 19-20, 48-50, 59-67, 70,
    81-4, 86-9, 97, 101, 103-4,
    106, 123, 143, 160, 171, 187,
    213, 218, 229, 231, 242, 245,
    252, 264
    v. também *complexidade do
    ambiente / do sistema*
Âmbito da matéria / âmbito do
    caso 201
Âmbito normativo (âmbito da
    norma) / programa normativo

(programa da norma) 200-1, 203
Amor 86-7, 103, 150-1
Antropologias nacionais 248
Apatia pública 225-6, 233
  v. também *procedimento(s), indiferença em relação aos*
Arte 43, 74, 86, 103, 133
Ascription / achievement 104
Ato arbitrário / discricionário 95
Audiência ideal particular 209
Auditório particular / auditório universal 209
Autarquia 63, 81
Autocomposição 54
Autodefesa 20, 54
Autodescrição 65
  v. também *reflexão / auto-reflexão*
Autonomia 36, 44, 49, 77, 114-7, 128-9, 136, 145-6, 156, 162, 180, 186, 222, 231, 238, 244, 255
  – do direito / do sistema jurídico 58, 79-80, 82-3, 85, 98-102, 106-7, 117, 143, 150, 155, 160, 218, 236, 240, 244-5, 254-7, 266, 274, 282 (v. também *autopoiese do direito / do sistema jurídico*)
  – dos sistemas / sistêmica 10, 49, 63, 66, 83, 98, 102, 107, 110, 140, 155, 159-60, 189, 218, 228, 237, 240, 242-3, 274, 282 (v. também *autopoiese, auto-referência, sistema autopoiético*)
  – pública / privada 115-6, 125, 143, 181, 184-5, 247 (v. também *direitos humanos, soberania do povo*)

Autopoiese 4, 61-2, 64, 66-7, 218, 267
  – biológica 60-2, 97
  – conceito de 4, 60-1, 63-4, 66, 125
  – do direito / do sistema jurídico 20, 24, 80-1, 83-4, 92, 101, 107, 113, 149, 160-1, 169, 231, 241
  – da economia 219
  – da política 85, 86, 92, 160-2, 231, 241, 245
  – da sociedade 169
  – dos sistemas sociais 4, 19, 50, 62, 129, 184, 218, 231
  – social 61
  v. também *autonomia, auto-referência, sistema autopoiético*
Auto-referência 4, 7, 11, 62-7, 80-3, 98-9, 208, 213, 236, 251
  – de base ou elementar 64-6
  – processual (v. também *reflexividade*) 65
  v. também *autonomia, autopoiese*

Bloqueio(s) 85, 183, 236, 241-2, 256-7
Brasilianização da Europa / do Ocidente 249, 272

Casos difíceis 206
Centro / periferia 226-8, 272, 283
  v. também *diferenciação, modernidade, países centrais / periféricos*
Cidadania 91, 116, 175-85, 219-3, 228, 237, 239, 242, 244, 246-50, 258, 268-70, 280, 282

– como mecanismo jurídico-político de inclusão 175, 181-3, 185
– concepção jacobina da 223
– mundial 220, 269-70, 280
– / nacionalidade 175, 184
v. também *direito(s)*
Cidadão 91, 96, 103, 105, 112, 114, 174-6, 178, 182-3, 203, 246-7, 251, 254, 269-70, 277
– mundial 270, 277
Ciência(s) XVIII, 12, 43, 61, 69, 74, 82, 86-7, 103, 133, 176, 227-8, 262, 273
Coação / coerção 55, 90, 111-2
Código binário / código-diferença / código de preferência 62-3, 65, 67, 80-1, 83-6, 89-90, 94, 98, 100-1, 103, 105, 123, 125-6, 128-9, 143, 149-51, 160-1, 218-21, 224, 226, 231, 239, 241-5, 252, 256, 263-5, 266, 268-9, 272-4, 282-3
– "amigo / inimigo" 86, 150
– "amor / desamor" 86, 103, 150-1, 265
– "belo / feio" 86, 103, 265
– "consideração / desprezo" 50, 86, 103, 123, 128-9, 265
– "constitucional / inconstitucional" 100
– "governo / oposição" 86
– "legal / ilegal" 100
– "lícito / ilícito" 80-1, 83-5, 89-90, 94, 98, 100-1, 103, 105, 125, 143, 149-51, 160-1, 218-9, 231, 239, 242-3, 245, 263, 265-6
– "poder / não-poder" 86, 89, 98, 103, 105, 125, 150, 219, 231, 265
– "ter/não ter" 86, 103, 125, 150, 218-21, 239, 245, 265, 268-9
– "transcendente / imanente" 86, 103
– "verdade / falsidade" 86, 103, 265
Códigos fortes / códigos fracos 218-9, 243
Comunicação 3-4, 6-10, 18, 26, 41, 50, 60, 66-7, 69, 76, 86-7, 91, 93, 102-5, 114, 123, 125-31, 134-6, 144, 146, 156, 163, 167, 178, 182, 194, 208, 216-7, 222, 223, 228, 238, 240, 246, 250-1, 257-8
– como unidade elementar da sociedade 3-4, 6, 10, 18, 66-7
– como síntese de informação, mensagem e compreensão 66
Competição / concorrência política 138-40
Complexidade X, XIX-XX, 1-3, 6, 8, 15-8, 25-6, 44, 48-9, 52, 59, 64, 68, 76, 84-5, 88, 91-2, 106, 125, 127, 129-30, 136, 167, 186-90, 195, 201, 205-7, 209, 213, 227-8, 233-4, 237-8, 242, 244, 281
– aumento / redução de 16-7, 92, 186-7
– desestruturada / desorganizada / indeterminada / indeterminável 6, 88, 187, 238
– do ambiente / do sistema 16-7, 59, 88, 187

– estruturada / organizada / determinada / determinável 6, 88, 187, 190
– social 187, 227-8, 234, 237-8, 242
Compromisso eqüitativo 58, 77, 193, 195
v. também *negociações eqüitativas*
Comportamento 6, 8-9, 14, 19, 22, 27, 30, 36-7, 39-40, 54-5, 73, 75, 111, 123, 127, 134, 256
– ritualizado 40
Comunidade / sociedade 11-2
Comunidade societária [*societal community*] 48-50, 184
Comunitarismo 116, 163, 204, 270, 276
Concretização 94, 167, 182, 185, 194, 200-3, 207, 221, 240-1, 245, 247, 256-8
– constitucional 100, 182-3, 194, 202, 204, 243, 247, 257-8 (v. também *Constituição, concretização da*)
– jurídica 212, 241 (v. também *direito, concretização do*)
– jurídica desconstitucionalizante 256
– normativa 152, 200, 241, 257
Conflito 6, 9, 21-2, 30, 54, 76, 117, 133, 135, 147, 164, 178, 190, 205, 212, 220, 222-4, 226, 232, 235, 259, 278-81
– de interesses 191, 223-4, 255
– de valores 223-4
– intersistêmico 93, 236
– trivial / não-trivial 223
Consciência 4, 50
Consciência moral 18, 25-6, 31-2, 36-7, 39-40, 45-6, 48, 50, 52-3, 124, 237-9, 246

– estádios da 25-6, 28-38, 45, 53, 111
– níveis da 26, 28-9, 39-40, 53, 124
– nível convencional da 30-1, 34-5, 37, 55, 237-9
– nível pós-convencional (ou universalista) da 32, 35-7, 44, 46, 48, 57-8, 111, 146, 237-8, 246
– nível pós-convencional contextual da 37-8
– nível pré-convencional da 29, 33-4, 41, 53, 238
Consenso 50-3, 68, 72-3, 75, 77-8, 87, 115, 120, 123-4, 126-31, 136, 138, 141, 143-51, 156, 163-4, 194, 208-9, 212, 219, 223, 238-9, 246, 257
– constitucional 141
– fáctico 144, 147
– procedimental 124, 136, 138, 144-6, 149-51, 156, 164, 212, 219, 239, 257
– racional 77, 115, 145, 163-4, 208, 238, 246
– sobreposto 141
– suposto 50, 123, 147-9
Constitucionalidade 94, 151, 211, 240, 243, 257-8
– controle de 94, 152, 191, 235 (v. também *inconstitucionalidade, declaração de*)
Constitucionalismo 96-7, 183, 249
Constitucionalização 179, 281
– simbólica 101, 257
Constituição 85, 95-102, 105, 131-3, 136, 140, 143, 145-7,

ÍNDICE REMISSIVO

152-3, 161, 165-6, 173, 182, 190, 192, 194-5, 203-6, 213, 235-7, 243-7, 249, 251, 256-7, 262-3, 266, 272, 282
– como acoplamento estrutural entre direito e política 95, 97-9, 101-2, 105, 131-3, 161, 165-6, 236-7, 243, 251, 256-7, 262, 266 (v. também *acoplamento estrutural*)
– como aquisição evolutiva 96, 143
– como fundamento consentido do dissenso 147
– como reflexo da esfera pública 182
– conceito de 95-8, 101, 266
– concretização da 256-7 (v. também *concretização constitucional*)
– dos Estados Unidos da América 172
– européia 281
– força normativa da 182
– interpretação conforme a 205
– interpretação da 203-4 (v. também *interpretação constitucional*)
– normativa 257
– reforma da 100, 213 (v. também *emenda / reforma constitucional, poder reformador*)
Constituições brasileiras (de 1824, de 1891, de 1934, de 1946, de 1988) 174, 245
Contingência 15-7
v. também *incerteza, risco*
Contrato social 32, 142

Convencimento / persuasão 209
Corporações intermediárias 134
Corrupção 242
– estrutural 267
– sistêmica 240-1
Critérios / programas
v. *programa / programação*
Cultura XVIII, 21, 41, 44, 48-9, 55, 69-71, 73, 77, 151, 167, 223, 247, 250, 256, 258, 262, 276

Decisão 16, 22-4, 37-8, 55, 57, 64-5, 76, 80, 84-5, 87-90, 94 96, 103-6, 114, 118, 132, 135-6, 139, 145, 149, 151-3, 160-1, 163, 165, 189, 191, 196, 202-3, 207-8, 218, 224, 233, 235, 247, 254, 273-4, 278
– coletivamente vinculante (política) 85-90, 103-6, 118, 132, 135, 139, 149, 160-1, 165, 189, 191, 218, 224-5, 233, 247, 273-4
– judicial 94, 153, 207-8
– jurídica 151-2, 254
Decisionismo 25, 79, 96, 202, 207-8
Democracia XX, 104, 107, 128, 134, 136-40, 164-5, 167, 184, 198, 217, 223, 225, 257, 269, 278-9, 282-3
– modelo elitista de 140
v. também *Estado democrático de direito*
Desconstitucionalização fáctica 256
v. *concretização jurídica desconstitucionalizante*
Desconstrução / desconstrutivismo 51-2, 67, 202, 260-1, 263

Desdiferenciação /
  indiferenciação 55, 102, 105,
  110, 218, 277
Desenvolvimento 5, 16, 20, 25-
  9, 32-3, 36-7, 39-41, 44, 46-8,
  50, 52-3, 124, 182, 226-8, 259,
  261, 272, 279-81, 283
  – da consciência moral 25-6,
    32, 36, 40, 50, 53, 124, 182
    (v. *consciência moral*)
  – dinâmica do 25
  – filogenético 25-6, 39
  – lógica do 25-6, 46-8
  – ontogenético 25-6, 33, 39
Desestatalização 234
Desjuridificação 229, 233-4, 241
  – fáctica 241
Desparadoxização 83, 161, 165,
  261
Dever(es) 27, 31-2, 37, 90-1,
  157, 179, 182, 248, 250, 252-4
Dever-ser 111, 118-9
Diferenciação 1-2, 7-8, 10-3,
  15-22, 25, 31, 33, 41-6, 48,
  52-3, 68, 70-1, 75-7, 80, 82,
  84-5, 89, 95, 97, 102-3, 105,
  123-5, 129, 162, 182, 185-7,
  192-3, 218, 228, 237-8, 241-2,
  244, 251-2, 254, 273
  – centro / periferia 8
  – estratificada ou hierárquica
    8, 20, 22, 238
  – funcional 1, 10-1, 13, 15-8,
    20, 97, 102-3, 123, 129, 185,
    187, 218, 228, 237, 241-2,
    244, 251-2, 254
  – segmentária 7, 8, 20, 162, 218
Dimensões material, social e
  temporal 10, 21, 205, 249
Direito XVIII-XIX, 1, 12, 14,
  18-25, 32, 38-9, 43-4, 46, 51,
  53-8, 74, 79-85, 89-92, 94-103,
  105-15, 117-9, 126, 129, 132-3,
  135, 140, 142-5, 147-50, 153,
  157, 160-1, 166, 169, 173, 181,
  183, 196-9, 201-5, 207, 209,
  212, 219-20, 224, 228-34, 236,
  239-46, 249-51, 253-7, 260-8,
  270, 274-5, 277, 281-2
  – "alternativo" 256
  – aplicação do 38, 198
  – arcaico 20-1
  – capacidade de aprendizado
    do 100
  – coercitividade do /
    coercitivo 54-5 (v. também
    coação / coerção)
  – como instituição / como
    meio X, 108-10, 220, 230
  – como simbolismo 257
  – como sistema autopoiético
    92, 101, 169 (v. também
    *autopoiese do direito / do
    sistema jurídico; sistema
    autopoiético*)
  – como sistema ou
    subsistema social 97, 107,
    132
  – como transformador entre
    sistema e mundo da vida
    108, 126, 132
  – concretização do 240, 256
    (v. também *concretização
    jurídica*)
  – constitucional 99-102, 203
  – das culturas avançadas pré-
    modernas 20-3, 55-6
  – deduzido 53, 56
  – eficácia do 241
  – estatal 150, 157, 221, 229,
    255, 257
  – estatuído 53

ÍNDICE REMISSIVO

- força constitutiva *versus* função regulativa do 109
- formal 14, 53, 57
- fundamentação do 107, 110
- heterárquico 259, 263, 267, 283
- hierarquia do 84, 99, 152-3, 260-1, 263
- instrumentalidade / indisponibilidade do 109-10, 143, 230, 246
- instrumentalização do 109-10, 246
- internacional público 157-8, 262, 265, 269, 273, 278
- interpretação do (v. também *interpretação jurídica*) 196-200
- moderno 1, 14, 20, 24, 57, 85, 108, 110, 115
- mundial / global 266-8, 283
- nacional 157-8
- natural 14, 23, 25, 36, 57, 65, 79, 99, 108, 167
- positivação do 23, 57, 80, 107, 143, 169
- positividade do 24, 79-81, 84-5, 112, 142-3, 161
- positivo 20, 23-4, 53, 57, 81-2, 84, 89, 95, 99, 110, 150, 181, 197, 209, 255, 257, 264
- revelado 53-5
- sacro 56, 109
- teoria do 173, 196-9, 204, 206, 260-1, 263
- tradicional 53, 55-6
- "uso alternativo" do 256
- validade do 56, 111, 114
- vigência do 24

v. também *ordem jurídica*, *sistema jurídico*

Direito econômico 108,
- mundial / global 266-8 (v. também *lex mercatoria*, *ordem jurídica econômica mundial / global*)

Direito(s) 21, 31-2, 37, 56, 90-1, 93, 96, 103, 112, 115-6, 140, 157, 166-7, 170-2, 174-80, 182-5, 193, 221, 235, 248-55, 276, 282
- civis 175-6, 176, 180
- coletivos 177, 181
- decorrentes das discriminações inversas 177-8 (v. também *discriminação*)
- de "terceira geração" 177
- do cidadão / de cidadania (v. também *cidadania*) 103, 175-9, 182-5, 221, 250, 282
- individuais 32, 175
- fundamentais 102-3, 110, 116, 142, 153-5, 170-3, 175, 178, 182-5, 204, 248, 250, 254
- políticos 175-6, 178, 180
- referentes a interesses difusos 177-9, 181, 221
- sociais 176-81
- subjetivos 179-80, 276

Direitos humanos / do homem 33, 96, 102-3, 115-7, 138, 143, 175-7, 182-5, 220-1, 247, 270, 275-80, 280-3
- violações aos 271, 275, 277, 280

Discriminação 254
- social negativa / jurídica afirmativa 174-5, 178

– inversa 172-4, 177-8, 180-1
Discurso(s) XIX-XX, 25-6, 33, 35-9, 43-5, 51-3, 58, 76-8, 84-5, 117-20, 128, 131, 133-5, 146, 149, 151, 154, 185, 193, 195, 222, 224-5, 238, 276, 280-1
– colisão de 52, 224
– de aplicação / de fundamentação 38
– do Estado Democrático de Direito 120
– ético / ético-político 58, 77, 119-20, 193, 195
– jurídico 58, 77, 119-20, 149, 195
– moral 58, 77, 117, 119-20, 193, 195
– pluralidade / pluralismo de 149, 151, 195, 224
– político 262
– pragmático 77, 119-20, 193, 195
– situação ideal / condições ideais do 77, 114, 209
Dissenso 72, 88, 124, 127-32, 135-7, 144-51, 154, 164, 187-8, 190, 195, 205, 212, 232, 239
– conteudístico 124, 136, 138, 143, 152, 156, 164-5, 219, 257
– / dissensualismo pós-moderno 149
– estrutural 121, 131, 133, 136, 146, 197, 206, 222, 232, 239
– risco de 130-1
Divisão / separação de poderes 96-7, 102, 105-6, 153, 185-6, 193
v. também *procedimento(s), pluralidade e circularidade de*

Divisão do trabalho 12-3
Dogmática jurídica 24, 149, 198, 209, 212, 263
Dominação 5, 9, 22, 47, 90-1, 95, 118, 160, 267
– carismática 14
– legal-racional 14, 119, 157
– legítima 14
– tradicional 14
Due process of law 257, 261, 268
Dupla contingência 171

Economia 14, 45, 48, 86-7, 103, 113, 133, 143, 180, 215-21, 230, 239, 242, 262, 268, 271-5, 282-3
– global / mundial 216-7, 219-21, 262, 268, 271-5, 282-3
– capitalista 135, 217
Educação 74, 103, 133
Ego / alter 126, 171
Eleição 86-7, 102, 104-5, 138, 187-90
– democrática 104-5, 189
Elemento 2, 4, 7-8, 10, 18-9, 21, 61-6, 93, 126
– / relação 64
– / estrutura 4, 7-8, 21, 93 (v. também *estrutura, operação*)
Emenda / reforma constitucional 155, 172, 195, 213
v. também *Constituição, reforma da; poder reformador*
Emergência de baixo *versus* emergência de cima 4
Enlace hipercíclico 66
Entendimento intersubjetivo 34, 41-2, 44, 48, 50, 52-3, 68, 70, 72, 74-5, 112, 119, 124-8, 130-1, 140, 145, 223, 230

ÍNDICE REMISSIVO

v. também *ação comunicativa, consenso, intersubjetividade*
Entrelaçamentos 244
Escola da exegese 197-8
Escrita 9-10, 22, 24, 51, 205
Esfera pública 118, 121, 124-5, 130-6, 140, 143-6, 148-51, 153-6, 159, 164-5, 170-1, 174, 182, 185, 187-91, 195, 197, 203-4, 206, 208-13
– como arena do dissenso 132, 135
Estádio simbiótico 40
v. também *consciência moral*
Estado XVIII-XIX, 45, 90-1, 95, 105, 134, 137-8, 151, 156-62, 165-6, 172, 174-7, 180-1, 184, 186-8, 216-25, 228-36, 239, 243, 245, 247-8, 250, 256, 264, 269-70, 272-5, 278, 280-3
– absolutista 95
– autocrático 98
– burguês 179
– burguês de direito 180
– como centro de observação da política e do direito 161
– como herói local 222
– como organização 160-1, 215, 228, 242
– constitucional 165, 196
– continental 269
– de bem-estar 181, 249, 272, 275
– de direito XIX-XX, 85-6, 89-93, 95, 98, 101, 108, 120, 134, 136, 143-4, 149, 153-5, 160-1, 164-5, 186, 191-2, 194-6, 198, 205, 215, 221-2, 225-6, 229, 235, 244-6, 256, 261, 263, 267, 272, 279, 282-3
– democrático de direito XVII-XX, 40, 45, 78-9, 85, 102, 106-7, 109, 115-6, 118, 120, 123, 125, 132- 3, 135-9, 141-7, 149-57, 159, 162, 164-7, 170, 174, 178-80, 184-7, 189-96, 202, 204, 207-9, 211-3, 215, 217-26, 228-30, 232, 234, 236, 238-44, 246-8, 255, 257, 259-61, 263-6, 268-70, 277, 280-3
– democrático e social de direito 109, 180, 270-1, 273
– desprivatização do 258
– moderno XVII, 179
– mundial 269-70
– nacional 184, 216-7, 219, 260-2, 269-71, 281
– pré-moderno 95
– privatização do 194, 247
– soberano 162 (v. também *soberania*)
– social 230, 233, 271-2, 274
– supranacional 281
– teoria geral do 159, 188
– totalitário 95
Estado de natureza 156
Estatalização 231-3
v. também *juridificação*
Estrutura(s) 1-2, 4, 6-10, 16, 18-9, 21-2, 24, 36, 43, 56, 66, 69, 227-8, 248, 264, 277
– da consciência 39, 46, 48, 52-3, 93, 97
– de classe 180
– hierárquica 89
– normativa(s) 19, 26, 28, 41, 48, 54, 92, 99, 101, 195, 256, 260-1, 263
– simbólicas 69

– social(is) 8, 12-3, 126, 126, 215
v. também *expectativas, semântica*
Ética 36-9, 55-8, 108, 129, 143, 146, 280
– da espécie humana 120
– do discurso 25-6, 37, 39, 128
– individual 119
– mágica 53-4
– política 119
– protestante 14, 46
Etnia 151, 167
– locais 215, 222
Evolução 1-5, 7, 9-11, 15, 17-9, 25-6, 40, 44, 46, 61, 93, 266
– do direito 18-21, 23-5, 40, 53, 147, 266
– endógena / exógena 19-20
– social 1, 3-5, 7, 25-6, 68, 71, 76, 130
Exclusão 168, 171, 190, 239, 246, 248, 250-4, 272-3, 276, 283
– setor de 252-3
v. também *inclusão, inclusão / exclusão*
Expectativas 4, 6-7, 8-10, 17, 19-22, 27-8, 30-1, 34, 36, 39, 54-5, 88, 105-6, 123, 126-7, 130, 132, 134-5, 140, 143, 146, 148, 150-1, 154, 171, 185, 187, 195, 203-7, 212, 222, 241-2, 251, 254-5
– cognitivas 21-2, 81
– normativas 18-23, 54-5, 81, 85, 133-4, 182, 191, 220, 241, 256
– reestruturação / reorientação das 148-9, 208, 213
v. também *estrutura*
Extremismo político 225-6

Facticidade / validade 54, 107, 110-2, 114-5, 118
v. também *direito, validade do*
Família 32, 39, 41, 87, 103, 133
Federalismo 151
– de Estados livres 221, 269
Forma-de-dois-lados 59, 173
Função 13, 16, 23, 59, 102, 129, 186-7, 189, 243
– do direito 22, 84
Funções da evolução 2, 5-6
v. também *mecanismos evolutivos*
Fundamentalismo 215, 222-3, 226, 259, 281, 283
Futuro aberto 184
v. também *abertura para o futuro*

Globalização 216-8, 220-1, 227, 261-3, 268, 270, 272-4, 281, 283
– / mundialização 216
Global villages 261-2, 266
Glocalização 217
Governança privada 259, 282

Hermenêutica 199-200
Hermenêutica jurídica 196, 198
v. também *interpretação jurídica*
Heterorreferência 81, 208, 213, 226, 228-9, 234, 236, 243, 245, 255
Homem 11, 26, 33, 47, 103, 169-70, 176, 184
– como corpo 252 (v. *exclusão, setor de*)
– como parte do ambiente da sociedade 4, 50
– como pessoa 252 (v. *inclusão, setor de*)

Ideologia(s) 3, 44, 47-8, 105, 127, 216, 229
– antidemocráticas 155
Igualdade / isonomia (princípio da) 114, 140-1, 148, 154, 166-76, 178-9, 183, 193, 219-20, 254, 268, 282
– como direito de igual tratamento / como direito de ser tratado como um igual 170-1
– como forma e como norma 168-9, 172
– como norma do tratamento igual / desigual 168-9, 172-3
– de condições / de meios 166
– de fato 166, 168, 183
– de tratamento de casos / de homens 169-70
– e diferenças 167
– e heterogeneidade social 167-8
– jurídica / de direito 166-7, 183
– material 166
– perante a lei / na lei 169-70
– *versus* homogeneidade da sociedade 167
Ilegalidade
– cultura da 256, 258
– do poder 102
Imigração 225, 273
Imparcialidade 32, 141, 245-6
Império mundial 216
Impunidade 240, 251, 254-5, 258
Inclusão 49, 135, 146, 168, 171, 175, 179, 181-5, 238, 248, 251-4, 282-3
– conceito de 113, 248, 252
– sensível à diferença / do outro 52, 144, 249

– setor de 252-3
v. também *exclusão*
Inclusão / exclusão 251-3, 279
– como metacódigo / metadiferença 252
v. também *subintegração / sobreintegração*
Inconstitucionalidade, declaração de 155, 196
v. também *constitucionalidade, controle de*
Individualismo 29, 34, 276, 281
Indivíduo(s) 4, 21, 26-8, 30-5, 37-9, 41-3, 45, 54-5, 61, 69-70, 91, 133-4, 137-9, 146, 167, 171, 173-4, 176-8, 181-3, 187, 223, 250-1, 253-4, 258
Input / output 92, 229
Instituição X, 31, 42-4, 56, 102, 108-9, 166, 184, 220, 230, 259-60, 269-71, 279, 282
Integração 48-50, 53, 69-70, 73, 108, 112, 128, 167, 170-1, 174-5, 178-9, 181-5, 238, 248, 251-3
– social / sistêmica 49, 75, 130, 182, 229, 253
Interação 8-9, 13, 21-2, 26, 39, 68-71, 73, 75, 77, 92, 126-31, 171, 232-3
– como sistema social baseado na comunicação entre presentes 8-9
Interesse(s) XIX-XX, 29-31, 52-3, 57, 75-6, 81-2, 84, 88, 102, 104-6, 113, 120, 127-35, 138, 140, 143-6, 148, 150-1, 154-5, 163-5, 167-8, 173, 177-9, 181, 185, 188-9, 191, 193-6, 203-6, 212, 219-25, 232, 238, 240, 242, 247, 250, 254-5, 269, 280-1

Interferência 20, 92-3, 99, 126, 132, 148, 189
Interpenetração 20, 92, 97, 99, 132, 148
Interpretação jurídica 152, 174, 187, 191, 194-208, 210-1, 213, 254
– absurda, estranha, incorreta 210-1
– autovalidação da 213
– como redução de complexidade 207
– correta(s) 198, 203, 207-8, 210-1
– heterovalidação da 208, 210, 213
– modelo pragmático de 202-3, 208
– modelo semântico-pragmático 199-200
– modelo semântico-sintático de 198-9
– modelo sintático-semântico de 197-8
v. também *hermenêutica jurídica*
Intersubjetividade 34, 117, 125, 127-8, 130
Intervencionismo / intervenção militar 271, 277-80, 282
Intolerância 222-4
Isolamento 63, 81, 106, 153, 186

Jogos de linguagem 51-2, 134, 149-50, 210-1, 224
Juridificação 108-9, 179-81, 229-31, 233, 241
– burocratização, justicialização e legalização como formas de 229, 231-2, 234

– como colonização do mundo da vida 108, 230, 241
v. também *estatalização*
Jurisprudência dos conceitos 197-8
Jurisprudência dos interesses 198
Jusnaturalismo 23, 56
v. também *direito natural*
Justiça XVIII-XIX, 33-6, 38, 46, 49, 58, 84-5, 97, 113, 118, 120, 137, 140-2, 152
– como eqüidade 41
– como fórmula de contingência 85
– conceito de 113
– externa como complexidade adequada 84-5
– interna como consistência das decisões 84-5
– princípio(s) da(e) 33, 38, 118, 140-1
– procedimental 41
– teoria da 33, 113, 140-2
Justicialização / judicialização da política 235

law's global villages 262, 266
Lealdade das massas 181
Legalidade 111, 113, 151, 192, 236, 240, 243, 255-8
– princípio da 105, 143, 169, 192, 194, 211, 254-5
Legalismo 57, 240, 254-5, 258
Legislação 22, 24, 89, 94, 100, 112, 152-4, 177-8, 183, 186-7, 191-2, 202, 212, 260
– / jurisdição 38, 105, 107, 263-4
– simbólica 257 (v. também *constitucionalização simbólica*)

v. também *procedimento(s) legiferante / legislativo*
Legitimação 73, 136, 147-8, 166, 180, 189, 194, 235-6, 242, 247, 259
– / apoios particularistas 242
– autolegitimação 148, 162
– crise de 229
– heterolegitimação 148, 162, 165, 187
– procedimental ou pelo procedimento 58, 136-8, 140, 142, 154, 242, 247
Legitimidade 35, 112-4, 118, 137-8, 145, 147, 204, 270
Lei 55, 85, 90, 94-5, 99, 103, 111-2, 152, 155-6, 170, 172, 191-2, 197, 199, 202, 206-7, 233, 240, 244, 254, 258, 267
– fetichismo da 254
– / texto legal 191 (v. também *texto*)
Leviatã / Têmis XVIII-XX, 103, 106, 215, 226, 228-9, 232, 234, 242-5, 257, 260, 267
Lex mercatoria 266-7
v. também *direito econômico mundial / global, ordem jurídica econômica mundial / global*
Liberdade 5, 32, 96-7, 103, 109, 111-2, 114, 116, 141, 154, 176, 180-1, 190, 207, 230, 247-8, 253
– -autonomia / -participação 180
– negativa / positiva 180
Linguagem 35-6, 40, 47, 51-2, 70, 72, 113-4, 125-6, 128-30, 132, 134, 149-51, 192, 194, 198, 204-6, 209-12 , 224, 233

– artificial 204
– jurídica 113-4, 198, 204-6
– natural não especializada / cotidiana 113, 125-6, 129-30, 132, 233
– natural ou ordinária especializada 204
– -objeto / metalinguagem 191-2, 194

Maioria 137, 153, 188, 190, 193
Mandato imperativo / mandato livre 102, 188-9
Máquina trivial / não-trivial 150, 264
Marxismo 25, 45
Mecanismos evolutivos 2-3, 5-7, 10, 18-9, 21
Mecanismos reflexivos 64, 100
v. também *reflexividade*
Meios de comunicação de massa 10, 134-5
Meios de comunicação simbolicamente generalizados 91
Meios de controle (*Steuerungsmedien*) X-XI, 108, 131
– dinheiro e poder como 58, 108, 117, 124, 143, 220, 230, 246, 274
Meios generalizados (lingüísticos / sistêmicos ou deslingüistizados) de comunicação 130-1
Mercado 14, 46, 58, 138, 274
– financeiro global 219, 273
– mundial 17, 219, 273
Método democrático
v. *procedimento democrático*
Minorias 138, 172, 177-9, 182, 188, 190, 196, 235

Miscelânea social de códigos e critérios 244, 256
Modernidade XVII, XIX, 1, 11, 13, 15, 17-8, 44-52, 103, 109, 123-5, 129, 137-8, 142, 169, 196, 215-7, 219, 228, 237-8
– central 18, 226-8, 236, 238, 240-1, 256
– negativa 237, 239
– periférica 18, 227-8, 236-9, 241-4, 248
v. também *centro / periferia, sociedade moderna, tradição / modernidade, países centrais / periféricos*
Monismo formalista / pluralismo institucionalista 157-9
v. também *pluralismo jurídico*
Moral / moralidade 13, 21, 29, 33, 35, 40-1, 43-6, 50, 53, 56-8, 86, 103, 108, 110-1, 113, 117-8, 120, 123-4, 128-9, 142, 146, 207, 228, 232, 237-8, 246, 277, 281
– conteudística 9-10, 58, 123-4, 143, 237
– do dissenso 129-30, 146, 239
– tradicional 123-4, 127, 129, 143
v. também *consciência moral*
Moralismo
– convencional 142
– hierárquico 238
– tradicional 238-9, 244
Movimento do direito livre 198
Multiculturalismo 127, 151, 222-3, 279-80
Mundo 12, 27-8, 30, 33-6, 39, 41-4, 53, 60, 69-72, 75-7, 85, 125, 270

– como soma e unidade de todas as possibilidades 69
– descentramento da compreensão do 33-5, 53, 71, 77
– objetivo 28, 33-5, 41-2, 53, 71-2, 75
– social 27, 33-6, 41-2, 53, 71-2, 75
– subjetivo 33-5, 41-2, 53, 71-2, 75
Mundo da vida X, 35, 48-50, 52, 67-78, 107-9, 113-4, 124-34, 136, 140, 146, 148, 151, 154, 165, 180, 185, 189, 217, 223, 228-33, 241, 271
– colonização do 35, 48, 75, 108-9, 180, 230-1, 241
– como esfera(s) social(is) não estruturada(s) sistemicamente 125, 232
– como horizonte dos agentes comunicativos 48, 68, 76, 128
– como pano de fundo da ação comunicativa 68, 73, 76, 128
– componentes estruturais do 49, 69-71, 73, 77
– diferenciação do 70-2, 77
– fragmentação do 127
– / práxis cotidiana 76, 128
– racionalização / racionalidade do 49-50, 70-1, 76-8, 125
– / sistema 44, 48, 52 , 67-8, 74-7, 107-9, 113-4, 124, 126, 131-2, 140, 146, 148, 189, 223, 230-33

Negociações eqüitativas 120

ÍNDICE REMISSIVO

v. também *compromisso eqüitativo*
Neoliberalismo 46, 271
Nominalismo 47
Norma 13, 19, 22-3, 27-8, 31, 33, 35-6, 38, 43, 47-8, 54-6, 71, 73, 84, 95, 100, 110-2, 114, 117, 119, 147, 159, 169, 172, 193, 195, 201, 203, 212, 223, 250
 – constitucional 100, 165, 182, 200, 202, 212, 249, 256, 264
 – de decisão 201-2
 – estrutura da 200
 – fundamental (hipotética) 84, 157-8
 – jurídica 19, 23-4, 56-7, 65, 95, 100, 108-9, 118-9, 126, 132, 135, 165, 169, 191, 200-2, 218, 220, 225, 241, 264, 276
 – legal 212
 – / texto normativo 191, 200, 200-3 (v. também *texto*)
Normatividade 44, 22, 77, 82, 100, 110-1, 201, 272
 – / normalidade 95
Normatização 65, 100, 187
 – de normatização 65

Observação 67, 80, 89, 161, 168, 282
 – auto-observação 61-2, 91 (v. também *autodescrição*)
 – de primeira ordem 261
 – / descrição 231
 – de segunda ordem 84, 261
 – heteroobservação 91
Operação 10, 65, 83, 97, 264, 275
Operações concretas 27

Operações formais 28, 39
Operações transjuncionais 150, 261, 263-5
Opinião pública 135, 148
Ordem 14, 23, 54, 56, 95, 102, 108, 144, 147, 156, 158, 162, 194, 196, 251, 257-8
Ordem internacional 158-9, 216, 219, 282
Ordem(ns) jurídica(s) XVIII, 23-4, 55-6, 91-2, 95, 99, 117, 149-50, 156-9, 250-1, 255, 259, 261-3, 265-8, 277, 282-3
 – econômica mundial / global (v. *direito econômico mundial / global, lex mercatoria*)
 – estatal 95, 157-8, 277
 – globais plurais XVIII, 259, 261-3, 265-7, 282-3
 – interestatal 156
 – natural 23
 – pluralidade de 263, 265
 – positiva 23-4
 – primitiva 55
v. também *direito, ordenamento jurídico, sistema jurídico*
Ordem mundial / global 215, 217 (v. também *sociedade mundial*)
Ordem normativa 28, 36, 42, 55, 105, 146 (v. também *ordenamento normativo*)
Ordem política 80, 92, 159
Ordem social 113, 137, 181
Ordenamento 105, 158
 – jurídico 19, 84, 91, 157, 170, 248
 – normativo 56, 84
v. também *direito, ordem(ns) jurídica(s), sistema jurídico*

Organismo 4, 48
Organização / organizações 43,
    88, 91-2, 133, 136, 155, 160-2,
    177, 181, 184, 215, 218-9, 224,
    226, 228, 231, 240, 242, 258,
    268-9, 277-8, 281, 283

Países centrais / periféricos
    17-8, 228, 237, 241, 272
    v. também *centro / periferia,
    modernidade central,
    modernidade periférica*
Paradoxo XIX, 1, 83, 155, 161,
    165, 169, 174, 192, 207, 261
Particularismos 86, 160, 187,
    189, 193, 215, 225-6, 239,
    242-3, 245, 247
Pax americana 278
Periferização do centro 227, 272,
    283
Perigo 16, 54, 56, 102-3, 131,
    155, 228, 235
    v. também *risco*
Personalidade 48-9, 69-71, 73,
    75, 77, 251
Pessoa 13, 26, 28-35, 37, 73, 76-
    7, 87-8, 93, 97, 119-20, 127,
    129-30, 141, 156, 161, 168,
    170, 172-3, 175, 178, 185,
    251-4
    – enquanto endereço de
    processos de comunicação
    251
Pluralismo 53, 118, 121, 132,
    137, 141-2, 155, 157-8, 190,
    195, 197, 213, 223-5, 281
    – alternativo 255
    – democrático 136, 143
    – jurídico 150, 256, 265
    – razoável *versus* pluralismo
    propriamente dito 141

Poder X-XI, XVIII-XIX, 14, 29,
    51-2, 55-6, 58, 74, 81, 84-91,
    94-6, 98, 102-3, 105-6, 108,
    110, 113, 117-9, 124-5, 130,
    138-40, 143, 150, 156-7,
    159-63, 167, 176, 186, 205,
    219, 221, 230-1, 239-40, 243,
    246, 257, 260, 265, 274, 278
    – administrativo 74, 94, 118-9,
    186, 193
    – anônimo (ou difuso) 55, 157
    – arbitrário 95
    – circulação / contracirculação
    do 87-9
    – comunicativo 74, 118-9,
    132, 186, 193
    – constituinte 161
    – executivo 192, 229
    – ilícito 89, 95
    – individualizado (ou pessoal)
    156-7
    – institucionalizado 157
    – judiciário 191, 229
    – legislativo 185, 229
    – reformador 155
Polícia 250
Policorporativismo 134, 259
Politeia 95-6
Política XVIII, 48, 74-5, 79-80,
    86-90, 92, 94-9, 101-8, 110,
    116, 118, 132-3, 135, 139-40,
    148, 153, 159-62, 166, 187,
    219, 224, 228, 231-6, 242-5,
    251, 256-7, 262-4, 266, 268-9,
    271, 273-80, 282-3
    – deliberativa 145
    – diferença entre
    administração e 87-8, 105,
    192-4
    – externa do Ocidente 278

– internacional 262, 269, 273, 277, 279
– interna do Ocidente 273
– interna mundial 220, 259, 269-71, 273-5, 278, 280, 283
– simbólica 101, 257
Politização da justiça 235
Pós-guerra 272, 275
Positivismo jurídico 136
Povo 8, 87, 115-6, 118, 139, 143, 159, 161-6, 184, 219-20, 247
Pressão seletiva X, 8, 10, 16, 21, 88, 91
  v. também *seleção*
Pretensão de validade XIX, 23, 43, 71-2, 77, 221
  – pretensão de retidão [*Richtigkeit*] como 71
  – pretensão de sinceridade como 71
  – pretensão de verdade como 43 (v. também *verdade / verdadeiro*)
Previdência social 262
Princeps legibus solutus est 90, 95
Princípio 22-4, 28, 32-3, 35-9, 52-3, 56-8, 76-7, 80, 90, 95, 97, 100, 104-5, 110-1, 113, 115-9, 128, 130, 140-3, 152-5, 166-76, 178-80, 182-3, 186, 192-4, 204-5, 207, 209, 211, 219-20, 223, 228, 237, 241, 250-1, 253-5, 268, 282
  – da igualdade (v. *igualdade / isonomia*)
  – democrático 115, 142
  – do discurso 76, 119
  – jurídico / metajurídico 56-8
  – moral 33, 115, 117, 128
Privatização 259
Procedimento(s) 8, 20-3, 36, 52, 54-7, 86, 88, 90, 92-4, 97, 100, 102, 104-8, 110, 112, 114, 116, 118, 120, 124, 130-3, 135-41, 143-55, 160-1, 163-5, 167, 170, 174, 183, 185-96, 202, 204, 207-8, 211, 213, 220, 224-5, 229, 232, 236, 238-40, 242, 246-7, 255, 257, 259, 261, 264, 267-70, 276-9, 281
  – administrativo 143, 154, 165, 186, 190, 192-3, 257
  – constitucionais 97, 131-3, 135-6, 148, 151, 161, 170, 185, 224, 232, 247, 264, 281
  – constituinte / constituídos 194
  – de aplicação jurídica 8, 20-3, 54-5
  – democrático 112, 114, 116, 118, 137-41, 143, 152, 155, 164, 247, 267-8, 276, 278
  – eleitoral 86, 88, 90, 92-3, 102, 104-5, 133, 143, 154, 165, 186-90, 242, 257
  – indiferença em relação aos 151, 224-5 (v. também *apatia pública*)
  – judicial / jurisdicional 56, 94, 133, 143, 154, 165, 186-7, 190-2, 229, 257
  – legiferante / legislativo 23, 100, 133, 143, 154, 165, 186-8, 190, 229, 242, 257
  – parlamentar 165, 186-8, 190, 242, 257
  – pluralidade e circularidade de 152-3, 185-6, 194-6
  – político 102, 118, 132, 141-3, 154, 160, 190, 242
  – / ritual 242
Processo 64-6

Processo de formação racional
    da vontade política 119-20
Profano 41-3
Programa / programação 50, 65,
    67, 85-8, 93-5, 123, 129,
    150-1, 160, 187, 224, 243,
    265
    – condicional 93-5
    – finalístico(a) 93-4
Progresso 4
Protesto 134-5
Psicologia cognitiva 26, 28, 53
Público 87-8, 135, 139, 204, 225

Quangos 267

Racionalidade 12, 14, 16, 44-8,
    50-2, 57-8, 68, 73-5, 77-8,
    107, 111, 117, 127, 140, 143,
    195, 197, 209, 224, 229, 232,
    244, 246
    – -com-respeito-a-fins ou
    finalística (v. também *ação
    racional-com-respeito-a-fins*)
    12, 16, 45-7, 57, 74, 140
    – comunicativa 111
    – formal 57
    – procedimental 58, 107, 117,
    143, 246
    – sistêmica 16, 50, 74
Razão 47-8, 51-2, 77, 144-5,
    147, 163, 230, 244
    – instrumental 47, 52
    – prática 48, 52, 77, 163
    – procedimental 52, 144-5
    – técnica 47-8
    – transversal 244
Reconhecimento 129, 171
Reconstrução XVII, 36, 45-6, 49,
    57, 75, 113, 127, 131, 159, 168,
    171, 180

Rede(s) 60, 134, 259, 271, 273,
    283
    – heterárquicas 283
    – policêntricas 259
Redundância 208
Re-entry (reentrada, reingresso)
    52, 59, 65, 91, 99, 102
Reflexão 24, 51, 56, 64-6
Reflexividade XX, 27, 36, 64-6,
    152
    v. também *auto-referência
    processual, mecanismos
    reflexivos*
Regime mundial de bem-estar
    220, 271, 275
Regra de ouro 30-1
Regras do jogo / regras
    procedimentais 137-9, 144,
    149-50, 154-5, 164, 210-2
Regras primárias / secundárias
    21-2
Relação(ões) 30-1, 41, 46, 86,
    88-91, 95, 130, 157, 179-80,
    188-90, 204-5, 218-20, 243,
    253-4
    – / elemento 64
    – interestatais / internacionais
    17, 156, 278
    – interpessoais 73, 75, 117,
    128, 130
    – intersistêmicas 10
    – intersubjetivas 26, 117, 125,
    232-3 (v. também
    intersubjetividade)
Relação social 45, 216-7, 238,
    248, 250
    – "associativa"
    ["*Vergesellschaftung*"] 14
    – "comunitária"
    ["*Vergemeinschaftung*"] 14

ÍNDICE REMISSIVO

v. também *comunidade / sociedade*
Relativismo 37-8, 136-7
Religião 74, 86-7, 103, 133
República (federal e subsidiária) mundial 269-70
Republicanos / liberais 116, 180
Restabilização / retenção 2, 5, 7, 9-10, 19, 23-4, 135
v. também *funções da evolução*
Retaliação 54
Risco 16, 130-1, 136, 155, 275, 279
v. também *contingência, incerteza, perigo*
Rule of law XIX, 261, 268, 278
v. também *Estado de Direito*

Sagrado 41, 224
Seleção X, 2-3, 5-10, 19, 21-2, 24, 88, 91-2, 132, 135, 140, 143, 187, 189, 195, 207, 227-8, 266
– natural 3, 61
v. também *funções da evolução*
Semântica 96, 126, 137, 159, 175-6, 251, 260-1, 263-4
– dos direitos humanos 102, 182, 185, 220 (v. também *direitos humanos*)
Semiótica 196
– pragmática como dimensão 196, 198, 200, 202
– semântica como dimensão da 196-200, 202
– sintática como dimensão da 196-9
Sistema 1-5, 7-11, 13, 15-20, 23, 26-8, 31, 35, 40-1, 44, 46, 48-52, 59-70, 74-7, 80-1, 83, 85-94, 97-108, 113-5, 123-6, 129, 131-5, 140, 143, 146, 148-9, 151, 155, 159-62, 164, 169-71, 176, 178-9, 181-5, 187, 189, 192-3, 197-8, 208, 216-8, 222, 225-8, 230-4, 236-9, 241-3, 248, 251-3, 260-9, 272-5, 280-2
– abertura cognitiva do 83-5, 160, 162, 234, 240, 242, 245
– autopoiético 50, 60, 62, 64-7, 92, 97, 123, 161, 218, 237
– biológico / vivo 3, 60-1
– constitucional 100, 149, 182, 189
– constituinte de sentido / baseado no sentido 61-2
– de saúde 262
– dos direitos 115
– econômico 46, 218, 230, 266, 268-9, 274 (v. também *economia*)
– fechado / aberto 16, 19, 50, 62-3, 66-7, 99, 231, 240, 263-4
– fechamento operativo / operacional do 24-5, 63, 160, 162, 240, 242, 267
– funcional 10, 16, 18, 26, 60, 65, 80, 107, 113, 123, 126, 129, 134-5, 160-1, 183-5, 218, 228, 230-1, 233, 236, 238, 251-3, 281
– homeostático 61
– identidade do 65-6
– militar 262
– mundial 216, 222, 226, 262, 265-7, 269
– não-constituinte de sentido 61
– nervoso / neurofisiológico 61

– orgânico 61
– político 46, 85-92, 94, 98, 100-2, 105-6, 131, 134-5, 140, 143, 146, 148-9, 155, 159-62, 170-1, 179, 182, 184, 187, 189, 192-3, 218, 225-6, 228, 231-4, 236-7, 239, 242-3, 262-3, 272-4, 280 (v. também *política*)
– psíquico 3, 61 (v. também *consciência*)
– social 1-5, 9, 11, 18-9, 31, 48, 50-1, 59-62, 66-7, 80-1, 83, 97, 104, 218, 123, 126, 129, 140, 146, 148-9, 181-2, 184-5, 189, 218, 227, 231-4, 238, 248, 251, 253, 262, 266, 268, 273-5, 282
– unidade do 64-5
Sistema jurídico 17, 19, 24-5, 38, 46, 58, 79-85, 90, 92, 94, 98-102, 106-7, 112, 120, 131, 140, 143, 146, 148-51, 153, 155, 157, 159-61, 170-1, 182, 185, 187, 208, 213, 218-20, 226, 229, 231-4, 236-7, 239-40, 243, 245, 248-9, 253-7, 262, 264-6, 271-3, 279
– como sistema autopoiético (v. *autopoiese do direito / do sistema jurídico*; *sistema autopoiético*)
– complexidade adequada do 84-5
– consistência das decisões do 84-5
– fechamento normativo / abertura cognitiva do 81-3, 94, 101, 245
– unidade do 19, 149-50, 157
Situação originária 140

Soberania 115-6, 118, 143, 156-66, 184, 219-21, 247, 269-70, 276
– absoluta / relativa 158
– como autonomia operacional (autopoiese) do sistema jurídico 160-1
– como autopoiese do sistema político 159-61
– como poder pessoal do Monarca 156-7
– como procedimento 163-4, 247
– conceito de 156-7, 159-60, 162-3
– despersonalização ou dessubjetivização da 163
– do Estado 156-61, 165-6, 219-21, 270
– do povo 115-6, 118, 143, 159, 161-6, 184, 219-20, 247, 276
– jurídica 160-1, 165
– paradoxo da 161, 165
– política 160-1, 165
– / responsabilidade política para questões globais 162
Sociedade XVII, XX, 1, 3-8, 10-3, 15-22, 25-7, 29, 31-2, 35, 37, 39-42, 45, 47-52, 55, 60, 66-7, 69-71, 73, 77, 82, 84, 92-3, 96-7, 101-5, 108, 112, 114-5, 121, 123, 126-37, 140-1, 144, 146-7, 151, 156, 164-5, 167-8, 174-5, 178-9, 181-5, 187-8, 193, 195-6, 211, 215-8, 222, 224-6, 228-9, 231-2, 234, 237-9, 241-5, 248, 251-4, 256, 262, 274, 280-1
– arcaica 9, 20, 39, 40-1, 68
– burguesa 45, 47, 103, 176

– das culturas avançadas (pré-modernas) 40, 42
– estratificada 8-9, 169
– fragmentação da 51
– heterárquica 260, 282-3
– moderna XVII, XIX, 1, 10-1, 15-7, 23, 39-40, 44-52, 57, 59-60, 67-8, 80, 88, 96, 102, 104, 106, 123-5, 127, 129-30, 137-8, 141-4, 146, 160, 163, 167, 169, 195, 205-6, 209, 215, 217-8, 226, 228, 233-4, 237, 251-2, 257
– multicêntrica 67
– mundial XIX-XX, 17-8, 78, 121, 130, 161-2, 215-8, 220-1, 224, 226-8, 236, 241, 250-2, 258-62, 264-6, 268-9, 271-3, 275, 279, 281-3
– policontextural 60, 67
– política mundial 219
– pós-moderna
– pré-moderna 80, 98, 205, 250
– primitiva 54-5
– regional 216, 218
– tradicional 18, 137
– tribal 40
Sociedade civil 134, 269
Solidariedade 12-3, 70, 73, 77, 181, 184, 220, 225, 270, 276
– cosmopolita 220, 270, 276
– mecânica / orgânica 12-3
Subcidadão / sobrecidadão 248-51, 253
v. também *cidadania, inclusão / exclusão, subintegração / sobreintegração*
Subintegração / sobreintegração 248-55, 258
v. também *inclusão / exclusão*

Sufrágio / voto universal, igual e secreto 104, 187

Tangled hierarchies (hierarquias entrelaçadas) 100, 153, 161, 165, 264
Técnica(s) 26, 44, 69, 215, 262, 273
Têmis / Leviatã
v. *Leviatã / Têmis*
Teoria da ação comunicativa 25-6, 33, 39, 45, 49-50, 67, 75, 78, 230
v. também *ação comunicativa*
Teoria da escolha racional 139
Teoria do discurso XVII, 25, 45, 61, 78, 84, 106-7, 110, 116, 123, 139, 144-5, 186, 193, 195, 208, 223
Teoria dos sistemas 1, 3, 5, 7, 23, 26, 48, 50, 59, 61-3, 79, 92, 97-9, 106, 123, 125, 139, 147, 158-9, 184, 187, 189, 193, 208, 218, 238, 261
Teoria jurídica estruturante 200
Teoria pura do direito 158, 198
Teoria tridimensional do direito 110
Texto 43, 197, 199-201, 205, 210-3
– constitucional 152, 182-3, 194-5, 202-4, 206-7, 210-3, 241, 245-6, 256-7
– normativo 199-203, 207, 210, 241
– legal / legislativo 191, 197, 202, 207, 210, 241
Tipo ideal 227
Tolerância 9, 222
Tradição / modernidade 11-2
v. também *modernidade, sociedade*

Tribunal / corte constitucional
93, 152, 224, 235-6
Turismo 262

Universalismo 53, 121, 135, 142, 146, 178, 188, 222, 270, 276
Unmarked space (entre consenso e dissenso) 128
Utilitarismo ético 32

Valores XIX-XX, 5, 9, 22, 28, 32-3, 35, 38, 43-4, 47-9, 52-3, 58, 84-5, 88, 97, 105-6, 110-1, 113, 118, 127-35, 137-8, 140-1, 143-6, 148, 150-1, 154-5, 163-5, 167-8, 173, 185, 195-6, 204-6, 209-10, 212, 222-5, 232, 238, 240, 242, 280-1
– -identidade 134
– -preferência 134
Variação / mutação 2, 5-10, 18, 21-3, 135, 266
v. também *funções da evolução*
Verdade / verdadeiro 22, 24, 28, 34-5, 41-3, 51, 53, 71-2, 77, 86-7, 103, 111, 130, 224, 265
v. também *pretensão de validade*
Véu da ignorância 140
Violência 55
– cultura da 250
– ilegal 250
Voltas estranhas 192
Vontade essencial / vontade arbitrária 11

Welfare state 181, 216
v. também *Estado de bem-estar*

Impressão e acabamento:

Orgrafic
Gráfica e Editora
tel.: 25226368